Die Chronik
100 Jahre Olympische Spiele
1896 – 1996

Die Chronik
100 Jahre Olympische Spiele
1896 – 1996

Chronik
Verlag

Impressum

© Chronik Verlag
im Bertelsmann Lexikon Verlag, Gütersloh/München 1995

Autorin: Britta Kruse unter Mitarbeit von Armin Mende
Redaktion: Fabian Clemens, Norbert O. Klingenthal
Bildredaktion: Edeltraud Siebarth

Fachliche Beratung: Jürgen Buschmann, Karl Lennartz;
Carl und Liselott Diem-Archiv der Deutschen Sporthochschule Köln

Layoutkonzept: Pro Design, Krailling
Herstellung: Günther Hauptmann
Satz/Repro: D&L Reichenberg, Bocholt
Druck: Brepols, Turnhout

ISBN: 3-577-14540-4

Inhalt

Anhang

Zum Geleit

100 Jahre Olympische Spiele

Wenn am 19. Juli 1996 in Atlanta die Spiele der XXVI. Olympiade eröffnet werden, sind wenig mehr als 100 Jahre seit der Eröffnung der Spiele der I. Olympiade in Athen am 6. April 1896 vergangen. Eine gewaltige Zeitspanne für menschliche Maßstäbe und ein willkommener Anlaß zurückzublicken. Der hier vorgelegte Band mag dazu anregen. Für Deutschland und uns Deutsche waren die Olympischen Spiele immer auch Spiegel und Meilenstein der tiefgreifenden politischen und gesellschaftlichen Veränderungen in diesem Jahrhundert.

Nach erfolgreicher Durchführung der Olympischen Spiele 1896 bis 1912, unterbrach der Erste Weltkrieg ihre Ausrichtung, die für 1916 nach Berlin vergeben war.

Zu den Olympischen Spielen 1920 und 1924 waren deutsche Sportler nach dem Ersten Weltkrieg nicht zugelassen.

1931 vergab das IOC die Olympischen Spiele für 1936 an Berlin, das sich mit großer Mehrheit gegen Barcelona durchsetzte. Nach der damals üblichen Regelung hatte das Land, dem die Olympischen Spiele zuerkannt worden waren, auch die Winterspiele zu organisieren, wofür das deutsche NOK Garmisch-Partenkirchen bestimmte. Die Führung des Dritten Reiches erkannte und nutzte nach der »Machtergreifung« 1933 die enormen Möglichkeiten, die die Veranstaltung der Spiele in Deutschland bot. Der Zweite Weltkrieg unterband die Ausrichtung der Spiele 1940 und 1944, nachdem die Winterspiele 1940 erneut nach Garmisch-Partenkirchen vergeben worden waren.

Seit seiner Wiedergründung 1949 hat das Nationale Olympische Komitee für Deutschland zu allen Olympischen Sommer- und Winterspielen von 1952 bis 1988 - mit Ausnahme von Moskau 1980 - Olympia-Mannschaften entsandt. Gesamtdeutsche Mannschaften starteten 1956, 1960 und 1964. Die DDR war von 1968 bis 1988 mit eigenständigen Mannschaften bei allen Olympischen Spielen - mit Ausnahme der vom Ostblock boykottierten Spiele Los Angeles 1984 - vertreten.

Nach der Auflösung der DDR und dem Beitritt der neuen Bundesländer zur Bundesrepublik Deutschland am 3. Oktober 1990, vereinigten sich am 17.November 1990 auch die beiden deutschen NOKs.

Mit der Ausrichtung der Olympischen Spiele in München 1972 und des Olympischen Kongresses in Baden-Baden 1981 hatte das NOK seine bislang ehrenvollsten Aufgaben vom IOC übernommen. Hinzu kommen zwei IOC-Sessionen 1959 in München und 1963 in Baden-Baden, sowie für die DDR 1985 in Ost-Berlin.

Aber auch die - leider erfolglosen - Bewerbungen um die Winterspiele 1992 mit Berchtesgaden und um die Sommerspiele 2000 mit Berlin gehören in diese Aufstellung.

Wir glauben, die olympische Bewegung auch in Zukunft - gerade an der Schwelle zum dritten Jahrtausend - nachdrücklich unterstützen zu können.

Walther Tröger
Präsident des
Nationalen Olympischen Komitees
für Deutschland

Olympische Spiele: Von der Antike ins 21. Jahrhundert

Im Verlauf der 100jährigen Geschichte nach ihrer Wiederbegründung 1896 haben sich die Olympischen Spiele zum größten Sportereignis der Welt entwickelt. Für Aktive jeder Disziplin ist es das höchste Ziel, einmal an den Wettkämpfen teilzunehmen – unabhängig davon, ob sie bereits Weltmeisterschaften oder kontinentale Titel gewonnen haben.

Die antike Vasenmalerei zeigt Szenen eines Ringkampfs. Die Besonderheit des Wettbewerbs bestand darin, daß es weder eine Einteilung in Gewichtsklassen noch ein zeitliches Limit bis zum Ende eines Kampfes gab.

»Der Diskuswerfer« – Kopie des griechischen Originals aus Erz, das der Bildhauer Myron um 450 v. Chr. schuf. Die Wurfscheiben waren aus verschiedenen Materialien – Blei, Bronze oder Eisen – gefertigt und zwischen 1,5 kg und 5 kg schwer. Ihr Durchmesser betrug zwischen 17 cm und 32 cm. Der jeweils weiteste von fünf Wurfversuchen wurde gewertet.

Angesichts politischer Krisen wurde schon häufig das Ende der Spiele vorausgesagt. Doch die olympische Idee überstand die beiden Weltkriege ebenso wie Zeiten von Umwälzungen, Staatsstreichen und Revolutionen – allerdings meist unter modifizierten äußeren Bedingungen und politischen Rücksichtnahmen.

Der Ursprung der Olympischen Spiele liegt in der Antike, wo sie als kultisches Fest ihre Bedeutung hatten. Bei den antiken Wettbewerben stand der Sieg weit mehr im Vordergrund als es die von Pierre de Coubertin gut zweieinhalbtausend Jahre später erdachte olympische Philosophie vorsah. Da weder gemessen noch gestoppt werden konnte, sind nur durch Zufall wenige Leistungen überliefert. Die Sieger erhielten einen geflochtenen Kranz aus Ölbaumzweigen. Entscheidend aber war der Sieg, die Niederlage bedeutete gleichsam Schande für die ganze Polis (Stadtstaat).

Obgleich wir Siegerlisten erst ab 776 v. Chr. besitzen, haben Altertumsforscher nachgewiesen, daß die Spiele weit ins zweite Jahrtausend zurückreichen. Zu den Wettbewerben der zuletzt fünftägigen Spiele gehörten u.a. Läufe, Zweikämpfe, der Fünfkampf, Wettreiten und Wagenrennen, dazu die Ermittlung des besten Trompeters und Herolds. Die Ehrungen der Gewinner wurden erst am letzten Tag der Olympischen Spiele vorgenommen.

391 n. Chr. untersagte der römische Kaiser Theodosius I. per Dekret alle heidnischen Kulte – darunter fielen auch die Olympischen Spiele. Das bedeutete das vorläufige Ende der olympischen Bewegung.

Seit dem Mittelalter gewann sportliche Betätigung auf der ganzen Welt nur langsam an Bedeutung. Bis ins 19. Jahrhundert entwickelten sich neue Sportarten, darunter Boxen, Golf und Kricket; Fußball, Tennis und Turnen traten ab dem späten 19. Jahrhundert ihren Siegeszug an. Die Menschen kamen zum gemeinsamen Spiel und zur körperlichen Ausbildung zusammen und gründeten Vereine und Verbände. Wissenschaftler diskutierten die Bedeutung des Sports für die Gesellschaft allgemein und für die Jugend im besonderen. Das griechische Ideal der gleichberechtigten Ausbildung von Körper und Geist wurde wieder aufgenommen. Die neuen Sportarten wurden vor allem in den höheren Schichten und beim Adel gepflegt. In den 80er Jahren des 19. Jahrhunderts beschäftigte sich der aus einer alten französischen

Adelsfamilie stammende Pierre de Coubertin (*1.1.1863 in Paris) mit der Bedeutung des Sports für die Gesellschaft. Bereits in der Jugend hatte er sich für die Olympischen Spiele der Antike begeistert und verfolgte mit großem Interesse die Ausgrabungen in Griechenland. Zwar hatte bereits 1766 der britische Forscher Richard Chandler das Gelände des antiken Olympia entdeckt, doch vergingen mehr als 100 Jahre, bis der Berliner Altertumsforscher Ernst Curtius die von Schlamm bedeckten Überreste freilegte (1875-1881).

In seinen Studien zur Körpererziehung orientierte sich Coubertin zum einen am antiken Menschenbild, zum anderen an den Ansichten des britischen Pädagogen Thomas Arnold: Bewegung – so sein Credo – müsse der Grundstock einer jeden vernünftigen Erziehung sein. Den Hintergrund für Coubertins Überlegungen bildete die in Frankreich kaum verarbeitete Niederlage gegen

Deutschland im Krieg von 1870/71 und der Wunsch, nationales Selbstbewußtsein und Stärke wiederzuerlangen. Das Leitbild einer neuen Gesellschaft sollte allerdings nicht im Aufbau neuer Feindschaften liegen, sondern seinen Ausdruck im fairen Wettstreit zwischen den Nationen finden. Nach Coubertins Überzeugung waren dafür gleiche Bedingungen für alle Teilnehmer erforderlich. Als Vorbild diente ihm – neben der britischen Sporterziehung – wiederum die Antike, wo sich alle Sportler gemeinsam auf die Spiele vorbereitet hatten. Die notwendige Voraussetzung, um den »edlen und ritterlichen Charakter« der Leibesübungen herauszustellen, bildete das Amateurideal: Eine Belohnung müsse der Sport aus sich selbst heraus sein. Keine materiellen Zuwendungen für die Athleten, kein Profitdenken und kein Geschäft mit dem Sport dürfe das Zusammentreffen der Aktiven in irgendeiner Form beeinträchtigen.

Zunächst betrafen diese Überlegungen nur die aristokratische Schicht, die sich solche Betätigung auch leisten konnte. Schon bald kam es deswegen zu Problemen, da auch die unteren sozialen Schichten nicht ausgeschlossen sein wollten. Nach jahrelangen Diskussionen gestattete das IOC Ende der 20er Jahre Entschädigungen bei Verdienstausfall.

Trotz aller anfänglichen Schwierigkeiten, Zeitgenossen für seine »Religion des Sports« zu begeistern, suchte Coubertin weiter nach einem Forum, um seine Vorstellungen von einer Wiederbegründung der Olympischen Spiele publik zu machen. Nachdem er 1892 bei einem Vortrag erst-

1 **Attischer Kelchkrater** (um 510–500 v. Chr.). Die Athleten werden auf den Wettkampf durch Massage und Ölung eingestimmt. Die eigentliche Vorbereitungszeit aber hatte bereits Wochen zuvor begonnen: Alle Sportler mußten sich spätestens 30 Tage vor Beginn der sportlichen Vergleiche in einem speziellen Trainingslager – bei gleicher Kost und Unterbringung – einfinden. Neben einer sportlichen Anleitung gab es theoretischen Unterricht über die Bedeutung der Teilnahme an Olympischen Spielen. Darüber hinaus wurden allen Aktiven die Verhaltensregeln während der Wettbewerbe erläutert.

2 **Innenbild einer Trinkschale** (um 500 v. Chr.). Ein Sprung-Wettbewerb sieht Sprünge mit zusätzlichen Gewichten in der Hand vor. Beim Fünfkampf der Antike treten die Athleten außer im Weitsprung auch im Diskus- und Speerwurf sowie im Laufen und einem abschließenden Ringkampf an.

3 **Olympische Wiederbegründung perfekt:** Die Teilnehmer am Internationalen Kongreß in der Pariser Sorbonne stimmen 1894 Pierre de Coubertins Vorschlag einer Wiederbegründung der Olympischen Spiele zu. Zum Abschluß der Tagung wurde zur konkreten Umsetzung des Beschlusses ein Internationales Komitee gegründet. Anläßlich der Spiele der I. Olympiade der Neuzeit 1896 in Athen stellen sich IOC-Mitglieder einem Fotografen: Willibald Gebhardt (Deutschland), Pierre de Coubertin (Frankreich), Jiři Guth (Böhmen), Dimitrius Vikelas (Griechenland), Ferenc Kemeny (Ungarn), Aleksey Boutowsky (Rußland) und Viktor Balck (Schweden; v.li.).

mals die Idee der Erneuerung der Olympischen Spiele erwähnte und dabei auf wenig Verständnis gestoßen war, lud er für den Juni 1894 Interessierte aus aller Welt zur Teilnahme an einem Sportkongreß nach Paris ein. Die Tagung an der Sorbonne endete mit dem einmütigen Beschluß zur Wiederbegründung der Olympischen Spiele im Jahr 1896. Nach der Auftaktveranstaltung in Athen sollten die Wettkämpfe anschließend zyklisch im Abstand von vier Jahren an die Hauptstädte der Welt vergeben werden.

Zur Leitung und Organisation der Bewegung wurde ein Internationales Komitee – später IOC – ins Leben gerufen, dem außer Coubertin auch Lord Arthur O. Ampthill (Großbritannien), Viktor Balck (Schweden), Dimitrius Vikelas (Griechenland), Aleksey Boutowsky (Rußland), Ernest Callot (Frankreich), Leonard A. Cuff (Neuseeland), Jiři Guth (Böhmen), Charles Herbert (Großbritannien), Ferenc Kemeny (Ungarn), Ferdinando Lucchesi-Palli (Italien), William M. Sloane (USA) und José B. Zubiaur (Argentinien) angehörten. Pierre de Coubertin, anfangs Generalsekretär des Gremiums, übernahm von 1896 bis 1925 die Präsidentschaft des Internationalen Olympischen Komitees.

Als Teil der Weltausstellungen blieben die Olympischen Spiele 1900 und 1904 weitgehend unbeachtet; erst ab 1906 etablierten sie sich wieder als eigenständige Veranstaltung. Schon frühzeitig beeinflußte die politische Entwicklung das sportliche Geschehen: Der Erste Weltkrieg verursachte den Ausfall der für 1916 in Berlin geplanten Spiele. Die olympische Idee überdauerte zwar den Krieg; allerdings wurden bei den ersten Nachkriegsspielen 1920 in Antwerpen die Länder der Mittelmächte nicht eingeladen.

Anhänger des Wintersports forderten lange Zeit vergeblich die Aufnahme mehrerer Wintersportdisziplinen. Anfang der 20er Jahre war die Bewegung so weit vorangeschritten, daß das IOC gegen anfängliche Widerstände eine Internationale Wintersportwoche für 1924 in Chamonix zuließ. Nach erfolgreicher Premiere wurde ein eigener Zyklus Olympischer Winterspiele im folgenden Jahr beschlossen. Die skandinavischen Nationen, die bestehende Wettkampfveranstaltungen in ihren Ländern gefährdet sahen, gaben ihren Protest auf. Ab 1925 amtierte der Belgier Henri de Baillet-Latour als IOC-Präsident. Er setzte die Arbeit bis 1942 weitgehend im Sinne Coubertins fort. Wie dieser verschloß sich Baillet-Latour, letztendlich vergeblich, der zunehmenden Teilnahme von Frauen bei den Spielen.

Der IOC-Präsident mußte im übrigen erleben, wie die Nationalsozialisten die Spiele 1936 für eine einzigartige Propagandaveranstaltung mißbrauchten. Der Öffentlichkeit präsentierten sie das Bild eines friedliebenden Deutschen Reichs, das gleichwohl bereits für den nächsten Krieg rüstete.

Krisen und Kriege erzwangen in der Folge Änderungen und Unterbrechungen. Die für 1940 in Japan geplanten Spiele mußten 1938 wegen des Ausbruchs des Chinesisch-Japanischen Kriegs (1937) nach Helsinki und St. Moritz (später Garmisch-Partenkirchen) verlegt werden. Die sowjetische Invasion Finnlands (1939) und der Ausbruch des Zweiten Weltkriegs im sel-

Dimitrius Vikelas (* 15.2.1835 in Syros, † 20.7.1908 in Athen). Der Grieche gehörte zu den IOC-Gründungsmitgliedern und war erster Präsident des Komitees (1894–1896). Der Politiker und Diplomat verließ das Gremium im Jahr 1899.

Pierre de Coubertin (* 1.1.1863 in Paris, † 2.9.1937 in Genf). Der Franzose war vor seiner Präsidentschaft (1896–1925) Generalsekretär des IOC. Er strebte ein friedliches sportliches Zusammentreffen der »Jugend der Welt« an.

Henri de Baillet-Latour (* 1.3.1876 in Brüssel, † 6.1.1942 in Brüssel). Der Belgier war von 1925 bis 1942 IOC-Präsident. Vor seiner Amtszeit sammelte Baillet-Latour Erfahrungen als Organisationschef der Olympischen Spiele 1920 in Antwerpen.

Johannes Sigfrid Edström (* 21.11.1870, † 18.3.1964). Der Schwede war Gründungspräsident des Internationalen Leichtathletikverbandes (1912), 1937-1942 Vizepräsident, ab 1942 amtierender und seit 1946 gewählter Präsident des IOC.

Avery Brundage (* 26.9.1887 in Detroit, † 8.5.1975 in Garmisch-Partenkirchen). Der Amerikaner war selbst Olympiateilnehmer (Leichtathletik 1912 in Stockholm). Als IOC-Präsident (1952–1972) galt er als Verfechter des Amateurgedankens.

Michael Morris Killanin (* 30.7.1914 in London). Der Ire stand dem IOC von 1972 bis 1980 vor. Nach seinem Rücktritt wurde der Journalist, Schriftsteller und Filmproduzent Ehrenpräsident des Komitees auf Lebenszeit.

Juan Antonio Samaranch (* 17.7.1920 in Barcelona). Der Spanier (2.v.li., bei der Feier zur Vergabe der Winterspiele 2002 an Salt Lake City mit Leroy Walker (2.v.re.), Präsident des NOK der USA, und Deedee Corradini (re.), Bürgermeisterin von Salt Lake City) steht dem IOC seit 1980 vor und tritt für die Kommerzialisierung der Olympischen Spiele ein.

ben Jahr verhinderten endgültig die Durchführung der Spiele. Auch 1944 mußte die Veranstaltung – als Austragungsort waren Cortina d'Ampezzo und London vorgesehen – ausfallen. Nur wenige IOC-Mitglieder konnten dabei sein, als 1944 in Lausanne der Jahrestag der 50. Wiederbegründung der Olympischen Idee gefeiert wurde.

Im Beisein des 1946 zum IOC-Präsidenten gewählten Schweden Sigfrid Edström begann 1948 in London unter einfachsten Bedingungen der sportliche Wiederaufbau ohne die kriegsauslösenden Nationen. Sportliche Bestleistungen konnten in den darauffolgenden Jahren nicht darüber hinwegtäuschen, daß sich das friedliche Zusammentreffen der »Jugend der Welt« mehr und mehr zu einem Prestigekampf entwickelte. Der Kalte Krieg zwischen Ost und West setzte sich im Sport fort, die völkerverbindende Idee wurde durch ideologische Unvereinbarkeiten bis hin zu Kontakt- und Sprechverboten zwischen den Aktiven außer Kraft gesetzt. Nach der blutigen Niederschlagung des Volksaufstandes in Ungarn, der britisch-französischen Intervention am Suezkanal, der brutalen Durchsetzung der Apartheidpolitik in Südafrika und Rhodesien und der Invasion der UdSSR in Afghanistan prägten Boykotte und Aussperrungen die Olympischen Spiele ab 1956. Trotz der deutschen Teilung trat zwischen 1956 und 1964 eine gesamtdeutsche Mannschaft bei den Spielen an. Erst danach marschierten getrennte Teams – 1968 noch hinter einer gemeinsamen Flagge – ein. Seit 1992 gibt es wieder eine deutsche Mannschaft.

1952 hatte das IOC den Amerikaner Avery Brundage zum neuen Präsidenten (Amtszeit bis 1972) bestimmt. Er galt als vehementer Verfechter des Amateurstatus' und ahndete Verstöße – wie im Fall des österreichischen Skirennläufers Karl Schranz (1972) – mit sofortiger Sperre. In die letzten Tage von Brundages Amtszeit fiel das Attentat auf die israelische Mannschaft im Olympiadorf 1972 in München: ein Beweis für die »traurige Tatsache..., daß, je größer und bedeutender die Olympischen Spiele werden, sie um so mehr unter wirtschaftlichem, politischem und jetzt auch kriminellem Druck stehen.«

Der politische Druck fand einen vorläufigen Höhepunkt in den Boykotten der Jahre 1980 und 1984. Während in Moskau die USA und zahlreiche mit ihr verbündete Staaten wegen des Einmarschs sowjetischer Truppen in Afghanistan den Spielen fernblieben, rea-

gierten die UdSSR und ihre Partner in Los Angeles mit einem Gegenboykott.

Bei den Sommerspielen 1984 offenbarte sich erstmals in vollem Ausmaß, daß die Olympischen Spiele ohne Vermarktung, Sponsoring und TV-Gelder für die Übertragungsrechte nicht mehr zu finanzieren waren. Fernsehgesellschaften mußten dafür Hunderte Millionen Dollar bezah-

len. Ein Preis für diese Kommerzialisierung war die Terminierung der attraktivsten Sportarten auf die jeweils werbewirksamsten Zeiten der jeweiligen Veranstaltung. Auch nahm der Leistungsdruck für die Aktiven zu, denn das Publikum war nur an Siegern interessiert, und nur die Gewinner überzeugten die Wirtschaft letztendlich auch als Werbeträger.

Kommerzialisierung

Das IOC unter Vorsitz des Spaniers Juan Antonio Samaranch (Präsident seit 1980) öffnete die Spiele seit 1984 zum Teil für Profisportler. Damit besiegelte Samaranch das Ende der umstrittenen Regel 26: Die Bestimmung über die ausschließliche Zulassung von Amateursportlern verschwand ab 1981 aus dem IOC-Regelwerk.

Ein gewichtiges Problem stellte – und stellt auch in Zukunft – das Doping dar: Im Fall des kanadischen Sprinters Ben Johnson (1988) statuierte das IOC zwar mit der Aberkennung seines Rekordes und der Goldmedaille ein Exempel, doch gelang es bis in die Gegenwart nicht, konsequente Doping-Kontrollen – insbesondere im Training – jederzeit und in allen Staaten der Welt durchzusetzen. Kritische Stimmen merkten an, daß Sportler zur Einnahme leistungsfördernder Medikamente gezwungen wären, um ihre Anstrengungen durch Siege und anschließende Werbeverträge in bare Münze umsetzen zu können. Zudem forderten Zuschauer und TV-Gesellschaften von den Athleten immer wieder neue Höchstleistungen.

Samaranch gilt als Verfechter einer weiteren Kommerzialisierung der Spiele. Nur so ist nach seiner Meinung die olympische Idee 100 Jahre nach ihrer Neugründung für das 21. Jahrhundert gerüstet.

1 **Embleme mit Symbolkraft:** Die Olympiafahne, von Pierre de Coubertin entworfen, wird seit 1920 bei den Spielen aufgezogen. Die fünf ineinander verschlungenen Ringe symbolisieren die Kontinente, deren Sportler im fairen Wettbewerb gegeneinander antreten. Aus den fünf Farben auf weißem Grund konnten ursprünglich alle Nationalfahnen der Welt zusammengesetzt werden.

2 **Olympisches Feuer:** Das Olympische Feuer wird in Erinnerung an die antiken Spiele seit 1928 entzündet. Ab 1936 bringen Fackelläufer die Flamme von Griechenland aus zum Austragungsort.

3 **Abschied für vier Jahre:** Nach Abschluß der Spiele wird die Olympiafahne symbolisch an den Gastgeber der kommenden Spiele weitergegeben.

4 **Jubel nach Olympia-Zuschlag:** Am 23.9.1993 gibt das IOC in Monaco den Austragungsort der Spiele im Jahr 2000 bekannt: die australische Stadt Sydney.

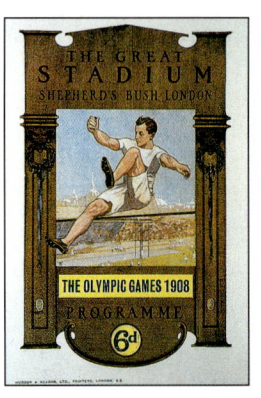

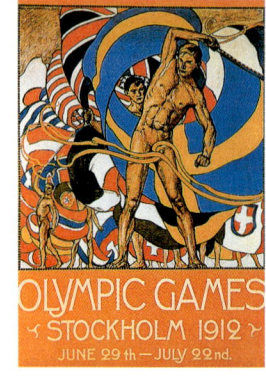

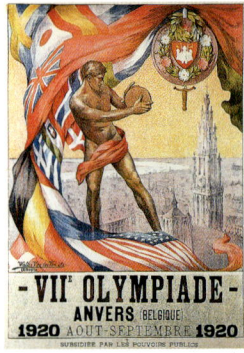

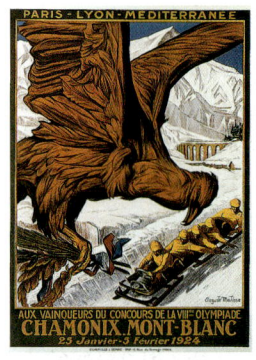

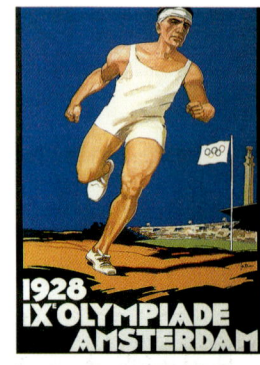

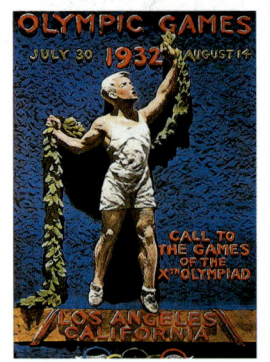

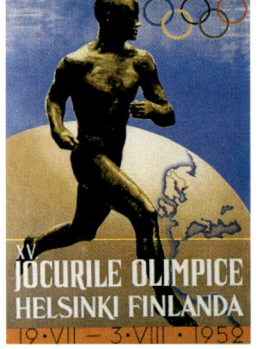

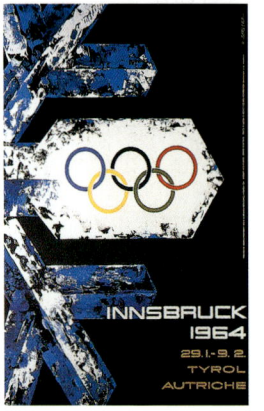

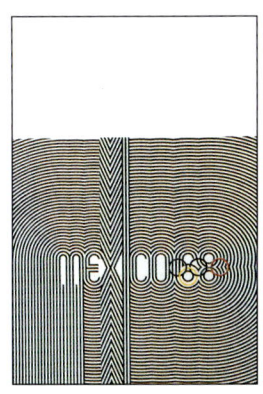

Die Chronik
100 Jahre Olympische Spiele
1896 – 1996

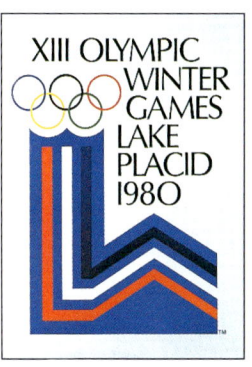
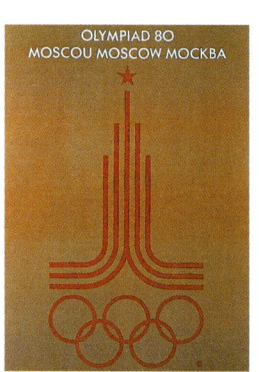

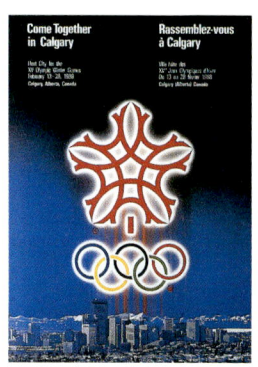

ATHEN

Vor mehr als 60 000 Besuchern eröffnete der griechische König Georg I. am 6. 4. 1896 im neuaufgebauten und nur wenig modernisierten Stadion von Athen die Spiele der I. Olympiade der Neuzeit.

Ursprünglich hatte Pierre de Coubertin geplant, die ersten Spiele 1900 in Verbindung mit der Weltausstellung in Paris zu organisieren. Der Olympische Kongreß, der im Juni 1894 in Paris tagte, entschied sich jedoch für Athen 1896 und ernannte dementsprechend den griechischen Delegierten Dimitrios Vikelas zum Präsidenten des neugegründeten Internationalen Komitees – später IOC genannt. Als es bei der Vorbereitung aus finanziellen Gründen zu Problemen kam, bot sich mehrmals Budapest als Alternative an, da Ungarn 1896 tausend Jahre alt wurde. Dem Engagement von Kronprinz Konstantin als Präsident des von ihm ernannten Organisationskomitees war es zu verdanken, daß alle Bedenken die Wettkämpfe nicht verhinderten: Eine Spende von über 900 000 Golddrachmen des Griechen Georgios Averoff für den Bau des Stadions, der Verkauf der ersten Sportbriefmarken und eine Lotterie sicherten die Finanzierung. Die Eröffnungsveranstaltung fand am Tag der 75. Gedenkfeier der griechischen Unabhängigkeitsbewegung statt, so daß die nationale Begeisterung zu Beginn der Spiele groß war. In neun Sportarten gingen Männer aus 13 Ländern an den Start: Das Gros der ca. 300 Teilnehmer kam aus dem Gastgeberland, viele der übrigen Starter waren in Eigeninitiative angereist. Der für England startende Ire John Pius Boland bereitete sich schon vier Wochen vorher in Athen vor: Er gewann die Einzelkonkurrenz im Tennis und zusammen mit einem ausländischen Kollegen, dem im 800-m-Vorlauf ausgeschiedenen Deutschen Fritz Traun, auch das Doppel. Auf dem Programm standen zudem Fechten, Gewichtheben, Leichtathletik, Radfahren, Ringen,

Das Titelblatt des offiziellen Berichtes der Spiele erinnert mit der Jahresangabe 776 (oben li.) an die ersten nachweisbaren Spiele der Antike.

Schießen, Schwimmen und Turnen. Wegen der schlechten Wetterverhältnisse mußten Entscheidungen im Rudern und Segeln ausfallen, das Kricket- und Fußball-Turnier sagten die Veranstalter wegen mangelnder Beteiligung ab.

Neben Ölzweig und Urkunde gab es für den Erstplazierten bei den Spielen eine Silbermedaille. Der Zweitplazierte erhielt einen Lorbeerzweig und eine Kupfermedaille. Erster Olympiasieger von Athen war ein Amerikaner: Der Leichtathlet James Brendan Connolly, der mit 13,71 m den Dreisprung gewann. Nach dem Vorbild der antiken Spiele maßen sich die Athleten auch im Diskuswurf. Zur Erinnerung an den sagenhaften Lauf eines Boten nach der Schlacht von Marathon 490 v. Chr. setzten die Griechen auf Vorschlag eines französischen Altertumsforschers einen Lauf von Marathon nach Athen – ca. 40 km – auf das Programm. Diesen prestigeträchtigen Wettbewerb entschied der Einheimische Spiridon Louis überlegen für sich.

Spiridon Louis (GRE, in regionaler Tracht) wird am letzten Tag der Spiele für seinen Olympiasieg im Marathonlauf geehrt.

Der Amerikaner Ellery Clark gewinnt den Weitsprung mit 6,35 m.

Der amerikanische Leichtathlet James B. Connolly feiert in Athen neben einem Olympiasieg einen zweiten und einen dritten Platz.

Robert Garrett (USA) wird in Athen Doppel-Olympiasieger (Diskuswurf und Kugelstoßen) und zudem einmal Zweiter und Dritter.

Neben drei Olympiasiegen im Turnen freut sich der Deutsche Carl Schuhmann auch über seinen Erfolg im Ringen.

1 **Begeisterung für Olympia:** Die Zuschauer verfolgen das sportliche Geschehen mit größtem Interesse. Schon bei der Auftaktveranstaltung ist das Stadion (hier ein Blick auf die vollbesetzten Ränge bei den Spielen 1906) gut gefüllt. Auch die königliche Familie findet sich ein; Kronprinz Konstantin hält als Präsident des Organisationskomitees eine Ansprache, und der König eröffnet die Spiele.

2 **US-Sportler sammeln Erfolge:** Die amerikanische Delegation stellt in Athen die erfolgreichste Mannschaft. Herbert Jamison (2. v. li.) erreicht hinter Thomas Burke den zweiten Platz im 400-m-Lauf; Platz drei belegt der Deutsche Fritz Hofmann. Robert Garrett (2. v. re.) wird Olympiasieger im Diskuswurf vor den Griechen Panagiotis Paraskevopoulos und Sotirios Versis. Seinen zweiten Titel sichert sich Garrett im Kugelstoßen vor Militiadis Gouskos und Georgios Papasideris (beide GRE). Im Weitsprung muß Garrett seinem Teamgefährten Ellery Clark den Sieg überlassen; Platz drei belegt der Amerikaner James B. Conolly. Im Hochsprung reicht es für Garrett zum dritten Rang hinter seinen Landsleuten Clark und Conolly. Albert Tylor (re.) freut sich über seinen zweiten Platz im Stabhochsprung. Olympiasieger wird sein Teamkollege William Hoyt. Francis Lane (li.) muß sich im 100-m-Finale mit dem vierten Platz begnügen.

3 **Erinnerungsstücke:** Immer wieder lassen sich Sportler und Offizielle in der griechischen Hauptstadt gemeinsam fotografieren. Erinnerungsbilder an die ersten Olympischen Spiele der Neuzeit sind begehrt, viele Aktive – vor allem aus den USA – wollen damit ihre Teilnahme an der historischen Veranstaltung in der Heimat dokumentieren.

4 **Vielfalt beim Start:** Mit unterschiedlichen Techniken starten die Teilnehmer im 2. Vorlauf über 100 m. Während Thomas Curtis (USA, 2. v. li.) den Tiefstart bevorzugt, stützt sich der Däne Eugen Schmidt (Mi.) auf zwei Stöckchen. Die übrigen Teilnehmer bleiben beim traditionellen Hochstart. Das Finale entscheidet der Amerikaner Thomas Burke in 12,0 sec. für sich.

5 **Sechs Wettbewerbe im Radsport:** Erfolgreichster Radsportler der Spiele in Athen ist der Franzose Paul Masson: Er gewinnt das Sprintrennen vor dem Griechen Stamatios Nikolopoulos und dem Österreicher Adolf Schmal. Über

2000 m verweist Masson Nikolopoulos und Léon Flameng (FRA) auf die Plätze. Seinen dritten Titel sichert sich Masson über 10 000 m vor Flameng und Schmal. Im 100-km-Bahnfahren wird Flameng Olympiasieger. Das Zwölf-Stunden-Rennen entscheidet Schmal für sich. Der Grieche Aristidis Konstantinidis gewinnt das Straßenfahren über 87 km vor dem Deutschen August Goedrich.

6   Deutsche Turnerfolge: Hermann Weingärtner wird Olympiasieger am Reck vor seinem Teamgefährten Alfred Flatow. Weitere erste Plätze sichert sich Weingärtner mit der Mannschaft beim Barren- und Reckturnen. Am Seitpferd wird er Zweiter hinter Louis Zutter (SUI). Den zweiten Rang belegt Weingärtner zudem an den Ringen hinter Ioannis Mitropoulos (GRE). Zu Rang drei reicht es für den Deutschen am Barren hinter Flatow und Zutter. Beim Pferdsprung holt Carl Schuhmann den Olympiatitel vor Zutter.

7   Griechen und Franzosen nicht zu schlagen: Sportler aus zwei Nationen machen die Sieger im Fechten unter sich aus: Im Florett-Einzel siegt Eugene Henri Gravelotte (FRA) vor seinem Landsmann Henri Callot und Perikles Pierrakos-Mavromichalis (GRE). Bei den Fechtmeistern gewinnt Leon Pyrgos (GRE). Mit dem Säbel wird Ioannis Georgiadis Olympiasieger vor Telemachos Karakalos (GRE).

8   Griechen vorn: Das Tauhangeln entscheiden die einheimischen Athleten Nikolaos Andriakopoulos und Thomas Xenakis im Olympiastadion von Athen für sich.

9   Königliche Glückwünsche: Zur Preisverleihung kommen die Sportler und Funktionäre im Innenraum des Olympiastadions zusammen. König Georg I. von Griechenland läßt es sich nicht nehmen, die Siegerehrungen persönlich vorzunehmen.

10   Turnen im Olympiastadion: Von Kampfrichtern und Publikum beobachtet, absolvieren die Sportler im Mannschaftsturnen ihre Übungen. Nach dem Sieg am Barren vor den beiden Mannschaften aus Griechenland wird die deutsche Riege auch am Reck Olympiasieger.

11   Vielseitigkeit: Nach seinen Erfolgen beim Turnen holt der Deutsche Carl Schuhmann auch den Sieg im Ringen vor den Einheimischen Georgios Tsitas und Stephanos Christopoulos (Foto vom Ringwettbewerb 1906).

Die Sportwettbewerbe im Rahmen der Weltausstellung wurden vom IOC und im Ausland als II. Olympische Spiele der Neuzeit angesehen. Sie stießen nicht immer auf großes Interesse.

Im Vorfeld der Spiele war es zu Auseinandersetzungen gekommen, weil Griechenland den Anspruch erhoben hatte, ständiger Gastgeber der olympischen Wettkämpfe zu sein. Doch verhinderte dies der Krieg um Kreta, so daß es bei dem Beschluß des Olympischen Kongresses von 1894 blieb, Paris nach Athen als nächsten Austragungsort vorzusehen. Durch mangelnde Organisation und Information fand die Veranstaltung in der Öffentlichkeit kaum Beachtung. Hierzu trug auch die zeitliche Verteilung der Wettbewerbe über den gesamten Ausstellungszeitraum von mehr als fünf Monaten bei. Von einem Zusammentreffen der Sportler konnte keine Rede sein, da die Leichtathleten im Juli im Bois de Bologne antraten und die Schwimmer im August ihre Strecken in einem Flußschwimmbad in der Seine zurücklegten.

Erstmals nahmen Frauen an Olympischen Spielen teil und starteten in zwei für sie ausgeschriebenen Sportarten: Im Golf siegte die Amerikanerin Margaret Abbott, im Tennis (Einzel und Mixed) die Britin Charlotte Cooper. Dazu kamen Starts im Segeln und Ballonfliegen.

Klagen der Sportler über den teilweise schlechten Zustand vieler Sportanlagen blieben ungehört. Auf dem Gelände am Bois de Vincennes sollen Gerüche der dortigen Landwirtschaftsausstellung die Wettbewerbe beeinträchtigt haben.

Kurios für uns heute endete die Entscheidung im Weitsprung: Da damals die Resultate aus dem Vorkampf auch im Finale gewertet wurden, belegte Myer Prinstein (USA) ohne einen einzigen Sprung im Endkampf am Sonntag den zweiten Platz. Als gläubiger Methodist hatte er an diesem Tag die gebotene Sonntagsruhe einzuhalten und trat nicht zum Wettkampf an.

Ray Ewry (USA) legte mit drei ersten Plätzen (Weit-, Hoch- und Dreisprung aus dem Stand) den Grundstein zu einer Karriere, die ihn mit zehn Goldmedaillen bis 1908 zum erfolgreichsten Olympioniken aller Zeiten machte. Der Sohn deutscher Auswanderer nach Amerika Alvin Kraenzlein war in der französichen Hauptstadt im 60-m-Lauf und 110-m- und 200-m-Hürdenlauf sowie im Weitsprung (mit Anlauf) nicht zu schlagen.

Die Fechtwettbewerbe standen ganz im Zeichen der Gastgeber: Sie holten fünf der sieben möglichen Titel. Lediglich der Kubaner Ramón Fonst und der Italiener Antonio Conte konnten die Vormachtstellung der Franzosen mit je einem Sieg brechen. Ihren ersten Sieg bei Olympischen Spielen feierten die Niederlande im Rudern: Das Boot »Minerva Amsterdam« entschied die Konkurrenz im Zweier mit Steuermann für sich.

Der schon für die Weltausstellung von 1889 errichtete Eiffelturm und die Weltkugel dienen als Wahrzeichen der Weltausstellung in Paris.

Auch in Paris gab es noch nicht die heutige Form der drei Siegermedaillen. Die Athleten erhielten Plaketten, Geschenke und sogar Geld.

Alvin Kraenzlein (USA) gewinnt in der Leichtathletik vier erste Plätze und ist damit erfolgreichster Teilnehmer der Spiele in Paris.

Der Australier Frederick Lane siegte im Schwimmen zweimal.

Diskuswerfer Rudolf Bauer aus Ungarn läßt sich den Olympiasieg in seiner Paradedisziplin nicht nehmen.

Der Franzose Albert Ayat ist mit dem Degen bei den Fechtmeistern und im Wettbewerb für Amateure und Fechtmeister nicht zu schlagen.

1 **Nur wenig Interesse an Olympia:** Die Olympischen Spiele sind ein Teil der Weltausstellung in Paris. Eher zufällig beobachten Spaziergänger das sportliche Geschehen an verschiedenenen Stellen in der Stadt. Die Aktiven selbst haben kaum Gelegenheit, den olympischen Geist beim Zusammentreffen der »Jugend der Welt« zu empfinden, denn die meisten von ihnen reisen unmittelbar nach den Wettkämpfen wieder in ihre Heimat zurück.

2 **Sportarten ohne olympische Kontinuität:** Der Amerikaner Charles E. Sands (Foto) entscheidet das Golfturnier für sich. Er verweist die Briten Walter Rutherford und Dave D. Robertson auf die Plätze. Bei den Damen gewinnt die Amerikanerin Margaret Abbott, Zweite und Dritte werden ihre Landsfrauen Paula Whittier vor Doria Pratt. Schon bei den Spielen 1908 fehlt Golf im olympischen Programm. Zu den Wettbewerben, die keine langfristige Tradition bei Olympischen Spielen entwickeln, zählen auch Kricket (Sieger: Frankreich), Polo (mehrere Turniere mit Mannschaften, sie sich aus Spielern unterschiedlicher Nationalitäten zusammensetzen) und Rugby (Sieger: zweimal Frankreich).

3 **Entscheidungen im Bogenschießen:** Franzosen und Belgier dominieren mit Pfeil und Bogen: Olympiasieger werden u.a. die Franzosen Henri Herouin (Disziplin Au cordon doré, 50 m), Eugène Mougin (Disziplin Au chapelet, 50 m), Emanuel Foulon (Disziplin Sur la perche à la herse) und Emile Grumiaux (Disziplin Sur la perche à la pyramide). Olympiasieger wurden auch der Belgier Hubert van Innis in den Kategorien Au cordon doré, 33 m und Au chapelet, 33 m. Bogenschießen bleibt zunächst bis 1908 olympisch und kehrt erst 1972 in München wieder in das offizielle Programm zurück. Neu ist 1972 u.a. auch Hallenhandball.

4 **Auch Profis in Paris am Start:** Neben dem Wettbewerb für Amateure schrieb die Weltausstellung auch viele für Berufssportler aus, einige als Weltmeisterschaften. Im Hochsprung siegt der favorisierte Weltrekordhalter Michael Sweeney aus den USA. Die Amateurkonkurrenz gewinnt der Amerikaner Irving Baxter vor dem in der britischen Mannschaft startenden Iren Patrick Leahy. Den dritten Platz belegt der Ungar Lajos Gönczy. Im dritten Wettbewerb in dieser Sportart, dem Hochsprung aus dem Stand, ist der Amerikaner Ray Ewry vor seinen Landsleuten Baxter und Lewis P. Sheldon erfolgreich. Ewry wird zudem Olympiasieger beim Weitsprung aus dem Stand – vor Baxter und Emile Torche-

bœuf aus Frankreich – sowie im Dreisprung aus dem Stand, wo er seine Landsleute Baxter und Robert Garrett hinter sich läßt. Den Dreisprung mit Anlauf entscheidet Myer Prinstein (USA) für sich. Im Weitsprung mit Anlauf gewinnt sein Landsmann Alvin Kraenzlein, Erster auch über 60 m und 110 m Hürden sowie über 200 m Hürden.

5 **Diverse Techniken:** Im Hochsprung setzen die Sportler die unterschiedlichsten Techniken ein, um die Latte zu überqueren. Der Amerikaner Alvin Schoenfield z. B. »rollt« sich bei der Weltmeisterschaft der Profisportler, die ebenfalls während der Olympischen Spiele ausgetragen wird, über die Latte.

6 **Mobilität ist gefragt:** IOC-Präsident Pierre de Coubertin will möglichst viele Sportveranstaltungen besuchen. Um schnell zu den Austragungsstätten zu gelangen, fährt er mit seinem Tricycle quer durch die Stadt. Der Wiederbegründer der olympischen Idee sieht schon bald ein, daß es wenig Sinn macht, die Spiele einer Weltausstellung anzugliedern. Er bedauert, daß der Eigenwert der Olympischen Spiele dadurch nicht zum Ausdruck kommt. Dennoch dauert es noch acht Jahre, bis die Spiele in London 1908 zu einer eigenständigen Veranstaltung werden.

7 **Leichtathletik-Erfolg für Norwegen:** Der Amerikaner Meredith B. Colket sichert sich im Stabhochsprung mit 3,25 m den 2. Platz hinter seinem Landsmann Irving Baxter. Platz drei belegt der Norweger Carl-Albert Andersen, der fünf Zentimeter unter der Leistung Colketts bleibt. Neben dem Dänen Ernst Schultz (Dritter im 400-m-Lauf) ist Andersen der einzige Skandinavier, der in den Leichtathletik-Wettbewerben bei den Pariser Spielen einen Platz unter den jeweils besten drei Teilnehmern erreicht – abgesehen vom Erfolg im Tauziehen, wo sich ein schwedisch-dänisches Team gegen die Konkurrenz behauptet.

8 **Warten auf den Sieg:** Im Stabhochsprung ist der Amerikaner Irving Baxter erfolgreich. Auf die Bestätigung seines Olympiatitels muß er jedoch noch warten: Ursprünglich war der Wettbewerb einen Tag später anberaumt worden. Weil aber das Kampfgericht die Sportler zu einem früheren Termin an einem Sonntag zum Start rief, fehlten viele Athleten aus religiösen Gründen. Auf Protest der US-Delegation gibt es daraufhin am folgenden Tag einen zweiten Wettbewerb. Die Sportler überqueren zwar Höhen, die ihnen eigentlich zum Olympiasieg gereicht hätten, doch gehen ihre Leistungen lediglich in die Statistik ein – Sieger bleibt Baxter.

9 **Platz 1 und 2 für die USA:** Der Amerikaner Josiah McCracken holt im Kugelstoßen mit einer Weite von 12,85 m den 2. Platz hinter seinem Landsmann Richard Sheldon (14,10 m). Sheldon, zudem Dritter beim Diskuswurf, profitiert von der Abwesenheit des favorisierten Weltrekordhalters Dennis Horgan.

10 **Titelverteidigung nicht geglückt:** Robert Garrett (USA), vor vier Jahren bei der Olympiapremiere in Athen noch deutlicher Sieger im Kugelstoßen, wird in Paris mit 12,37 m Dritter.

11 **Neue Leichtathletik-Disziplin:** Erster Olympiasieger im Hammerwurf wird der irischstämmige Amerikaner John Flanagan. Er verweist seine Landsleute Truxton Hare und Josiah McCracken auf die Plätze.

12 **Wettbewerbsvielfalt im Schwimmen:** Der Australier Frederick Lane wird Olympiasieger im 200-m-Hindernisschwimmen, bei dem die Teilnehmer über eine Stange und eine Bootsreihe klettern und dann unter weiteren Booten hindurchtauchen müssen. Alle Wettbewerbe werden in der Seine ausgetragen. Lane gewinnt zum zweiten Mal im 200-m-Freistilschwimmen vor dem Ungarn Zoltán von Halmay und dem Österreicher Karl Ruberl. Zwei Olympiatitel sichert sich zudem der Brite

John Jarvis: Im 1000-m-Freistilschwimmen besiegt er den Österreicher Otto Wahle und von Halmay. Über 4000 m Freistil läßt er von Halmay und dem Franzosen Louis Martin keine Chance auf den Sieg. Das 200-m-Rückenschwimmen entscheidet der Deutsche Ernst Hoppenberg vor Ruberl und Johannes Drost aus den Niederlanden für sich. Den Wettbewerb im Streckentauchen gewinnt der Franzose Charles Devendeville vor seinem Landsmann André Six und dem Dänen Peter Lykkeberg. Im 5 x 200-m-Mannschaftsschwimmen wird Deutschland Olympiasieger vor zwei Teams aus Frankreich. Im Wasserball-Wettbewerb siegt Großbritannien vor Belgien und dem Team des Gastgebers Frankreich.

13 **Skandinavier vorn:** Weil beide Nationen nicht über die notwendige Anzahl von sechs Sportlern verfügen, schließen sich Aktive aus Dänemark und Schweden für das olympische Tauziehen zu einer Mannschaft zusammen und gewinnen vor der französischen Mannschaft. Tauziehen war um die Jahrhundertwende sehr populär und von 1900 bis 1920 Bestandteil des Olympischen Programms. Seitdem diese Sportart nicht mehr bei Olympischen Spielen ausgeübt wird, denen sie ihre Beliebtheit wesentlich verdankte, führt sie nur noch ein Randdasein.

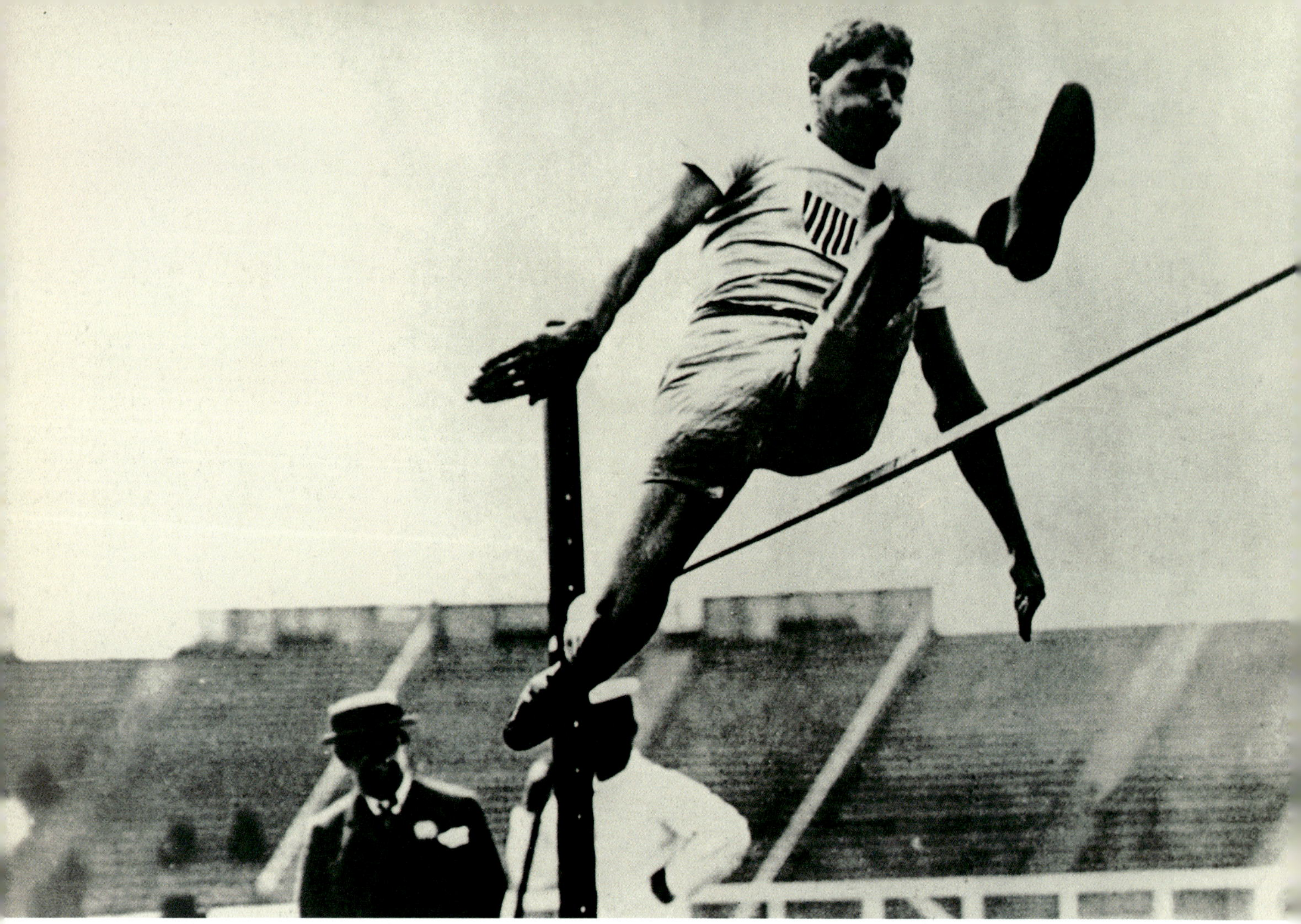

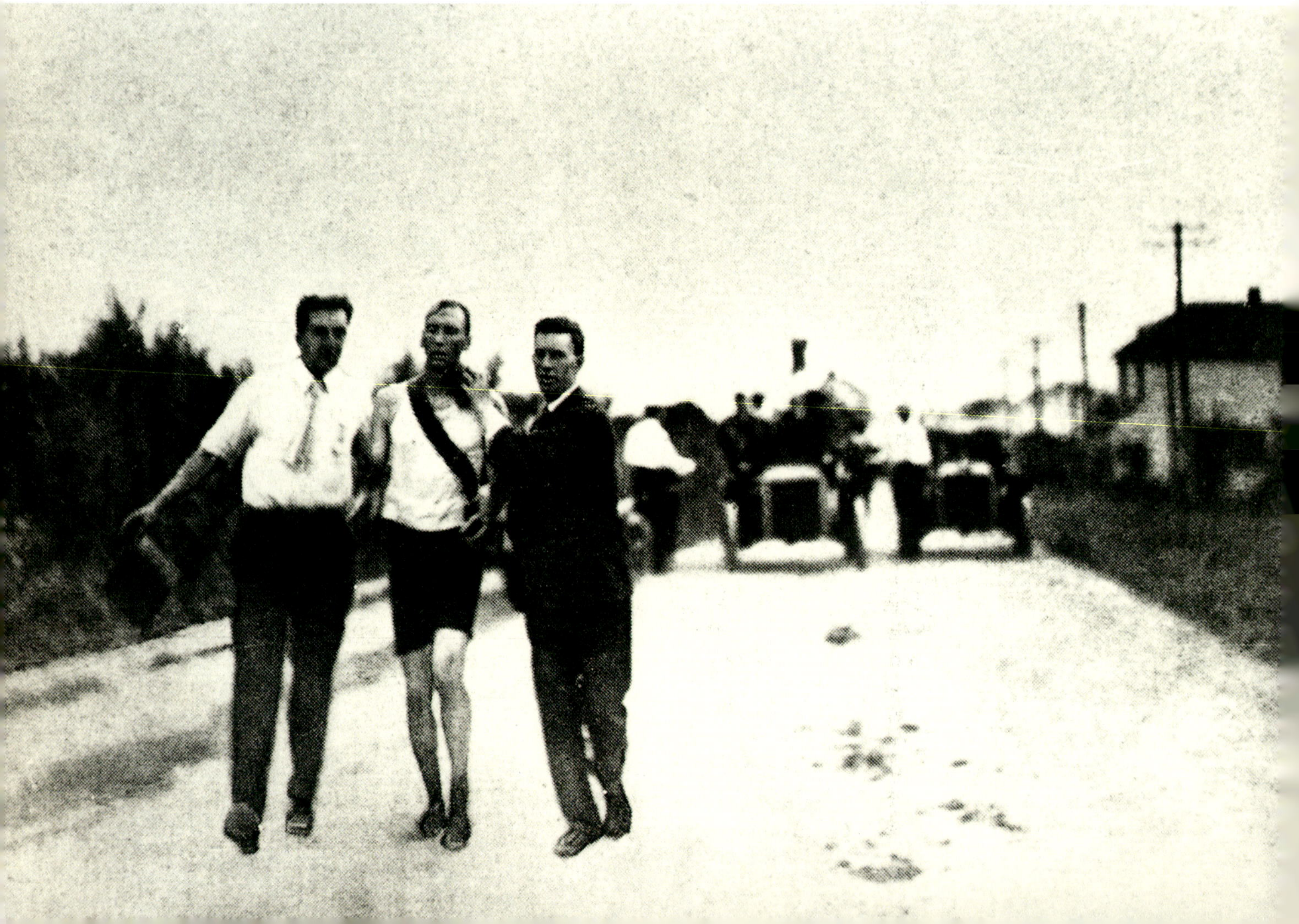

Wie vier Jahre zuvor in Paris waren die Olympischen Spiele auch wiederum ein Teil einer Weltausstellung, der von St. Louis. Entsprechend lautete die Inschrift der Siegermedaillen auf der Vorderseite »Universal Exhibition« und auf der Rückseite »Olympiad«.

Als eine der wenigen deutschen Medaillenhoffnungen in der Leichtathletik gilt Johannes Runge, der über 800 m und 1500 m aber jeweils nur Fünfter wird.

Die Wettbewerbe ragten nicht aus den übrigen Programmpunkten der Weltausstellung heraus. Folglich nahm die Öffentlichkeit die Spiele kaum als eigenständige Veranstaltung wahr. Zum allgemeinen Desinteresse trugen auch Dauer und Anzahl der Wettkämpfe bei. Nach dem Willen der Veranstalter sollten sich die Konkurrenzen zeitlich nicht überschneiden. So fanden von Juli bis November fast 400 Entscheidungen statt, die sich aber nicht allesamt mit dem Prädikat »olympisch« schmücken durften, darunter auch Profi- und Schülermeisterschaften. Zu den Olympischen Spielen zählten die amerikanischen Organisatoren 104 Wettbewerbe in 16 Sportarten – darunter erstmals auch Boxen.

Ray Ewry (USA) verteidigt seine Olympiatitel von Paris 1900 im Drei-, Hoch- und Weitsprung – jeweils aus dem Stand.

Auf dem Weg zum Sieg im Marathonlauf ist Thomas Hicks (USA) für jede Erfrischung dankbar.

Das Programm der Weltausstellung in St. Louis, in deren Verlauf auch die Wettbewerbe der Olympischen Spiele ausgetragen werden.

IOC-Präsident Pierre de Coubertin, der nicht vor Ort war, zeigte sich enttäuscht über die mangelhafte Herausstellung der olympischen Idee. Kritisch äußerte er sich auch über die sog. anthropologischen Tage: Wettbewerbe (u. a. im Steinwurf und Hindernislauf) für ethnische Minderheiten, organisiert von der völkerkundlichen Abteilung der Weltausstellung. Coubertin betrachtete diese »Konkurrenzen« als diskriminierend.

Die hohen Reisekosten nach Übersee führten – im Vergleich zu den Spielen von 1900 – fast zu einer Halbierung der Teilnehmerzahlen: Ca. 680 Athleten traten an, davon kamen mehr als 500 Sportler aus den USA und 50 aus Kanada. In die Phalanx der siegegewohnten Amerikaner brach u. a. der Ire Thomas Kiely mit seiner Goldmedaille im Zehnkampf ein: Die Disziplinen – Läufe über 100 y und die Meile, 120 y Hürden, Gehen, Hoch-, Weit-, Stabhochsprung, Kugelstoßen, Hammer- und Gewichtwurf – mußten am selben Tag absolviert werden.

Der deutsche Schwimmer Emil Rausch gewinnt in St. Louis zweimal und belegt zudem einen dritten Platz über 220 y Kraul.

Für einen Skandal sorgte Marathonläufer Fred Lorz (USA), der sich unterwegs von einem Begleitfahrzeug mitnehmen ließ, das er erst kurz vor dem Ziel wieder verließ. Lorz erhielt eine lebenslange Sperre, die aber bald aufgehoben wurde.

Wichtig für den Bestand der Olympischen Spiele wurden die 2. Olympischen Spiele 1906 in Athen. Das IOC hatte 1901 gegen den Willen Coubertins beschlossen, alle zwei Jahre im Wechsel in Athen und anderen internationalen Städten Spiele durchzuführen. Nach den Problemen in Paris und St. Louis, waren die Spiele 1906 in Athen wie 1896 ein großer Erfolg. Erstmals gab es einen Einmarsch der Nationen und fast durchweg Gold-, Silber- und Bronzemedaillen. Die geplanten Spiele in Athen 1910 und 1914 fielen Kriegen zum Opfer. Später wurden die Olympischen Spiele von 1906 zu sog. Zwischenspielen degradiert.

Charles Daniels (USA) sichert sich dreimal den ersten und einmal den zweiten Platz im Schwimmen. Im 50-y-Kraulfinale wird er Dritter.

John Flanagan (USA) wird – wie schon vier Jahre zuvor in Paris – Olympiasieger im Hammerwurf. Platz zwei belegt er im Gewichtwurf.

26

1 Auf dem Weg zum Erfolg: Der amerikanische Sprinter Archie Hahn gewinnt über 60 m und verweist seine Landsleute William Hogenson und Fay Moulton auf die Plätze. In den Endläufen über 100 m und 200 m bezwingt er die Amerikaner Nathaniel Cartmell und Hogenson.

2 Hartes Rennen: 32 Sportler beteiligen sich am Marathonlauf, nur 14 von ihnen erreichen das Ziel. Olympiasieger wird Thomas Hicks. Silber erhält Albert Corey vor Arthur Newton (alle USA).

3 Favorit in Sprungwettbewerben nicht zu schlagen: Dreimal tritt der Amerikaner Ray Ewry zum Wettbewerb an, dreimal verläßt er das Stadion als Sieger und wiederholt damit seine Olympiasiege der Spiele von 1900 in Paris. Im Hochsprung aus dem Stand überquert Ewry 1,50 m und distanziert seine Konkurrenten Lawson Robertson und James F. Stadler (beide USA) um fünf Zentimeter. Den Dreisprung aus dem Stand gewinnt Ewry vor Charles King (USA) und Stadler. Noch deutlicher ist Ewrys Überlegenheit im Weitsprung aus dem Stand: Er entscheidet den Wettkampf mit der Weltrekordweite von 3,48 m vor seinen Landsleuten King (3,28 m) und John Biller (3,26 m) für sich.

4 Stichkampf entscheidet über die Plätze: Martin Sheridan (Foto) und Ralph Rose (beide USA) führen den Wettbewerb im Diskuswurf gemeinsam mit 39,28 m an. Es kommt zu einem Entscheidungswurf, bei dem Sheridan 1,52 m Vorsprung hat. Rose, Kugelstoß-Olympiasieger und Dritter im Hammerwurf, bleibt Silber vor dem Griechen Nikolaos Georgantas.

5 Dreifacher Sieg: Der dreifache Olympiasieger James Lightbody (USA) erhält für einen seiner Erfolge einen Pokal. Über 800 m läßt er seine Landsleute Howard Valentine und Emil Breitkreutz hinter sich. Im 1500-m-Finale bezwingt er W. Frank Verner und Lacey Hearn (beide USA). Seinen dritten Sieg sichert sich Lightbody im 2500-m-Hindernislauf vor dem im britischen Team startenden Iren John Daly. Dritter wird Arthur Newton (USA). Mit dem US-Team holt Lightbody schließlich Silber im Mannschaftslauf über vier Meilen.

6 Strychnin Sulfat als Hilfsmittel: Am Tag nach dem Marathonlauf hat sich Sieger Thomas Hicks (USA) von den körperlichen Strapazen erholt und stellt sich mit den Siegerpokalen den Fotografen. Sein Trainer erklärt den Grund des Erfolgs: »Zehn Meilen vor dem Ziel waren bei Thomas Hicks Anzeichen eines unmittelbar bevorstehenden Zusammenbruchs zu bemerken. ... In diesem Augenblick sah ich mich gezwungen, ihm ein tausendstel Grain Strychnin Sulfat mit einem Eiweiß einzuflößen ...«. So ging es auf die letzte Meile: »...Hicks vermochte kaum noch die Beine vom Boden zu heben. Er war bei Bewußtsein, doch ihn plagten Halluzinationen.« Taumelnd erreichte er das Ziel und wurde von Helfern aufgefangen.

7 Gold im Stabhochsprung: Der Amerikaner Charles Dvorak bewältigt eine Höhe von 3,50 m. Diese Leistung reicht zum Sieg vor Leroy Samse und Louis Wilkins (beide USA).

8 Start vom Bootssteg: Charles Daniels gewinnt das Freistilschwimmen über 440 y. Den zweiten Sieg sichert er sich über 220 y Freistil. Mit dem Team aus New York über 4x50 y und für Vereinsstaffeln holt er den dritten Titel.

9 Deutsche Turner: Die Mannschaft mit Riegenführer F. Hofmann (vorn): der Schweizer A. Spinnler (startet in der deutschen Riege und war einer der fünf deutschen Olympiasieger), W. Weber, C. Busch, H. Peitsch, W. Lemke, O. Wiegand, E. Mohr und A. Weber (v.li.).

10 Kaum Interesse am Sport: James E. Sullivan (2.v.re.), Vorsitzender des Organisationskomitees, kann nicht verhindern, daß die Olympischen Spiele nur ein Teil der Weltausstellung sind.

Die IV. Olympischen Spiele in London leiteten eine neue Ära in der Sportgeschichte ein. Erstmals nämlich war die Veranstaltung nicht als bloßes Beiwerk einer Weltausstellung konzipiert, sondern fand als eigenständiges Ereignis statt.

Ursprünglich hatte Rom Austragungsort der Spiele sein sollen. Doch da in Rom keinerlei Vorbereitungen getroffen worden waren, war IOC-Präsident Pierre de Coubertin froh, daß das britische NOK sich kurzfristig bereit erklärte, die Spiele in London zu organisieren.

Beim Bau des Olympiastadions in der britischen Hauptstadt spielten die Kosten eine wichtige Rolle: Die Arena war mit einer Lauf- und Radrennbahn ausgestattet und besaß vor der Tribüne ein großes Schwimmbad mit absenkbarem Sprungturm. Fast 100 000 Zuschauer konnten die Wettkämpfe vor Ort verfolgen. Zur Senkung der Kosten wurden erstmals einfache Stahlrohrtribünen eingesetzt.

Bei der Eröffnungsfeier zogen zum zweiten Mal die Mannschaften nach Nationen geordnet, aber noch in uneinheitlicher Kleidung hinter ihren Landesflaggen ins Stadion ein.

Die ersten Medaillen waren bereits vor der Eröffnungsfeier vergeben worden: Die Ballspiele Hallentennis und Jeu de Paume hatten schon im Frühjahr stattgefunden. Im Olympia-Monat Juli gab es die Leichtathletik-Wettbewerbe u.a. mit Tauziehen und dem ersten olympischen Staffellauf über 1600 m – die Mannschaften hatte zweimal 200 m sowie je einmal 400 m und 800 m zu absolvieren. Entscheidungen fielen auch im Motorbootrennen, Polo und Ringen sowie im Rudern. Im Herbst feierte Eiskunstlauf als erste Wintersportart Premiere, dazu gab es Fußball, Hockey und Lacrosse. Frauen nahmen mit eigenen Wettbewerben im Bogenschießen, Eiskunstlauf und im Tennis teil.

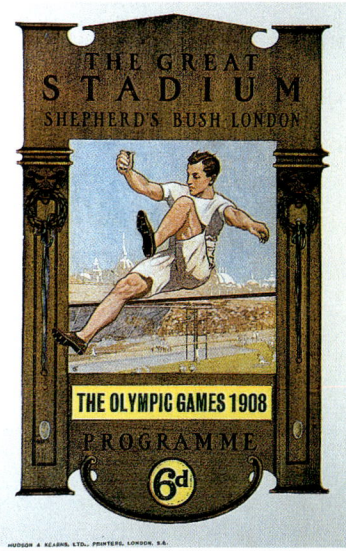

Ein Leichtathletik-Motiv ziert die Programmhefte für die Zuschauer der Wettbewerbe.

Unstimmigkeiten kamen zwischen der amerikanischen und der britischen Delegation auf: Die US-Mannschaftsleitung warf den Kampfrichtern aus dem Gastgeberland parteiische Wertungen vor. Daraufhin kündigte das IOC an, zukünftig Schiedsgerichte aus Vertretern unterschiedlicher Nationen zu bilden.

Mit je drei Goldmedaillen waren der britische Schwimmer Henry Taylor (400 m und 1500 m Freistil, 4 x 200-m-Freistilstaffel) und der US-Leichtathlet Melvin Sheppard (800 m, 1500 m, Staffel) die erfolgreichsten Teilnehmer. Wie in zahlreichen Rennen zuvor, bewies der 27jährige Forrest Smithson (USA) seine Überlegenheit über die Hürden: Im Endlauf sicherte er sich in 15,0 sec die Goldmedaille. Zum Abschluß seiner Karriere verteidigte Ray Ewry (USA) seine Olympiatitel im Hoch- und Weitsprung aus dem Stand und gewann damit die Goldmedaillen neun und zehn.

Nach der Disqualifizierung des Italieners Dorando Pietri wird der 22jährige Amerikaner John Joseph Hayes zum Olympiasieger im Marathonlauf erklärt.

Der Mittelstreckenläufer Melvin Sheppard (USA) wird mit drei Goldmedaillen erfolgreichster Teilnehmer der Spiele in London.

Forrest Smithson (USA) holt überlegen Gold über 110 m Hürden.

Der amerikanische Leichtathlet Martin Sheridan sichert sich zweimal die Goldmedaille im Diskuswurf (antiker und moderner Stil).

1 **Spiele im neuen Stadion:** Nach dem Einmarsch der Mannschaften senken die Fahnenträger zum Gruß der königlichen Familie die Nationalflaggen. Im Vordergrund der 100-m-Pool, in dem die Schwimmwettbewerbe ausgetragen werden.

2 **Titelverteidigung:** Der Amerikaner Ralph Rose wiederholt seinen Sieg im Kugelstoßen von 1904.

3 **Dreimal Silber:** Der Amerikaner Harry Porter gewinnt mit 1,90 m den Hochsprung. Mit jeweils 1,88 m erhalten drei Teilnehmer eine Silbermedaille – Georges André (FRA), Con Leahy (GBR) und István Somody (HUN).

4 **Zehnmal Gold bleibt unerreicht:** Ray Ewry (USA) wird Olympiasieger im Hochsprung aus dem Stand und setzt seine seit 1900 ununterbrochene Erfolgsserie in diesem Wettbewerb fort. Silber holen der Grieche Konstantin Tsiklitiras und der Amerikaner John Biller. Zum vierten Mal hintereinander ist Ewry auch im Weitsprung aus dem Stand erfolgreich. Rang zwei belegt Tsiklitiras vor Martin Sheridan (USA). Nach den Spielen zieht sich der 34jährige Ewry vom Lei-

stungssport zurück – mit zehnmal Gold (1900–1908) als erfolgreichster Olympionike aller Zeiten.

5 **»Hattrick« für US-Sportler:** Wie schon 1904 in St. Louis und 1906 in Athen entscheidet Martin Sheridan (USA) den Diskuswurf für sich. Im freien Stil läßt er seine Landsleute Merritt Griffin und Marquis Horr hinter sich. Eine weitere Goldmedaille sichert er sich im »griechischen Stil«, bei dem die Teilnehmer auf ein Podest steigen und die Scheibe nach einer falschen Interpretation der antiken Technik wegschleudern. Silber gewinnt Horr.

6 **Spannendes Finish:** Robert Kerr (CAN, 2.v.li.) wird Olympiasieger über 200 m. Zeit-

gleich bleibt Robert Cloughen (USA, li.) Silber vor seinem Landsmann Nathaniel Cartmell (2.v.re.). George Hawkins (GBR, re.) wird Vierter.

7 **Dynamische Sprünge:** Szene eines Hürdenlaufs. Die Hindernisse wurden noch übersprungen und nicht, wie heute überlaufen.

8 **Doppelerfolg für US-Hürdenläufer:** Charles Bacon (re.) gewinnt das Finale über 400 m Hürden vor Harry Hilman. Bronze holt der Brite Leonard Tremeer.

9 **Eigenart:** Mit einer Scheibe in der Hand zur Stabilisierung gewinnt der Olympiasieger über 110 m Hürden, Forrest Smithson (USA), den Vor- und Zwischenlauf.

10 **Großbritannien vorn:** Im Tauziehen holen die Mannschaften des Gastgebers alle drei Medaillen.

11 – **13** **Marathon-Drama:** Auf der letzten Runde im Stadion bricht der im Marathonlauf führende Italiener Dorando Pietri vor Erschöpfung viermal zusammen (Bild 11). Jedesmal rappelt er sich jedoch wieder auf und taumelt dem Ziel entgegen. Kurz vor der Linie greifen dem nahezu Bewußtlosen Helfer unter die Arme, u.a. der Stadionsprecher (Bild 12, 2.v.li.) und der »Sherlock-Holmes«-Autor Arthur Conan Doyle (re.). Das Publikum feiert den vermeintlichen Olympiasieger, doch der wird wegen »Inanspruchnahme fremder Hilfe« disqualifiziert. Die Goldmedaille erhält John Joseph Hayes (USA) vor Charles Hefferon (RSA) und Joseph Forshaw (USA). Für Pietri, der vehement bestreitet, um Hilfe gebeten zu haben, endet das Rennen dennoch versöhnlich: Am nächsten Tag überreicht ihm Königin Alexandra einen von ihr selbst gestifteten Goldpokal in Anerkennung seiner Leistung (Bild 13).

Die schwedischen Gastgeber sorgten für einen reibungslosen Ablauf der V. Olympischen Sommerspiele, bei denen erstmals Athleten aus allen Kontinenten vertreten waren.

Die Organisation der Wettkämpfe und die Gestaltung der Sportanlagen waren mustergültig, so daß die Spiele in Stockholm zum Vorbild für nachfolgende Veranstaltungen wurden. Vorübergehende diplomatische Differenzen gerieten angesichts der harmonischen Stimmung in den Hintergrund: Der geplante Einzug der Mannschaften hinter Schildern mit aufgedruckten Ländernamen hatte erstmals zu ernsten Protesten geführt: Österreich kritisierte die Teilnahme einer eigenständigen Mannschaft Böhmens, Rußland die Teilnahme des zum russischen Reich gehörenden Großherzogtums Finnland. Das IOC gab nach, und die Böhmen und Finnen mußten unmittelbar hinter den Mannschaften Österreichs bzw. Rußlands einmarschieren, hatten ein kleineres Schild und mußten auf ihre Flagge verzichten. Lediglich bei der Siegerehrung wurde zusätzlich zur Flagge ein kleinerer Wimpel mit ihren Farben mitgehißt.

Ihre Olympiapremiere feierte die Mannschaft Japan. Insgesamt nahmen ca. 2450 Sportler aus 28 Ländern an den Entscheidungen teil. Die Frauen eroberten mehr und mehr Terrain: Nach ihrem Einstand im Tennis (1900) erhielten sie ab 1912 auch die Startberechtigung bei den Schwimmwettbewerben.

Zu den bedeutenden technischen Verbesserungen zählte die elektrische Zeitnahme zur Unterstützung der Handstoppuhren – die Ergebnisse konnten auf Zehntelsekunden genau ermittelt werden – und die Zielfotografie in der Leichtathletik. So entschied beim 1500-m-Lauf das Foto über die Vergabe von Silber (Abel Kiviat, USA) und Bronze (Norman Taber, USA).

Zum zweiten Mal nach Paris 1900 ka-

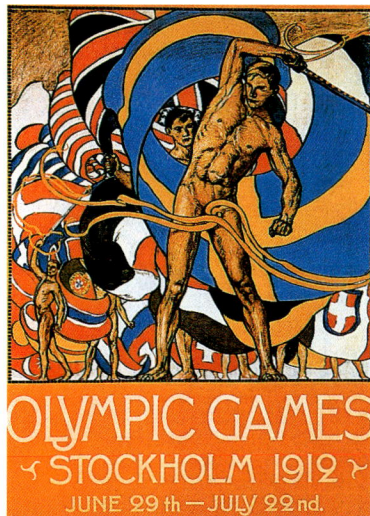

Athletik, Kunst und verschiedene Nationalflaggen beherrschen das erste offizielle Olympiaplakat.

men die Reiter zu olympischen Ehren. Ihr Start war auch vier Jahre zuvor in London vorgesehen gewesen, doch hatten die Organisatoren die Vielzahl der Meldungen nicht bewältigt. Die schwedische »Sportphilosophie«, daß ein Mensch seinen Körper gleichmäßig auszubilden habe, wirkte sich auch auf das Wettkampfprogramm aus: Im Kugelstoßen, Speer- und Diskuswurf gab es jeweils zwei Entscheidungen. Einmal durften die Athleten nur ihre stärkere Hand benutzen, einmal mußten sie die Rechte und Linke gleichermaßen einsetzen. Neu war der von Coubertin erdachte moderne Fünfkampf (Reiten, Fechten, Schwimmen, Schießen, Geländelauf).

Der US-Amerikaner Jim Thorpe gewann den leichtathletischen Fünf- und Zehnkampf. Im folgenden Jahr wurde bekannt, daß der 24jährige in seiner Jugend für seine Teilnahme an einem Baseball-Spiel einige Dollars erhalten hatte. Infolge der rigiden Auslegung des IOC-Regelwerks wurde zum ersten Mal ein Sportler als »Profi« disqualifiziert.

Nach seinen Siegen im Fünf- und Zehnkampf gilt Jim Thorpe (USA) als bester Leichtathlet seiner Zeit. Im nacholympischen Jahr werden ihm die Medaillen wegen Verstoßes gegen die Amateurbestimmungen aberkannt und erst 1983 posthum zugesprochen.

Der Finne Armas Taipale holt Gold im ein- und im beidarmigen Diskuswurf.

Ralph Rose (USA) holt Gold im beidarmigen und Silber im einarmigen Kugelstoßen.

»Duke« Paoa Kahanamoku (USA) wird Olympiasieger im 100-m-Kraulschwimmen und Zweiter mit der 4 x 200-m-Kraulstaffel.

Der Finne Hannes Kolehmainen (re.) siegt über 5000 m, 10 000 m, Crosslauf und wird 2. im Crosslauf (Mannschaft).

1 **Sportler aus aller Welt:** Beim Einmarsch der Nationen während der Eröffnungsfeier der V. Olympischen Spiele in Stockholm sind erstmals Mannschaften aus allen fünf Kontinenten vertreten. Die Organisatoren erhalten großes Lob für die Vorbereitungen. Auch der schwedische König Gustav V. hatte sich vom Olympia-»Fieber« anstecken lassen und ein Privatgrundstück zum Bau des Olympiastadions zur Verfügung gestellt. Die von dem einheimischen Architekten Torben Grut konzipierte Arena bietet den Besuchern aus aller Welt rund 30 000 überdachte Sitzplätze.

2 **Ringer kämpfen bis zur Erschöpfung:** Der Kampf zwischen Martin Klein (RUS, li.) und dem Finnen Alfred Asikainen im griechisch-römischen Stil dauert über zehn Stunden, ohne daß einer der beiden zum Sieger erklärt wird. Schließlich können die Mittelgewichtler vor Erschöpfung nicht mehr gegen Claes Johansson (SWE) antreten, und der Schwede wird zum Olympiasieger ernannt. Keinen Goldmedaillengewinner gibt es im Halbschwergewicht: Nach neun Stunden Dauer wird der Ringkampf zwischen dem Schweden Anders Ahlgren und dem Finnen Ivar Böhling abgebrochen – beide erhalten Silber. Bronze holt der Ungar Béla Varga.

3 **Frauen geben ihren Einstand beim Schwimmen:** Die 4 x 100-m-Kraulstaffel aus Großbritannien mit Jennie Fletcher, Bella Moore, Annie Speirs und Irene Steer (mit Trainerin, Mi.) gewinnt die Goldmedaille in Weltrekordzeit (5:52,8 min) vor dem deutschen Quartett mit Vally Dressel, Luise Otto, Margarete Rosenberg und Hermine Stindt und Österreich (Margarete Adler, Klara Milch, Josefine Sticker, Bertha Zahourek). Im Einzelfinale über 100 m Kraul sichert sich die Australierin Fanny Durack den Olympiasieg vor ihrer Landsfrau Wilhelmina Wylie und der Britin Jennie Fletcher. Im dritten Wassersportwettbewerb der Damen, dem Turmspringen, verweist die Schwedin Greta Johansson ihre Teamgefährtin Lisa Regnell und Isabelle White (GBR) auf die Plätze.

4 **Wettbewerbsvielfalt beim Turnen:** Die Mannschaftswertung nach dem sog. schwedischen System gewinnt die Riege der Gastgeber vor Dänemark und Norwegen. Die Nationenwertung im »freien System« entscheidet Norwegen vor Finnland und Dänemark für sich. Im Vierkampf-Einzel (Barren, Reck, Ringe, Seitpferd) wird der Italiener Alberto Braglia Olympiasieger. Die Silbermedaille gewinnt der Franzose Louis Ségura vor Serafino Mazzarocchi aus Italien. In der Mannschaftswertung liegt Italien vor Ungarn und Großbritannien.

5 **Gold im Hochsprung:** 1,93 m überquert der Amerikaner Alma Richards und holt damit die Goldmedaille vor dem Deutschen Hans Liesche und George Horine (USA). In den übrigen Sprungkonkurrenzen dominieren Amerikaner und Schweden: Den Weitsprung entscheidet Albert Gutterson (USA) vor Calvin Bricker und Georg Åberg (SWE) für sich. Einen dreifachen Erfolg feiern die Gastgeber im Dreisprung, während im Stabhochsprung der US-Amerikaner Harry Babcock die Nase vorn hat.

6 **Jubel kommt zu früh:** Schlußläufer Richard Rau (li.) freut über den Sieg der deutschen 4 x 100-m-Staffel. Doch wegen eines umstrittenen Wechselfehlers wird das Quartett disqualifiziert – Großbritannien (re. mit Schlußläufer William Applegarth) siegt vor Schweden.

7 Reiter-Erfolge: Im Military-Wettbewerb holt Karl von Moers (Foto) mit der deutschen Mannschaft Silber hinter Schweden; Bronze geht an die Mannschaft der USA. Im Einzel siegt Axel Nordlander (SWE) vor Friedrich von Rochow (GER) und Jean Cariou (FRA). In der Dressur-Entscheidung feiert Schweden einen dreifachen Erfolg mit Gold für Carl Bonde vor Gustaf-Adolf Boltenstern und Hans von Blixen-Finecke. Die Skandinavier holen zudem Gold im Mannschafts- Jagdspringen vor Frankreich und Deutschland. Der Franzose Jean Caroiu siegt in der Einzelwertung der Springreiter vor Rabod Wilhelm von Kröcher aus Deutschland und Emanuel de Blommaert de Soye dem Belgier.

8 Technische Errungenschaft: Die Zielfotografie gilt als bedeutende Innovation bei den Olympischen Spielen in Stockholm. Sie kommt in der Leichtathletik gleich mehrfach zum Einsatz, um Entscheidungen der Kampfrichter zu überprüfen.

9 Erfolge im Rudern: Im Vierer mit Steuermann wird die deutsche Crew mit Albert Arnheiter, Otto Fickeisen, Rudolf Fickeisen, Hermann Wilker und Steuermann Otto Maier (Mi.) Olympiasieger vor Großbritannien und Norwegen. Erfolge feiern zudem Boote aus Dänemark vor Schweden und Norwegen (Innendollen-Vierer mit Steuermann). Großbritannien liegt mit Gold und Silber im Achter

vor Deutschland. Im Einer siegt William Jinnear (GBR) vor Polydore Veirman (BEL) und Everard Butler (CAN) sowie Michail Kusik (RUS).

10 USA feiern Sieger: Nach Abschluß der Olympischen Spiele werden die amerikanischen Sieger in ihrer Heimat mit einer festlichen Parade empfangen. Der Bürgermeister von New York, William J. Gaynor (li.), gratuliert Jim Thorpe, dem Doppel-Olympiasieger im Fünf- und Zehnkampf. Den Zehnkampf entschied Thorpe vor Hugo Wieslander und Charles Lomberg (beide SWE) für sich. Es dauert 70 Jahre, bis Thorpe nach Aberkennung der Medaillen (1913) als »Profi« in die Siegerlisten zurückkehrt.

Mit Antwerpen wurde die Stadt eines Landes Austragungsort der Spiele, das im Ersten Weltkrieg zu den frühen Opfern der deutschen Kriegspolitik gehört hatte. Nur ein Jahr blieb den Organisatoren für die Vorbereitung der Veranstaltung.

Die Französin Suzanne Lenglen gewinnt im Tennis zwei Goldmedaillen und eine Bronzemedaille.

Vor der Eröffnung erregte die Frage die Öffentlichkeit, ob Sportler aus den Staaten zugelassen werden, die den Ausbruch des Ersten Weltkrieges zu verantworten hatten. Das IOC schloß seine Mitglieder aus den Mittelmächten (Bulgarien, Deutschland, Österreich, Türkei und Ungarn) aus, so daß diese Länder nicht eingeladen werden konnten. Damals war es üblich, nur solche Staaten teilnehmen zu lassen, die IOC-Mitglieder hatten.

Während bei den vorherigen Spielen weitgehend auf zeremonielle Symbolik verzichtet worden war, stiegen nun zu Beginn der Spiele wie schon 1896 Friedenstauben auf. Der Belgier Victor Boin leistete den ersten olympischen Eid. Im Namen der Athleten versprach er, »ehrenhafter Kämpfer zu sein« und »in ritterlichem Geiste, zur Ehre unserer Länder und zum Ruhme des Sports« an den Wettkämpfen teilzunehmen. Überall in den Sportstätten flatterte während der fünfmonatigen Dauer die Olympische Flagge mit den fünf ineinander verschlungenen Ringen als Symbol für die Vereinigung der fünf Kontinente: Coubertin hatte die Flagge bereits 1914 anläßlich des 20. Gründungsjubiläums der olympischen Bewegung präsentiert. Nun war sie erstmals offizielles Erkennungszeichen der Spiele.

Zum letzten Mal maßen Sportler beim Tauziehen ihre Kräfte. Auf einer eigens angelegten Bahn im Stadion zeigten die Briten ihre Vormachtstellung in dem seit 1900 ausgetragenen Wettkampf. Auch im Gewichtwerfen, 3000-m-Gehen, im 400-m-Brustschwimmen sowie in einigen Segeldisziplinen wurden nach 1920 keine Medaillen mehr vergeben. Neu im Programm war

Charles W. Paddock (USA, re.) sichert sich den Sieg im 100-m-Finale. Sein zweites Gold holt Paddock mit der 4 x 100-m-Staffel. Über 200 m reicht es zur Silbermedaille.

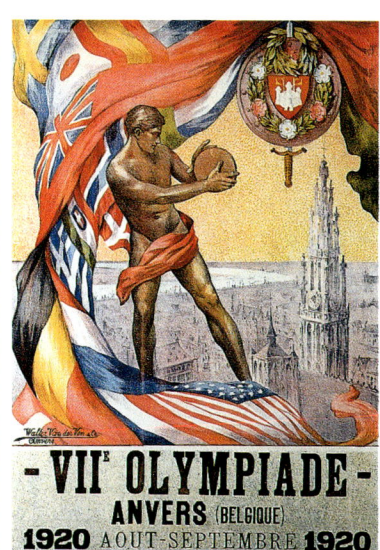

Das offizielle Olympiaplakat zeigt neben einem Diskuswerfer der Antike auch die Nationalfahnen zahlreicher teilnehmender Staaten.

Eishockey – die Anerkennung des Wintersports schritt voran.

In der Leichtathletik traten nur wenige Mannschaften an, was der Veranstaltung den Ruf von »Rumpf-Spielen« einbrachte. Nicht zuletzt wegen der geringen Teilnehmerzahl – viele Staaten hatten ihre besten Sportler im Krieg verloren – konnten die Zuschauer nur zwei Weltrekorde (110 m Hürden, 400 m Hürden) bejubeln.

Finnland dominierte die technischen Wettbewerbe: Im Kugelstoßen und Diskuswurf feierten die Skandinavier Doppelsiege, im Speerwurf sicherten sie sich alle Medaillen.

Das wichtigste Ergebnis von Antwerpen: Die olympische Idee war nicht in den Kriegswirren untergegangen. Diesen Verdienst konnten sich Pierre de Coubertin und der Präsident des belgischen Organisationskomitees, Henri Baillet-Latour, zuschreiben.

Der finnische Läufer Paavo Nurmi macht in Antwerpen mit dreimal Gold und einmal Silber auf sich aufmerksam.

Die 15jährige Amerikanerin Aileen Riggin wird durch Gold im Kunstspringen die bis dahin jüngste Olympiasiegerin.

Der Schwede William Pettersson entscheidet den Weitsprung-Wettbewerb für sich.

1 **Symbolkraft:** Zum ersten Mal weht im Stadion die olympische Flagge mit den fünf ineinander verschlungenen Ringen als Symbole für die Kontinente.

2 **Freude nicht nur beim Sieger:** Der Finne Paavo Nurmi (re.) läßt sich nach seinem Olympiasieg über 10 000 m feiern. Von seinen Fans auf Schultern getragen wird auch der Italiener Augusto Maccario (li.), der hinter Joseph Guillemot (FRA) und James Wilson (GBR) Vierter wird. Weitere Goldmedaillen holt Nurmi im Querfeldeinlauf mit der Mannschaft und im Einzel, Silber gewinnt der neue Langlaufstar über 5000 m hinter Guillemot.

3 **Überlegener Sieg:** Percy Hodge (GBR, li.) läuft seinem Olympiagold im 3000-m-Hindernislauf entgegen. Zweiter wird der Amerikaner Patrick Flynn (2. v. li.) vor Ernesto Ambrosini aus Italien.

4 **Medaillensammlerin im Tennis:** Suzanne Lenglen (FRA) sichert sich ihr erstes Gold im Einzel gegen Dorothy Holman (GBR). Im Mixed siegt Lenglen mit ihrem Landsmann Max Décugis gegen Kathleen McKane/Max Woosnam (GBR). Mit ihrer französischen Partnerin Elisabeth d'Ayen holt sie Bronze im Doppel.

5 **Eiskunstlauf-Wettbewerbe vorgezogen:** Bereits im April werden die Finnen Ludovika (in Deutschland geboren und aufgewachsen) und Walter Jakobsson (li. neben ihrem Landsmann Sakari Ilmanen, dem Fünften im Einzel) Olympiasieger im Paarlauf. Bei den Männern holt Gillis Grafström (SWE) Gold (Frauen: Magda Julin; SWE).

6 **Dreifach-Erfolg für USA:** Das Kunstspringen vom 1-m- und 3-m-Brett entscheidet die Amerikanerin Aileen Riggin vor ihren Teamgefährtinnen Helen Wainwright und Thelma Payne für sich. Beim Turmspringen wird sie Fünfte: Gold sichert sich Stefani Fryland-Clausen (DEN) vor Eileen Armstrong (GBR) und Eva Ollivier (SWE).

7 **Schweden vorn:** William Petersson (Mi.) gewinnt den Weitsprung, Erik Abrahamsson (li.) holt Bronze. Ihr Landsmann Rolf Franksson (re.) wird Sechster.

8 **Königliche Glückwünsche:** Albert I. von Belgien nimmt die Siegerehrung vor und gratuliert Warren Kealoha (USA) zu seinem Erfolg über 100 m Rücken. Das Finale entschied Kealoha vor Raymond Kegeris und dem Belgier Gérard Blitz.

9 **Gratulation:** Die bis dahin jüngste Goldmedaillengewinnerin, Aileen Riggin (USA), steigt auf das Siegerpodest, um ihren Ehrenpreis entgegenzunehmen.

10 **Preis für Erfolg:** Die dreifache Olympiasiegerin im Schwimmen, Ethelda Bleibtrey (USA, Gold über 100 m und 300 m Kraul sowie mit der 4 x 100-m-Kraulstaffel) freut sich über die Verleihung des Siegerpreises.

11 **Kurioses Finish:** Im 100-m-Finale sorgt der »Zielsprung« von Olympiasieger Charles W. Paddock (USA, 2. v. re.) für Aufsehen. Zeitgleich bleibt Morris M. Kirksey (USA, re.) Silber vor Harry Edward (GBR, li.).

Die ersten Winterspiele bekamen die olympischen Weihen erst 1926 verliehen. Die ein Jahr zuvor in Chamonix ausgetragenen Wettbewerbe hatten ursprünglich als »Internationale Wintersportwoche« stattgefunden.

Die älteste olympische Wintersportdisziplin, Eiskunstlauf, steht schon seit 1908 auf dem Programm (Foto: Berliner Meisterschaften um 1925).

Nachdem Eiskunstlauf als Wettbewerb schon 1908 bei den Olympischen Spielen in London auf dem Programm gestanden hatte, regte der Italiener Eugène Brunetta d'Usseaux 1911 die Durchführung eigener Winterspiele an. Seine Idee stieß jedoch auf den Widerstand der skandinavischen Länder, die den Fortbestand ihrer seit 1901 regelmäßig in Schweden ausgetragenen Nordischen Spiele gefährdet sahen. Dennoch wurden bei den Spielen 1920 Medaillen im Eiskunstlauf und Eishockey vergeben.

Der Schwede Gillis Grafström gewinnt zum zweiten Mal nach 1920 die Konkurrenz im Eiskunstlauf.

Zur Internationalen Wintersportwoche in Chamonix schickten 17 Nationen fast 300 Aktive, darunter 13 Frauen. Die Organisatoren hatten u. a. ein Eisstadion errichten lassen, das auf 27 000 m² Fläche zwei nebeneinanderliegende Eishockeyfelder und eine 400-m-Rundbahn bot. Die gut organisierten Wettkämpfe litten unter den widrigen Witterungsverhältnissen, die den Sportlern abwechselnd Temperaturstürze und Tauwetter bescherten.

In den fünf Sportarten Bobsport, Eishockey, Eiskunstlauf, Eisschnelllauf und Nordischer Skisport bewiesen die Skandinavier ihre Vormachtstellung: Die Nationenwertung gewann Norwegen mit vier Gold-, sieben Silber- und sechs Bronzemedaillen vor Finnland (viermal Gold, je dreimal Silber und Bronze).

Herausragender Teilnehmer war jedoch nicht ein Norweger, sondern der Eisschnelläufer Clas Thunberg. Der in Anspielung auf seinen Landsmann, den Leichtathleten Paavo Nurmi, als »Nurmi auf dem Eis« bezeichnete Finne holte drei Goldmedaillen (1500 m, 5000 m, Vierkampf), Silber über 10 000 m und Bronze im 500-m-Sprint. Als »Ski-

Das offizielle Plakat der Wintersportwoche weist die Veranstaltung noch nicht als eigenständige Olympische Winterspiele aus, sondern stellt eine Verbindung zu den Spielen der VIII. Olympiade im selben Jahr in Paris her.

König« ließ sich der Norweger Thorleif Haug feiern, der den 18-km- und 50-km-Langlauf sowie die Nordische Kombination vor Thoralf Strømstad und Johan Grøttumsbråten (beide NOR) gewann.

Zum Abschluß der Wintersportwoche vergab IOC-Präsident Pierre de Coubertin erstmals einen »Preis für Alpinismus« an Charles G. Bruce. Der britische General war 1922 Leiter einer Expedition gewesen, die jedoch vergeblich versucht hatte, den Mount Everest zu bezwingen (Erstbesteigung 1953).

Nach dem großen Erfolg der Wettbewerbe in dem ostfranzösischen Ort entschied das IOC im darauffolgenden Jahr, Winterspiele künftig im Vierjahresrhythmus zu veranstalten – unabhängig von den bisherigen Spielen der Olympiade, die weiterhin als Olympische Spiele ausgetragen werden sollten.

Beim Eisschnelllauf werden Olympiasieger auf den Einzelstrecken und im Mehrkampf ermittelt.

In Chamonix gibt es einen Skisprungwettbewerb im Rahmen der Nordischen Kombination und eine eigene Konkurrenz für die Spezialisten.

Im Bobfahren dürfen die Teams wahlweise mit vier oder fünf Sportlern pro Bob starten.

1 **Wintersportwoche unter IOC-Patronat:** Die Nordische Kombination aus 18-km-Lauf und Skisprung entscheidet der Norweger Thorleif Haug vor seinen Landsmännern Thoralf Strømstad und Johan Grøttumsbråten für sich. Die olympischen Ringe symbolisieren die Schirmherrschaft, die das Internationale Olympische Komitee für die Veranstaltung übernommen hat. Die Organisatoren der Internationalen Wintersportwoche haben sie an verschiedenen Wettkampfstätten angebracht. In Demonstrationswettbewerben werden dem Publikum in Chamonix auch Curling und Militärpatrouillenlauf vorgestellt.

2 **Athleten aus 16 Nationen am Start:** Die teilnehmenden Mannschaften müssen den Transport ihrer Sportgeräte selbst organisieren. Einige der 18 angereisten belgischen Aktiven stellen sich bei der Ankunft in

Chamonix einem Fotografen zum Gruppenfoto. Die Eishockeyspieler Belgiens liegen nach Niederlagen im Gruppenspiel gegen die USA (0:19), Großbritannien (3:19) und Frankreich (5:7) auf dem vorletzten Platz im acht Teams umfassenden Teilnehmerfeld. Das Turnier gewinnt Kanada vor den USA und Großbritannien.

3 **Skandinavier vorn:** Die Skiläufer aus der Schweiz (Foto) haben keine Chance gegen ihre skandinavischen Kontrahenten: Im 18-km-Langlauf läßt der Norweger Thorleif Haug seinen Landsmann Johan Grøttumsbråten und den Finnen Tapani Niku hinter sich. Haug ist auch im 50-km-Langlauf vorn und entscheidet außerdem die Nordische Kombination für sich.

4 **Entscheidungen auf Eis und Schnee:** Am Rand der Eisfläche befindet sich das Ziel der Langlaufrennen. Un-

ter dem Beifall der Zuschauer bezwingt der dreifache Olympiasieger Thorleif Haug aus Norwegen im Langlauf über 50 km seine Teamgefährten Thoralf Strømstad und Johan Grøttumsbråten. In den beiden Kurven des vereisten Stadions werden die Konkurrenten im Eiskunstlauf ausgetragen. Bei den Männern verweist der Schwede Gillis Grafström den Österreicher Willy Böckl und den Schweizer Georges Gautschi auf die Plätze. Die Entscheidung der Frauen sieht Weltmeisterin Herma Planck-Szabo (AUT) vorn. Silber holt die Amerikanerin Beatrix Loughran, Bronze geht an die Britin Ethel Muckelt. Publikumsliebling aber ist die gerade elfjährige Norwegerin Sonja Henie, die zwar nur den achten und letzten Rang belegt, als jünste Teilnehmerin aber alle Sympathien genießt.

5 **Doppelerfolg für Norwegen:** Während die in Chamonix nicht teilnahmeberech-

tigten deutschen Skispringer mit den Harzer Ski-
meisterschaften (Foto)
Vorlieb nehmen müssen,
tritt die internationale Eli-
te in Chamonix an. Es
siegt der Norweger Jacob
Tullin Thams vor seinem
Landsmann Narve Bonna
und dem aus Norwegen
stammenden Amerikaner
Anders Haugen.

6 Risiko-Sportart: Kaum
gesichert sind die Bob-
bahnen der frühen 20er
Jahre, was für die Sportler
ein z. T. erhebliches Ver-
letzungsrisiko bedeutet
(Foto um 1920). In Cha-
monix siegt Bob Schweiz II
vor den Teams Großbri-
tannien II und Belgien I.

7 »Dabeisein ist alles«:
Die Italiener sind mit 23
Sportlern (Foto: Skispringer) nach Chamonix ge-
reist, belegen aber in kei-
nem Wettbewerb einen
Platz unter den besten
drei Teilnehmern.

43

Zum zweiten Mal in der noch jungen olympischen Geschichte der Neuzeit trafen sich die Sportler der Welt (ca. 3000 Teilnehmer aus 45 Nationen) in Paris. Zum Ende seiner Amtszeit hatte sich IOC-Präsident Pierre de Coubertin für die erneute Vergabe der Spiele an die französische Hauptstadt stark gemacht.

Der amerikanische Schwimmer Johnny Weissmuller ist über 100 m und 400 m Kraul sowie mit der 4 x 200-m-Kraulstaffel nicht zu schlagen und wird mit der Wasserballermannschaft Dritter.

Nach den organisatorischen Mängeln der Wettbewerbe von 1900 bemühten sich die Franzosen diesmal ganz besonders um einen reibungslosen Ablauf der Veranstaltung. Für die gemeinsame Unterbringung der Sportler entstand erstmals nach 1906 wieder ein sog. olympisches Dorf. Rechtzeitig zum Beginn der Spiele war das neue Stadion bei Colombes mit einer 500-m-Bahn fertiggestellt worden. Ein Novum in der olympischen Geschichte: An den Radiogeräten konnten die Hörer Live-Übertragungen von den Wettkämpfen in der Leichtathletik verfolgen. Das neuerbaute Schwimmstadion in Tourelles bot 10 000 Zuschauern Platz. Korkschnüre trennten zum ersten Mal die Bahnen für die Athleten voneinander ab.

Technische Probleme hatten den Bau einer Regattastrecke für die Ruderentscheidungen verhindert. Einen gewissermaßen natürlichen Ausweg bot zwar die Seine-Schleife bei Argenteuil: Durch die Kurve sowie ungünstige Strömungsverhältnisse beeinflußte die Startbahnauslosung allerdings erheblich die Medaillenchancen.

Trotz Coubertins Bemühungen um eine Wiedereingliederung blieb Deutschland als Aggressor des Ersten Weltkriegs wie schon vier Jahre zuvor von den Spielen ausgeschlossen. Als Star der Spiele feierte das Publikum Paavo Nurmi. Der finnische Läufer gewann fünf Goldmedaillen, zwei davon innerhalb von nur einer Stunde.

Kurios endeten andere Leichtathletikentscheidungen: Gleich dreimal wurde z. B. der Weltrekord über 400 m verbessert. Der Schweizer Jo-

Athleten und die Trikolore beherrschen das Olympiaplakat.

seph Imbach setzte im Vorlauf in 48,0 sec eine neue Bestmarke, schied aber im Finale verletzt aus. Im Zwischenlauf unterbot der spätere Silbermedaillengewinner Horatio Fitch (USA, 47,8 sec) diesen Rekord. Die Goldmedaille sicherte sich schließlich der Brite Eric Liddell in 47,6 sec. Da die Läufer im 400-m-Wettbewerb aber wegen der langen Bahn nur eine Kurve laufen mußten, blieb seiner Leistung die Anerkennung als offizieller Rekord bis zum Jahr 1936 versagt.

Zum vorerst letzten Mal kämpften in Paris die Tennisspieler um Edelmetall bei Olympischen Spielen. Das IOC zweifelte offenbar am Amateurstatus der Spitzenspieler. Gleich drei Teilnehmer gewannen zwei Goldmedaillen im »weißen Sport«: Vincent Richards (USA, Herreneinzel und -doppel), Helen Wills (USA, Dameneinzel und -doppel) und Hazel Wightman (USA, Damendoppel und Mixed).

Martha Norelius (USA) gewinnt den ersten olympischen Wettbewerb für Frauen im 400-m-Kraulschwimmen.

Der Brite Harold Abrahams wird Olympiasieger über 100 m und holt Silber mit der 4 x 100-m-Staffel.

Doppel-Olympiasieger Harold Osborn (USA) freut sich über Gold im Hochsprung und im Zehnkampf.

Mit fünf Goldmedaillen wird der finnische Leichtathlet Paavo Nurmi zum Star der Sommerspiele in Paris.

46

1 **Olympischer Eid:** Der französische Hochspringer Georges André legt bei der Eröffnungsfeier im Kreis der Fahnenträger der teilnehmenden Nationen den olympischen Eid ab.

2 **Defilee der Sportler:** Beim Vorbeimarsch der Aktiven an der Ehrentribüne grüßen die Fechterinnen und Fechter mit ihren Sportgeräten.

3 **Erfahrener Sieger:** Albin Stenroos (FIN) gewinnt den Marathonlauf. Er verweist den Italiener Romeo Bertini und den Amerikaner Clarence DeMar auf die Plätze.

4 **Spannendes Rennen:** Mit zwei Zehntelsekunden Vorsprung wird der Brite Douglas Lowe Olympiasieger über 800 m vor dem Schweizer Paul Martin und dem Amerikaner Schuyler Enck.

5 **»Rolle« zum Gold:** Harold Osborn (USA) entscheidet den Hochsprung für sich. Der erfolgreiche Versuch über 1,98 m im Rollstil mit gekreuzten Beinen bringt ihm den Sieg vor seinem Landsmann Leroy Brown und dem Franzosen Pierre Lewden.

6 **Skandinavier unter sich:** Noch führt der Schwede Edvin Wide (re.) das Feld über 5000 m an. Sieger aber wird – knapp eine Stunde nach seinem Erfolg im 1500-m-Lauf – der Finne Paavo Nurmi (li.). Der 27jährige bezwingt seinen Landsmann Ville Ritola (Mi.) und Wide. Im Querfeldeinlauf läßt Nurmi seinem Konkurrenten Ritola und Earl Johnson (USA) keine Chance. Im Querfeldein-Mannschaftslauf siegen die Finnen vor den USA und Frankreich. Damit holt Nurmi sein fünftes Gold und bestätigt seine Ausnahmeposition.

7 **Sieger im Schatten des Zweiten:** Fred Tootell (USA) gewinnt den Hammerwurf, Star des Wettbewerbs aber ist sein 45jähriger Landsmann Matthew McGrath. Der Zweitplazierte holte bereits bei den Spielen 1908 in London Silber, in Stockholm 1912 Gold im Hammerwurf. 1920 in Antwerpen belegte McGrath den fünften Rang und feiert nun ein erfolgreiches Comeback.

8 **Dreimal Gold:** Johnny Weissmuller (USA) unterbietet auf der 100-m-Kraulstrecke als erster Schwimmer bei Olympischen Spielen die Minutengrenze (59,0 sec). Über 400 m Kraul siegt er gegen den Schweden Arne Borg. Sein drittes Gold holt Weissmuller mit der 4x200-m-Kraulstaffel vor Australien und Schweden.

9 **Weltrekord reicht nicht zum Sieg:** Mit 7,76 m verbessert der Amerikaner Robert LeGendre den Weitsprung-Weltrekord um sieben Zentimeter. Diese Leistung bringt ihm jedoch keine Goldmedaille, weil er sie im Rahmen des Fünfkampfes erreichte. In der Schlußwertung wird LeGendre Dritter hinter dem Finnen Eero Lehtonen – der seinen Olympiasieg von Antwerpen verteidigt – und dem Ungarn Elemer Somfay. Im Weitsprung reichen dem Amerikaner William DeHart Hubbard 7,44 m zum Gold.

10 **Triumphe für USA:** Elizabeth Becker verweist die Olympiasiegerin von 1920, Aileen Riggin, im Kunstspringen auf Platz zwei. Die Bronzemedaille geht an Caroline Fletcher. Im Turmspringen holt Caroline Smith (USA) den Olympiasieg vor Becker. Als einzige Teilnehmerin bricht die Schwedin Hjördis Töpel als Dritte in die US-Phalanx ein.

ST. MORITZ

Die II. Olympischen Winterspiele vergab das IOC in die Schweiz. Obwohl die erste Februarhälfte im Engadin als sicherste Schneeperiode gilt, hatten Organisatoren und Athleten in St. Moritz mit den Unbilden der Witterung zu kämpfen.

Die Goldmedaille im Eiskunstlauf markiert für die Norwegerin Sonja Henie den ersten Höhepunkt einer erfolgreichen Olympiakarriere.

Die Veranstalter konnten auf einige vorhandene Sportstätten zurückgreifen. Die Aktiven, die aus 25 Nationen angereist waren, lobten die Organisation und das Rahmenprogramm der Winterspiele. Zum ersten Mal nach dem Ende des Ersten Weltkriegs traten in St. Moritz auch wieder deutsche Sportler an.

Sorgen bereitete die Witterung: Wegen Tauwetters mußte die Eisschnellauf-Entscheidung über 10 000 m abgesagt, im Bobfahren konnten nur zwei der üblichen vier Wertungsläufe durchgeführt werden. Den 50-km-Langlauf entschied die Wahl des richtigen Wachses, denn die Aktiven starteten frühmorgens bei Temperaturen um den Gefrierpunkt und kamen mittags bei über 20 °C im Ziel an.

Premiere im olympischen Programm feierte Skeleton, das sich beim Publikum großer Beliebtheit erfreute. Die bäuchlings auf Rennschlitten ausgefahrene Konkurrenz gewannen die amerikanischen Brüder Jennison und John Heaton. Wegen des hohen Verletzungsrisikos auf der Eisbahn strich das IOC die Sportart nach 1948 wieder. Den Bobteams blieb es wie 1924 freigestellt, ob sie mit vier oder fünf Aktiven starten wollten. Alle Mannschaften gingen daraufhin mit der höheren Fahrerzahl ins Rennen.

Obwohl bereits 1924 der Internationale Skiverband (FIS) gegründet worden war, gehörten alpine Skiwettbewerbe nicht zum Programm in St. Moritz. Die ersten internationalen Konkurrenzen dieser Art fanden im März 1928 statt. Bis 1936 blieben die Olympischen Winterspiele jedoch ausschließlich den nordischen Sportarten vorbehalten.

Die Berglandschaft im Engadin auf dem Olympiaplakat mit den Flaggen des IOC und der Schweiz.

Wie schon vier Jahre zuvor in Chamonix stellte Norwegen mit sechs Olympiasiegern das erfolgreichste Team; an zweiter Stelle folgten die USA mit je zweimal Gold, Silber und Bronze vor Schweden und Finnland. Je zwei Siege verzeichneten die beiden erfolgreichsten Teilnehmer: Der Norweger Johan Grøttumsbråten siegte in der Nordischen Kombination und im Langlauf über 18 km; Clas Thunberg aus Finnland entschied im Eisschnellauf die Strecken über 500 m und 1500 m für sich. Das Eishockey-Turnier gewann erwartungsgemäß Titelverteidiger Kanada. Das Team wurde wegen seiner offenkundigen Überlegenheit gleich für die Finalrunde nominiert, wo es seiner Favoritenrolle entsprach.

Zum Star der Spiele avancierte Sonja Henie aus Norwegen. Die 15jährige wurde die jüngste Olympiasiegerin im Eiskunstlauf.

Der norwegische Eisschnelläufer Ivar Ballangrud gewinnt Gold über 5000 m und Bronze über 1500 m.

Gillis Grafström (SWE) holt seinen dritten Olympiatitel im Eiskunstlauf.

Skiläufer Johan Grøttumsbråten (NOR) wird in St. Moritz Doppel-Olympiasieger.

Der Schwede Per Erik Hedlund gewinnt den Langlauf über 50 km.

49

1 **Eidgenossen sind Gastgeber:** Die Eröffnungsfeier der II. Olympischen Winterspiele in St. Moritz findet vor tiefverschneiter Kulisse statt. Skisportler Hans Eidenbenz (Mi., mit Schweizer Flagge) legt im Kreis der Fahnenträger aller Mannschaften den olympischen Eid ab.

2 **Triumph für Norwegen:** Einen dreifachen Medaillenerfolg feiern die Skandinavier im 18-km-Langlauf. Johan Grøttumsbråten ist auf dem Weg zu seiner ersten Goldmedaille vor Ole Hegge und Reidar Ødegaard.

3 **Gruppenbild mit Damen:** Sportlerinnen aus acht Nationen beteiligen sich am Eiskunstlauf der Frauen und stellen sich vor dem Wettbewerb dem Fotografen. Welt- und Europameisterin Sonja Henie gewinnt überlegen vor der Österreicherin Fritzi Burger.

4 **Feierliche Zeremonie:** Zahlreiche Ehrengäste kommen nach St. Moritz, um Eröffnungsfeier und Wettkämpfe zu beobachten. Einen Platz in der Ehrenloge hat auch Prinz Heinrich (vorn li.), der Ehemann der niederländischen Königin Wilhelmina, da Amsterdam Gastgeber der Sommerspiele im selben Jahr ist.

5 **Liebling des Publikums:** Eiskunstlauf-Olympiasiegerin Sonja Henie (NOR) betätigt sich im Kreis von Sportkollegen auch als »Wertungsrichterin«. Die 15jährige ist bei ihrer zweiten Teilnahme an Olympischen Spielen bereits ein gefragter Star.

6 **Gold für Frankreich:** Andrée Joly und Pierre Brunet gewinnen die Paarlauf-Konkurrenz im Eiskunstlauf. Der Wettbewerb mußte wegen Tauwetters zunächst verschoben werden. Hinter den

Franzosen, die ihren Olympiasieg vier Jahre später wiederholen, sichern sich Lilly Scholz und Otto Kaiser (AUT) die Silbermedialle vor ihren Landsleuten Melitta Brunner/Ludwig Wrede.

7 **Beste US-Läuferin:** Eine ausdrucksstarke Leistung auf dem Eis präsentiert die Amerikanerin Beatrix Loughran. Nach dem Wettbewerb, der aus einem Pflichtvortrag mit 13 Figuren und einer vierminütigen Kür besteht, holt sie als beste Nichteuropäerin Bronze hinter Sonja Henie (NOR) und Fritzi Burger aus Österreich.

8 **Drei Medaillen für Schweden:** Start und Ziel des 50-km-Langlaufs, der durch Temperaturschwankungen vom Gefrierpunkt bis über 20° Celsius beeinträchtigt wird. Mit den schwierigen Bedingungen kommen die schwedischen Läufer am be-

sten zurecht. Die Goldmedaille gewinnt Per Erik Hedlund vor seinen Teamgefährten Gustaf Jonsson und Volger Andersson.

9 **Olympiasieg wiederholt:** Der finnische Eisschnelläufer Clas Thunberg wird Olympiasieger über 500 m. Vor vier Jahren in Chamonix noch Dritter auf der Sprintstrecke, teilt er sich diesmal Gold mit dem Norweger Bernt Evensen. Bronze geht zeitgleich an Roald Larsen (NOR), John O'Neil Farrell (USA) und Jaakko Friman (FIN). Sein zweites Gold sichert sich Thunberg über 1500 m und wiederholt damit seinen Erfolg der Spiele von 1924. Silber holt Evensen vor dem Norweger Ivar Ballangrud. Den 5000-m-Lauf entscheidet Ballangrud vor Julius Skutnabb (FIN) und Evensen für sich. Wegen anhaltenden Tauwetters wird der 10 000-m-Wettbewerb abgebrochen.

10 **Umfassende Berichte:** Im Deutschen Reich stoßen die Spiele auf großes Interesse, zumal erstmals eine deutsche Mannschaft am winterlichen Treffen der »Jugend der Welt« teilnehmen darf. Zeitungen und Zeitschriften, u.a. die Berliner »Woche«, berichten regelmäßig von Trainingsleistungen, Entscheidungen und sonstigen Ereignissen von den Olympischen Spielen in St. Moritz.

11 **Fünf Mann im Viererbob:** Beim Bobrennen nutzen die teilnehmenden Nationen die Möglichkeit, mit jeweils fünf Athleten an den Start des Wettbewerbs zu gehen. Bob Deutschland II mit Pilot Hanns Kilian, Valentin Krempl, Hans Heß, Sebastian Huber und Hans Nägle (von vorn) holt die Bronzemedaille hinter zwei amerikanischen Bobs. Es bleibt die einzige Medaille für Deutschland bei diesen Olympischen Spielen.

Herausragendes Bauwerk der IX. Sommerspiele war das Amsterdamer Olympiastadion. Für dessen Konstruktion erhielt der einheimische Architekt Jan Wils die Goldmedaille der olympischen Kunstwettbewerbe.

Für Unstimmigkeiten sorgten die Veranstalter zum Auftakt der Spiele, als sie die Fotorechte exklusiv an ein Unternehmen vergaben. Um zu verhindern, daß Privatpersonen Fotoapparate in die Stadien einschleusten, wurden beim Einlaß Kontrollen durchgeführt, die lange Wartezeiten und zahlreiche Proteste nach sich zogen. Schließlich wurden die Maßnahmen aufgegeben; der Versuch, ein Fotomonopol zu schaffen, war gescheitert.

Ca. 2700 Teilnehmer (darunter ca. 250 Frauen) aus 46 Nationen sorgten für »weltumfassende« Spiele. Die deutsche Mannschaft, die nach 16 Jahren Zwangspause wieder bei Olympischen Sommerspielen antreten durfte, feierte ein glanzvolles Comeback. Hinter den USA (22 Siege) wurde sie mit zehn Goldmedaillen zweitbestes Team. Zu den erfolgreichsten Sportlern der Spiele gehörten der US-Schwimmer Johnny Weissmuller sowie der finnische Läufer Paavo Nurmi, der bei seinen dritten Spielen die Olympiamedaillen zehn, elf und zwölf sammelte.

Als neuen IOC-Präsidenten begrüßten die Zuschauer im Stadion Henri de Baillet-Latour, der im September 1925 die Nachfolge von Pierre de Coubertin angetreten hatte. Der 65jährige Coubertin war aufgrund einer Krankheit erstmals seit 1908 nicht vor Ort. Auf Nachrichten aus Amsterdam mußte der Schöpfer der olympischen Idee dennoch nicht verzichten: Der Rundfunk informierte direkt aus den Niederlanden.

In Amsterdam wurden Neuerungen im Protokoll eingeführt, die bis in die Gegenwart Bestand haben: Auf dem Marathonturm vor dem neuerbauten Olympiastadion loderte ein Feuer auf – die olympische Flamme hielt Einzug bei den Spielen. Griechenland führte beim Einmarsch

der Nationen die Mannschaften an. Eine Neuerung mit weitreichenden Folgen war die erstmalige Startberechtigung von Frauen in der Leichtathletik. Coubertin war immer gegen die Teilnahme von Frauen gewesen. Bisher war es gelungen, die Frauen aus dem »Stadion« fernzuhalten. Eine Weltfrauenorganisation, die eigene olympische Spiele für Frauen veranstaltete, machte das IOC kompromißbereit. Die Athletinnen bewiesen mit hervorragenden Leistungen, daß sie zurecht in Amsterdam antreten durften.

Die Deutsche Lina Radke-Batschauer schaffte, was zuvor nur 1906 die Tauziehmannschaft erreicht hatte: Sie gewann bei einer Leichtathletik-Entscheidung Gold. Die 800-m-Strecke durchlief sie in 2 : 16,8 min – Weltrekord. Nach ihr kamen viele Läuferinnen »erschöpft« ins Ziel, was das IOC bewog, den Mittelstreckenlauf für Frauen erst 1960 wieder freizugeben.

Johnny Weissmuller (USA) wiederholt seine Olympiasiege von Paris 1924 über 100 m Kraul und mit der 4 x 200-m-Kraulstaffel.

Ein Läufer dominiert das offizielle Plakat der Sommerspiele in Amsterdam. im Hintergrund weht die olympische Fahne.

Der britische Leichtathlet Lord David Burghley wird Olympiasieger über 400 m Hürden.

Der Schwede Erik Lundkvist entscheidet den Speerwurf-Wettbewerb für sich.

Hilde Schrader (GER) ist im 200-m-Brustschwimmen nicht zu schlagen.

Lina Radke-Batschauer gewinnt den 800-m-Lauf und holt damit das erste Leichtathletik-Gold in einem Einzelwettbewerb für Deutschland überhaupt.

1 Großes Zuschauerinteresse: Blick auf das vollbesetzte Stadion bei der Eröffnungsfeier der Sommerspiele in Amsterdam.

2 Gold für Japan: Mikio Oda gewinnt den Dreisprung vor Levi Casey (USA) und Vilho Tuulos (FIN).

3 Knappe Entscheidung: Im 100-m-Finale sichert sich der Kanadier Percy Williams (2. v. li.) Gold vor Jack London (GBR, li.) und Georg Lammers (GER, 2. v. re.). Williams siegt auch über 200 m.

4 Favoriten geschlagen: Der Brite David Burghley (2. v. re.) bezwingt die favorisierten US-Läufer Frank Cuhel und Morgan Taylor über 400 m Hürden.

5 Gold-Quartett: Florence Bell, Myrtle Cook, Fanny Rosenfeld und Ethel Smith (CAN) verbessern bei ihrem Sieg über 4 x 100 m den Weltrekord auf 48,4 sec.

6 Siege für Skandinavier: Im 10 000-m-Lauf setzt sich Paavo Nurmi (FIN, Mi.) vor Ville Ritola (FIN, li.) und Edvin Wide (SWE, re.) durch. Über 5000 m und 3000 m Hindernis holt Nurmi Silber.

7 Mit Weltrekord zum Sieg: 15,87 m bedeuten für den Amerikaner John Kuck den Sieg im Kugelstoßen.

8 Stärkster Athlet: Gewichtheber Josef Straßberger (GER) gewinnt Gold im Schwergewicht.

9 Sieg für USA: Aufgrund der besseren Platzziffern wird Peter Desjardins Olympiasieger im Turmspringen. Desjardins triumphiert auch im Kunstspringen.

10 Favoriten vorn: Im Rudern gewinnt der US-Achter (vorn) vor Großbritannien und Kanada.

11 Gold und Bronze für Deutschland: Über 200 m Brust siegt Hilde Schrader (GER, Bahn 6) vor Mietje Baron (HOL, Bahn 2) und Lotte Mühe (GER, Bahn 5).

12 Entscheidung in der Verlängerung: Die deutschen Wasserballer besiegen Ungarn im Endspiel mit 5:2.

13 Ehrung im Hockey: Indien (helle Trikots, vorn) gewinnt das Turnier vor den Niederlanden (li.) und Deutschland (hinten).

14 Ehrung im Fechten: Königin Wilhelmina überreicht Helene Mayer (GER) die Goldmedaille für ihren Sieg im Florett-Einzel.

LAKE PLACID

Trotz der Weltwirtschaftskrise veranstaltete Lake Placid die III. Olympische Winterspiele. Für die Organisatoren wurden sie zum finanziellen Fiasko: Am Ende stand ein hohes Defizit zu Buche.

Kaum ein Land verfügte über ausreichende finanzielle Mittel, um eine gut vorbereitete und ausgerüstete Mannschaft zu den Olympischen Spielen entsenden zu können. So kämpften in den Adirondack Mountains im US-Bundesstaat New York nur 311 Aktive aus 17 Nationen um Medaillen – mehr als die Hälfte der Sportler kamen aus den USA und Kanada.

Die Gastgeber hatten keinen Aufwand gescheut, um einen würdigen Rahmen für spannende Wettbewerbe zu schaffen: Ein Olympiastadion war ebenso neu entstanden wie eine Bobbahn am Mount Hoevenberg, die als eine der schnellsten und gefährlichsten Strecken der Welt galt. Einzig das Wetter machte den Veranstaltern einen Strich durch die Rechnung: Wegen der anhaltend hohen Temperaturen schmolzen Eis und Schnee. Wettkämpfe mußten umorganisiert und verschoben werden, so daß die Spiele schließlich zwei Tage später als vorgesehen mit der Viererbob-Entscheidung zu Ende gingen.

Zur Demonstration wurden in Lake Placid drei Sportarten vorgeführt: Eisschnellauf der Damen (offizielles Olympiadebüt 1960), Hundeschlittenrennen und Curling. In dieser Sportart (1998 erstmals offizielle Olympiadisziplin) bewiesen die Kanadier ihre Dominanz. Die Mannschaften aus Manitoba, Ontario und Quebec belegten die Plätze eins bis drei.

Die Erfolge in den nordischen Disziplinen blieben den Skandinaviern vorbehalten, u.a. den Norwegern Johan Grøttumsbråten (Nordische Kombination) und Birger Ruud (Spezialsprunglauf). Auch die Langläufe litten unter widrigen Wetterbedingungen. Zudem führte der 50-km-Lauf durch ein einsames Waldgelände, wo weder Strecken-

posten den Weg wiesen noch Zuschauer die Athleten anfeuerten.

Die übrigen Wettkämpfe dominierten die Amerikaner und Kanadier. Gefeiert wurden u.a. die Eisschnelläufer John Shea (Gold über 500 m und 1500 m) und Irving Jaffee (Gold über 5000 m und 10 000 m).

Mit dem zweiten Platz nach drei Olympiasiegen (1920, 1924, 1928) verabschiedete sich der schwedische Eiskunstläufer Gillis Grafström vom internationalen Sportgeschehen. Er mußte sich diesmal dem Österreicher Karl Schäfer geschlagen geben, der vier Jahre zuvor als Schwimmer an den Sommerspielen in Amsterdam teilgenommen hatte. Ihren Sieg im Eiskunstlaufen von 1928 wiederholte Sonja Henie aus Norwegen. Sie riß die Zuschauer in ihrer Kür weniger mit athletischen Leistungen als mit aufsehenerregenden Show-Einlagen zu »standing ovations« hin.

Der Norweger Johan Grøttumsbråten wird Olympiasieger in der Nordischen Kombination und verteidigt damit seinen Titel der Spiele von 1928 in St. Moritz.

Ein Skispringer und eine Karte der USA, auf der Lake Placid eingezeichnet ist, sind auf dem Olympiaplakat zu sehen.

III Olympic Winter Games

Lake Placid, USA February 4-13, 1932

Die norwegische Eiskunstläuferin Sonja Henie wiederholt in Lake Placid ihren Olympiasieg von 1928.

Vor heimischem Publikum gewinnt der Amerikaner Irving Jaffee zwei Goldmedaillen im Eisschnellauf.

Mit Gold im Eiskunstlauf beendet der Österreicher Karl Schäfer die Erfolgsserie des dreimaligen Olympiasiegers Gillis Grafström (SWE), der sich mit Silber begnügen muß.

Der Schwede Sven Utterström entscheidet den Wettbewerb im 18-km-Langlauf für sich.

1 Im Kreis der Fahnenträger: Bei der Eröffnungsfeier spricht Eisschnelläufer John Shea den olympischen Eid, der von dem Südpol-Flieger Admiral Byrd entgegengenommen wird.

2 Publikumsliebling: Sonja Henie (NOR) sichert sich ihren zweiten Olympiasieg. Die publikumswirksamen Showeinlagen in der Kür der norwegischen Eiskunstläuferin ziehen Wertungsrichter und Zuschauer gleichermaßen in ihren Bann. Die Österreicherin Fritzi Burger und Maribel Vinson (USA) holen Silber und Bronze.

3 Erfolgreichster Medaillensammler: Mit zwei Goldmedaillen wird John Shea (USA, vorn) zusammen mit seinem Teamgefährten Irving Jaffee erfolgreichster Teilnehmer der Winterspiele in Lake Placid. Im 500-m-Sprint bezwingt er den Norweger Bernt Evensen und den Kanadier Alexander Hurd. Über 1500 m verhindert Shea einen totalen Triumph der Kanadier, die die Plätze zwei bis vier belegen: Silber holt Hurd vor William Logan und Frank Stack.

4 Schneemangel beeinträchtigt Wettbewerbe: Von der Sprungschanze aus ist der Schneemangel, unter dem die Veranstaltung leidet, deutlich zu erkennen. Die Nordische Kombination aus 18-km-Langlauf und Skispringen entscheidet wie schon vier Jahre zuvor der Norweger Johan Grøttumsbråten für sich, diesmal vor seinen Landsleuten Ole Stenen und Hans Vinjarengen. Mit einem dreifachen Medaillenerfolg der Norweger endet auch die Skisprung-Entscheidung: Gold holt Birger Ruud vor Hans Beck und Kaare Wahlberg.

5 Vorentscheidung: Start zu einem der beiden Vorläufe im Eisschnellauf über 10 000 m, von denen die jeweils vier Erstplazierten das Finale errreichen. Den Endlauf gewinnt der Amerikaner Irving Jaffee vor Weltrekordhalter Ivar Ballangrud aus Norwegen und dem Kanadier Frank Stack. Olympiasieger wird Jaffee zudem über 5000 m. Silber gewinnt sein Teamgefährte Edward Murphy vor dem Kanadier William Logan.

6 Vier Teams kämpfen um Medaillen: Die Entscheidung über den Olympiasieg im Eishockey fällt bereits in der ersten von zwei Begegnungen zwischen Kanada (weiße Trikots) und Gastgeber USA. Ein 2:1-Erfolg der Kanadier in der Vorrunde und ein 2:2 in der Rückrunde reichen zum Gold. Deutschland holt die Bronzemedaille. Abgeschlagen landet Polen auf dem vierten Platz.

7 Das Recht des Stärkeren: Der Massenstart beim Eisschnellauf ist bei den Aktiven äußerst umstritten. Rangeleien auf dem Eis führen dazu, daß die Sportler von den Kampfrichtern häufig an Fairness im Wettbewerb erinnert werden müssen. Für den mehrfachen Weltrekordhalter im Eisschnellauf und Mehrkampf-Weltmeister Claes Thunberg (NOR) ist der ungeliebte Start ein Grund, erst gar nicht zu den Wettkämpfen anzutreten.

8 Gefährliche Wettkämpfe: Auf der wegen ihrer Kurven berüchtigten Natureisbahn am Mount Hoevenberg entscheidet Bob USA I mit Pilot William Fiske, Edward Eagan, Clifford Gray und Jay O'Brien die Konkurrenz im Viererbob für sich. Silber holt Bob USA II vor Deutschland I. Nach einem schweren Trainingsunfall war die verletzte deutsche Crew durch die Besatzung von Bob Deutschland II ersetzt worden, deren Gefährt wiederum von sportbegeisterten Deutsch-Amerikanern (siebter und letzter Rang) übernommen wurde.

9 Premiere im Zweierbob: Vier Wertungsläufe umfaßt der erstmals ausgetragene Wettbewerb im Zweierbob. Gold holen die amerikanischen Brüder Hubert und Curtis Stevens (Bob USA I) vor Reto Capadrutt/Oscar Geier (SUI) und John Heaton/Robert Minton (USA II).

Rund 3500 Musiker sorgten für Stimmung bei der farbenprächtigen Eröffnungsfeier der X. Olympischen Sommerspiele in Los Angeles. Die amerikanische »Traumfabrik« begeisterte Publikum und Athleten gleichermaßen.

Mehr als 100 000 Zuschauer wohnten der Eröffnungsfeier im Coliseum bei: Wegen der Weltwirtschaftskrise konnten nur ca. 1200 Aktive aus 40 Nationen in die USA reisen. Die Sportler wohnten in einem eigens errichteten olympischen Dorf – eine Idee, die schon 1906 in Athen und dann wieder 1924 in Paris realisiert worden war. Die weiblichen Teilnehmer mußten allerdings mit Hotelzimmern Vorlieb nehmen.

Schon vor Beginn der Wettkämpfe hatten die Spiele ihren großen Skandal: Unter dem Vorwurf, gegen die Amateurbestimmungen verstoßen zu haben, hatte das IOC Paavo Nurmi ausgeschlossen. Der finnische Läufer hatte bei verschiedenen Sportveranstaltungen - wie es damals durchaus üblich war - Startgelder angenommen. So blieb dem 35jährigen das erhoffte Marathongold zum Abschluß seiner Karriere, während der er 22 offizielle Weltrekorde aufgestellt sowie neun Gold- und drei Silbermedaillen bei Olympischen Spielen gewonnen hatte, versagt. In Finnland wurde Paavo Nurmi nie gesperrt und war noch einige Jahre aktiv. Für die geplanten Olympischen Spiele 1940 in Helsinki und die 1952 dort durchgeführten Spiele zierte sein Konterfei das offizielle Olympiaplakat. Sehr zum Ärger des IOC hatte ein für sie lebenslang gesperrter Profi die Ehre, die Fackel ins Stadion zu tragen und das Olympische Feuer anzuzünden.

Ein protokollarisches Novum gab es bei den Siegerehrungen, denn die Gewinner stiegen zur Medaillenvergabe auf ein dreistufiges Holzpodest. Wiederum wurde die Starterlaubnis eingeschränkt: Pro Nation durften maximal drei Athleten bei einem Einzelwettbewerb starten. Eine Goldmedaille im Alpinismus erhielten die Deutschen Toni und Franz Schmid für die Erstbesteigung der Nordwand des Matterhorns.

Im Springreiten beeinträchtigte der schwere Parcours den Preis der Nationen: Keine der Equipen kam mit drei Reitern ins Ziel, so daß eine Medaillenvergabe ausbleiben mußte.

Unklarheiten gab es im Ziel des 3000-m-Hindernislaufs. Der Rundenzähler irrte sich und ließ die Sportler eine Runde zu viel laufen. Während dies für den uneinholbar führenden Finnen Volmari Iso-Hollo keine Konsequenzen hatte, büßte der Amerikaner Joseph McCluskey in der »Zusatzrunde« seinen zweiten Platz ein. Trotzdem verzichtete er auf einen Protest und gab sich mit Bronze hinter dem Briten Thomas Evenson zufrieden.

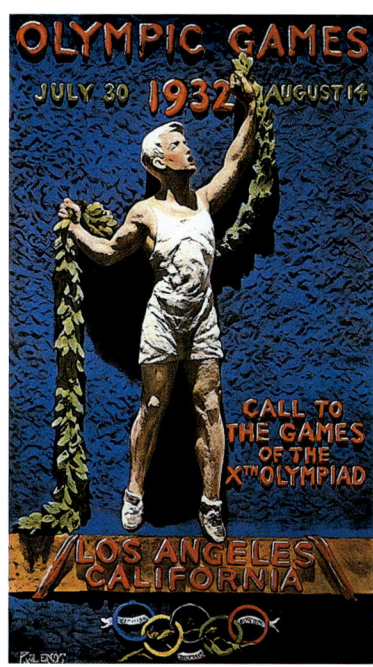

Das offizielle Plakat dokumentiert den Ruf an die »Jugend der Welt«, zu Olympischen Spielen in Los Angeles zusammenzutreffen.

Eddie Tolan (re., mit Ralph Metcalfe) gilt als zu klein für die Sprintwettbewerbe. Mit zwei Goldmedaillen über 100 m und 200 m weist der 1,65 m große Brillenträger jedoch alle Kritiker in die Schranken. Tolan gewinnt als erster Schwarzer eine Goldmedaille in einem Laufwettbewerb.

Der japanische Schwimmer Yasuji Myazaki verbessert über 100 m Freistil den Olympischen Rekord von Johnny Weissmuller (USA) um vier Zehntelsekunden auf 58,0 sec. Im Finale reichen ihm 58,2 sec zum Sieg.

Mit 43,68 m stellt die Amerikanerin Mildred Didrikson einen neuen olympischen Speerwurf-Rekord auf und sichert sich die Goldmedaille.

Die Polin Stanislawa Walasiewicz gewinnt den 100-m-Lauf. Die seit 1913 in den USA lebende Leichtathletin erhält 1947 die amerikanische Staatsbürgerschaft.

Der australische Ruderer Henry Pierce wiederholt seinen Olympiasieg im Einer von 1928 nach spannendem Rennen gegen William Miller (USA).

1 Feierliches Versprechen: Nachdem US-Vizepräsident Charles Curtis die Spiele von Los Angeles eröffnet hat, leistet der amerikanische Degenfechter George C. Calnan, Drittplazierter der Spiele 1928 in Amsterdam, im Namen aller Teilnehmer den olympischen Eid.

2 Überlegenheit Indiens: Nur drei Mannschaften nehmen am Hockey-Turnier teil. Nicht zu schlagen sind die Inder (Spielszene gegen Japan).

Hinter Japan belegen die USA Rang drei. Indien kann damit seinen Olympiasieg von 1928 wiederholen, die Gold-Serie bei Olympischen Spielen hält bis 1956 an.

3 Knappe Entscheidung: Erst das Zielfoto entscheidet über den Sieg im 100-m-Finale: Obwohl die technisch noch nicht ausgereifte und deshalb nicht zugelassene elektrische Zeitnahme für zwei Läufer die gleiche Zeit (10,38 sec) ermittelt hat, wird

E. Tolan (re.) zum Sieger vor R. Metcalfe (USA, 2. v. re.) und dem Deutschen A. Jonath (3. v. re.) erklärt – als erster schwarzer Läufer.

4 Neue Form der Ehrung: Ab 1932 erfolgen die Siegerehrungen auf einem speziellen Podest – hier für die Siegerin über 100 m Freistilschwimmen, Helen Madison (USA, Mi.), die vor der Niederländerin Willemijntje den Ouden (li.) und Eleanor Saville Garatti (USA, re.) gewinnt.

5 Franzosen im Gewichtheben führend: Gold im Halbschwergewicht (bis 82,5 kg) gewinnt souverän Louis Hostin, der Weltrekordhalter im Stoßen. Frankreichs Triumph komplettieren die Olympiasiege von Raymond Suvigny im Feder- und René Duverger im Leichtgewicht.

6 Rekordleistung: Mit 40,58 m stellt US-Diskuswerferin Lillian Copeland einen neuen olympischen Rekord auf. Sie holt Gold vor ihrer

Teamgefährtin Ruth Osborn (40,12 m) und der polnischen Weltrekordlerin Jadwiga Wajsowna (38,75 m).

7 Gold für Ungarn: 4:4 endet das Wasserballspiel des späteren Zweiten Deutschland gegen Bronzemedaillengewinner USA (Spielszene). Die Goldmedaille sichert sich das überlegene Team aus Ungarn, das seine Gegner Deutschland (6:2), Japan (17:0) und USA (7:0) deutlich bezwingt.

8 **Vielseitige »Babe«:** Mit Gold über 80 m Hürden und im Speerwurf sowie einer Silbermedaille im Hochsprung wird Mildred »Babe« Didrikson (USA, re.) erfolgreichste Leichtathletin der Spiele.

9 **Erfolgreicher Turner:** István Pelle (HUN) gewinnt die Goldmedaillen am Boden und am Seitpferd und erringt Silber im Mehrkampf und am Barren.

Kurz nach der nationalsozialistischen Machtergreifung in Deutschland (1933) vergab das IOC entsprechend seiner Regel – Länder, die die Olympischen Spiele ausrichten, haben das Recht, einen Ort für die Winterspiele vorzuschlagen – diese nach Garmisch-Partenkirchen.

Besorgt über Nachrichten von Übergriffen gegenüber Juden, verlangte das IOC seit 1933 mehrmals, daß die Olympischen Regeln eingehalten würden und auch Juden in der deutschen Mannschaft nominiert werden können. Der Versuch deutscher Emigranten in den USA, die demokratischen Staaten zum Boykott zu veranlassen, blieb erfolglos.

Das Hitler-Regime nutzte die Chance, sich den mehr als 500 000 Zuschauern aus aller Welt als friedfertiges Land vorzustellen und die Vorbehalte ausländischer Beobachter gegenüber den Nationalsozialisten zu zerstreuen. Mit großem Pomp wurden die neuerbauten Sportanlagen eingeweiht, zu denen die große Olympiaschanze, das Eisstadion und die Bobbahn am Rießersee gehörten.

Die Organisatoren sorgten von vornherein dafür, daß eine negative Berichterstattung unterblieb: So gewährte die zuständige Reichsbehörde ausschließlich deutschen Fotografen Zugang zu den Wettkampfstätten. Erst nach eingehender Zensur durch das Propagandaministerium wurden die »passenden« Bilder für ausländische Zeitungen und Zeitschriften freigegeben.

Aktive aus 28 Nationen kämpften in Garmisch-Partenkirchen um Medaillen. Erstmals vertreten waren Sportler aus Australien, Bulgarien, Griechenland, Liechtenstein, Spanien und der Türkei.

Dem Vormarsch des alpinen Skisports trug das IOC mit einem Kombinationswettbewerb aus Abfahrt und Slalom Rechnung. Allerdings hatte schon im Vorfeld die Nichtzulassung österreichischer und Schweizer Hotel-Skilehrer für Mißstimmung gesorgt. Nach Auffassung der IOC-

Der Norweger Ivar Ballangrud avanciert mit drei Olympiasiegen und einer Silbermedaille im Eisschnellauf zum Star der Winterspiele in Garmisch-Partenkirchen.

Das Plakat der Olympischen Winterspiele deutet den Hitler-Gruß eines Sportlers an.

Mitglieder verstieß die Verknüpfung von Sport und Beruf gegen die Amateurbestimmungen.

Neu im Programm war u. a. der nordische Staffelwettbewerb über 4 x 10 km, den das finnische Team gewann. Eine Sensation gelang der britischen Mannschaft im Eishockey. Nachdem das Team die favorisierten Kanadier in der Zwischenrunde geschlagen hatte, holte es anschließend Gold. Allerdings war die Mehrzahl der britischen Spieler kanadischer Herkunft.

Als erfolgreichster Athlet der Spiele beendete der 31jährige Eisschnelläufer Ivar Ballangrud aus Norwegen seine Karriere: Bei seiner dritten Olympiateilnahme holte er dreimal Gold und eine Silbermedaille. Seine Teamkollegin Sonja Henie verabschiedete sich nach ihrem dritten Eiskunstlauf-Olympiasieg in Folge vom Amateursport.

Christl Cranz (GER) wird erste Olympiasiegerin in der Alpinen Kombinationswertung.

Maxi Herber und Ernst Baier (GER) gewinnen Eiskunstlauf-Gold und sichern sich in der Olympiasaison auch ihren ersten von vier Weltmeistertiteln (bis 1939).

Erschöpft ist Erik August Larsson (SWE) nach seinem Sieg im 18-km-Langlauf.

Mit seinem Sieg in der Alpinen Kombination holt Franz Pfnür ebenfalls Gold.

8

9

1 **Festlicher Ausklang der Spiele:** Fackelträger und Feuerwerk sorgen für einen stimmungsvollen Abschluß .

2 **»Hattrick«:** Sonja Henie (NOR) wird mit ihrem dritten Olympiasieg hintereinander erfolgreichste Eiskunstläuferin bei Winterspielen überhaupt. Silber holt die Britin Cecilia Colledge vor der Schwedin Vivi-Anne Hultén.

3 **Gelungener Auftakt:** Mit einer guten Leistung in der Pflicht legt Weltmeister Karl Schäfer (AUT, re.) den Grundstein zum Olympiasieg im Eiskunstlauf vor Ernst Baier (GER) und seinem Landsmann Felix Kaspar.

4 **Staffel-Erfolg für Finnen:** Vorschriftsmäßig verläuft der Wechsel des Startläufers Sulo Nurmela (li.) zu Klaes Karppinen in der 4 x 10-km-Langlaufstaffel, die Finnland vor Norwegen und Schweden gewinnt.

5 **Triumph für Schweden:** Die ersten vier Plätze im Langlauf über 50 km belegen Sportler aus Schweden. Gold sichert sich (v.li.) Elis Wiklund vor Axel Wikström, Nils-Joel Englund und Hjalmar Bergström.

6 **Eisstockschießen vorgeführt:** Zu den Demonstrationssportarten gehört u. a.

das Eisstockschießen. Österreich gewinnt die Mannschaftswertung, im Weit- und Zielschießen ist Georg Edenhauser (AUT) vorn.

7 **Italien in Front:** Den Demonstrationswettbewerb im Militärpatrouillenlauf gewinnt Italiens Mannschaft.

8 **Doppelerfolg:** Viererbob Schweiz II mit (v. re.) Steuermann Pierre Musy, Arnold Gartmann, Charles Bouvier und Joseph Beerli gewinnt vor Bob Schweiz I und Großbritannien.

9 **Am Ende Bronze:** Obwohl Laila Schou Nielsen (NOR) überlegen die Abfahrt gewinnt, wird sie nach dem Slalom in der Kombination nur Dritte.

10 **Medaillen für USA:** Die Zweierbobs USA I (Ivan Brown und Alan Washbond, v. li.) und USA II holen Gold und Bronze. Silber geht an Schweiz II.

11 **Skandinavier siegen:** Birger Ruud (NOR) gewinnt den Sprunglauf vor dem Schweden Sven Eriksson. Platz drei belegt Reidar Andersen (NOR).

12 **Erfolg für Norwegen:** Olympiasieger in der Nordischen Kombination wird Oddbjörn Hagen (NOR).

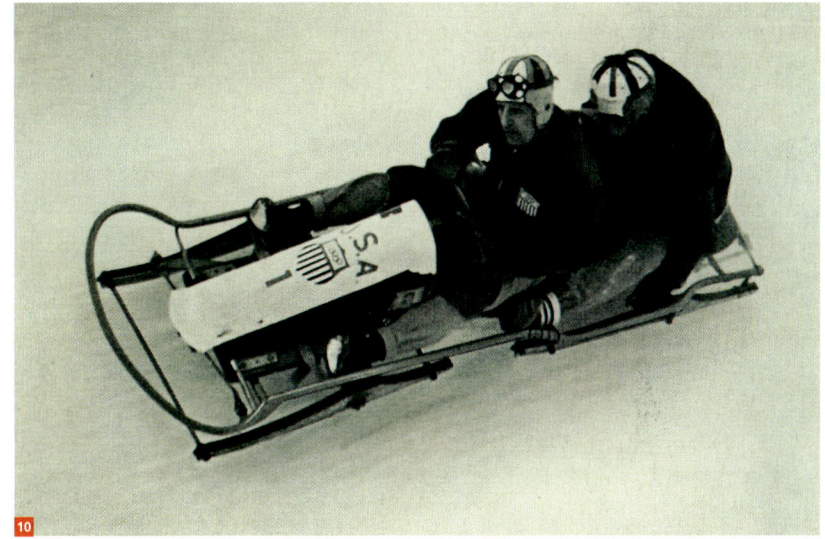

10

11

12

Es gelang den Nationalsozialisten, die ersten Olympischen Sommerspiele in Deutschland zu einer Propagandaveranstaltung in eigener Sache umzufunktionieren. Sie gaukelten der Weltöffentlichkeit friedliche Absichten vor.

Der finnische Europameister Ilmari Salminen gewinnt den 10 000-m-Lauf.

Mit vier Goldmedaillen (100 m, 200 m, Weitsprung, 4 x 100-m-Staffel) ist der amerikanische Leichtathlet Jesse Owens der unumstrittene Star der Wettkämpfe.

Trotz der Machtergreifung durch die Nationalsozialisten konnte das IOC Deutschland die Spiele nicht entziehen, da die deutschen IOC-Mitglieder und das Deutsche Reich mehrfach die Garantie abgaben, die Olympischen Regeln einzuhalten. Im Vorfeld der Veranstaltung hatte der Vorsitzende des Nationalen Olympischen Komitees der USA und spätere IOC-Präsident Avery Brundage die Boykottaufrufe jüdischer Emigranten zurückgewiesen und vor dem Einfluß der Politik auf den Sport gewarnt. Zudem war es den Deutschen durch den reibungslosen Verlauf der Winterspiele in Garmisch-Partenkirchen im selben Jahr gelungen, die Vorbehalte im Ausland weitgehend zu zerstreuen. Durch dauernde Anwesenheit und Anteilnahme spielte Hitler vor der Weltöffentlichkeit erfolgreich die Rolle des friedlichen »Führers«. Hierzu trugen nachträglich auch die beiden abendfüllenden Dokumentarfilme »Fest der Schönheit« und »Fest der Völker« der Regisseurin Leni Riefenstahl bei.

Auf Anregung des deutschen Organisationschefs Carl Diem war das olympische Feuer im griechischen Olympia mit einem Hohlspiegel entzündet und von 3075 Fackelläufern in die Reichshauptstadt transportiert worden.

Um möglicher Kritik an den sog. Rassengesetzen vorzubeugen, hatte der Reichssportführer zwei »Halbjuden«, die Fechterin Helene Mayer und den Eishockeyspieler Rudi Ball, ohne Qualifikation schon lange vorher nominiert. Helene Mayer, die Olympiasiegerin der Spiele von 1928, lebte schon seit längerem in den USA. Die jüdische Sportlerin Gretel Bergmann, eine der weltbe-

Ein Sportler in Überlebensgröße und der Siegeswagen auf dem Brandenburger Tor prägen das offizielle Plakat der Spiele in Berlin.

sten Hochspringerinnen, wurde dagegen unter falschen Vorwänden nicht berücksichtigt. Die Vorbereitung der deutschen Sportler war von den Machthabern mit allen Mitteln unterstützt worden, denn die Sportler sollten mit möglichst vielen Siegen die Überlegenheit der »arischen Rasse« unter Beweis stellen. Am Ende lag die deutsche Mannschaft in der Nationenwertung mit 38 Goldmedaillen vor den USA (24) und Ungarn (zehn).

Erst- und einmalig gab es in Berlin ein Turnier im Feldhandball, das Deutschland vor Österreich gewann. Olympische Premiere feierten auch die Kanu-Wettbewerbe (neun Entscheidungen) und Basketball: Das amerikanische Team begann mit dem Gewinn der Goldmedaille eine Siegesserie, die erst 1972 von der UdSSR beendet wurde.

Der Finne Volmari Iso-Hollo: Olympiasieger über 3000 m Hindernis und Bronzemedaillengewinner über 10 000 m.

Der Franzose Robert Charpentier gewinnt das Rad-Straßenrennen über 100 km und holt sein zweites Gold in der Mannschaftsverfolgung über 4000 m.

Die Schwimmerin Hendrika »Ria« Mastenbroek (HOL) ist mit dreimal Gold und einmal Silber erfolgreichste Teilnehmerin in Berlin.

1 **Großes Interesse:** Zehntausende Besucher verfolgen täglich die Wettkämpfe: Blick auf die vollbesetzte Schwimmarena vor dem ausverkauften Olympiastadion.

2 **Eröffnung unter dem Hakenkreuz:** Nach dem Einmarsch der Nationen legt der deutsche Gewichtheber Rudolf Ismayr, Olympiasieger 1932 in Los Angeles, im Namen der Aktiven den olympischen Eid ab.

3 **Italienerin vorn:** Trebisonda Valla (3. v. li.) gewinnt über 80 m Hürden vor Anny Steuer (GER) und Elizabeth Taylor (CAN). Die Plätze 1 bis 4 werden nach Auswertung des Zielfotos vergeben.

4 **»König« der Leichtathletik:** Im Zehnkampf sind die US-Sportler nicht zu bezwingen: Gold holt Glenn Morris (Mi.) vor Robert Clark (li.) und Jack Parker (re.).

5 **Dritter Sieg für Indien:** Zum dritten Mal hintereinander wird die indische Hockey-Mannschaft Olympiasieger. Im Endspiel bezwingt sie Deutschland mit 8:1; Bronze geht an die Niederlande.

6 **Erfolge für deutsche Reiter:** Ludwig Stubbendorff (Foto) gewinnt auf seinem Pferd Nurmi vor Earl Thomson (USA) und Hans Mathiesen-Lunding (DEN) die Military. Seine zweite Goldmedaille gewinnt Stubbendorff mit Rudolf Lippert und Konrad von Wangenheim in der Mannschaftswertung vor Polen und Großbritannien. Die deutschen Reiter stellen zudem mit Gold (Heinz Pollay) und Silber (Friedrich Gerhard) im Dressur-Einzel, Gold mit der Dressur-Mannschaft sowie Siegen im Einzel-Springreiten (Kurt Hasse) und in der Mannschaftswertung ihre Dominanz unter Beweis.

7 **Olympiazweite mit »Alibi-Funktion«:** Um angesichts des deutschen Antisemitismus' Bedenken der Weltöffentlichkeit abzubauen, wurde mit der Fechterin Helene Mayer (re.) eine Sportlerin jüdischen Glaubens in die deutsche Mannschaft berufen. Hinter der Ungarin Ilona Elek (Mi.) gewinnt sie Silber mit dem Florett vor Ellen Preis aus Österreich.

8 **Zweikampf USA-Japan:** Im 400-m-Freistilschwimmen

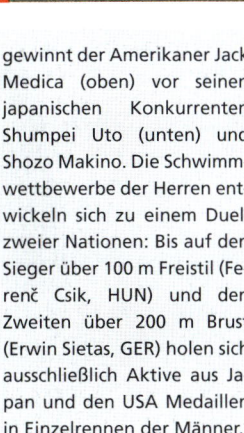

gewinnt der Amerikaner Jack Medica (oben) vor seinen japanischen Konkurrenten Shumpei Uto (unten) und Shozo Makino. Die Schwimmwettbewerbe der Herren entwickeln sich zu einem Duell zweier Nationen: Bis auf den Sieger über 100 m Freistil (Ferenč Csik, HUN) und den Zweiten über 200 m Brust (Erwin Sietas, GER) holen sich ausschließlich Aktive aus Japan und den USA Medaillen in Einzelrennen der Männer.

9 **Dreimal Gold im Turnen:** Konrad Frey (GER) gewinnt Gold am Seitpferd und am Barren, Silber am Reck sowie Bronze am Boden und im Mehrkampf. Mit der Mannschaft sichert sich Frey seine dritte Goldmedaille und ist damit erfolgreichster deutscher Teilnehmer der Spiele.

10 **Mit Rekord zum Sieg:** Im Finale über 4 x 200 m Freistil holen Shigeo Sugiura, Shigeo Arai, Masanori Yusa und Ma-

saharu Taguchi (JPN, v.li.) den Olympiasieg in neuer Weltrekordzeit (8:51,5 min) vor den USA und Ungarn.

11 **Gold für Großbritannien:** Im Doppelzweier lassen die Ruderer Jack Beresford (hinten) und Leslie Southwood (GBR) die Boote aus Deutschland und Polen hinter sich.

12 **Kanu erstmals olympisch:** Gregor Hradetzky (AUT) ge-

winnt im Einer-Kajak über 1000 m und im Faltboot über 10000 m.

13 **Gold für Estland:** Schwergewichtsringer Kristjan Palusalu (oben; gegen den Deutschen Kurt Hornfischer) gewinnt im freien und griechisch-römischen Stil.

14 **Triumph für USA:** Im Turmspringen siegt der Amerikaner Marshall Wayne vor seinem Landsmann Al-

bert Root und Hermann Stork (GER). Zudem wird Wayne Zweiter im Kunstspringen. Den US-Erfolg vom 3-m-Brett machen Richard Degener (Gold) und Albert Greene (Bronze) perfekt.

15 **Gold im Tandem:** Das deutsche Duo Ernst Ihbe (li.) und Karl Lorenz gewinnt das 2000-m-Rennen vor den Niederlanden und Frankreich.

ST. MORITZ

Erstmals nach 1936 trafen sich die Sportler der Welt wieder zu Winterspielen. Die olympische Idee hatte erneut die Schrecken eines Weltkriegs überlebt.

Die Amerikanerin Gretchen Fraser zieht sich nach ihrem Olympiasieg im Slalom vom Leistungssport zurück.

Der Franzose Henri Oreiller wird mit zweimal Gold und einmal Bronze erfolgreichster Teilnehmer in St. Moritz.

Heikki Hasu (FIN) sichert sich den Olympiasieg in der Nordischen Kombination.

Petter Hugsted (NOR) entscheidet die Skisprung-Konkurrenz für sich.

Bei den ersten Nachkriegs-Winterspielen wird der viermalige Sieger des Wasalaufs, Nils Karlsson (SWE), genannt Mora Nisse, Olympiasieger im 50-km-Langlauf.

Da die Olympischen-Spiele 1940 in Tokio stattfinden sollten, schlug das japanische NOK Sapporo als Austragungsort für die Winterspiele vor. Wegen des Ausbruchs des japanisch-chinesischen Krieges verzichtete Japan schließlich, und die Winterspiele sollten in St. Moritz stattfinden. Doch nach organisatorischen Unstimmigkeiten mußte die Veranstaltung an Garmisch-Partenkirchen weitergegeben werden. Der Ausbruch des Zweiten Weltkriegs stoppte schließlich alle Planungen.

Im IOC brachten die Kriegsjahre einen Wechsel an der Spitze: Nach dem Tod von Henri de Baillet-Latour 1942 übernahm satzungsgemäß Vizepräsident Sigfrid Edström die Geschäfte. Von 1946 bis 1952 war er gewählter Präsident. 1946 vergab das durch viele neue Mitglieder ergänzte IOC die Winterspiele an die im Krieg neutrale Schweiz. Austragungsort sollte wiederum St. Moritz sein. Die Stadt hatte bereits 1928 Erfahrungen als Gastgeber der Olympioniken gesammelt. Die unversehrten Sportstätten mußten lediglich modernisiert werden.

Der olympische Neuanfang blieb von den Nachwirkungen des Krieges nicht verschont: Die meisten Aktiven verfügten nur über notdürftige Ausrüstungen. Wegen Devisenknappheit und der beispielseise in Großbritannien herrschenden Reisesperre blieben viele Besucher aus. Hierunter litten insbesondere die ortsansässigen Hoteliers.

Das olympische Programm wurde bei Damen und Herren um den Slalom und die Abfahrt erweitert. Die alpinen Disziplinen standen nun gleichberechtigt neben den nordischen Entscheidungen.

Gegen den ausdrücklichen Wunsch des IOC fand ein Demonstrationswettbewerb im Militärpatrouillen-

In den Strahlen der aufgehenden Sonne von St. Moritz brechen sich auf dem offiziellen Olympiaplakat zahlreiche Schneekristalle.

lauf statt. Den offiziellen »Segen« hatten hingegen die Teilnehmer im Winter-Fünfkampf (Langlauf, Schießen, Abfahrtslauf, Fechten, Reiten), der sich aber nicht als sehr erfolgreich erwies.

Eine sportliche Sensation gelang der 28jährigen amerikanischen Slalomläuferin Gretchen Fraser, die als krasse Außenseiterin an den Start gegangen war und den Skiwettbewerb für sich entscheiden konnte.

Im Mittelpunkt der Schlagzeilen stand der sog. Eishockeyskandal. Die USA hatten zwei Mannschaften – die des Nationalen Olympischen Komitees und die der Amateur Hockey Association (AHA) – in die Schweiz geschickt. IOC-Vizepräsident Avery Brundage warf dem AHA-Team Verstöße gegen den Amateurstatus vor, konnte aber dessen Teilnahme nicht verhindern. Die Mannschaft belegte den vierten Platz, wurde aber nicht in der offiziellen Ergebnisliste aufgeführt.

1 Alpine Wettbewerbe setzen sich durch: Mit Abfahrt und Slalom als eigenständigen Disziplinen schafft der alpine Wintersport seinen endgültigen Durchbruch, nachdem bereits 1936 in Garmisch-Partenkirchen Olympiasieger in der Kombination ermittelt worden waren. Den Abfahrtslauf entscheidet der Franzose Henri Oreiller vor dem Österreicher Franz Gabl für sich. Sein zweites Gold holt Oreiller in der Kombination vor Karl Molitor und James Couttet (FRA). Zu Bronze reicht es für Oreiller im Slalom hinter Edy Reinalter (SUI) und Couttet.

2 Gold für sprungstarken US-Läufer: Als erster Amerikaner wird Richard »Dick« Button Olympiasieger im Eiskunstlauf. Seine athletische Darbietung bringt ihm den Titel vor Hans Gerschwiler aus der Schweiz und dem Österreicher Edi Rada. Im Paarlauf siegen die favorisierten Welt- und Europameister aus Belgien, Micheline Lannoy und Pierre Baugniet.

3 Favoritin siegt: Die Kanadierin Barbara Ann Scott entscheidet die Damen-Konkurrenz im Eiskunstlauf für sich. Zweite wird die Österreicherin Eva Pawlik vor der Britin Jeanette Altwegg.

4 Dreimal Silber: IOC-Präsident Sigfrid Edström (2.v.li.) ehrt die Sieger im Eisschnellaufsprint über 500 m. Der Norweger Finn Helgesen (4.v.li.) gewinnt Gold. Zeitgleich erhalten sein Landsmann Thomas Byberg (3.v.li.) sowie die Amerikaner Robert Fitzgerald (2.v.re.) und Kenneth Bartholomew (re.) Silbermedaillen.

5 Auf Medaillenkurs: Der Schwede Åke Seyffarth bricht über 10 000 m die Vormachtstellung der Norweger, die alle übrigen Eisschnellauf-Wettbewerbe gewinnen. Hinter Sverre Farstad (NOR) wird Seyffarth zudem Zweiter über 1500 m.

6 **Überraschungssiege-rin:** Die Amerikanerin Gretchen Fraser verweist im Slalom mit einer halben Sekunde Vorsprung die Schweizerin Antoinette Meyer und die Österreicherin Erika Mahringer auf die Plätze. Eine weitere Medaille sichert sich Fraser als Zweite in der Kombination.

7 **Doppelerfolg für die Schweiz:** Felix Endrich (vorn) und Friedrich Waller gewinnen im Zweierbob die Goldmedaille vor Fritz Feierabend und Paul Eberhard. Feierabends neue Bob-Konstruktion, einzeln aufgehängte Kufen unter der neuartigen aerodynamischen Verkleidung des Schlittens, sorgt im Wettbewerb für Aufsehen.

8 **Medaillen für Österreich:** Trude Beiser wird Olympiasiegerin in der Alpinen Kombination. In dem Wettbewerb aus Abfahrt und Slalom bleibt Gretchen Fraser (USA) Silber vor Erika Mahringer aus Österreich. In der Abfahrt gewinnt Beiser Silber hinter der Überraschungsersten, Hedy Schlunegger aus der Schweiz. Die Bronzemedaille sichert sich ihre österreichische Teamgefährtin Resi Hammerer.

9 **Skandinavier vorn:** Der Finne Heikki Hasu läßt sich den Titel in der Nordischen Kombination vor seinem Landsmann Martti Huhtala und dem Schweden Sven Israelsson nicht nehmen. Der Wettbewerb besteht aus einem 18-km-Langlauf und drei Sprüngen von der Olympiaschanze, von denen die beiden besten gewertet werden.

10 **Erfolgsserie beendet:** Petter Hugsted (NOR) löst mit seinem Olympiasieg im Skisprung seinen Landsmann und Lehrmeister Birger Ruud ab, der 1932 und 1936 Gold geholt hatte. Ruud muß sich mit Silber vor seinem Landsmann Thorleif Schjelderup begnügen.

Nach zwölfjähriger Unterbrechung wurden wieder Olympische Spiele ausgetragen. Zum zweiten Mal nach 1908 hatte sich das IOC für London als Austragungsort – schon für 1944 vorgesehen – entschieden.

Für London sprachen insbesondere die bereits vorhandenen und weitgehend intakten Sportstätten. Unter den Augen des britischen Königs Georg VI. und des seit 1942 amtierenden IOC-Präsidenten Sigfrid Edström aus Schweden wurden die Spiele der XIV. Olympiade der Neuzeit vor mehr als 80 000 Zuschauern eröffnet. Trotz gewisser Bedenken wurde der Olympische Fackellauf vom IOC als fester Bestandteil der Zeremonien aufgenommen. Auf dem Weg vom antiken Olympia nach London wurde ein Umweg zu Coubertins Grab in Lausanne gewählt, um nicht durch Deutschland laufen zu müssen.

Die Spiele fanden ohne Deutschland und Japan statt, die als Aggressoren des Zweiten Weltkriegs von der Teilnahme ausgeschlossen waren. Wie bisher immer fehlten die Athleten aus der Sowjetunion. Auf den Bau eines olympischen Dorfes hatten die Veranstalter wegen hoher Kosten verzichtet; die Sportler wohnten in Kasernen und Schulen. Angesichts der Lebensmittelrationierungen brachten viele Mannschaften Naturalien selbst mit.

Polo und Feldhandball gehörten nicht mehr zum Programm. Zum letzten Mal wurden olympische Kunstwettbewerbe veranstaltet. Damit war die Idee Pierre de Coubertins, Kunst und Sport miteinander zu verbinden, endgültig gescheitert.

Die Frauen eroberten in der Leichtathletik mit den neuen Disziplinen 200 m, Weitsprung und Kugelstoßen weiteres Terrain. Star der Spiele war Fanny Blankers-Koen aus den Niederlanden, die als »fliegende Hausfrau« in die Sportgeschichte einging: Die zweifache Mutter gewann Gold über 100 m, 200 m, 80 m Hürden und mit der 4 x 100-m-Staffel. Erst das Zielfoto entschied

Das Olympiaplakat der Spiele in London 1948 zeigt einen Diskuswerfer vor der Kulisse von Westminster.

über ihren Sieg im Hürdenlauf; die Britin Maureen Gardner mußte sich mit Rang zwei begnügen. Der ungünstige Zeitplan der Wettkämpfe verhinderte weitere Erfolge für Blankers-Koen. Dabei hatte die 30jährige ihren Leistungszenit schon längst überschritten.

Lediglich dem finnischen Turner Veikko Huhtanen gelang es, mit dreimal Gold (Mehrkampf, Mannschaft, Seitpferd), einmal Silber (Barren) und Bronze (Reck) die Leichtathletin in der Medaillenausbeute zu übertreffen. Vielumjubelt wurde der Erfolg der ungarischen Fechterin Ilona Elek, die ihren Olympiasieg von 1936 wiederholte. Ihr Landsmann Aladár Gerevich (zweimal Gold) nahm von 1932 bis 1960 an Olympischen Spielen teil und holte dabei sieben Gold-, eine Silber- und zwei Bronzemedaillen im Fechten. Das erfolgreichste Team stellten die USA mit 38mal Gold vor Schweden (17) und Frankreich (elf).

Die Niederländerin Fanny Blankers-Koen wird mit viermal Gold die erfolgreichste Medaillensammlerin in London.

Der Schwede John Mikaelsson gewinnt den Wettbewerb im Gehen über 10 km.

Gold über 10 000 m und Silber über 5000 m bilden den Auftakt der erfolgreichen Olympiakarriere des Tschechoslowaken Emil Zátopek.

Tapio Rautavaara setzt mit seinem Olympiasieg die finnische Speerwurf-Tradition fort.

Den ersten olympischen Wettbewerb im Weitsprung der Frauen entscheidet die Ungarin Olga Gyarmati für sich.

1 **Feuer im Mittelpunkt:** Die Zuschauer blicken auf das olympische Feuer im Wembley-Stadion.

2 **Erfolg für Schweden:** Henry Eriksson nimmt nach seinem Sieg im 1500-m-Lauf Glückwünsche entgegen.

3 **800 m:** Mit einem gebrochenen Bein scheidet der Däne Hans Christensen aus.

4 **US-Sieg:** William Porter (2.v.re.) gewinnt den 110-m-Hürdenlauf vor Clyde Scott (li.) und Craig Dixon (re.).

5 **Knappe Entscheidung:** Der Belgier Gaston Reiff (re.) siegt über 5000 m vor Emil Zátopek (TCH, li.).

6 **Star der Spiele:** Fanny Blankers-Koen (HOL, Mi.) holt Gold über 100 m vor Dorothy Manley (GBR) und Shirley Strickland (AUS).

7 **Spannendes Finale:** Die 100 m gewinnt Harrison Dillard (USA, li.) vor Norwood Ewell (USA, 2. v. re.) und Lloyd La Beach (PAN, 3. v. re.).

8 **Gold für Frankreich:** Micheline Ostermeyer siegt im Diskuswurf und Kugelstoßen und holt außerdem Bronze im Hochsprung.

9 **Gold im Hochsprung:** John Winter (AUS) wird mit 1,98 m Olympiasieger.

10 **Diskus-Sieg:** Adolfo Consolini (ITA) bezwingt seinen Landsmann Giuseppe Tosi und Fortune Gordien (USA).

11 **Zweimal vorn:** Aladár Gerevich (HUN, re.) siegt im Säbelfechten und holt auch mit der Mannschaft Gold.

12 **Drama:** Greta Andersen (DEN), Olympiasiegerin über 100 m Freistil, wird nach einem Ohnmachtsanfall über 400 m Freistil gerettet.

13 **Erfolge für Schweden:** William Grut (re.) siegt im Modernen Fünfkampf. Gösta Gärdin (li.) wird Dritter.

14 **Gold im »K2«:** Hans Berglund und Lennart Klingström (SWE) gewinnen im Zweierkajak über 1000 m.

15 **Triumphe von Brett und Turm:** Die zweifache Olympiasiegerin Victoria Draves (USA) beglückwünscht Samuel Lee (USA, Gold vom Turm, Bronze vom Brett).

Erstmals fanden die Olympischen Winterspiele in einem skandinavischen Land statt. Die Veranstaltung stieß bei der Bevölkerung auf große Begeisterung und verzeichnete einen Zuschauerrekord.

Die Organisatoren im Mutterland des nordischen Skisports hatten zunächst Bedenken gegen die Ausrichtung der Spiele: Die Stadt Oslo verfügte nicht über die notwendigen Sportstätten. Dieses Defizit konnte durch diverse Neu- und Umbauten bis zur Eröffnungsfeier jedoch behoben werden. Die Anlagen erfüllten ebenso die Erwartungen von Aktiven und Funktionären wie die Strecken für die neuen olympischen Disziplinen Riesenslalom (Damen und Herren) und 10-km-Langlauf (Damen).

Im Vorfeld der Spiele hatten die Norweger eine Idee Carl Diems aufgegriffen, auch zum Ort der Winterspiele eine Fackelstaffel zu organisieren. 1940 war ein »Botenlauf der Freundschaft« von Chamonix, dem Ort der 1. Winterspiele, nach Garmisch-Partenkirchen geplant gewesen. Die Norweger begannen ihren Lauf im südnorwegischen Morgedal. In dem Ort in der Provinz Telemark stand das Geburtshaus des Bauern Sondre Norheim, der 1868 die erste funktionsfähige Skibindung erfunden hatte und als Begründer des modernen Skilaufs gilt. Letzter Fackelträger im Bislett-Stadion war der 19jährige Enkel Egil des Polarforschers Fridtjof Nansen, einem Vorreiter der Entwicklung des »Schneeschuhlaufens«.

Zum ersten Mal nach Ende des Zweiten Weltkriegs nahmen wieder eine deutsche und eine japanische Mannschaft an Olympischen Spielen teil. Das Organisationskomitee hatte die Einreise der westdeutschen Sportler von Entnazifizierungsbescheiden abhängig gemacht. Befürchtungen, die Norweger würden den ehemaligen Besatzern mit Ressentiments entgegentreten, erwiesen sich als unbegründet. Begeisterungsfähigkeit und Objektivität der

Auf dem offiziellen Plakat der Winterspiele wehen die Nationalflagge des Gastgeberlandes Norwegen und die Olympiafahne einträchtig nebeneinander an Skistöcken.

Zuschauer prägten die Atmosphäre: Mit 150 000 Zuschauern beim Skispringen am Holmenkollen stellte Norwegen einen Publikumsrekord auf, der noch Mitte der 90er Jahre Bestand hatte. An den Langlaufloipen fiel die Unterscheidung zwischen Zuschauern und Aktiven schwer, denn auch die Mehrzahl der Besucher war auf Skiern gekommen. Für Schlagzeilen sorgte der amerikanische Eiskunstläufer Richard »Dick« Button, der seinen Sieg von 1948 wiederholte und bei seiner Kür als erster Sportler einen Dreifachsprung – den Toe-Loop – sowie den Doppelaxel zeigte.

Zu den Höhepunkten gehörte der Sieg der 31jährigen Finnin Lydia Wideman. Die älteste Teilnehmerin der Spiele entschied mit dem 10-km-Langlauf den ersten nordischen Wettbewerb für Frauen im olympischen Programm zu ihren Gunsten.

Hjalmar »Hjallis« Andersen (re.) nach seinem Lauf gegen den Japaner Sugawara. Der Norweger wird mit drei Goldmedaillen (1500 m, 5000 m, 10 000 m) erfolgreichster Teilnehmer der Spiele in Oslo.

Der Amerikaner Richard »Dick« Button präsentiert seine Goldmedaille im Eiskunstlauf.

Andrea Mead Lawrence (USA) gewinnt Gold im Slalom und Riesenslalom.

Der einheimische Skirennläufer Stein Eriksen wird Olympiasieger im Riesenslalom und Silbermedaillengewinner im Slalom.

»Anderl« Ostler steuert den siegreichen deutschen Viererbob.

1 **Ausdrucksstarke Britin:** Jeanette Altwegg (GBR), die in Indien geborene Tochter eines Schweizers, gewinnt mit 21 Jahren die Goldmedaille im Eiskunstlauf vor Tenley Albright (USA) und Jacqueline du Bief (FRA).

2 **Olympiasieg wiederholt:** Mit deutlichem Abstand gewinnt der sprungstarke Richard »Dick« Button (USA) nach seinem Sieg bei den Winterspielen 1948 in St. Moritz erneut die Goldmedaille im Eiskunstlauf vor dem Österreicher Helmut Seibt und James Grogan (USA).

Nach dem Ende seiner aktiven Laufbahn arbeitet er u.a. als TV-Sportreporter.

3 **Norwegen feiert Volksfest des Wintersports:** Vor 30 000 Zuschauern werden in Oslo die VI. Spiele der Winterolympiade eröffnet. Erstmals nach dem Ende des Zweiten Weltkriegs nimmt wieder eine deutsche Mannschaft teil. Der Empfang für die Aktiven, die von Skiläufer Hermann Böck als Fahnenträger angeführt werden, ist herzlich.

4 **Gold und Silber für US-Sprinter auf Kufen:** Gemeinsam mit ihrem Trainer (Mi.) feiern Olympiasieger Kenneth Henry (re.) und Donald McDermott (li.) den US-Doppelerfolg im Eisschnellauf über 500 m. Bronze wird gleich dreimal vergeben: Die beiden Norweger Arne Johansen und Finn Helgesen sowie Gordon Audley aus Kanada werden zeitgleich auf Platz drei gesetzt.

5 **Harmonie auf dem Eis:** Die amtierenden Welt- und Europameister im Eiskunstlauf, Ria und Paul Falk (FRG), sind auch in der Olympiasaison nicht zu schlagen. Das

Ehepaar holt Gold vor den amerikanischen Geschwistern Karol und Edward Kennedy. Die Bronzemedaille gewinnen Marianna und László Nagy aus Ungarn. Nach ihrem Olympiasieg verteidigt das deutsche Paar seinen WM-Titel und wechselt zu einer Profi-Revue.

6 **Olympiasieg für Routinier:** Zeno Colò, ein italienischer Holzfäller, gewinnt das Abfahrtsrennen. Die vereiste Rennstrecke stellt hohe Anforderungen an die technischen Fähigkeiten der alpinen Läufer. Colò, der amtie-

rende Weltmeister, verweist die Österreicher Othmar Schneider und Christian Pravda auf die Plätze. Im Slalom und Riesenslalom muß sich der Italiener jeweils mit Rang vier begnügen.

7 **Österreich feiert Gold und Silber:** Der Sieger im Slalom heißt Othmar Schneider. Der Österreicher bezwingt die einheimischen Sportler Stein Eriksen und Guttorm Berge, nachdem er zuvor Silber in der Abfahrt gewonnen hat.

8 **Bestzeit für »Schwergewichte«:** Andreas »Anderl«

6

7

8

9

Ostler, Friedrich Kuhn, Lorenz Nieberl und Franz Kemser (FRG) gewinnen die Goldmedaille im Viererbob. Die Besetzung wurde vor dem Wettkampf aus den beiden startberechtigten deutschen Teams zusammengestellt, nachdem die mit wesentlich schwereren Sportlern besetzten Bobs anderer Nationen im Training viel schneller geπfahren waren. Im Rennen erreicht der deutsche Schlitten mit über fünf Zentnern Last vier Bestzeiten und holt ungefährdet Gold vor den Teams USA I und Schweiz I. Im Zweierbob siegen Ostler/Nieberl vor USA I und Schweiz I. Damit ist Ostler der erste Pilot bei Winterspielen, der in beiden Bob-Disziplinen den Olympiatitel gewinnt. Nach den Spielen legt der Internationale Bobsportverband Gewichtslimits für die Schlitten und die Besetzung fest.

9 **Gastgeber feiern Medaillenerfolge:** Im Riesenslalom läßt sich der Norweger Stein Eriksen (Foto) die Goldmedaille nicht nehmen und gibt den Österreichern Christian Pravda und Toni Spiß das Nachsehen. Im Slalom gewinnt er die Silbermedaille hinter Othmar Schneider (AUT). In der Abfahrt geht Eriksen als Sechster leer aus.

10 **Favoritin vorn**: Bei der Siegerehrung nach dem Abfahrtslauf freuen sich die Weltmeisterin von 1950, Trude Jochum-Beiser (Mi., Gold) aus Österreich, die Deutsche Annemarie »Mirl« Buchner (li., Silber), die zudem Bronze im Slalom und Riesenslalom holt, und die Italienerin Giuliana Minuzzo (Bronze).

10

HELSINKI

1952

Dank der überaus herzlichen und familiären Atmosphäre bei den Spielen der XV. Olympiade in der finnischen Hauptstadt Helsinki erwarben die Gastgeber millionenfache Sympathien. Nur allzu gern vergaßen die Athleten darüber manche Improvisation, beispielsweise bei den Unterkünften.

Zum ersten Mal seit 1912 nahmen wieder Sportlerinnen und Sportler aus dem Gebiet der Sowjetunion an Olympischen Spielen teil – damals waren die Athleten noch für das Zarenreich angetreten. Allerdings gab es bereits im Vorfeld Probleme, da die sowjetischen Aktiven nicht mit kapitalistischen Sportlern im olympischen Dorf in Käpylä wohnen wollten. Nachdem sich die übrigen Ostblockstaaten solidarisch erklärt hatten, erhielten die Mannschaften und Offiziellen Ausweichquartiere in einem Studentenwohnheim.
Seine Olympiapremiere feierte Süd-Korea, das 1948 noch als »Gesamt«-Korea angetreten war. Das Land war einer der Brennpunkte des Kalten Krieges zwischen den Supermächten USA und UdSSR, die sich im Konflikt zwischen Nord- und Süd-Korea engagierten. Die Auseinandersetzung der Systeme drückte den Spielen von Helsinki ihren Stempel auf. Jeder Erfolg »ihrer« Athleten wurde von den Delegationsleitern der Supermächte zugleich als Beweis für die Überlegenheit des eigenen Gesellschaftssystems gewertet.
Erstmals nach dem Zweiten Weltkrieg trat eine deutsche Mannschaft bei Sommerspielen an. Ein gesamtdeutsches Team war nicht zustandegekommen. Die Bundesrepublik und die DDR hatten sich im Vorfeld der Veranstaltung nicht über die Auswahlkriterien einigen können, so daß die DDR-Sportler schließlich zu Hause blieben. Eine eigene Mannschaft entsendete das Saarland, das als eigenständige Region über ein Nationales Olympisches Komitee verfügte.

Das Olympiaplakat lokalisiert den Austragungsort der Sommerspiele auf einer Erdkugel und zeigt – in Anspielung auf die finnische Sporttradition – Paavo Nurmi.

Auf sportlichem Sektor setzte Emil Zátopek Maßstäbe. Die »tschechische Lokomotive« begeisterte mit Siegen über 5000 m, 10 000 m und erstmals auch über die Marathonstrecke das Publikum. Als erstem Zehnkämpfer gelang Bob Mathias (USA) die Wiederholung seines Olympiasiegs. Den größten persönlichen Erfolg aber verbuchte die Dänin Lis Hartel auf ihrem Pferd Jubilee in der Dressur: Mit ihrer Silbermedaille triumphierte sie über die Kinderlähmung, die sie zeitweise zum Pflegefall gemacht hatte.
Der große Star der Wettkämpfe von London 1948, die Niederländerin Fanny Blankers-Koen, beendete die Spiele in Helsinki und ihre internationale Karriere mit Tränen. Die 34jährige stürzte im 80-m-Hürdenfinale, das die Australierin Shirley Strickland für sich entschied.

Emil Zátopek auf dem Weg zum Triumph im Marathonlauf. Der Tschechoslowake gewinnt auch die Wettbewerbe über 5000 m und 10 000 m.

Die australische Leichtathletin Marjorie Jackson ist in Helsinki im Finale über 100 m und 200 m erfolgreich.

Der sowjetische Turner Wiktor Tschukarin gewinnt in Helsinki vier Gold- und zwei Silbermedaillen. 1956 kommen nochmals drei Gold-, eine Silber- und eine Bronzemedaille(n) dazu.

Die ungarische Schwimmerin Valéria Gyenge ist über 400 m Freistil nicht zu schlagen.

Bob Mathias (USA) wiederholt seinen Olympiasieg im Zehnkampf von London 1948.

1 **Späte Rehabilitation:** Paavo Nurmi (FIN), 1932 wegen Verstoßes gegen die Amateurbestimmungen lebenslang gesperrt, entzündet das olympische Feuer.

2 **Gold für Brasilien:** Adhemar Ferreira da Silva holt Gold im Dreisprung vor Leonid Schtscherbakow (URS) und Arnoldo Devonish (VEN).

3 **Sprung zum Gold:** Die Südafrikanerin Esther Brand gewinnt den Hochsprung vor der Britin Sheila Lerwill und Alexandra Tschudina (URS).

4 **US-Quartett vorn:** Die USA gewinnen die 4 x 100-m-Staffel vor der UdSSR und Ungarn.

5 **Läuferstar:** Emil Zátopek (TCH, re.) spurtet im 5000-m-Lauf zum Sieg. Zweiter wird Alain Mimoun (FRA, 2. v. re.) vor Herbert Schade (FRG, 2. v. li.). Der Brite Christopher Chataway (li.) ist nach einem Sturz geschlagen.

6 **Siegesfreude:** Die Staffel Jamaikas (Mi.) hat über 4 x 400m: eine Zehntelsekunde Vorsprung vor den USA (li.) und der deutschen Mannschaft (re.).

7 **Familienerfolg:** Dana Zátopková (TCH) folgt ihrem Ehemann Emil Zátopek auf Medaillenkurs: Sie holt Gold im Speerwerfen vor Alexandra Tschudina

und Jelena Gortschakowa (beide URS).

8 **Spannendes Finish:** Per Zielfotoentscheid wird Lindy Remigino (USA; 3. v. re.) über 100 m vor Herb McKenley (JAM, 2. v. re.) und Emmanuel Bailey (GBR, 2. v. li.).

9 **Schwimm-Erfolge:** Katalin Szöke (HUN) gibt über 100 m Freistil Johanna Termeulen (HOL) und ihrer Teamgefährtin Judit Temes das Nachsehen.

10 **Überraschungssieger:** Der Franzose Jean Boiteux schlägt im 400-m-Freistilfinale Ford Konno (USA) und Per-Olof Östrand (SWE).

11 **Schnellster Geher:** Der Schwede John Mikaelsson (re.) wird Olympiasieger im Bahngehen über 10 km.

12 **Erfolgreichster Teilneh-**mer: Wiktor Tschukarin (URS) wird Olympiasieger im Zwölfkampf, im Mannschafts-Mehrkampf, am Seitpferd, beim Pferdsprung und Zweiter an den Ringen und am Barren.

13 **Gold für die Schweiz:** Hans Eugster gewinnt das Barren-Finale vor Wiktor Tschukarin aus der UdSSR.

14 **US-Erfolge vom 3-m-Brett:** Kunstspringer David Browning verweist seine Landsleute Miller Anderson und Robert Clotworthy auf die Plätze.

87

Dreimal hatte sich Cortina d' Ampezzo um die Austragung der Olympischen Winterspiele beworben. Doch erst 1956 konnte die Stadt in den italienischen Dolomiten endlich die Sportler der Welt begrüßen.

Bereits 1944 hätten die Spiele in der norditalienischen Stadt veranstaltet werden sollen, waren aber dem Zweiten Weltkrieg zum Opfer gefallen. Acht Jahre später erhielt Oslo den Vorzug vor Cortina d'Ampezzo. Für die erforderlichen Baumaßnahen konnten die Organisatoren u. a. auf die finanzielle Hilfe italienischer Industriekonzerne zurückgreifen. Auch die Veranstaltung selbst wurde von Firmen unterstützt, im Vergleich zu späteren Jahren allerdings mit eher bescheidenen Mitteln: So stellte Fiat einige Fahrzeuge zur Verfügung, Olivetti half mit Schreibmaschinen aus.

Im Vorfeld der Spiele stellte Schneemangel die ordnungsgemäße Durchführung der Wettbewerbe in Frage. Die Aktiven beklagten unzureichende Trainingsmöglichkeiten infolge der schlechten Witterung. Rechtzeitig zum Auftakt der Veranstaltung transportierten Lastwagen Schnee aus höher gelegenen Regionen ins Tal. Als es am Tag der Eröffnung stark zu schneien begann, mußten die Schneemassen teilweise wieder abgetragen werden.

Zum ersten Mal nahm eine gesamtdeutsche Mannschaft mit 75 Sportlern an Olympischen Spielen teil. Das IOC hatte 1955 das Nationale Olympische Komitee der DDR nur provisorisch anerkannt. Sein Debüt bei Winterspielen gab auch das sowjetische Team, das mit 16 Medaillen erfolgreichste Mannschaft wurde. Die ca. 900 Teilnehmer aus 32 Staaten bedeuteten Rekord in der Geschichte der Winterspiele. Erstmals sprach mit Giuliana Minuzzo-Chenal, Abfahrtsdritte von Oslo 1952, eine Frau den olympischen Eid.

Das italienische Fernsehen RAI hatte 1954 mit dem regelmäßigen Sendebetrieb begonnen und übertrug live aus Cortina d'Ampezzo – ein Novum in der Geschichte der Winterspiele. Durch die »Eurovision« konnten Fernsehzuschauer in Mitteleuropa die Wettkämpfe verfolgen.

Sie erlebten u. a. den Triumph des Österreichers Anton »Toni« Sailer. Der 20jährige deklassierte die Konkurrenz in allen drei alpinen Skiwettbewerben. Die Siege wurden zugleich als WM-Titel gewertet, so daß Sailer auch eine Goldmedaille in der zusätzlichen WM-Wertung der Kombination erhielt. Vor dem sowjetischen Eisschnelläufer Jewgeni Grischin, der Gold über 500 m und 1500 m gewann, avancierte Sailer zum erfolgreichsten Teilnehmer in Cortina d'Ampezzo.

Im Eishockey ging mit dem Sieg der Sowjetunion die Vorherrschaft der Kanadier zu Ende, die – bis auf 1936 (Gold für Großbritannien) – alle Olympiaturniere seit 1920 gewonnen hatten. Im Team der UdSSR spielte u. a. Wsewolod Bobrow, der vier Jahre zuvor bei den Olympischen Sommerspielen in Helsinki zur Fußball-Auswahl gehört hatte.

In Anspielung auf seine Heimatstadt Kitzbühel wird der dreifache Goldmedaillengewinner Toni Sailer (AUT) von seinen Fans »Blitz von Kitz« genannt.

Farbenfrohes Plakat der Olympischen Winterspiele in Cortina d'Ampezzo mit den Dolomiten im Mittelpunkt.

Die Amerikanerin Tenley Albright, Eiskunstlauf-Weltmeisterin 1953 und 1955, holt bei den Winterspielen die Goldmedaille.

Veikko Hakulinen (FIN) gewinnt Gold im 30-km-Langlauf und Silber über 50 km sowie mit der 4 x 10-km-Staffel.

Die Schweizerin Renée Colliard sichert sich die Goldmedaille im Slalomrennen.

Der sowjetische Eisschnelläufer Jewgeni Grischin wird Olympiasieger über 500 m und 1500 m.

1 **Eisschnellauf auf Natureis:** Maximal 8500 Zuschauer finden an der 400-m-Bahn auf dem Misurina-See Platz.

2 **Eröffnung:** Der Eisschnelläufer Guido Caroli stürzt kurz vor Entzündung des olympischen Feuers im Eisstadion über ein Kabel. Die Fackel war auf dem Capitol in Rom entzündet worden.

3 **UdSSR erstmals bei Winterspielen:** Als Sieger im Eishockey feiert die Sowjetunion (dunkle Trikots) einen glänzenden Abschluß ihrer Olympiapremiere: In der Finalrunde besiegt das Team den späteren Bronzemedail-lengewinner Kanada mit 2:0 (Foto: Spielszene); Silber holen die USA. Mit siebenmal Gold, dreimal Silber und sechsmal Bronze wird die UdSSR erfolgreichste Nation der Winterspiele im Cortina d'Ampezzo.

4 **Im Paarlauf nicht zu schlagen:** Die Österreicher Elisabeth Schwarz/Kurt Oppelt geben den Weltmeistern Frances Dafoe/Norris Bowden (CAN) sowie Marianne und László Nagy (HUN) das Nachsehen.

5 **Dreifach-Triumph für USA:** Hayes Alan Jenkins gewinnt die Herren-Konkur-renz im Eiskunstlauf vor seinem Teamgefährten Ronald Robertson und seinem jüngeren Bruder David.

6 **Olympiasieg für USA:** Trotz einer Verletzung entscheidet die Amerikanerin Tenley Albright den Eiskunstlauf-Wettbewerb vor ihrer Landsfrau Carol Heiss und der Österreicherin Ingrid Wendl für sich.

7 **Gold für Schweiz:** Renée Colliard wird überraschend Slalom-Olympiasiegerin. Die Silbermedaille holt die Österreicherin Regina Schöpf vor Jewgenia Sidorowa aus der UdSSR.

8 Bobs erfolgreich: Pilot Franz Kapus sowie Gottfried Diener, Robert Alt und Heinrich Angst holen im Bob Schweiz I die Goldmedaille. Silber geht an Italien II vor USA I. Im Zweierbob feiert Italien einen Doppelerfolg vor den Eidgenossen.

9 Strahlende Siegerin: Ossi Reichert (FRG), Slalom-Zweite in Oslo 1952, freut sich mit ihrem Trainer über den Olympiasieg im Riesenslalom. Silber und Bronze gewinnen Josefine Frandl und Dorothea Hochleitner (AUT).

10 Schönstes Geschenk: An ihrem 25. Geburtstag wird die Schweizerin Madeleine Berthod Olympiasiegerin in der Abfahrt. Silber geht an ihre Teamgefährtin Frieda Dänzer, Bronze an Lucile Wheeler aus Kanada.

11 Erfolge im Nordischen Skisport: Bei seinen dritten Olympischen Spielen gewinnt der Finne Veikko Hakulinen den erstmals ausgetragenen 30-km-Langlauf vor dem Schweden Sixten Jernberg und Pawel Koltschin aus der UdSSR. Seiner Medaillensammlung fügt Hakulinen in Cortine d'Ampezzo noch zweimal Silber über 50 km sowie mit der 4x10-km-Staffel hinzu.

Olympische Sommerspiele im Winter – die australische Stadt Melbourne machte es möglich. Auf dem fünften Kontinent ist Frühsommer, wenn in Europa und Amerika der Winter beginnt.

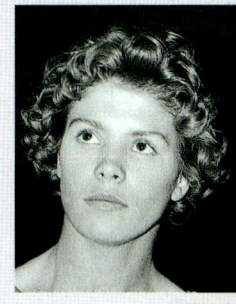

Publikumsliebling und mit viermal Gold, einmal Silber und einmal Bronze erfolgreichste Teilnehmerin: die sowjetische Turnerin Larissa Latynina.

D ie ersten Olympischen Spiele südlich des Äquators stellten die Athleten aus Europa und den USA vor ungewohnte Probleme: Zum einen fehlten vielen Aktiven die finanziellen Mittel, um sich langfristig »vor Ort« auf die jahreszeitlichen Bedingungen einzustellen, zum anderen mußte das Leistungshoch durch den späten Termin im Jahr über einen langen Zeitraum aufrechterhalten werden. Entgegen den Bestimmungen der olympischen Charta mußte eine Sportart vom übrigen Programm abgetrennt werden: Da die australische Regierung es strikt ablehnte, die sechsmonatige Quarantäne für Sportpferde zu verkürzen, fanden die Reiterspiele bereits im Juni im schwedischen Stockholm statt.

Infolge der hohen Reisekosten nahmen weniger Sportler an der Veranstaltung in Melbourne teil als beispielsweise 20 Jahre zuvor in Berlin. Zu der recht geringen Aktivenzahl (ca. 3200) trugen zudem die Absagen Chinas (wegen der Teilnahme Taiwans) sowie Ägyptens und des Libanons (wegen der Sueskrise) bei. Liechtenstein, die Niederlande, die Schweiz und Spanien demonstrierten mit ihrem Fernbleiben gegen den sowjetischen Einmarsch in Ungarn.

Auswirkungen der politischen Krisen waren auch in den Wettkämpfen spürbar. Ein Spiel der Schlußrunde im Wasserball zwischen Ungarn und der UdSSR mußte wegen Ausschreitungen unter den Spielern unterbrochen werden. Im Finale verteidigte Ungarn seinen 1952 errungenen Titel gegen Jugoslawien.

Zu den herausragenden Athleten zählten die vierfache Olympiasiegerin Larissa Latynina (URS) im Turnen (Mannschaft, Achtkampf, Pferdsprung, Boden, dazu Silber am Stufenbarren und Bronze in der

Ein Känguruh darf auf dem Olympiaplakat für die Spiele der XVI. Olympiade im australischen Melbourne nicht fehlen.

Holen zusammen sechs Medaillen in Melbourne: die australische Schwimmerin Dawn Fraser (li.) und ihre Landsfrau, die Leichtathletin Betty Cuthbert.

Gruppengymnastik) und Betty Cuthbert (AUS) mit drei Erfolgen in der Leichtathletik (100 m, 200 m, 4 x 100-m-Staffel). Der sowjetische Läufer Wladimir Kuz trat über 5000 m und 10 000 m die Nachfolge von Emil Zátopek aus der Tschechoslowakei an, der sich als sechster im Marathon vom internationalen Sportgeschehen verabschiedete. Die Australierin Shirley de la Hunty (geb. Strickland) trat mit Gold über 80-m-Hürden sowie mit Staffelgold über 4 x 100 m ab – zwischen 1948 und 1956 holte die Leichtathletin drei Gold-, eine Silber- und drei Bronzemedaillen.

Schwimmerin Dawn Fraser (AUS) markierte mit zwei Gold- (100 m, 4 x 100-m-Kraul) und einer Silbermedaille (400 m Kraul) den Auftakt ihrer Karriere. Ihr Landsmann Murray Rose siegte als erster Schwimmer seit Johnny Weissmuller (USA, 1924) in zwei Kraul-Einzelkonkurrenzen (400 m, 1500 m).

Wladimir Kuz (URS) wird Doppel-Olympiasieger über 5000 m (Foto) und 10 000 m.

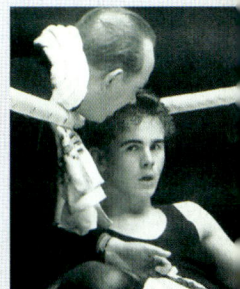

Wolfgang Behrendt (Bantamgewicht) holt im Boxen als erster Sportler der DDR eine Goldmedaille für die gesamtdeutsche Mannschaft.

Nachdem der verletzte deutsche Springreiter Hans Günter Winkler auf seinem Pferd Halla einen fehlerfreien Umlauf absolviert hat, muß er von Helfern gestützt werden.

1 **Gesamtdeutsches Team:** Die gesamtdeutsche Mannschaft zieht mit Aktiven aus der Bundesrepublik und der DDR ins Stadion ein.

2 **Dreimal Gold für Einheimische:** Die erste Goldmedaille sichert sich die Australierin Betty Cuthbert (Nr. 468) über 100 m. Zwei Tage später gewinnt sie die 200 m und holt schließlich mit der 4 x 100-m-Staffel ihr drittes Gold.

3 **Zweikampf entschieden:** Wladimir Kuz (URS, li.) entscheidet das Duell mit dem Briten Gordon Pirie (re.) über 5000 m für sich. Über 10 000 m verweist Kuz den Ungarn József Kovács und Allan Lawrence (AUS) auf die Plätze.

4 **Skandinavische Eintracht:** Nach seinem Sieg im Modernen Fünfkampf erhält Sieger Lars Hall aus Schweden (re.) die Glückwünsche des Zweitplazierten Olavi Mannonen (FIN).

5 **Packendes Finale:** Robert »Bob« Morrow (USA, re.) ge-

winnt den 100-m-Sprint, sichert sich drei Tage später den Sieg über 200 m und holt zudem Gold mit der 4 x 100-m-Staffel.

6 **Anstrengung belohnt:** Alain Mimoun aus Frankreich läuft als Erster des Marathonwettbewerbs in das Olympiastadion ein.

7 **Favoriten holen Gold im Rudern:** Der US-Achter gewinnt knapp vor den Booten aus Kanada und Australien.

8 **Siege im Kunst- und Turmspringen:** Die Amerikanerin Pat McCormick beherrscht die Konkurrenten vom 3-m-Brett und vom 10-m-Turm.

9 **»Hattrick« im Boxen:** Bei seiner dritten Olympiateilnahme wird der ungarische Boxer László Papp (re.) zum dritten Mal Olympiasieger.

10 **Gold und Rekord im Schwimmen:** Europameisterin Ursula Happe (FRG) nach der Ehrung für ihren Sieg über 200 m Brust in der neuen olympischen Rekordzeit von 2:53,1 min.

11 **Sieg trotz Verletzung:** Nachdem sich der deutsche Springreiter Hans Günter Winkler im ersten Durchgang verletzt hat und sich nur noch unter großen Schmerzen bewegen kann, trägt ihn sein Pferd Halla fehlerlos über den Parcours zur Goldmedaille in der Einzel- und in der Mannschaftswertung.

12 **Sechs Medaillen:** Die Ungarin Agnes Keleti gewinnt Gold am Boden, Schwebebalken, Stufenbarren und in der Gruppengymnastik sowie Silber im Achtkampf und mit der Mannschaft.

13 **Erfolge für Sowjetunion:** Boris Schaklin wird Olympiasieger am Seitpferd. Den Erfolg des sowjetischen Teams runden Wiktor Tschukarin (Gold am Barren, im Mehrkampf sowie Silber am Boden und Bronze am Seitpferd), Walentin Muratow (Gold am Boden und beim Pferdsprung - zusammen mit dem Deutschen Helmut Bantz -; Silber an den Ringen), Albert Asarjan (Gold an den Ringen) und Juri Titow (Silber am Reck; Bronze im Mehrkampf und beim Pferdsprung) ab.

Die Organisatoren in Squaw Valley konnten die Skepsis nicht widerlegen, die ihnen bis zum Schluß der Vorbereitungen entgegengeschlagen war. Nach den Spielen in der Sierra Nevada verfielen die meisten Anlagen der nordischen Wettbewerbe wieder.

Zum Zeitpunkt der Vergabe der Olympischen Spiele (1955) war das 1900 m hoch gelegene Gebiet um den Lake Tahoe für den Wintersport überhaupt noch nicht erschlossen. Doch dank eines ehrgeizigen Organisationskomitees, finanzieller Unterstützung durch die US-Bundesstaaten Kalifornien und Nevada sowie durch Regierungszuschüsse gelang es innerhalb von vier Jahren, Squaw Valley mit Sportstätten und Unterkünften sowie einer entsprechenden Infrastruktur für die über zwei Millionen Besucher auszustatten.

Den Bau einer Bobbahn hatten die Veranstalter trotz finanzieller Zuschüsse zu lange hinausgezögert. Das IOC mußte daraufhin die beiden Bob-Wettbewerbe (Zweier und Vierer) aus dem Programm streichen. Großen Aufwand erforderte die Vorbeitung der alpinen Pisten, die mit künstlichen Hindernissen präpariert werden mußten, um dem anspruchsvollen olympischen Niveau gerecht zu werden.

Das olympische Feuer war diesmal in Morgedal in Norwegen entzündet worden. Bei der von Walt Disney inszenierten Eröffnungsfeier marschierte die gesamtdeutsche Mannschaft hinter einer schwarz-rot-goldenen Fahne mit den fünf olympischen Ringen ein. Auf diesen Kompromiß hatten sich die Funktionäre geeinigt, nachdem die DDR-Delegation im Vorfeld auf ihrer Flagge mit Hammer und Zirkel bestanden hatte. Zum ersten und – wegen der Apartheidpolitik – zum letzten Mal bis 1994 nahm eine Mannschaft aus Südafrika an Winterspielen teil.

Zum erstenmal stand der Biathlon auf dem Programm. Dieser seit Jahrzehnten in Schweden praktizierte Zweikampf aus Skilanglauf und

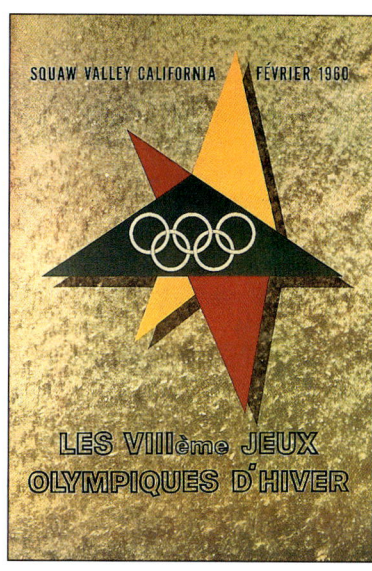

Das offizielle Plakat der Winterspiele 1960 in Squaw Valley mit den olympischen Ringen.

Schießen hatte eine lange Tradition in Skandinavien. Erster Olympiasieger des Wettbewerbs über 20 km wurde der Schwede Klas Lestander. Beim Eisschnellauf feierten die Frauen olympische Premiere mit vier Entscheidungen über 500 m (Gold für die Deutsche Helga Haase), 1000 m (Klara Gusewa, URS), 1500 m und 3000 m. Beide Wettbewerbe entschied Lidia Skoblikowa aus der UdSSR für sich.

Ein »Familientreffen« von US-Sportlern waren die Siegerehrungen der Eiskunstläufer: Bei den Herren gewann David Jenkins, der Bruder des Olympiasiegers von 1956, Hayes Alan Jenkins. Bei den Damen stand David Jenkins künftige Schwägerin Carol Heiss ganz oben auf dem Siegertreppchen.

Für eine Sensation sorgten die Deutschen Georg Thoma und Helmut Recknagel, die als erste Mitteleuropäer die Nordische Kombination bzw. den Sprunglauf von der Großschanze für sich entschieden.

Georg Thoma (GER) verweist in der Nordischen Kombination den Norweger Tormod Knutsen und Nikolai Gussakow aus der UdSSR auf die Plätze.

Carol Heiss, die während der Eröffnungsfeier den olympischen Eid gesprochen hat, gewinnt Gold im Eiskunstlauf.

Klas Lestander (SWE) entscheidet den ersten olympischen Biathlon-Wettbewerb über 20 km für sich.

Die 19jährige Heidi Biebl (GER) wird Olympiasiegerin in der Abfahrt.

Helmut Recknagel (GER), Fahnenträger der gesamtdeutschen Mannschaft, sichert sich Gold im Skispringen von der Olympiaschanze.

6 **Frauen geben ihren Einstand:** Helga Haase (GER) wird erste Olympiasiegerin im Eisschnellauf. Über 500 m hat sie im Ziel eine Zehntelsekunde Vorsprung vor Natalia Dontschenko (URS) und Jeanne Ashworth (USA). Im 1000-m-Lauf holt Haase Silber hinter Klara Gussewa (URS). Bronzemedaille geht an Tamara Rylowa (URS). In den beiden übrigen Eisschnellauf-Wettbewerben der Frauen demonstriert Lidia Skoblikowa aus der UdSSR erstmals ihre – künftig langjährige – Dominanz in dieser Sportart: Während sie sich über 1000 m noch mit dem undankbaren vierten Platz begnügen muß, verweist sie als schnellste Athletin über 1500 m die Finnin Kaija Mustonen und die Polin Helena Pilejczyk auf die Plätze. Im 3000-m-Lauf sichert sich Skoblikowa die Goldmedaille vor ihrer Teamgefährtin Walentina Stenina und Eevi Huttunen aus Finnland.

7 **Gold und Bronze für Frankreich:** Jean Vuarnet gewinnt das Abfahrtsrennen mit einer halben Sekunde Vorsprung vor Hans Peter Lanig (GER) und Guy Perillat.

8 **Siegerehrung:** Das kanadische Paar Barbara Wagner/Robert Paul (Mi.) freut sich über die Goldmedaille im Eiskunstlauf vor Marika Kilius/Hans-Jürgen Bäumler (FRG, li.) sowie Nancy und Ronald Ludington aus den USA (re.).

9 **Gold für die Schweiz:** Im Riesenslalom läßt Roger Staub (Foto) seinen österreichischen Konkurrenten Pepi Stiegler und Ernst Hinterseer keine Chance auf den Sieg. Hinterseer wird Slalom-Olympiasieger vor seinem Landsmann Matthias Leitner und Charles Bozon (FRA).

10 **Konzentriert zum Erfolg:** Heidi Biebl (GER) beherrscht die Konkurrenz in der Abfahrt. Silber holt die Amerikanerin Penny Pitou mit einer Sekunde Rückstand auf die Olympiasiegerin. Dritte wird Traudl Hecher aus Österreich.

11 **Favoritin siegt:** Carol Heiss (USA) verweist Sjoukje Dijkstra (HOL) und Barbara Ann Roles (USA) im Eiskunstlauf auf die Plätze. Im Olympiajahr wird Heiss zudem zum fünften Mal in Folge Weltmeisterin.

In Rom, der zweiten Hauptstadt der Antike, hatten einem Wunsch Pierre de Coubertins folgend eigentlich schon 1908 Olympische Spiele stattfinden sollen.

In der italienischen Hauptstadt erwartete Sportler und Besucher eine Kulisse aus neuen Sportstätten und historischen Bauten. Erfolgreich hatten die Veranstalter Tradition und Moderne miteinander verbunden. So fanden die Turnwettbewerbe in den Thermen des Caracalla statt, die Ringer trafen in der Basilika des Maxentius aufeinander. Start und Ziel des Marathonlaufs lagen nicht – wie sonst üblich – im Stadion. Die Läufer gingen vom Capitol-Hügel aus auf die rund 42 km lange Strecke, die auf der Via Appia vor dem Kolosseum endete. Wegen der gelungenen Einbindung in das Stadtbild gilt der Palazzo dello Sport des italienischen Architekten Pier Luigi Nervi als einer der herausragenden Neubauten. Allerdings mußte sich Nervi den Vorwurf gefallen lassen, auf die Konzeption des faschistischen Foro Italico zurückgegriffen zu haben.

Die Eröffnungsfeier mit den 84 Teilnehmerstaaten fand vor mehr als 100 000 Zuschauern im neuerrichteten Olympiastadion statt. Mit Ausnahme der sowjetischen Mannschaft hatten sich zuvor alle Aktiven auf dem Petersplatz von Papst Johannes XXIII. segnen lassen.

Fernsehstationen übertrugen das Spektakel in ganz Europa. Millionen Zuschauer erlebten spannende Wettkämpfe, die von der Auseinandersetzung zwischen den (Sport-)Supermächten USA und UdSSR gekennzeichnet waren: Am Ende lag die Sowjetunion im Medaillenspiegel mit 43 Goldmedaillen vor dem US-Team mit 34 Siegen.

Für Begeisterung sorgte die US-Sprinterin Wilma Rudolph: Die »schwarze Gazelle«, wie die 20jährige wegen ihres geschmeidigen Laufstils genannt wurde, hatte in ihrer Jugend an Kinderlähmung gelitten. In Rom gewann sie drei Goldmedail-

Romulus, sein Zwillingsbruder Remus und die Wölfin, von der beide gesäugt wurden, zieren das offizielle Olympiaplakat.

len über 100 m, 200 m und mit der 4 x 100-m-Staffel. Als Sensation galt der Sieg des Deutschen Armin Hary über 100 m, der als erster Athlet seit 1928 die olympische Vorherrschaft der US-Sprinter durchbrach.

Der Gewinner des Marathonlaufs, Abebe Bikila, machte als Barfußläufer von sich reden. Mit seiner Leistung widerlegte der Äthiopier die Parolen der Sportartikelindustrie, die Erfolge einzig von ständig verbesserter Ausrüstung abhängig machte.

Neben ihren Medaillengewinnen feierten einige Sportler zugleich ihre ganz persönlichen Rekorde: Der 50jährige Säbelfechter Aladar Gerevich aus Ungarn verabschiedete sich mit einer Goldmedaille von der Planche – dem siebten Edelmetall, dazu eine Silber- und eine Bronzemedaille, bei sechs Teilnahmen an Olympischen Spielen (1932–1960). Mit 13 Medaillen (sechsmal Gold, fünfmal Silber, zweimal Bronze) und dem Mannschaftssieg im Degenfechten zog sich der italienische Fechter Edoardo Mangiarotti nach fünf Olympiateilnahmen (1936–1960) zurück.

Der deutsche Sprinter Armin Hary ist in Rom mit zwei Goldmedaillen erfolgreich.

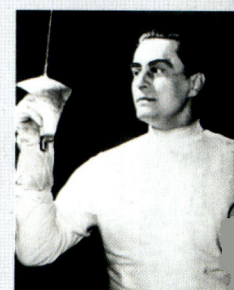

Der ungarische Fechter Aladar Gerevich beendet seine Karriere mit dem Mannschaftssieg im Säbelfechten.

Turnerin Larissa Latynina (URS) wiederholt ihren Olympiasieg im Achtkampf von Melbourne 1956 und ist mit insgesamt dreimal Gold, zweimal Silber und einmal Bronze erfolgreichste Teilnehmerin der Spiele.

Abebe Bikila gewinnt mit dem Sieg im Marathonlauf erstmals eine Goldmedaille für Äthiopien.

1 **Stimmungsvoller Beginn:** Sportlerinnen und Sportler aus 83 Nationen ziehen bei der Eröffnungsfeier in das Olympiastadion von Rom ein, wo während der Zeremonie Tauben als Friedenssymbole aufsteigen.

2 **42,195 km barfuß zum Gold:** Marathon-Olympiasieger Abebe Bikila (ETH, li.) bezwingt den Marokkaner Rhadi Ben Abdesselem (re.) auf den letzten Kilometern. Dritter wird Barry Magee aus Neuseeland.

3 **Favorit gewinnt:** Raph Boston, Weltrekordhalter im Weitsprung, reichen in Rom 8,12 m zum Olympiasieg. Der Amerikaner verweist seinen Landsmann Irvin Robertson (8,11 m) und Igor Ter-Owanesian aus der UdSSR (8,04 m) auf die Plätze.

4 **Dreifach-Erfolg für USA:** Diskuswerfer Al Oerter verteidigt seinen 1956 erkämpften Titel. Silber und Bronze gehen an seine Teamgefährten Richard Babka und Richard Cochran.

5 **Spannendes Finale:** Der 100-m-Weltrekordhalter Armin Hary (GER, 2. v. re.) gibt dem Amerikaner David Sime (re.) sowie Peter Radford (GBR, 2. v. li.) das Nachsehen. Hary gewinnt als erster Deutscher in einem Laufwettbewerb olympisches Gold.

6 **Dreimal Gold für Leichtathletik-Star:** Stets gut gelaunt präsentieren sich die amerikanischen Sportlerinnen in Rom. Allen Grund zur Freude hat Wilma Rudolph (oben re.): Im 100-m-Finale bezwingt sie die Britin Dorothy Hyman und die Italienerin Giuseppina Leone. Über 200 m läßt sie Jutta Heine (GER) und Hyman hinter sich. Ihr drittes Gold holt Rudolph mit der 4 x 100-m-Staffel der USA vor dem deutschen Quartett und Polen.

7 **Überlegener Olympiasieg:** Die Rumänin Iolanda Balas gewinnt den Hochsprung der Frauen. Mit 1,85 m distanziert sie Jaroslawa Jozwiakowska (POL) und die Britin Dorothy Shirley (beide 1,71 m).

8 **Erfolg von Brett und Turm:** Ingrid Krämer (GER) ist im Kunst- und Turmspringen nicht zu schlagen: Vom 3-m-Brett gewinnt sie Gold vor der Amerikanerin Paula Pope-Myers und der Britin Elisabeth Ferris. Vom 10-m-Turm liegt Krämer vor Pope-Myers und der sowjetischen Springerin Ninel Krutowa.

9 **Medaillenerfolge im Schwimmen:** Die Amerikanerin Lynn Burke entscheidet das 100-m-Rückenfinale für sich. Silber gewinnt die Britin Natalie Steward vor Satoko Tanaka aus Japan. Mit der 4 x 100-m-Lagenstaffel der USA holt Burke Gold vor Australien und Deutschland.

10 **Olympiasieg für Großbritannien:** Siegerehrung nach dem 200-m-Brustfinale: Die Goldmedaille gewinnt die Britin Anita Lonsbrough (Mi.) in neuer Weltrekordzeit von 2:49,5 min. Silber holt Wiltrud Urselmann (GER, re.) vor Barbara Göbel (GER, li.).

11 **Knappe Entscheidung:** Olympiasieger über 400 m wird Otis Davis in neuer Weltrekordzeit von 44,9 sec. Erst die Auswertung des Zielfotos bringt die Entscheidung zugunsten des Amerikaners und gegen Carl Kaufmann (GER), der sich zeitgleich mit Silber begnügen muß. Die Bronzemedaille gewinnt Malcolm Spence aus Südafrika (45,5 sec).

12 **Leid und Freude der US-Staffeln:** Durch einen Wechsel außerhalb der vorgeschriebenen Markierungen zwischen Ray Norton (li.) und Frank Budd wird die 4 x 100-m-Staffel der USA disqualifiziert. Gold holt das deutsche Quartett (Bernd Cullmann, Armin Hary, Martin Lauer, Walter Mahlendorf) vor der UdSSR und Großbritannien. Mehr Erfolg hat die US-Staffel über 4 x 400 m, die bei ihrem Sieg vor Deutschland und den Antillen in 3:02,2 min den olympischen Rekord Jamaikas um 1,7 sec verbessert.

1 **Doppel-Erfolg für Italien:** Die Brüder Raimondo (Gold, re.) und Piero D'Inzeo (Silber, li.) sind im Springreiten nicht zu schlagen. Bronze gewinnt der Brite David Broome. Mit der Mannschaft werden die beiden Italiener Dritte hinter der deutschen Equipe und den USA.

2 **Erfolgreichster Teilnehmer:** Der sowjetische Turner Boris Schaklin wird mit vier Gold-, zwei Silber- und einer Bronzemedaille der erfolgreichste Teilnehmer der Spiele: Im Zwölfkampf siegt er vor Takashi Ono (JPN) und Juri Titow (URS). Am Barren bezwingt er Giovanni Carminucci (ITA) und Ono; beim Pferdsprung teilt er sich den Erfolg mit Ono. Sein viertes Gold holt Schaklin am Seitpferd zusammen mit Eugen Ekman (FIN). Mit der Mannschaft gewinnt Schaklin Silber hinter Japan. An den Ringen muß er sich seinem Teamgefährten Albert Asarjan geschlagen geben. Zu Bronze hinter den Japanern

Ono und Maseo Takemoto reicht es am Reck.

3 **US-Basketballer vorn:** Auf dem Weg zum Olympiasieg bezwingt das Basketball-Team der USA Italien mit 112:81 (Foto: Spielszene). Das Endspiel zwischen den USA und der UdSSR endet 73:59; Bronze gewinnt die Mannschaft Brasiliens.

4 **Erfolgreicher Schwergewichtler:** Im Freistilringen holt Wilfried Dietrich (GER, oben, im Kampf gegen den Schweden Sten Svenson) den Olympiasieg vor Hamit Kaplan (TUR) und Sawkus Dsarassow (URS). Wie bereits vier Jahre zuvor in Melbourne erringt Dietrich zudem eine Silbermedaille im griechisch-römischen Stil. Diesmal muß er Iwan Bogdan (URS) den Vortritt lassen. Bronze geht an den Tschechoslowaken Bohumil Kubat.

5 **Gold für US-Boot:** Erschöpft, aber glücklich neh-

men Arthur Aryault, Ted Nash, John Sayre und Richard Wailes ihre Goldmedaillen für den Sieg über Italien und die UdSSR im Vierer ohne Steuermann entgegen. Mit Bronze im Zweier mit Steuermann fährt noch ein weiteres US-Boot in die Medaillenränge.

6 **Schütze gefeiert:** Peter Kohnke (GER) wird als strahlender Olympiasieger im Schießen (Kleinkaliber liegend) von Georg von Opel, Präsident des Deutschen Schützenverbandes, auf den Schultern getragen.

7 **Sieg als Amateur:** Der 18jährige Cassius Clay (re.) wird nach seinem Olympiasieg im Halbschwergewicht gegen den Polen Pietrzykowski Profi.

8 **Ruder-Erfolg:** Der deutsche Achter gewinnt Gold vor Kanada und der Tschechoslowakei.

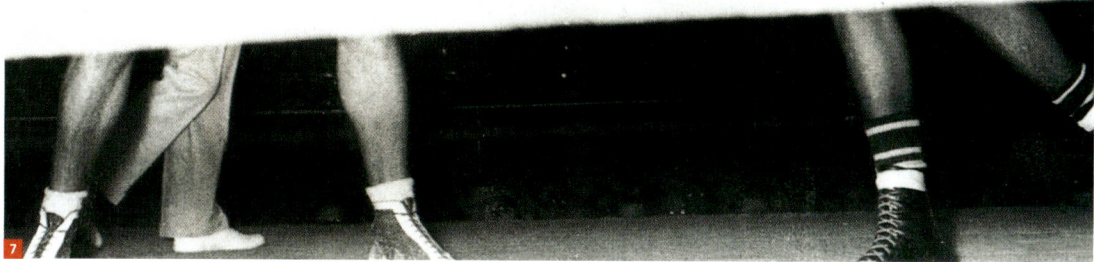

Fast hätten die knapp eine Million Zuschauer in Innsbruck eine Sportveranstaltung ohne Schnee erlebt. Erst einen Tag nach Ende der IX. Winterspiele begann es nach zweimonatiger Unterbrechung wieder zu schneien.

Die sowjetische Eisschnelläuferin Lidia Skoblikowa beendet die Winterspiele als vierfache Olympiasiegerin.

An alles hatten die Organisatoren gedacht – nur die milde Wetterlage konnten sie nicht beeinflussen. So mußte das österreichische Bundesheer mehr als 25 000 t Schnee aus den Hochalpen ins Inntal schaffen, damit die Pisten für die alpinen Skisportler präpariert werden konnten. Von Vornherein gute Voraussetzungen fanden die Langläufer in Seefeld vor. Erstmals wurde bei den Teilnehmerzahlen die 1000er-Marke überschritten: Ca. 900 Männer und 200 Frauen gingen in Innsbruck an den Start. Während der Eröffnungszeremonie überraschte eine protokollarische Neuerung: Rennrodler Paul Aste legte keinen Eid ab, sondern versprach im Namen der Athleten eine würdige Teilnahme. Statt der Ehre des jeweiligen Vaterlandes stand die Ehre der Mannschaft im Mittelpunkt.

Das olympische Programm war mit 34 Entscheidungen so umfangreich wie nie zuvor: Erstmals ermittelten die Rennrodler im Ein- und Doppelsitzer (nur Herren) ihre Sieger. Ein Comeback feierten die Bobfahrer nach der Zwangspause wegen fehlender Bahn in Squaw Valley (1960). Neuerungen gab es im seit 1930 gültigen Regelwerk des Spezialsprunglaufs. Es wurden zwei Olympiasieger nach Sprüngen von verschiedenen Schanzen (Normal- bzw. Großschanze) ermittelt. Die Sportler hatten drei Versuche, von denen die Kampfrichter den schlechtesten strichen. Durch ein kompliziertes Wertungssystem gestaltete sich der Wettbewerb allerdings so unübersichtlich, daß die Regeln bis zu den nächsten Winterspielen überarbeitet werden mußten.

Mit einer Überraschung endete die Entscheidung im Eiskunstlauf: Nach

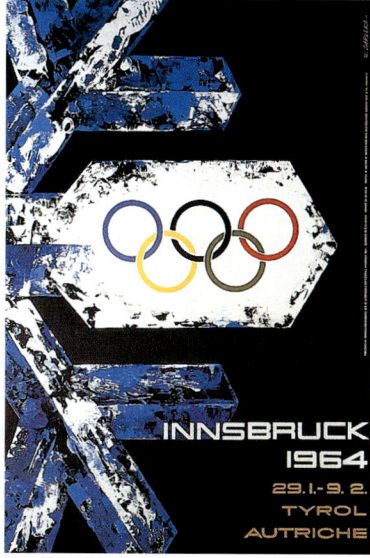

Schneekristalle beherrschen nur das offizielle Olympiaplakat der Winterspiele in Innsbruck – die Spiele leiden unter Schneemangel.

Vor Beginn der Schlußfeierlichkeiten im Eisstadion zeigen die Eiskunstlauf-Olympiasieger Ludmilla Belousowa und Oleg Protopopow (URS) noch einmal ihre Kür.

Die Niederländerin Sjoukje Dijkstra gewinnt die Goldmedaille im Eiskunstlauf-Wettbewerb der Frauen.

neun Niederlagen bei Europa- und Weltmeisterschaften gegen ihre ständigen Kontrahenten Marika Kilius/Hans-Jürgen Bäumler siegte das sowjetische Paar Ludmilla Belousowa/Oleg Protopopow. Goldmedaillen im Einzel gewannen die Niederländerin Sjoukje Dijkstra und der Deutsche Manfred Schnelldorfer. Erfolgreichste Teilnehmerin bei den Winterspielen war die sowjetische Eisschnelläuferin Lidia Skoblikowa, die alle vier Wettbewerbe – 500 m, 1000 m, 1500 m und 3000 m – für sich entschied. Mit Gold im Langlauf über 50 km beendete der Schwede Sixten Jernberg seine Laufbahn. Bei drei Winterspielen hatte der populärste Sportler seines Landes vier Gold-, drei Silber und zwei Bronzemedaillen errungen – ein Rekord in den nordischen Disziplinen, den erst der Norweger Björn Dæhlie (1992–1994: fünfmal Gold und dreimal Silber) brechen konnte.

Manfred Schnelldorfer (GER) präsentiert stolz seine Siegesmedaille im Eiskunstlauf der Männer.

Der Österreicher Josef »Pepi« Stiegler wird Olympiasieger im Slalom und Dritter im Riesenslalom.

1 Eröffnung: Josef Rieder enzündet die Flamme im Bergisel-Stadion. Zum erstenmal war bei Winterspielen das Feuer im antiken Olympia entfacht worden.

2 Schwestern feiern: Im Slalom muß sich die Französin Marielle Goitschel (Foto) ihrer jüngeren Schwester Christine geschlagen geben. Beim Riesenslalom nimmt Marielle erfolgreich Revanche.

3 Favoritin vorn: Weltmeisterin Sjoukje Dijkstra (HOL) holt Gold vor Regine Heitzer (AUT) und Petra Burka (CAN).

4 Gute Saison: Manfred Schnelldorfer (GER) sichert sich den Sieg vor Alain Calmat (FRA) und Scott Allen (USA). Wenige Wochen später wird Schnelldorfer auch Weltmeister.

5 Dreifach-Erfolg: Knut Johannesen (NOR) gewinnt den 5000-m-Eisschnellauf vor seinen Teamgefährten Per Ivar Moe und Fred Anton Maier. Über 10 000 m muß sich Johannesen dem Schweden Jonny Nilsson und Maier geschlagen geben.

6 Star im Eisschnellauf: Lidia Skoblikowa (URS) läßt über 500 m ihre Landsfrauen Irina Jegorowa und Tatjana Sidorowa hinter sich. Über 1000 m bezwingt sie Jegorowa und die Finnin Kaija Mustonen. Auf der 1500-m-Distanz haben Mustonen und Berta Kolokolzewa (URS) das Nachsehen. Ihr viertes Gold sichert sich Skoblikowa über 3000 m vor den zeitgleichen Walentina Stenina (URS) und Pil Hwa Han (PRK).

7 Zwei Medaillen: Veikko Kankonnen (FIN) gewinnt das Skispringen von der Normalschanze vor den Norwegern Toralf Engan und Torgeir Brandtzæg. Auf der Großschanze wird Kankonnen Zweiter hinter Engan.

8 Siegesfreude: Die UdSSR sichert sich nach 1956 zum zweiten Mal den Olympiasieg. Schweden gewinnt Silber vor der Tschechoslowakei.

9 Schwestern in Front: Im Riesenslalom tauschen Marielle (Foto, Gold) und Christine Goitschel (Silber) die Medaillenplätze vom Slalomrennen. Ebenfalls Silber holt sich zeitgleich Jean Marlene Saubert (USA).

10 **Gold für Österreich:** Pepi Stiegler bezwingt im Slalom die Amerikaner William Kidd und James Heuga. Im Riesenslalom gewinnt er Bronze hinter Olympiasieger François Bonlieu (FRA) und Karl Schranz (AUT).

11 **Deutsche Rodlerin vorn:** Ortrun Enderlein aus der DDR heißt die Siegerin im Einsitzer der Frauen. Sie verweist ihre Teamkollegin Ilse Geisler und Helene Thurner (AUT) auf die Plätze.

12 **Dreifacher Triumpf:** Den ersten olympischen Rodel-Vergleich dominieren die Deutschen Thomas Köhler (Gold, Foto), Klaus Bonsack (Silber) und Hans Plenk (Bronze). Im Doppelsitzer gewinnen Josef Feistmantl/ Manfred Stengl (AUT).

13 **Dreimal Gold:** Klawdija Bojarskich (URS) siegt über 5 km vor Mirja Lehtonen (FIN) und Alewtina Koltschina (URS), über 10 km vor ihren Teamgefährtinnen Jewdokija Mekschilo und Maria Gussakowa und mit der 3 x 5-km-Staffel vor Schweden und Finnland.

14 **Dritte Olympia-Teilnahme:** Eero Mäntyranta (FIN) gewinnt über 15 km und 30 km. Mit 4 x 10-km-Staffel holt er Silber.

15 **Nordischer »Skikönig«:** Sixten Jernberg (SWE) gewinnt den 50-km-Langlauf und holt Gold mit der 4 x 10-km-Staffel. Über 15 km wird er Dritter hinter Eero Mäntyranta (FIN) und Harald Grönningen (NOR).

Zum ersten Mal kamen die Sportler der Welt in Asien zusammen: Die Vergabe der Spiele der XVIII. Olympiade an Tokio bedeutete für Japan gleichzeitig die endgültige Wiederaufnahme in die Völkergemeinschaft nach der Niederlage des Landes im Zweiten Weltkrieg.

Der amerikanische Schwimmer Don Schollander holt in zwei Einzelrennen und mit zwei Staffeln Goldmedaillen.

Geplant hatte Tokio die Ausrichtung der Veranstaltung bereits für 1940, doch wegen des chinesisch-japanischen Krieges mußte der Auftrag schon 1938 zurückgegeben werden. 24 Jahre später setzte das Organisationskomitee schon in der Vorbereitungsphase neue Maßstäbe: Mehr als 7,5 Mrd. DM investierten die Gastgeber für modernste Sportstadien und -hallen sowie eine verbesserte Infrastruktur in der 10-Millionen-Einwohner-Stadt. IOC-Präsident Avery Brundage bezeichnete z. B. die Schwimmhalle aufgrund ihrer ausgefallenen Architektur als »Kathedrale des Sports«. Zu den weiteren herausragenden Bauten zählt die Judohalle, die einem alten Tempelbau nachempfunden ist.

Die Eröffnungsfeier bot eine gelungene Verbindung von Tradition und Moderne. Den ersten Rekord verzeichneten die Spiele bereits beim Einmarsch der Nationen: Mannschaften aus 94 Staaten – zehn mehr als 1960 in Rom – betraten unter den Augen der kaiserlichen Familie das Meiji-Stadion. Zum vorerst letzten Mal nahm eine gesamtdeutsche Mannschaft an Olympischen Spielen teil: Mit 377 Teilnehmern stellten die beiden deutschen Staaten in Tokio das größte Team.

Zwei Sportarten waren neu im Programm: Volleyball (Siege bei den Herren für die UdSSR, bei den Damen für Japan) und der japanische Traditionssport Judo. Hier wollten die Gastgeber ihre Vormachtstellung beweisen, mußten aber in der »Königsdisziplin« der Offenen Klasse den Sieg des Niederländers Antonius Geesink hinnehmen.

Im Schwimmen ließ sich der Amerikaner Don Schollander mit vier

Nach dem abschließenden 1500-m-Lauf muß Zehnkämpfer Willi Holdorf (GER) von der Bahn geführt werden. Sein Einsatz wird mit Gold vor Rein Aun (URS) und Hans-Joachim Walde (GER) belohnt.

Das Symbol der Nationalflagge Japans beherrscht das Plakat der Olympischen Spiele in Tokio.

Goldmedaillen als erfolgreichster Teilnehmer feiern. Die sowjetische Turnerin Larissa Latynina gewann zum Abschluß ihrer Karriere noch einmal zwei Gold- sowie zwei Silber- und Bronzemedaillen. Bei ihren drei Olympiateilnahmen (1956–1964) stand sie insgesamt 18 mal auf dem Treppchen. In Tokio fand sie in der Tschechoslowakin Vera Čáslavská (dreimal Gold) eine Nachfolgerin.

Kritiker warnten angesichts des hohen Leistungsniveaus vor übersteigerten Erwartungen für die zukünftige sportliche Entwicklung. Solche mahnenden Stimmen gingen jedoch im Jubel über Weltrekorde – z. B. im Marathonlauf durch Abebe Bikila, der seinen Olympiasieg von Rom 1960 wiederholte – unter.

Das jeweils dritte Gold sicherten sich die australische Schwimmerin Dawn Fraser über 100 m Freistil und der sowjetische Ruderer Wjatscheslaw Iwanow in der Einer-Konkurrenz.

Die sowjetische Leichtathletin Tamara Press feiert in Tokio Olympiasiege im Kugelstoßen und Diskuswurf.

Australiens Schwimmstar Dawn Fraser wird zum dritten Mal hintereinander Olympiasiegerin über 100 m Freistil und holt Silber mit der 4 x 100-m-Freistilstaffel.

Judoka Antonius Geesink (HOL) läßt sich nach seinem Olympiasieg in der Offenen Klasse feiern.

1 **Symbol für den Frieden:** Yoshinoro Sakai entzündet das olympische Feuer: Der Student wurde am 6. 8. 1945 nahe Hiroshima geboren, als die Stadt durch eine Atombombe zerstört wurde.

2 **Freistil-Spezialist:** Don Schollander (USA) bezwingt über 100 m Robert McGregor (GBR) und Hans-Joachim Klein (GER). Über 200 m läßt er Frank Wiegand (GER) und Allan Wood (GBR) keine Chance. Goldmedaillen Nummer drei und vier holt Schollander mit den Staffeln über 4 x 100 m sowie über 4 x 200 m.

3 **Stimmungsvoll:** Während der Eröffnungsfeier im Nationalstadion steigen Hunderte Friedenstauben auf.

4 **Siegerehrung für Australierin:** Über 100 m Freistil schlägt Dawn Fraser (Mi.) Sharon Stouder (USA, li.) und Kathleen Ellis (USA, re.). Mit der Staffel über 4 x 100 m Freistil gewinnt Fraser Silber hinter Olympiasieger USA.

5 **Deutlicher Sieg:** Irina Press (URS, beim 80-m-Hürdenlauf) gewinnt den Fünfkampf mit neuem Weltrekord von 5246 Punkten vor Mary Rand (GBR, 5035 Punkte) und Galina Bystrowa (URS, 4956 Punkte).

6 **Freude über den Sieg:** Ann Packer (GBR) wird nach ihrem Olympiasieg im 800-m-Lauf von ihrem Freund Ronnie Brightwell, der mit der britischen 4 x 400-m-Staffel die Silbermedaille gewinnt, beglückwünscht.

7 **Viertes Edelmetall:** Die dreifache Goldmedaillengewinnerin von Melbourne 1956, Betty Cuthbert (AUS), gibt im 400-m-Lauf Ann Packer (GBR) und Judith Amoore (AUS) das Nachsehen.

8 **»Marathon«:** Fred Hansen (USA) entscheidet den Stabhochsprung nach siebenstündiger Dauer für sich. Silber und Bronze gehen an Wolfgang Reinhardt und Klaus Lehnertz (beide GER).

9 **Titel verteidigt:** Peter Snell (NZL, re.) wiederholt seinen Olympiasieg über 800 m vor Bill Crothers (CAN, 2. v. li.) und Wilson Kiprugut (KEN, 3. v. li.). Sein zweites Gold gewinnt Snell über 1500 m.

10 **Vielseitig:** Die Britin Mary Rand siegt im Weitsprung mit 6,76 m (Weltrekord) vor Irena Kirszenstein (POL, 6,60 m) und Tatjana Tschelkanowa (URS, 6,42 m). Im Fünfkampf holt Rand Silber; Bronze gewinnt sie mit der 4 x 100-m-Staffel hinter Polen und den USA.

1

Andrang auf dem Siegerpodest: In der 4000 m Mannschaftsverfolgung holt das bundesdeutsche Quartett (Mi.) mit Lothar Claesgens, Karlheinz Henrichs, Karl Link und Ernst Streng Gold vor Italien (li.) und den Niederlanden (re.). Erfolge im Radsport erzielen auch der Belgier Patrick Sercu im 1000-m-Zeitfahren vor dem Italiener Giovanni Pettenella und dem Franzosen Pierre Trentin. Pettenella wird Sieger im 1000-m-Sprint vor seinem Landsmann Sergio Bianchetto und Daniel Morelon (FRA). Das 2000-m-Tandemrennen gewinnen die Italiener Angelo Damiano/Bianchetto vor Imant Bodniek/Wiktor Logunow (URS) und Willi Fuggerer/Klaus Kobusch (GER). Olympiasieger in der 4000-m-Einzelverfolgung wird der Tschechoslowake Jiři Daler vor Giorgio Ursi (ITA) und Preben Isaksson aus Dänemark. Beim Mannschaftszeitfahren über 100 km gewinnen die Niederlande vor Italien und Schweden. Im Einzel-Straßenrennen ist Mario Zanin (ITA) vor Kjell Akerström Rodian (DEN) und dem Belgier Walter Godefroot erfolgreich.

2

Olympiasieg wiederholt: Der Franzose Pierre Jonquères d'Oriola gewinnt zwölf Jahre nach seinem Erfolg in Helsinki erneut das Jagdspringen. Diesmal läßt er Hermann Schridde (GER) und den Briten Peter Robeson hinter sich. Die Mannschaftswertung gewinnt die deutsche Equipe vor Frankreich und Italien.

3

Dressurerfolg für deutsche Reiter: Harry Boldt, Reiner Klimke und Josef Neckermann (GER, Mi.) werden Olympiasieger im Dressurreiten vor der Schweiz (li.) und der Sowjetunion (re.). In der Einzelwertung holt der Schweizer Henri Chammartin Gold vor Boldt und Sergej Filatow (URS). Den Military-Wettbewerb entscheidet der Italiener Mauro Checcoli vor Carlos Moratorio (ARG) und Fritz Ligges (GER) für sich. Die Italiener verweisen in der Mannschaftswertung das US-Team und die deutsche Equipe auf die Plätze zwei und drei.

4

Premiere der Judoka: Das erste olympische Judoturnier gewinnt Weltmeister Antonius Geesink (HOL, li.) in der Offenen Klasse gegen seinen WM-Finalgegner Akio Kaminaga aus Japan. Die Bronzemedaille teilen sich der Australier Theodore Boronovskis und Klaus Glahn (GER).

2

3

4

5

6

5 Čáslavská löst Latynina ab: Die Tschechoslowakin Vera Čáslavská gilt mit dreimal Gold und einmal Silber als Nachfolgerin von Turnstar Larissa Latynina (URS). Čáslavská wird Olympiasiegerin im Achtkampf vor Latynina und Polina Astachowa (URS). Beim Pferdsprung gewinnt sie vor Latynina und Birgit Radochla (GER), die mit gleicher Punktzahl Silber holen. Ihr drittes Gold sichert sich die Tschechoslowakin am Schwebebalken vor den sowjetischen Turnerinnen Tamara Manina und Latynina. Silber holt Čáslavská im Mehrkampf mit der Mannschaft hinter der UdSSR und vor Japan. Nach vier Goldmedaillen 1968 engagiert sich Čáslavská während des Prager Frühlings und fällt bei den Machthabern in Ungnade. 1990 wird sie Vorsitzende des tschechischen NOK´s und 1995 IOC-Mitglied.

6 Letzter Auftritt bei Olympia: Larissa Latynina (URS, Mi.) gewinnt bei ihrer dritten Olympiateilnahme zum dritten Mal hintereinander das Bodenturnen und verweist ihre Landsfrau Polina Astachowa (re.) und die Ungarin Anika Jánosi (li.) auf die Plätze. Neben der Goldmedaille im Mannschafts-Mehrkampf holt Latynina in Tokio Silber im Achtkampf und beim Pferdsprung sowie Bronze am Schwebebalken und am Stufenbarren. Mit insgesamt 18 Olympiamedaillen – darunter neun goldenen – ist Latynina erfolgreichste Olympionikin aller Zeiten.

7 Triumph für die Gastgeber: Erfolgreichster Teilnehmer der Turnwettbewerbe in Tokio wird vor heimischem Publikum der Japaner Yukio Endo. Er gewinnt Gold im Zwölfkampf vor seinem Landsmann Shuji Tsurumi, der sich Platz zwei mit den sowjetischen Turnern Boris Schaklin und Wiktor Lissitski teilt. Am Barren gewinnt der Japaner wiederum vor Tsurumi und Franco Menichelli (ITA). Sein drittes Gold sichert sich Endo mit der japanischen Mannschaft vor der UdSSR und Deutschland. Am Boden wird Endo zusammen mit Lissitski Zweiter hinter Menichelli.

7

Die Ausrichtung der X. Olympischen Winterspiele bedeutete für Grenoble auch in wirtschaftlicher Hinsicht einen Sprung nach vorn. Problem für Aktive und Zuschauer waren die großen Entfernungen zwischen den Wettkampfstätten.

Investitionen in Milliardenhöhe für den Bau neuer Sportstätten und zur Verbesserung der Infrastruktur waren notwendig, um aus der aufstrebenden Industriestadt mit ihren 200 000 Einwohnern einen geeigneten Ort für die Winterspiele zu machen. Da Grenoble nicht über genügend Sportanlagen verfügte, fanden die Wettkämpfe im gesamten Umland statt, wo auch die Teilnehmer – in sieben Olympischen Dörfern – untergebracht waren. Kritiker monierten, daß die Spiele dadurch nicht zu einem wahren Treffen der »Jugend der Welt« wurden. Zudem mußten viele Zuschauer lange Anfahrtswege in Kauf nehmen.

Die Eröffnungszeremonie durch Frankreichs Staatspräsident Charles de Gaulle fand in einem improvisierten Stadion aus Stahlrohrtribünen statt. Erstmals bei Winterspielen marschierten zwei getrennte deutsche Mannschaften ein, die lediglich die schwarz-rot-goldene Fahne mit den Olympischen Ringen und eine gemeinsame Hymne (Ludwig van Beethovens »Ode an die Freude«) einte. Ansonsten prägte eisige Stimmung das Verhältnis.

Zum ersten Mal ließ das IOC nach den Wettbewerben Dopingkontrollen durchführen. Die weiblichen Aktiven mußten sich einer Geschlechtskontrolle unterziehen, nachdem schon seit Jahrzehnten immer wieder Hermaphroditen für Schlagzeilen gesorgt hatten.

Zwölf Jahre nach dem dreifachen Triumph des Österreichers Toni Sailer gelang es dem Franzosen Jean-Claude Killy, alle drei alpinen Skiwettbewerbe zu gewinnen. Frankreich hatte einen neuen Nationalhelden, die Winterspiele hießen im Volksmund fortan »Killyade«.

Der französische Skirennläufer Jean-Claude Killy drückt den Spielen in Grenoble mit drei Goldmedaillen seinen Stempel auf.

Die fünf Olympiaringe auf dem offiziellen Plakat der X. Winterspiele in Grenoble symbolisieren eine temporeiche Ski »Abfahrt«.

Allerdings profitierte der 24jährige bei seinem Erfolg im Slalom von der Disqualifikation des Österreichers Karl Schranz und des Norwegers Haakon Mjoen, die beide vor ihm gelegen hatten. Nach den Spielen trat Killy zurück und vermarktete erfolgreich seine Sportlerkarriere. 1992 erhielt er für die Organisation der Winterspiele in Albertville den Olympischen Orden in Gold und wurde 1995 ins IOC aufgenommen. Disqualifiziert wurden die DDR-Rodlerinnen Ortrun Enderlein, Angela Knösel und Anna-Maria Müller wegen unerlaubter Manipulation ihrer Schlitten. Die Athletinnen hatten die Kufen ihrer Schlitten erwärmt, um schnellere Zeiten zu erzielen.

Im Eisschnellauf dominierten einmal mehr Starter aus den Niederlanden, so z. B. Cornelis Verkerk (Gold über 1500 m, Silber über 5000 m), Carolina Geijssen (Gold über 1000 m, Silber über 1500 m) und Johanna Schut mit ihrem Sieg über 3000 m.

Vor heimischem Publikum gewinnt Marielle Goitschel den Slalom, den sie vier Jahre zuvor hinter ihrer Schwester Christine als Zweite beendet hatte.

Jiři Raška gewinnt Gold von der Normalschanze. Eine Woche später wird der Tschechoslowake Zweiter von der Großschanze.

Überraschend wird Franz Keller (FRG) Sieger in der Nordischen Kombination.

Doppel-Olympiasiegerin (5 km und 10 km) Toini Gustafsson aus Schweden (li.; mit Teamkollegin Barbro Martinsson) holt mit der 3 x 5-km-Langlaufstaffel Silber hinter Norwegen.

1 Karriere-Ende vergoldet: Eugenio Monti/Luciano de Paolis sichern sich Gold im Zweierbob vor den Teams Bundesrepublik Deutschland I und Rumänien I. Bei Zeitgleichheit der erstplazierten Teams nach den vier Wertungsläufen entscheidet die schnellste Zeit im letzten Lauf für die Italiener. Fünf Tage später holen Monti und Paolis zusammen mit Mario Armano und Roberto Zandonella ihren zweiten Titel vor den Viererbobs Österreich I und Schweiz I. Für den 40jährigen Monti, der bei den Winterspielen in Cortina d'Ampezzo (1956) bereits Silber und in Innsbruck 1964 zweimal Bronze gewonnen hatte, bedeuten die Olympiasiege den Höhepunkt seiner Laufbahn.

2 Favorit gewinnt Gold: Weltrekordler Erhard Keller (FRG) gewinnt den 500-m-Sprint im Eisschnellauf in 40,3 sec mit zwei Zehntelsekunden Vorsprung vor Magne Thomassen aus Norwegen und Richard McDermott (USA).

3 Zwei Medaillen für Kanada: Nancy Greene verweist im Riesenslalom die Französin Annie Famose und die Schweizerin Fernande Bochatay auf die Plätze. Zwei Tage zuvor gewann die Kanadierin bereits die Silbermedaille im Slalom hinter der Französin Mariel-le Goitschel. In diesem Rennen holte Famose Bronze, nachdem es für sie in der Abfahrt hinter Olga Pall (AUT), Isabelle Mir (FRA), Christl Haas und Brigitte Seiwald (beide AUT) nur zu Platz fünf gereicht hatte.

4 Olympiasieg wiederholt: Trotz einer 4:5-Niederlage gegen den späteren Silbermedaillengewinner Tschechoslowakei (Foto: Spielszene) verteidigt das Eishockey-Team der UdSSR seinen Olympiasieg. Die tschechoslowakische Mannschaft verpaßt die mögliche Goldmedaille durch eine 2:3-Niederlage gegen Bronzemedaillengewinner Kanada, während sich die UdSSR gegen die Kanadier mit 5:0 durchsetzt.

5 Flug zum Gold: Jiři Raška (TCH) wird Olympiasieger von der Normalschanze. Silber und Bronze sichern sich die Österreicher Reinhold Bachler und Baldur Preiml. Raška gewinnt zudem eine Silbermedaille von der Großschanze.

6 Überraschungssieger: Für Experten unerwartet gewinnt Wladimir Beloussow (Foto) die Goldmedaille im Skispringen von der Großschanze. Er läßt Jiři Raska (TCH) und Lars Grini aus Norwegen hinter sich. Der erste Platz in Grenoble bleibt der einzige interna-

7

8

9

tionale Erfolg des sowjetischen Skispringers.

7 **Schweizer hat das Nachsehen:** Der nordische Kombinierer Alois Kälin aus der Schweiz muß sich hinter seinem bundesdeutschen Kontrahenten Franz Keller mit Silber begnügen. Die mit Abstand beste Laufzeit über 15 km reicht Kälin nicht, um den Vorsprung des Deutschen aus dem Springen aufzuholen: Im Ziel liegt Keller mit 6,3 sec vorn.

8 **Dominanz der Skandinavier beendet:** Der Italiener Francesco Nones siegt im 30-km-Langlauf vor Odd Martinsen aus Norwegen und dem Finnen Eero Mäntyranta. Nones ist der erste Mitteleuropäer, der eine Langlauf-Goldemdaille gewinnt.

9 **Deutscher bei Nordischen Kombinierern vorn:** Franz Keller (FRG) wird Olympiasieger in der Nordischen Kombination. Mit knappem Vorsprung verweist er den Schweizer Alois Kälin und Andreas Kunz aus der DDR auf die Plätze.

10 **Grenoble feiert Frankreichs Ski-Idol:** Jean-Claude Killy (Mi.) ist der erste Skirennläufer nach dem Österreicher Toni Sailer (1956), der alle drei alpinen Wettbewerbe für sich entscheidet: Das Abfahrtsrennen gewinnt der Franzose vor seinem Landmann Guy Périllat und dem Schweizer Jean-Daniel Dätwyler. Im Slalom läßt er die beiden Österreicher Herbert Huber und Alfred Matt hinter sich. Nach dem Riesenslalom freut sich Killy bei der Siegerehrung über Gold vor Willy Favre aus der Schweiz (li.) und Heinrich Messner aus Österreich (re.).

11 **Goldener Karriereabschluß:** Die Sieger im Paarlauf heißen nach 1964 erneut Ludmilla Belousowa und Oleg Protopopow. Hinter dem sowjetischen Ehepaar gewinnen ihre Landsleute Tatjana Schuk und Alexander Gorelik Silber; Bronze holt das bundesdeutsche Duo Margot Glockshuber und Wolfgang Danne. Die sowjetischen Olympiasieger werden 1968 auch zum vierten Mal hintereinander Europa- und Weltmeister. Nach der Olympiasaison beenden sie ihre Amateurkarriere; ein Comebackversuch bleibt 1971 ohne Erfolg.

12 **Erfolg für Österreich:** Wolfgang Schwarz wechselt nach seinem Olympiasieg im Eiskunstlauf als Profi zu einer Eisrevue. Die Silbermedaille gewinnt der Amerikaner Timothy Wood vor Patrick Pera aus Frankreich. Den Wettbewerb der Damen entscheidet die Amerikanerin Peggy Fleming vor Gaby Seyfert (GDR) und Hana Masková aus der Tschechoslowakei für sich.

10

11

12

Die Höhenluft sorgte bei den Spielen der XIX. Olympiade in Mexiko-Stadt für ein Festival der Rekorde: Die Athleten stellten insgesamt 34 Welt- und 38 olympische Bestleistungen auf.

Die »Politisierung« der Gesellschaft, die Ende der 60er Jahre in vielen Ländern der Welt zu verzeichnen war, machte auch vor der Olympiastadt nicht halt. Kurz vor Eröffnung der Spiele entlud sich die Kritik der einheimischen Bevölkerung an den hohen Kosten der Veranstaltung und den sozialen Mißständen in heftigen Auseinandersetzungen: Polizei und Armee schlugen Studentenproteste blutig nieder.

Konflikte gab es um die Teilnahme Südafrikas. So drohten die meisten schwarzafrikanischen Staaten mit einem Boykott, falls der Apartheidsstaat Sportler nach Mexiko entsenden dürfte. Das IOC lenkte ein und lud die südafrikanischen Athleten wieder aus. Aufgrund von IOC-Beschlüssen marschierten hinter einer gemeinsamen Flagge zwei selbständige deutsche Mannschaften ins Stadion. Zum ersten Mal entzündete mit der mexikanischen Hürdenläuferin Enriqueta Basilia Sotelo eine Frau das olympische Feuer.

Zu einer politischen Demonstration wurde die Siegerehrung über 200 m: Die US-Sprinter Tommie Smith und John Carlos streckten beim Abspielen der US-Nationalhymne ihre schwarzbehandschuhten Fäuste in die Luft – Symbol der radikalen Black-Power-Bewegung, die für die Gleichberechtigung der Schwarzen in den USA kämpfte. Die Mannschaftsleitung schloß die Sportler daraufhin aus dem Team aus.

Die Leistungsexplosion bei den Wettkämpfen war in erster Linie auf die Höhenluft in der mexikanischen Metropole (2240 m) zurückzuführen: Vorheriges mehrwöchiges Höhentraining hatte zudem zu einer Vermehrung der roten Blutkörperchen im Organismus der Athleten geführt. Die dadurch bedingte erhöhte Sauerstoffzufuhr in der Muskulatur steigerte die Leistungsfähigkeit.

Über 100 m dominierten Sprinter aus den USA: Olympiasieger Jim Hines stellte in 9,9 sec einen Weltrekord auf. Dieser wurde mit 9,95 sec 1977 auch als Weltrekord mit elektronischer Messung anerkannt. Auf den Mittel- und Langstrecken (1500 m bis Marathon) machten Läufer aus Afrika die Siege unter sich aus. Das herausragende Ergebnis in der Leichtathletik präsentierte Bob Beamon (USA): Er verbesserte den Weitsprung-Weltrekord um 55 cm auf 8,90 m. Erst 23 Jahre später gelang es seinem Landsmann Mike Powell, diesen »Sprung ins 21. Jahrhundert« zu verbessern (8,95 m). Der US-Diskuswerfer Al Oerter errang seinen vierten Olympiasieg in Folge.

Mehr noch als sein Siegessprung von 2,24 m sorgte die Technik von Richard »Dick« Fosbury (USA) für Schlagzeilen. Der sog. Fosbury-Flop revolutionierte den Hochsprung und verdrängte den bis dahin üblichen Straddle-Stil. »Königin« der Spiele war die tschechoslowakische Turnerin Vera Čáslavská mit viermal Gold und zweimal Silber.

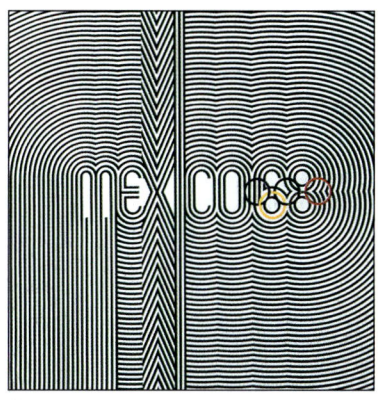

Das kunstvoll gestaltete Plakat der Sommerspiele in Mexico City.

Der amerikanische Weitspringer Bob Beamon stellt mit 8,90 m einen Weltrekord auf, der bis 1991 Bestand hat.

Al Oerter (USA) wird zum vierten Mal hintereinander Olympiasieger im Diskuswurf.

Die Turnerin Vera Čáslavská (TCH) ist mit vier Gold- und zwei Silbermedaillen erfolgreichste Teilnehmerin der Spiele.

Die 16jährige Debbie Meyer (USA) sichert sich dreimal Gold im Schwimmen.

Jim Hines (USA) gewinnt das 100-m-Finale und holt sein zweites Gold mit der 4 x 100-m-Staffel.

1

2

3

4

5

6

7

8

1 **Farbenfroher Beginn:** Während der Eröffnungs-feier steigen Hunderte Luftballons auf.

2 **US-Athlet siegt:** Bill Toomey (USA, re., beim 1500-m-Lauf) ist sich sei-nes Erfolgs im Zehnkampf vor Hans-Joachim Walde (li.) und Kurt Bendlin (bei-de FRG) sicher.

3 **»Black-Power«-Demo:** Bei der Siegerehrung im 200-m-Lauf recken Olym-piasieger Tommie Smith (Mi.) und der Dritte John

Carlos (re.; beide USA) schwarz behandschuhte Fäuste in die Höhe. Die US-Teamleitung toleriert diese Demonstration für die Rechte der Schwarzen nicht und schickt die Sprinter nach Hause. Links der Zweitplazierte Peter Norman (AUS).

4 Afrikaner siegen: Noch führt der spätere Fünfte, Ronald Clarke (AUS), das Feld über 5000 m an – im Endspurt setzt sich jedoch der Tunesier Mohammed Gammoudi (2. v. re.) vor dem Kenianer Kipchoge Keino (3. v. re.) durch.

5 Doppelerfolg für USA: Das 100-m-Finale der Frauen gewinnt Wyomia Tyus (re.) vor ihrer Landsfrau Barbara Ferrell (3. v. re.) und der Polin Irena Szewinska (3. v. li.).

6 Strahlender Läufer: Kipchoge Keino (KEN, re.), Olympiasieger über 1500 m, und der Zweite Jim Ryun (USA) nach der Siegerehrung. Bronze erhielt Bodo Tümmler (FRG).

7 Spannung im Fünfkampf: Ingrid Becker (FRG, beim Kugelstoßen) entscheidet den Fünfkampf erst im abschließenden 200-m-Lauf vor der bis dahin führenden Österreicherin Liesel Prokop und Annamaria Tóth aus Ungarn für sich.

8 »Flop« zum Sieg: Richard »Dick« Fosbury (USA) wird Hochsprung-Olympiasieger mit der nach ihm benannten Sprungtechnik, dem Fosbury-Flop. Silber holt Edward Caruthers (USA) vor Walentin Gawrilow (URS).

9 Zweimal Gold für DDR-Schwimmer: Start zum Finale über 100 m Rücken, das Roland Matthes vor den Amerikanern Charles Hickcox und Ronald Mills gewinnt. Sein zweites Gold holt Matthes über 200 m Rücken. Zudem gewinnt er Silber mit der 4 x 100-m-Lagenstaffel der DDR hinter den USA.

10 USA vorn: Über 4 x 200 m Freistil lassen sich die USA (Bahn 5) die Führung nicht nehmen. Silber gewinnt Australien vor der UdSSR.

11 Doppel-Olympiasieger: Donald McKenzie (USA, unten) siegt über 100 m Brust. Sein zweites Gold gewinnt McKenzie mit der US-Staffel über 4 x 100 m Lagen.

12 Freistil-Spezialistin: Debbie Meyer (USA) gewinnt Gold über 200 m, 400 m und 800 m Freistil.

13 Siegerehrung im Turmspringen: Klaus Dibiasi (ITA, 2. v. li.) holt Gold vor Alvaro Gaxiola (MEX, li.) und Edwin Young (USA, 2. v. re.). Im Kunstspringen vom 3-m-Brett wird der Italiener Zweiter hinter Bernie Wrightson (USA).

1 **Gold für DDR-Boxer:** Weltergewichtler Manfred Wolke (Mi.) wird Olympiasieger gegen Joseph Bessala (CMR, li.). Bronze teilen sich Mario Guilloti (ARG) und Wladimir Mussalimow (URS).

2 **Erfolge für deutsche Reiter:** Josef Neckermann, Liselott Linsenhoff und Reiner Klimke (FRG, Mi.) bei der Siegerehrung im Dressurreiten vor der sowjetischen Equipe (li.) und der Schweiz (re.). Neckermann und Klimke holen zudem Silber und Bronze in der Einzelwertung.

3 **Letzter Sieg als Amateur:** George Foreman (USA) wechselt nach seinem Sieg im Schwergewicht – gegen Ionas Tschepulis (URS) – ins Lager der Profiboxer.

4 **Goldmedaille aberkannt:** Siegerehrung für den dänischen Bahnrad-Vierer, der statt des disqualifizierten Siegers aus der Bundesrepublik (nachträglich Silbermedaille) die Goldmedaillen in der 4000-m-Mannschaftsverfolgung erhält. Platz drei belegt Italien.

5 **Starke Kämpfer:** Im Freistilringen holt Schwergewichtler Alexander Medwed (Mi.) den Olympiasieg vor Osman Duraliev (BUL, li.) und Wilfried Dietrich (FRG, re.).

6 **Viermal Gold für Turnstar:** Vera Čáslavská (TCH) gewinnt Gold beim Pferdsprung vor Erika Zuchold (GDR) und Sinaida Woronina (URS). Am Stufenbarren siegt sie vor Karin Janz (GDR) und Woronina. Am Boden teilt Čáslavská den Titel mit Larissa Petrik (URS); Dritte wird Natalja Kutschinskaja (URS). Ihr viertes Gold sichert sich Čáslavská im Achtkampf vor Woronina und Kutschinskaja.

7 **Fußball-Sieg:** Mit 4:1 gegen Bulgarien holt Ungarn (rote Trikots) Gold.

8 **Triumph für Japan:** An den Ringen verweist Akinori Nakayama (JPN) Michail Woronin (URS) und seinen Landsmann Sawao Kato auf die Plätze. Außer Gold am Barren, Reck und mit der Mannschaft holt Nakayama Silber am Boden und Bronze im Mehrkamp-Einzel.

9 **Niederländer vorn:** Ruder-Olympiasieger Henri Jan Wienese (re.) erhält Glückwünsche des Zweiten, Jochen Meißner (FRG, li.).

10 **Jubel in Mexiko:** Die erste Goldmedaille für das Gastgeberland holt der 17jährige Felipe Muñoz, der das Finale über 200 m Brust vor Wladimir Kassinski (URS) und Brian Job (USA) gewinnt.

11 **Deutscher Achter siegt:** Die deutsche Ruder-Crew holt die Goldmedaille vor Australien und der UdSSR.

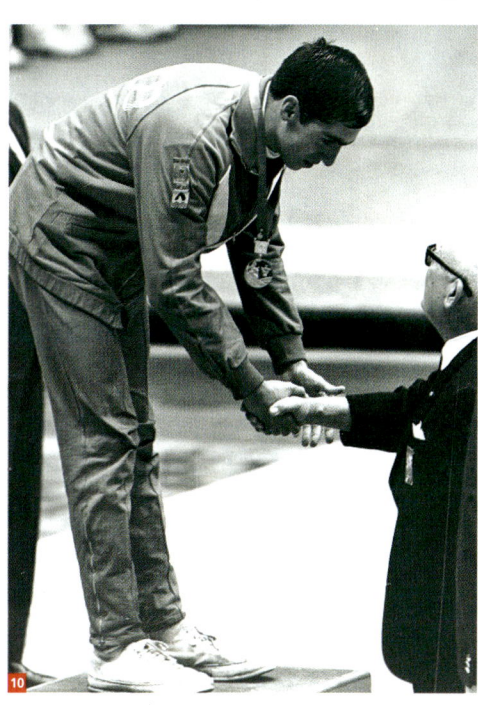

Viele Städte erhielten lediglich nach mehreren Anläufen die olympischen Weihen. Sapporo bekam erst nach dem Auftrag von 1940 und der erfolglosen Bewerbung 1968 den Zuschlag durch das IOC.

Die japanische Regierung betrachtete die XI. Winterspiele 1972 als Prestigeprojekt und investierte immense Summen in den Bau neuer Sportstätten. Die Industriemetropole Sapporo organisierte die bis dahin aufwendigsten und teuersten Spiele. Haupteinnahmequelle war der Verkauf der Fernsehübertragungsrechte: Während vier Jahre zuvor in Grenoble noch 2,6 Mio. US-Dollar für den Erwerb der TV-Rechte ausgereicht hatten, kosteten sie 1972 mehr als das Dreifache: 8,47 Mio. Zwei Drittel dieses Betrags flossen in die Kassen der Ausrichter.

Einen Tag vor Beginn der Spiele sorgte der »Fall Schranz« für Schlagzeilen. Der österreichische Skirennläufer mußte das olympische Dorf verlassen, weil er gegen den Amateurstatus verstoßen hatte. Dem 33jährigen Arlberger wurde unerlaubte Werbung zur Last gelegt, nach den Richtlinien des IOC eine nicht zulässige »Kapitalisierung« des sportlichen Erfolgs. Mit dem Ausschluß statuierte IOC-Präsident Avery Brundage im Jahr seiner Amtsablösung ein Exempel im Kampf gegen die Kommerzialisierung des Sports. Seine Forderung, 53 weiteren angeblichen »Profis« unter den Aktiven die Teilnahme zu verweigern, hatte eine Mehrheit im IOC zurückgewiesen.

Auch im Eishockey sorgte die Amateurfrage für Aufregung: Kanada wollte einige Spieler der nordamerikanischen Profiliga einsetzen, da auch die Ostblockstaaten sog. Staatsamateure – nach kanadischer Auffassung ebenfalls Profis – zu den Spielen entsandten. Nachdem die Internationale Eishockeyföderation und das IOC Kanadas Ansinnen strikt abgelehnt hatten, blieb das kanadische Team dem Turnier fern.

Mit drei Goldmedaillen über 1500 m, 5000 m und 10 000 m wird der niederländische Eisschnelläufer Ard Schenk erfolgreichster Teilnehmer der Winterspiele in Sapporo.

Das offizielle Plakat der XI. Olympischen Winterspiele vom 3. bis 13. Februar in Sapporo, der als Wintersportort bekannten Hauptstadt der japanischen Insel Hokkaido.

Sportlich boten die Spiele einige Überraschungen: Zum ersten Mal in der Geschichte der Winterspiele kamen mit Yukio Kassaya, Akitsugu Konno und Seiji Aochi (Spezialsprunglauf von der Normalschanze) alle drei Medaillengewinner aus einem Land. Erstmals Gold gab es für Polen durch Wojciech Fortuna (Spezialsprunglauf von der Großschanze) und für Spanien durch Francisco Fernández Ochoa (Slalom). Erfolgreichste Teilnehmer waren die sowjetische Langläuferin Galina Kulakowa und der niederländische Eisschnelläufer Ard Schenk mit jeweils drei Goldmedaillen. Schenk vergab seine Chance auf ein viertes Edelmetall durch einen Sturz beim Start über 500 m. Letztmalig profitierten die pflichtstarken Eiskunstläufer von der gleichberechtigten Pflicht- und Kürbewertung: Die Österreicherin Beatrix Schuba gewann Gold, obwohl sie in der Kür nur an neunter Stelle lag.

Der italienische Skirennläufer Gustav Thöni holt Gold im Riesenslalom und Silber im Slalom.

Bei der Siegerehrung freut sich Marie-Theres Nadig (SUI) über ihre Goldmedaille im Riesenslalom, nachdem sie drei Tage zuvor bereits die Abfahrt gewonnen hat.

Galina Kulakowa (URS) wird mit drei Goldmedaillen im Ski-Langlauf über 5 km, 10 km und mit der 3 x 5-km-Staffel die erfolgreichste Teilnehmerin.

Erhard Keller (FRG) wiederholt im Eisschnellauf seinen Olympiasieg über 500 m von Grenoble 1968.

1 **Spiele eröffnet:** Im Makomanai-Eisstadion von Sapporo erklärt der japanische Kaiser Hirohito die XI. Winterspiele für eröffnet.

2 **Schlußfeier:** Das Zusammenfalten der Olympiaflagge symbolisiert den Abschluß der Winterspiele. Die Fahne wird weitergegeben an Denver, den vorgesehenen Gastgeber von 1976, verwahrt wird sie jedoch noch vier Jahre am Ort der Spiele.

3 **Favorit gewinnt:** Ondřej Nepela (TCH) wird Olympiasieger im Eiskunstlauf vor Sergej Tschetweruchin (URS) und dem Franzosen Patrick Pera. In der Olympiasaison wird Nepela zudem erneut Welt- (1971–1973) und Europameister (1969–1973).

4 **Eiskunstlauf-Gold für Österreich:** Die Europa- und Weltmeisterin Beatrix Schuba gewinnt vor der Kanadierin Karen Magnussen. Die Amerikanerin Janet Lynn holt die Bronzemedaille.

5 **Rodnina/Ulanow vorn:** Die seit 1969 bei Welt- und Europameisterschaften ungeschlagenen Paarläufer Irina Rodnina und Alexej Ulanow (URS) verweisen ihre Landsleute Ludmilla Smirnowa/Andrej Suraikin sowie Manuela Groß/Uwe Kagelmann (GDR) auf die Plätze.

6 **Mit Rekord zum Gold:** Die Eisschnelläuferin Monika Pflug (FRG) stellt über 1000 m in 1:31,40 min einen neuen Olympiarekord auf und holt ungefährdet Gold vor Atje Keulen-Deelstra (HOL) und die Amerikanerin Anne Elizabeth Henning. Pflug nimmt an insgesamt fünf Olympischen Winterspielen teil und beendet ihre Olympiakarriere 1988 in Calgary mit einem siebten Platz über 500 m.

7 **Schnellster auf dem Eis:** Kurz vor den Olympischen Spielen hatte Eisschnelläufer Erhard Keller (FRG) seinen Weltrekord über 500 m (38,3 sec.) an den Finnen Leo Linkovesi (38,0 sec.) verloren. In Sapporo läßt Keller alle Konkurrenten hinter sich: Der Schwede Hasse Börjes muß sich mit der Silbermedaille vor Waleri Muratow aus der UdSSR begnügen. Linkovesi beendet den Wettbewerb als Sechster.

8 Erstmals Gold für Spanien: Francisco Fernández Ochoa feiert mit seiner Goldmedaille im Slalom den ersten Sieg für Spanien bei Olympischen Winterspielen überhaupt. Er läßt die italienischen Cousins Gustav (Silber) und Roland Thöni (Bronze) hinter sich. Bei den Frauen ist die Amerikanerin Barbara Ann Cochran im Slalomrennen nicht zu schlagen.

9 Erfolgreichster Alpiner: Der Italiener Gustav Thöni fährt im Riesenslalom zum Sieg vor den Schweizern Edmund Bruggmann und Werner Mattle. Thöni, auch Silbermedaillengewinner im Slalom, macht 16 Jahre später als Trainer des zweifachen Olympiasiegers Alberto Tomba (ITA) erneut auf sich aufmerksam.

10 Gold und Silber für die Schweiz: Bernhard Russi ist im Abfahrtsrennen nicht zu schlagen. Silber gewinnt sein Landsmann Roland Collombin vor dem Österreicher Heinrich Messner.

11 Drittes Gold für UdSSR: Siegerehrung für die sowjetische Eishockey-Mannschaft, die den Titel zum dritten Mal hintereinander gewinnt. Silber geht an das US-Team, Bronze an die Tschechoslowakei, die mit 14:1 gegen Polen den höchsten Sieg landete.

12 Doppelerfolg: Im Zweierbob sind Wolfgang Zimmerer/Peter Utzschneider vor ihren Landsleuten Horst Floth/Pepi Bader erfolgreich. Bronze sichert sich der Bob Schweiz I mit Jean Wicki und Edy Hubacher. Im Viererbob holt das Team Bundesrepublik Deutschland I mit Stefan Gaisreiter, Walter Steinbauer, Utzschneider und Pilot Zimmermann die Bronzemedaille hinter Schweiz I (Werner Camichel, Hubacher, Hans Leutenegger, Wicki) und Italien I.

13 Erfolge in der Loipe: Langläuferin Galina Kulakowa (URS) distanziert die Konkurrenz über 5 km und 10 km. Mit ihren Teamgefährtinnen Ljubow Muchatschowa und Alewtina Oljunina läßt sie zudem die Staffeln aus Finnland und Norwegen deutlich hinter sich.

MÜNCHEN

Die Spiele der XX. Olympiade in München sollten als »heitere Spiele« in Erinnerung bleiben. Doch ein Terroranschlag palästinensischer Freischärler auf die israelische Mannschaft im olympischen Dorf beendete diesen Traum.

Elf israelische Sportler, fünf Terroristen und ein Polizist kamen bei der Geiselnahme und dem anschließenden Befreiungsversuch ums Leben. Obwohl zahlreiche Sportler und Funktionäre für einen Abbruch der Spiele plädierten, entschied sich das IOC – auch auf Wunsch des Staates Israel und der israelischen Mannschaft, die sich nicht erpressen lassen wollten – für eine Fortsetzung: »The games must go on«, forderte Avery Brundage. Der IOC-Präsident, der nach den Spielen aus Altersgründen von dem Iren Michael Morris Lord Killanin abgelöst wurde, wollte den friedlichen Geist der olympischen Idee nicht durch »eine Handvoll von Terroristen« zerstören lassen. Trotz seines Appells reisten einige Sportler ab, weil sie sich nicht mehr sicher fühlten. Einen Tag nach der Trauerfeier wurden die Wettkämpfe im Zeichen der auf halbmast wehenden Olympiafahne fortgesetzt, alle Rahmenveranstaltungen jedoch abgesagt.

Nach einer Boykottdrohung von 27 afrikanischen Staaten hatte das IOC Rhodesien – wie zuvor bereits Südafrika – wegen seiner Rassenpolitik von der Teilnahme ausgeschlossen. Olympische Premiere unter den insgesamt 195 Wettbewerben in München feierte Hallenhandball. Judo war nach seiner Premiere 1964 von nun an ständig im Programm, Bogenschießen kehrte nach 1900 bis 1908 wieder zurück.

Die DDR-Mannschaft behauptete sich hinter der UdSSR (48 Goldmedaillen) und den USA (33) mit 20 Siegen als dritte führende Sportnation und konnte diese Stellung in den folgenden Jahren noch ausbauen. Die Bundesrepublik kam mit 40 Medaillen (13 Gold-, elf Silber- und

Die aufsehenerregende Zeltdachkonstruktion über dem Olympiapark und der Münchener Olympiaturm stehen im Mittelpunkt des offiziellen Veranstaltungsplakates.

16 Bronzemedaillen) auf Platz vier. Unter sportlichen Aspekten standen die Spiele im Zeichen des US-Schwimmers Mark Spitz: Vier Goldmedaillen in Weltrekordzeiten über 100 m und 200 m Freistil, 100 m und 200 m Schmetterling sowie dreimal Staffelgold über 4 x 100 m Freistil, 4 x 200 m Freistil und 4 x 100 m Lagen machten Spitz zum erfolgreichsten Schwimmer aller Zeiten. Weiblicher Star der Schwimmwettbewerbe war die Australierin Shane Gould, die dreimal Gold, einmal Silber und einmal Bronze holte.

Zum Publikumsliebling avancierte die sowjetische Turnerin Olga Korbut: Der »blonde Spatz von Minsk«, wie die nur 1,54 m große und 39 kg schwere Athletin genannt wurde, begeisterte die Zuschauer mit ihren Erfolgen am Boden und Schwebebalken sowie ihrem zweiten Platz am Stufenbarren. Mit der Mannschaft holte sie Gold im Mehrkampf.

Die 17jährige Turnerin Olga Korbut (URS) geht als dreifache Goldmedaillengewinnerin in die Geschichte der Spiele ein.

Shane Gould (AUS) wird mit drei Gold-, einer Silber- und einer Bronzemedaille erfolgreichste Schwimmerin.

Mit zwei Siegen im Judo (Schwergewicht und Offene Klasse) bricht Wim Ruska aus den Niederlanden die frühere Dominanz der japanischen Sportler.

Schlußläuferin Heide Rosendahl (re.) und ihre Staffelkollegin Ingrid Mickler freuen sich über Gold mit der bundesdeutschen 4x100-m-Staffel.

8

9

1 Bauten erregen Aufsehen: Das Olympiastadion und der angrenzende Park mit Sport- und Schwimmhalle setzen international architektonische Maßstäbe.

2 Auf den Spuren des »Wunderläufers«: Der Finne Lasse Viren (vorn) tritt mit seinen Siegen über 5000 m und 10 000 m in die Fußstapfen seines Landmannes Paavo Nurmi, der zwischen 1920 und 1928 insgesamt neun Goldmedaillen gewonnen hatte.

3 Zwei Zentimeter reichen: Klaus Wolfermann (FRG) wird Olympiasieger im Speerwurf. Mit 90,48 m verweist er Janis Lusis aus der UdSSR (90,46 m) und den Amerikaner Bill Schmidt (84,42 m) auf die Plätze.

4 Erfolg im Marathon: Frank Shorter (USA) gewinnt den Marathonlauf: In 2:12:19,8 h läßt er den Belgier Karel Lismont (2:14:31,8 h) um über

zwei Minuten hinter sich. Dritter wird Mamo Wolde aus Äthiopien.

5 Schnellster Geher: Bernd Kannenberg (FRG) entscheidet den Wettbewerb im 50 km Gehen für sich. Er bezwingt Benjamin Soldatenko (URS) und den Amerikaner Larry Young.

6 16jährige »flopt« zum Gold: Als Sensation bewerten Experten den Olympiasieg der Deutschen Ulrike Meyfarth im Hochsprung vor der Bulgarin Jordanka Blagojeva und der Österreicherin Ilona Gusenbauer, deren Weltrekord (1,92 m) Meyfarth als bisher jüngste Goldmedaillengewinnerin in einem Einzelwettkampf der Leichtathletik einstellt.

7 Doppelerfolg für Kenia: Kipchoge Keino gewinnt den Lauf über 3000 m Hindernis vor seinem Landsmann Benjamin Jipcho und Tapio Kantanen (FIN).

8 Drei Medaillen: Heide Rosendahl (FRG) beweist ihre Vielseitigkeit mit Olympiasiegen im Weitsprung und mit der 4 x 100-m-Staffel sowie einer Silbermedaille im Fünfkampf hinter Mary Peters (GBR).

9 Favorit gewinnt: Europameister Waleri Borsow (URS) sichert sich die Goldmedaille über 100 m vor Robert Taylor (USA) und Lennox Miller (JAM). Drei Tage später setzt sich Borsow über 200 m gegen Larry Black (USA) und Pietro Mennea aus Italien durch.

10 Zweimal Gold: Renate Stecher (GDR) läßt sich den Sieg über 100 m vor Raelene Boyle (AUS) und Silvia Chivas (CUB) nicht nehmen. Fünf Tage später holt sie sich über 200 m ihr zweites Gold vor Boyle und Irena Szewinska (POL), der Olympiasiegerin von 1968. Mit der 4x100-m-Staffel gewinnt Stecher außerdem Silber hinter dem bundesdeutschen Quartett.

10

1 **Titel im Hochsprung:** Juri Tarmak (URS) wird Olympiasieger im Hochsprung. Er verweist Stefan Junge aus der DDR und den Amerikaner Dwight Stones auf die Plätze.

2 **Erster Stoß bringt Gold:** Der Pole Wladyslaw Komar stößt die Kugel im ersten Versuch auf 21,18 m. Diese Weite reicht zum Olympiasieg vor dem Amerikaner George Woods und Hartmut Briesenick (GDR).

3 **Star der Spiele:** Mit sieben Goldmedaillen wird Mark Spitz (USA) erfolgreichster Teilnehmer der Spiele: Über 100 m Freistil schlägt er seinen Landsmann Jerry Heidenreich und Wladimir Bure (URS). Im 200-m-Freistilfinale gibt er Steven Genter (USA) und Werner Lampe (FRG) das Nachsehen. Sein drittes Einzel-Gold gewinnt er über 100 m Schmetterling vor Bruce Robertson (CAN) und Heidenreich. Über 200 m Schmetterling bezwingt er seine Teamgefährten Gary Hall und Robin Backhaus. Seinen vier Einzeltiteln fügt Spitz drei Staffel-Olympiasiege hinzu: Über 4 x 100 m Freistil schlagen die Schwimmer der USA vor der UdSSR und der DDR an. Das 4-x-200-m-Freistilquartett gibt der Bundesrepublik Deutschland und der UdSSR das Nachsehen; über 4 x 100 m Lagen holen die USA Gold.

4 **Weibliches Schwimm-As:** Die Australierin Shane Gould gewinnt die 200 m Freistil in Weltrekordzeit (2:03,56 min) vor den Amerikanerinnen Shirley Babashoff (2:04,33 min) und Keena Rothhammer (2:04,92 min). Über 400 m Freistil distanziert sie die Italienerin Novella Calligaris und Gudrun Wegner (GDR). Ihr drittes Gold holt Gould über 200 m Lagen vor der favorisierten Kornelia Ender (GDR) und Lynn Vidali (USA). Über 800 m Freistil wird sie Zweite hinter Rothhammer und vor Calligaris. Im 100-m-Freistilrennen muß sich Gould als Dritte den Amerikanerinnen Sandra Neilson und Babashoff geschlagen geben.

5 **Premiere der Wildwasser-Kanuten:** Zum ersten und gleichzeitig letzten Mal bis 1992 stehen Wettbewerbe im Kanu-Slalom auf dem Programm: Siegbert Horn (GDR) gewinnt im Einer-Kajak vor dem Österreicher Norbert Sattler und seinem Teamgefährten Harald Gimpel. Bei den Damen holt Angelika Bahmann (GDR) den Olympiasieg vor den bundesdeutschen Kanutinnen Gisela Grothaus und Magdalena Wunderlich.

6 **Dreimal Gold für Kato:** Sawao Kato (JPN) gewinnt die Turnentscheidung am Barren; im Mehrkampf-Einzel und in der Mannschaftswertung verteidigt er die Olympiatitel von 1968. Seiner Medaillensammlung fügt Kato Silber am Seitpferd – hinter Wiktor Klimenko (URS) – und am Reck (Olympiasieger Mitsuo Tsukahara aus Japan) hinzu.

7 **Fünf Medaillen für Turnerin:** Karin Janz (GDR) gewinnt die Konkurrenzen am Stufenbarren und Boden. Silber holt sie im Achtkampf und im Mannschafts-Mehrkampf; am Schwebebalken reicht es zu Bronze hinter Olga Korbut und Tamara Lasakowitsch (beide URS).

8 **Gold-Kampf:** Der rumänische Ringer Gheorghe Berceanu (blaues Trikot) bezwingt im Finale des Papiergewichts (griechisch-römischen) den Iraner Rahim Aliabadi.

9 **Publikumsliebling:** Olga Korbut (URS) gewinnt Gold am Boden vor ihren Landsfrauen Ludmilla Turischtschewa und Tamara Lasakowitsch sowie am Schwebebalken vor Lasakowitsch und Karin Janz (GDR). Ihr drittes Gold holt sie mit der Mannschaft im Mehrkampf. Am Stufenbarren wird Korbut mit Erika Zuchold (GDR) Zweite hinter Janz.

10 **Erfolg für die Niederlande:** Judoka Wim Ruska (HOL) läßt sich für seine Goldmedaillen im Schwergewicht (über 93 kg) und in der Offenen Klasse feiern.

1 **Erfolge für deutsche Reiter:** Ehrenrunde nach der Medaillenvergabe in der Mannschaftswertung der Springreiter: Hans Günter Winkler, Gerd Wiltfang, Fritz Ligges und Hartwig Steenken (v. li.) gewinnen Gold vor den Teams aus den USA und Italien. Mit Platz eins (Liselott Linsenhoff) und drei (Josef Neckermann) in der Dressur sowie Silber in der Dressur- und Bronze in der Military-Mannschaftswertung feiert die deutsche Equipe weitere Erfolge.

2 **Knappe Entscheidung:** 3:3 trennen sich die Wasserballmannschaften der UdSSR (weiße Kappen) und des späteren Silbermedaillengewinners Ungarn in der Finalrunde. Im Abschlußklassement entscheidet das bessere Torverhältnis für die Sowjetunion als Olympiasieger. Bronze gewinnt das Team der USA.

3 **Erstes Gold:** Zum ersten Mal in der Olympiageschichte gewinnt die Bundesrepublik Deutschland (weiße Trikots) das Hockey-Turnier. Im Finale wird Titelverteidiger Pakistan mit 1:0 entthront.

4 **Favorit geschlagen:** Das Fußball-Turnier endet mit dem Sieg Polens (rote Trikots), das den dreimaligen Olympiasieger Ungarn (1952, 1964, 1968) im Endspiel 2:1 besiegt. Die Bronzemedaille wird in diesem Fall zweimal vergeben, nachdem die Begegnung Sowjetunion – DDR unentschieden endete.

5 **Gold-Vierer:** Der bundesdeutsche Bahnrad-Vierer mit Jürgen Colombo, Günter Haritz, Udo Hempel und Günther Schumacher (v. li.) gewinnt das 4000-m-Verfolgungsfahren vor der DDR und Großbritannien.

6 **UdSSR vorn:** Im Volleyball-Finale müssen sich die Japanerinnen (blaue Trikots) der UdSSR mit 2:3 geschlagen geben. Bronze holt Nordkorea. Mehr Erfolg haben Japans Männer, die die DDR im Endspiel mit 3:1 bezwingen. Platz drei belegt die UdSSR.

7 **Spiele gehen weiter:** Vom Tag der Trauerfeierlich-

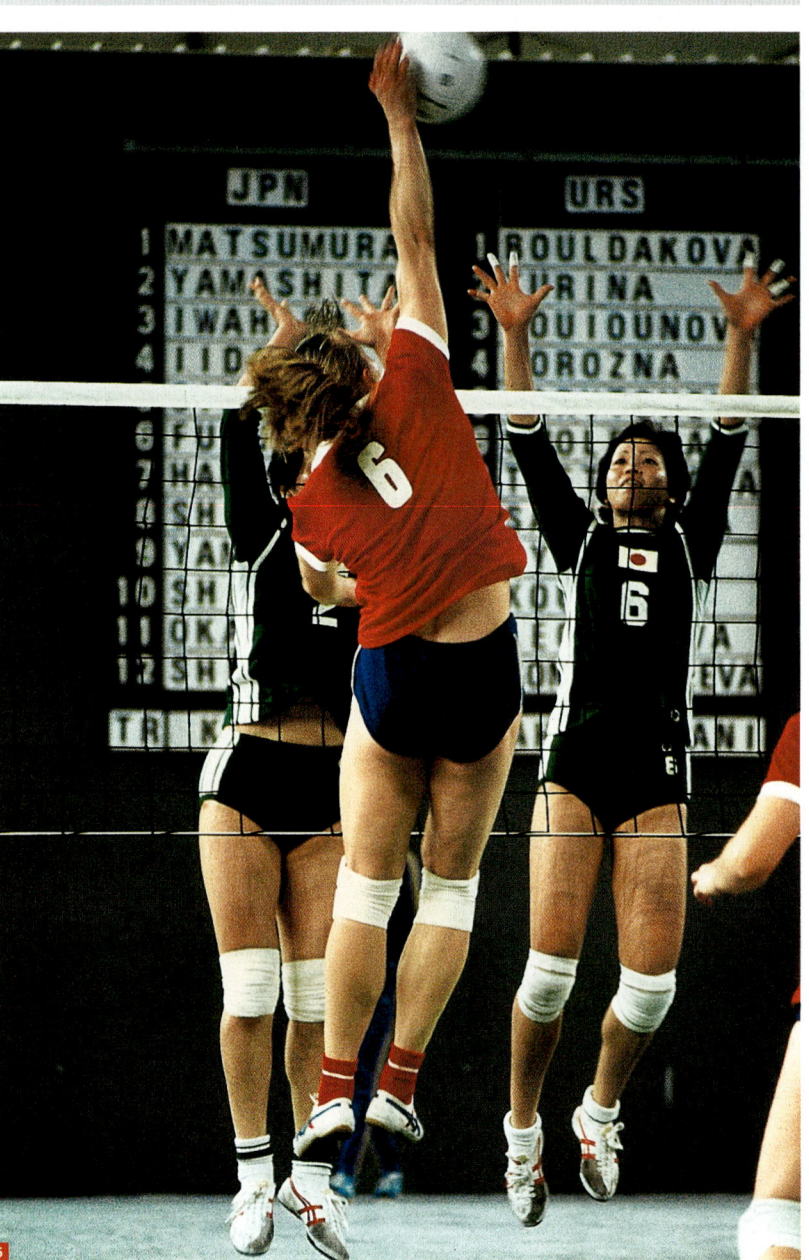

keiten für die Opfer des Attentats auf die israelische Mannschaft im Olympischen Dorf bis zum Ende der Veranstaltung wehen die Olympiaflagge und die Fahnen der teilnehmenden Nationen auf Halbmast. IOC-Präsident Avery Brundage plädiert erfolgreich für eine Fortsetzung der Spiele. Bundespräsident Gustav Heinemann ruft die Völker der Welt auf, den »Haß zu überwinden« und »der Versöhnung den Weg zu bereiten«.

8 Sportler als Geiseln: Ein bewaffneter Polizeibeamter im Olympischen Dorf, wo sich arabische Freischärler mit israelischen Geiseln verschanzt haben. Bundesinnenminister Hans-Dietrich Genscher erreicht zweimal die Verlängerung eines Ultimatums, das die Terroristen zur Erfüllung ihrer Bedingungen gestellt haben: Danach soll die israelische Regierung 200 in Israel inhaftierte Araber umgehend freilassen. Die Täter wollen sich dann mit ihren Geiseln von München nach Ägypten fliegen lassen. Von Scharfschützen beobachtet, verlassen Geiselnehmer und

Opfer am Abend des 5. September das Olympische Dorf und besteigen zwei bereitstehende Hubschrauber.

9 Blutiges Ende: Mit einem Blutbad endet der Befreiungsversuch durch die deutsche Polizei. Die Terroristen waren mit Hubschraubern auf dem Flughafen Fürstenfeldbruck gelandet, um dort mit ihren Geiseln in eine größere Maschine umzusteigen. Nach einem Schußwechsel sprengen die Attentäter die Hubschrauber mit den Geiseln in die Luft. Bilanz des Terroranschlags: Elf israelische Sportler, ein Polizist sowie fünf der acht Terroristen kommen ums Leben.

10 München trauert: Von Emotionen übermannt, nehmen Sportler und Funktionäre der israelischen Delegation an der Trauerfeier für ihre Landsleute im Olympiastadion teil. Der israelische Botschafter in Bonn, Eliashiv Ben-Horin, ruft in einer Ansprache dazu auf, »mit aller Kraft vorzugehen gegen eine Politik des Mordes, der Entführung und des Terrors«.

Zum zweiten Mal in zwölf Jahren war Innsbruck
Austragungsort der Winterspiele. Als Symbol der
Neuauflage galten die beiden olympischen Feuer,
die im Bergisel-Stadion entzündet wurden.

Ursprünglich sollte Denver den Zuschlag für die Ausrichtung der XII. Winterspiele erhalten und wollte damit zugleich die Gründung der USA vor 200 Jahren sowie den 100. Jahrestag des US-Bundesstaats Colorado feiern. Eine Verdreifachung der Kosten sowie befürchtete ökologische Schäden durch den Wintersport-Tourismus und den Bau neuer Sportanlagen führten zu einer Volksabstimmung, bei der sich die Bürger gegen die Großveranstaltung aussprachen.

Die Organisatoren in Innsbruck konnten auf die bereits vorhandenen Wettkampfstätten zurückgreifen, die sie lediglich an- und umbauen mußten. Bereits geplante Projekte wie der Ausbau der Inntal-Autobahn und die Errichtung von Sozialwohnungen, die während der Spiele den über 1250 Teilnehmern als Unterkunft dienten, wurden lediglich vorgezogen. Die Finanzierung erfolgte u. a. durch eine Spendenaktion, für die Bauarbeiten wurde das Bundesheer herangezogen.

Die Idee, die Siegerehrung jeweils am Abend nach den Wettbewerben in der Eishalle durchzuführen, fand wenig Beifall. Die Zuschauer honorierten die Leistungen der Sieger lieber sofort »vor Ort«.

Den ersten Wettbewerb der Spiele, den Abfahrtslauf, entschied der Österreicher Franz Klammer für sich. Während die Gastgeber bis zum Schlußtag auf eine weitere Goldmedaille durch Skispringer Karl Schnabl warten mußten, brach unter den deutschen Wintersportfans das »Rosi-Fieber« aus: Die 25jährige Rosi Mittermaier, die in ihrer zehnjährigen Karriere noch nie bei einer Weltcup-Abfahrt gesiegt hatte, gewann Gold in Abfahrt und Slalom sowie Silber im Riesenslalom.

Das offizielle Olympiaplakat zeigt eine Sprungschanze vor der Tiroler Berglandschaft.

Die Eiskunstläufer mußten erstmals bei Olympischen Spielen ein Kurzprogramm absolvieren, das die Internationale Eislauf-Union 1975 eingeführt hatte. Dadurch verringerte sich der Wertungsanteil des von den meisten Teilnehmern ungeliebten Pflichtteils von 50% auf 30%. Ihre Olympia-Premiere feierten die Eistänzer; das erste Gold ging an das sowjetische Paar Ludmilla Pachomowa und Alexander Gorschkow.

Im Eisschnellauf setzten die Holländer ihre lange Tradition fort: Von den insgesamt neun Medaillen, die bei den Herren über die Strecken ab 1500 m vergeben wurden, errangen Piet Kleine (Gold über 10 000 m, Silber über 5000 m) und Hans van Helden (Bronze über 1500 m, 5000 m und 10 000 m) fünf.

Schon vor der offiziellen Eröffnung hatte das Eishockeyturnier mit Qualifikationsspielen begonnen. Die Sowjetunion profitierte als Olympiasieger von einem Punktabzug, den die ČSSR (Silber) hinnehmen mußte: Kapitän František Pospišil wurde Doping nachgewiesen.

Rosi Mittermaier auf dem Weg zum Abfahrts-Gold: Mit zwei Gold- und einer Silbermedaille wird die bundesdeutsche Athletin zusammen mit der nordischen Skiläuferin Raissa Smetanina aus der Sowjetunion erfolgreichste Sportlerin in Innsbruck.

Titelfavorit Franz Klammer hält dem psychologischen Druck stand: Vor dem erwartungsvollen heimischen Publikum gewinnt der Österreicher die Abfahrt.

In 14:50,59 min holt sich der niederländische Eisschnelläufer Piet Kleine die Goldmedaille über 10 000 m und stellt zugleich einen neuen olympischen Rekord auf.

Bei ihrer ersten Olympiateilnahme gewinnt Raissa Smetanina (URS) Langlauf-Gold über 10 km und mit der 4×5 km-Staffel sowie Silber über 5 km.

Der Weltmeisterschaftsdritte des Jahres 1975 und Europameister im Olympiajahr, John Curry aus Großbritannien, krönt seine Amateurkarriere mit der Goldmedaille im Eiskunstlauf.

1 Symbol der Neuauflage: Im Bergisel-Stadion brennen während der Winterspiele zwei Feuer – eines davon zur Erinnerung an die Wettkämpfe in Innsbruck 1964.

2 Gold dank Pflichtvorsprung: Die US-Eiskunstläuferin Dorothy Hamill wird 1976 nach dem Olympiasieg auch Weltmeisterin. Trotz der Einführung einer Kurzkür profitiert sie weiterhin von ihrer Stärke in der Pflicht. Die erfolgreiche Athletin wird von Carlo Fassi trainiert, der auch den Briten John Curry in Innsbruck zum Olympiasieg führt.

3 Eiskunstlauf-Wettbewerb kommt ohne Sprünge aus: Erstmals gehen Paare im Eistanz an den Start: Die Disziplin, in der seit 1952 Weltmeisterschaften ausgetragen werden, gewinnt das Favoritenpaar Ludmilla Pachomowa/ Alexander Gorschkow (URS), das 1976 auch bei der Europa- und Weltmeisterschaft nicht zu schlagen ist.

4 Vom Eis aufs Rad: Eisschnellläuferin Sheila Young (USA) gewinnt Gold über 500 m, Bronze über 1000 m und Silber über 1500 m und gibt kurz nach den Spielen ihren Rücktritt bekannt. Im Radsprint macht sie allerdings weiter von sich reden.

5 DDR-Sportler vorn: Die Titel im Rennrodeln machen DDR-Athleten unter sich aus, für Teilnehmer anderer Nationen bleibt nur Silber oder Bronze. Margit Schumann (Foto) und Detlef Günther holen die Einzeltitel. Hans Rinn und Norbert Hahn siegen im Doppel.

6 Mit Startnummer 1 zum Sieg: Im Riesenslalom legt die Kanadierin Kathy Kreiner in 1:29,13 min eine Zeit vor, die von keiner Teilnehmerin mehr erreicht wird.

7 Sieger im »Marathon« des Wintersports: Der Norweger Ivar Formo beherrscht die Konkurrenz im Langlauf über 50 km. Die Goldmedaille bleibt sein einziger internationaler Erfolg.

8 Flug zum Gold: Am letzten Tag der Spiele gewinnt Karl Schnabl von der Großschanze eine Goldmedaille für die Gastgeber.

9 Goldener Auftakt: Am ersten Wettkampftag siegt der österreichische Abfahrtsspezialist Franz Klammer in der »Königsdisziplin« des alpinen Skisports.

Perfekte Organisation und strenge Sicherheitsvorkehrungen waren die Kennzeichen der Spiele der
XXI. Olympiade im kanadischen Montreal. Die
sportlichen Bestleistungen wurden fast von den politischen Auseinandersetzungen im Vorfeld der Veranstaltung verdeckt.

Der Amerikaner Edwin Moses läuft bei seinem Olympia-sieg über 400 m Hür-den in 47,64 sec einen neuen Weltrekord.

Baukräne bestimmten das Bild der in Englisch und Franzö-sisch – den beiden Sprachen des Gastgeberlandes – abgehalte-nen Eröffnungsfeier: Streiks und ein ungewöhnlich langer Winter sowie fehlende Gelder hatten die Fertig-stellung der Olympiabauten in Montreal unmöglich gemacht. Die Eröffnungsfeier fand in einem Pro-visorium statt. Die Stadt Montreal bezahlt bis heute an den Schulden. Strenge Sicherheitsvorkehrungen prägten die Veranstaltung: Zu tief saß der Schrecken des Terroran-schlags von München. In Erinnerung an ihre vier Jahre zuvor ermordeten Mannschaftskameraden zog die is-raelische Delegation mit einem Trauerflor in das Stadion der kana-dischen Metropole ein.

Einmal mehr spielte die Politik eine Rolle bei Olympia: 24 der 116 ge-meldeten Mannschaften boykot-tierten die Spiele. Grund für diese Entscheidung – vor allem der 22 schwarzafrikanischen Länder – war der Nichtausschluß Neuseelands, dessen Rugbymannschaft eine Tur-nierreise durch den Apartheidstaat Südafrika unternommen hatte. Im Vorfeld der Sommerspiele hatte das IOC Rhodesien wegen seiner Ras-sentrennungspolitik zum zweiten Mal nach 1971 die Teilnahme ver-wehrt.

Da auch das Team aus Taiwan fehl-te, nahmen an den Spielen in Mon-treal lediglich etwas mehr als 6000 Aktive teil – rund 1000 weniger als noch 1972 in München.

Das Medieninteresse galt fast aus-schließlich den Siegern, so daß viele überraschende Plazierungen kaum zur Kenntnis genommen wurden – z. B. die beiden Silbermedaillen des

Das offizielle Plakat der Sommer-spiele im kanadischen Montreal mit den fünf ineinander verschlungenen olympischen Ringen.

Belgiers Ivo van Damme über 800 m und 1500 m. Allerdings wurde der fünfte Platz des Olympiasiegers über 5000 m und 10 000 m, Lasse Vi-ren (FIN), im Marathonlauf – er woll-te den legendären Emil Zátopek übertreffen –, heftig diskutiert. Zahlreiche Sportexperten bezweifel-ten den Wert der Ergebnisse in den Laufwettbewerben, da mit den Afri-kanern viele Favoriten fehlten.

Im Schwimmen lieferten sich die USA (13 Siege) und die DDR (elf Erfolge) einen spannenden Zweikampf. Le-diglich der Brite David Wilkie und die sowjetische Sportlerin Marina Koschewaja – beide über 200 m Brust – konnten mit ihren Goldme-daillen in diese Phalanx einbrechen.

Im Rudern kämpften erstmals Frau-en um Edelmetall. Die DDR-Starte-rinnen entschieden vier von sechs Bootsklassen für sich. Neu im Da-menprogramm waren auch Basket-ball und Handball.

Die 14jährige rumänische Turnerin Nadia Comaneci, Pu-blikumslieb-ling in Mon-treal, gewinnt dreimal Gold (Achtkampf, Schwebebal-ken, Stufen-barren) sowie je einmal Silber (Mehr-kampf-Mann-schaft) und Bronze (Boden).

Schwimmerin Korne-lia Ender (GDR) sichert sich Goldme-daillen und Weltre-korde über 100 m und 200 m Freistil, 100 m Schmetterling sowie mit der 4 x 100-m-Lagen-Staffel.

Bei ihrer vierten Olympiateilnahme krönt Irena Szewinska (POL) ihre Laufbahn mit dem Olympiasieg über 400 m.

Lasse Viren (FIN) ver-teidigt über 5000 m und 10 000 m seine 1972 gewonnenen Olympiatitel.

1 **Eigene Flamme für Segler:** Das olympische Feuer brennt – wie seit 1936 in allen olympischen Sportstätten üblich – auch in Kingston am Ontario-See, wo die Segler u.a. im Finn-Dinghi (Olympiasieger Jochen Schürmann, GDR), Soling (Dänemark), Tornado (Großbritannien) und Flying Dutchman (FRG) ihre Besten ermitteln.

2 **Dreifacher Erfolg für die UdSSR:** Im Hammerwurf gewinnt Juri Sedych mit 77,52 m die Goldmedaille vor Alexej Spiridonow (76,08 m) und Anatoli Bondartschuk (75,45m).

3 **Mit Rekordleistung zum Olympiasieg:** Der Amerikaner Bruce Jenner gewinnt den Zehnkampf. Silber holt Guido Kratschmer (FRG) vor Nikolai Awilow (URS). Jen-

ner steigert in acht der Disziplinen seine persönlichen Bestleistungen. Bis zum vorletzten Wettbewerb liegen die drei Erstplazierten nur 76 Punkte auseinander. Dann aber baut Jenner seine Führung aus und verbessert seinen eigenen Weltrekord um 80 auf 8618 Punkte.

4 **Favoritin siegt:** Ungefährdet wird Weltrekordhalterin Rosemarie Ackermann aus der DDR mit 1,93 m Hochsprung-Olympiasiegerin vor der Italienerin Sara Simeoni und der Bulgarin Jordanka Blagojeva.

5 **Seit zwölf Jahren erfolgreich:** Die polnische Leichtathletin Irena Szewinska (Nr. 277) stellt bei ihrem Olympiasieg über 400 m in 49,29 sec einen neuen Weltrekord auf und verweist die

Läuferinnen aus der DDR, Christina Brehmer (50,51 sec) und Ellen Streidt (50,55 sec) auf die Plätze. In ihrer 16jährigen Olympiakarriere (1964–1980) gewann Szewinska, geb. Kirszenstein, drei Gold-, zwei Silber- und zwei Bronzemedaillen.

6 **Erstmals Doppelerfolg über 400 m und 800 m:** Der Kubaner Alberto Juantorena (Nr. 217) feiert seinen Olympiasieg im 800-m-Lauf. In 1:43,50 min verbessert er den drei Jahre alten Weltrekord des Italieners Marcello Fiasconaro um zwei Zehntelsekunden und gibt Ivo van Damme (BEL) und Richard Wohlhuter (USA) das Nachsehen. Die Goldmedaille holt Juantorena auch über 400 m, wobei er die Amerikaner Fred Newhouse und Herman Frazier bezwingt.

144

8

7 **Weltrekord und Olympiasieg:** Im Ziel des 100-m-Laufs liegt Annegret Richter (FRG, Bahn 7) vor der Titelverteidigerin Renate Stecher (Bahn 4) aus der DDR und ihrer Teamgefährtin Inge Helten (Bahn 1). Im Zwischenlauf hatte Richter in 11,01 sec einen neuen Weltrekord aufgestellt. Über 200 m gewinnt sie Silber hinter Bärbel Eckert (GDR), Bronze geht an Stecher. Ihre dritte Medaille holt Richter mit der 4 x 100-m-Staffel: Das bundesdeutsche Quartett gewinnt Silber hinter der DDR und vor der UdSSR.

8 **Favorit geschlagen:** Der finnische Ruderer Pertti Karppinen (li.) wird überraschend Olympiasieger im Einer. Auf den letzten Metern zieht er an Welt- und Europameister Peter-Michael Kol-

be (FRG, vorn) vorbei. Die Bronzemedaille sichert sich Joachim Dreifke (GDR). Erfolgreichste Rudernation wird die DDR mit Siegen bei den Herren im Zweier mit und ohne Steuermann, Doppelvierer, Vierer ohne Steuermann und im Achter. Die DDR-Frauen stellen die Olympiasiegerinnen im Einer (Christine Scheiblich), Doppelvierer, Vierer mit Steuerfrau und im Achter.

9 **Erfolgreichster Schwimmer:** Als erster Mensch unterbietet der Amerikaner John Naber über 200 m Rücken in 1:59,19 min die 2-min-Grenze und siegt vor seinen Landsleuten Peter Rocca und Dan Harrigan. Über 100 m Rücken wird Naber Olympiasieger vor Rocca und Roland Matthes aus der DDR. Goldmedaillen sichert

er sich zudem mit der 4 x 200-m-Freistilstaffel vor der UdSSR und Großbritannien sowie mit der Staffel über 4 x 100 m Lagen vor Kanada und der Bundesrepublik Deutschland. Naber rundet seinen Erfolg mit einer Silbermedaille über 200 m Freistil hinter Bruce Furniss ab (USA).

10 **Medaillensammlung im Schwimmen:** Kornelia Ender (GDR, oben) freut sich über ihren Sieg im 100-m-Freistil-Finale vor Petra Priemer (GDR) und Enith Brigitha (HOL). Ender wird in Montreal viermal Olympiasiegerin und einmal Zweite mit der Freistilstaffel.

11 **Gold für Kim:** Nelli Kim (URS) siegt am Boden, beim Pferdsprung, mit der Mannschaft und holt Silber im Mehrkampf-Einzel.

9

10

11

1 Erfolge im Fechten: Alexander Pusch (FRG, re.) läßt sich die Goldmedaille im Degenfechten nicht nehmen. Silber gewinnt sein Teamgefährte Jürgen Hehn (li.) vor dem Ungarn Győző Kulcsar. In der Degen-Mannschaftswertung holt die Bundesrepublik Deutschland Silber hinter Schweden.

2 Gold-Vierer: In der Mannschaftsverfolgung über 4000 m gewinnen Peter Vonhof, Hans Lutz, Günter Schumacher und Gregor Braun (FRG, v. li.) vor der UdSSR und Großbritannien. Braun holt sein zweites Gold im 4000-m-Einzelverfolgungsrennen vor dem Niederländer Herman Ponsteen und Thomas Huschke (GDR).

3 Ehrung bei Seglern: Jörg und Eckart Driesch (FRG) freuen sich über ihre Goldmedaille in der Klasse Flying Dutchman vor Rodney Patterson/Julian Brooke Houghton (GBR, li.) und Reinaldo Conrad/Peter Ficker (BRA).

4 Unerwarteter Sieg: Harro Bode/Frank Hübner (FRG) holen Gold mit der 470er Jolle vor Spanien und Australien.

5 Basketball-Premiere: Im ersten olympischen Basketball-Turnier der Frauen wird die UdSSR (weiße Trikots) beim 112:77-Erfolg gegen Silbermedaillengewinner USA) Olympiasieger; Bronze holt Bulgarien.

6 Reiter sammeln Medaillen: Alwin Schockemöhle (FRG) gewinnt das Springreiten vor Michel Vaillancourt (FRA) und François Mathy (BEL). Den Erfolg der deutschen Reiter komplettieren die Springreiter-Equipe (Silber hinter Frankreich), Harry Boldt und Reiner Klimke (Silber und Bronze in der Dressur hinter der Schweizerin Christine Stückelberger), die Dressur- (Gold) und Military-Mannschaft (Silber) sowie Karl Schultz mit Bronze im Military-Einzel.

7 UdSSR vorn: Im Handball setzt sich die UdSSR (rote Trikots) im Endspiel gegen Rumänien mit 19:15 durch; Bronze holt Polen. Die sowjetischen Frauen gewinnen vor der DDR und Ungarn.

8 Niederlagen für Sowjetunion: Polen (weiße Trikots) besiegt die UdSSR im Volleyball-Endspiel mit 3:2; Bronze geht an Kuba. Bei den Frauen bezwingt Japan die UdSSR mit 3:0, Platz drei belegt Südkorea.

9 Stärkster Mann: Wassili Alexejew (URS) wird nach 1972 erneut Olympiasieger im Superschwergewicht. Silber und Bronze holen Gerd Bonk und Helmut Losch (beide GDR).

Die ersten Olympischen Winterspiele auf Kunstschnee fanden im amerikanischen Lake Placid statt. Erst allmählich bekamen die Veranstalter die Unbilden des Wetters und den Zuschauerandrang in den Griff.

Lake Placid präsentierte sich nach 1932 zum zweiten Mal als Austragungsort der Spiele: Für eine Neuauflage hatte sich u. a. der einheimische Eischnellauf-Olympiasieger von 1932, John Shea, eingesetzt. Wie vor 48 Jahren mußten die Organisatoren in der 3000-Einwohner-Gemeinde in den Adirondack Mountains im Staat New York mit Schneemangel und dem immensen Zuschauerandrang kämpfen. Zehntausende warteten mitunter stundenlang geduldig auf die Zubringerbusse. Viele Journalisten monierten den einstündigen Marsch zum Pressezentrum.

Die Sportstätten fanden ungeteilte Zustimmung: Zwar lagen die Anlagen weit auseinander, befanden sich aber in einem hervorragenden Zustand. Das olympische Dorf war den Athleten allerdings viel zu eng. Nach den Spielen wurde es zum Jugendgefängnis umfunktioniert.

Das Problem des Schneemangels lösten die Veranstalter mittels moderner Technik. Die etwa 5 Mio. Dollar teure künstliche Schneebereitung verlangte den Sportlern vor allem an den seltenen Neuschneetagen alles ab. Künstlicher und echter Schnee vermischten sich zu einem nur äußerst schwer auszurechnenden Pistenbelag.

Trotz der weltpolitischen Probleme honorierten die Zuschauer die sportlichen Leistungen weitgehend objektiv: War der Empfang für die sowjetische Delegation bei der Eröffnungsfeier eher verhalten, so löste der Auftritt von Paarläuferin Irina Rodnina (mit Alexander Saizew) Ovationen aus. Ein Jahr nach der Geburt ihres Sohnes beendete die erfolgreichste Eiskunstläuferin aller Zeiten (u. a. zehn Weltmeistertitel ihre Karriere mit dem dritten Olympiasieg in Folge.

US-Eisschnell-läufer Eric Heiden, der zu Beginn der Spiele den olympischen Eid gesprochen hat, gewinnt Gold über 500 m, 1000 m, 1500 m, 5000 m und 10 000 m.

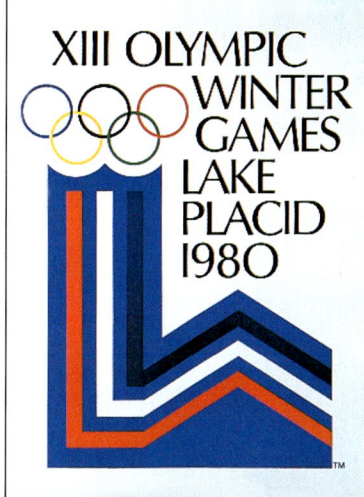

Das offizielle Plakat der Winterspiele zeigt unter den fünf Ringen eine Sprungschanze.

Der Prestigekampf zwischen den Supermächten USA und UdSSR trat beim Eishockey offen zutage. Voller Emotionen feierten die Amerikaner den 4:3-Finalsieg ihres Teams über den großen Favoriten Sowjetunion. Über diesen Erfolg vergaßen die Medien sogar den eigentlichen Star der Spiele, den US-Eisschnelläufer Eric Heiden. Wegen seines verschlossenen Wesens genoß er in seiner Heimat wenig Popularität, woran auch seine fünf Goldmedaillen kaum etwas änderten. Für Aufsehen sorgten die Erfolge der niederländischen Eisschnelläuferin Annie Borckink und ihrer norwegischen Kollegin Bjørg Eva Jensen, die über 1500 m bzw. 3000 m die Dominanz der sowjetischen und ostdeutschen Athletinnen durchbrachen.

Obwohl zwölf Tage lang der Sport im Mittelpunkt stand, spielte auch die Politik eine wichtige Rolle. US-Präsident Carter drohte seit Januar wegen des Ende 1979 erfolgten sowjetischen Einmarsches in Afghanistan mit einem Boykott der Sommerspiele 1980 in Moskau.

Die Österreicherin Annemarie Moser-Pröll krönt ihre Laufbahn mit dem Olympiasieg in der Abfahrt vor Hanni Wenzel (LIE) und der Schweizerin Marie-Theres Nadig.

Ulrich Wehling (GDR) ist als erster Wintersportler dreimal hintereinander in der Nordischen Kombination erfolgreich. Nach seinem Sieg in Lake Placid zieht er sich vom Leistungssport zurück.

Irina Rodnina (URS) beendet ihre Karriere nach ihrem dritten Olympiasieg in Folge (1972 mit Alexej Ulanow, 1976 und 1980 mit Alexander Saizew).

Der Schwede Ingemar Stenmark gewinnt die Goldmedaillen im Slalom und Riesenslalom.

1 **Spiele eröffnet:** Der amerikanische Psychiater Charles Morgan Kerr bringt das olympische Feuer ins Stadion.

2 **Sensation:** Die USA gewinnen das Eishockey-Turnier vor der seit 1964 bei Olympischen Spielen immer erfolgreichen Sowjetunion.

3 **Drei Medaillen:** Die für Lichtenstein startende Bayerin Hanni Wenzel holt Gold im Slalom und Riesenslalom sowie Silber in der Abfahrt.

4 **DDR-Rodler vorn:** Hans Rinn/Norbert Hahn bezwingen Peter Gschnitzer/ Karl Brunner (ITA) und Georg Fluckinger/Karl Schrott (AUT) im Doppelsitzer.

5 **Überraschungssieger:** Die Abfahrt gewinnt Außenseiter Leonhard Stock (AUT).

6 **Zweimal Gold:** Ingemar Stenmark (SWE) gewinnt den Slalom vor Phil Mahre (USA) und Jacques Lüthy (SUI). sowie den Riesenslalom.

7 **Goldener Abschluß:** Anett Pötzsch (GDR) beendet nach der Olympiade ihre Karriere.

8 **Medaille vermarktet:** Olympiasieger Robin Cousins (GBR) wechselt noch 1980 ins Lager der Profiläufer.

9 **Begeisternde Pirouetten:** Eiskunstläuferin Denise Biellmann (SUI) muß sich mit Platz vier begnügen, wird

aber vom Publikum für ihre kreative Kür gefeiert.

10 **Favoriten nicht zu schlagen:** Irina Rodnina und Alexander Saizew (URS) siegen im Paarlauf vor Marina Tscherkassowa/Sergei Schachrai.

11 **DDR-Langläuferin siegt:** Barbara Petzold schlägt über 10 km die Favoritinnen aus Finnland und der UdSSR.

12 **Ungefährdeter Sieg:** Nikolai Simjatow (URS) distanziert im 50-km-Langlauf Juha Mieto (FIN) und Alexander Sawjalow (URS).

13 **DDR-Erfolg:** Ulrich Wehling gewinnt die Nordische Kombination.

Die ersten Olympischen Spiele in einem sozialistischen Land wurden bestimmt vom Boykott vieler westlicher Staaten aus Protest gegen den Einmarsch sowjetischer Truppen in Afghanistan (1979).

Der sowjetische Turner Alexander Ditjatin holt drei Gold-, vier Silber- und eine Bronzemedaille.

Nur 80 Staaten – weniger als in Rom 1960 – waren in Moskau vertreten. Obwohl die Boykottandrohung der Amerikaner zu Beginn des Jahres bei den europäischen NATO-Verbündeten nur wenig Resonanz gefunden hatte, blieben die meisten von ihnen den Spielen fern. In der Bundesrepublik Deutschland gab es wegen der Teilnahme heftige politische Debatten. Die Bundesregierung sowie die Opposition unterstützten den Aufruf von US-Präsident Carter und forderten die deutschen Sportorganisationen auf, den Spielen fernzubleiben.

Der sowjetische Schwimmer Wladimir Salnikow gewinnt bei den Sommerspielen in Moskau vor heimischem Publikum dreimal Gold.

Dabei wurde unverhohlen mit Kürzungen der Zuschüsse gedroht. Während DSB-Präsident Willy Weyer sich für den Boykott aussprach, argumentierte NOK-Präsident Willy Daume für eine Teilnahme. Trotz des Protests vieler Sportler entschied sich das NOK für eine Nicht-Teilnahme. Insgesamt verzichteten 30 Nationen ausdrücklich auf eine Teilnahme, weitere 33 beantworteten die Einladung nach Moskau nicht. Infolge der politischen Auseinandersetzungen stand die Zukunft der olympischen Idee auf dem Spiel. Niemand konnte voraussagen, ob die Völker der Welt noch einmal gemeinsam zum sportlichen Wettstreit zusammenkommen würden. IOC-Präsident Juan Antonio Samaranch, der erst drei Tage vor Eröffnung der Spiele zum Nachfolger von Lord Michael Killanin gewählt worden war und sich vergeblich gegen einen Boykott ausgesprochen hatte, stand vor einem schwierigen Erbe. Die Sowjetunion präsentierte eine perfekt inszenierte Eröffnungsfeier mit Trachtengruppen aus allen Teilrepubliken und farbenfrohen Vorführungen. Protestkundgebungen wie der Einmarsch einiger Delegationen hinter der Olympiafahne an-

Das offizielle Olympiaplakat der Spiele in Moskau, die ohne Beteiligung der USA und weiterer westlicher Staaten stattfinden.

statt ihrer Nationalflagge ignorierten die Kameras bei der Live-Übertragung weitgehend.

Die westliche Welt bezeichnete die Spiele häufig als zweitklassig und zweifelte den sportlichen Wert der Ergebnisse sowie der Medaillenverteilung immer wieder an. Allerdings belegten die 36 Welt-, 39 Europa- und 73 olympischen Rekorde die unbestreitbare Qualität der Wettbewerbe: Wladimir Salnikow (URS) durchbrach über 1500 m Freistil in 14:58,27 min als erster Mensch die 15-min-»Schallmauer«. Im Fünfkampf der Frauen, bei dem der 200-m-Lauf durch die 800-m-Strecke ersetzt worden war, überbot Nadeschda Tkatschenko aus der Sowjetunion mit 5083 Punkten erstmals die 5000er-Grenze. Der Äthiopier Miruts Yifter begeisterte das Publikum bei seinen Siegen über 5000 m und 10 000 m. Beim mit Spannung erwarteten Duell der britischen Mittelstreckenstars war Steve Ovett über 800 m vorn; Sebastian Coe revanchierte sich auf der 1500-m-Distanz.

Sara Simeoni (ITA) wird Olympiasiegerin im Hochsprung.

Rica Reinisch (GDR) gewinnt drei Goldmedaillen im Schwimmen (100 m und 200 m Rücken, 4 x 100-m-Lagenstaffel).

Mit seinem Sieg im Zehnkampf wird der Brite Daley Thompson in Moskau »König der Athleten«.

1 **Farbenfrohe Zeremonie:** Unter der Olympiaflamme verwandelt ein Teil der 102 000 Zuschauer die Tribüne bei der Eröffnungsfeier im Lenin-Stadion mit Hilfe von bunten Tüchern entsprechend dem Brauch bei kommunistischen Massenveranstaltungen in wechselnde Bilder.

2 **Sieg für Italien:** Pietro Mennea (3. v. li.), vor acht Jahren in München noch Dritter über diese Distanz, entscheidet den 200-m-Lauf für sich. Die Silbermedaille gewinnt der Olympiasieger über 100 m, Allan Wells (GBR, 4. v. li.), vor Donald Quarrie aus Jamaika (2. v. re.). Quarrie feiert damit vier Jahre nach seinem Olympiasieg über 200 m noch einmal einen Medaillenerfolg.

3 **Olympiasieg wiederholt:** Der Marathonlauf führt an historischen Stätten vorbei – u.a. über den Roten Platz mit dem Kreml (im Hintergrund). Olympiasieger wird Waldemar Cierpinski (GDR), der seinen vier Jahre zuvor in Montreal erkämpften Titel verteidigt. In Moskau schlägt er den Niederländer Gerard Nijboer und Satymkul Dschumanassarow (URS).

4 **Dominanz der UdSSR:** Im Finale über 1500 m der Frauen ist Tatjana Kasankina (URS, re.) nicht zu schlagen. Sie verweist Christiane Wartenberg aus der DDR und ihre Landsfrau Nadeschda Olisarenko (Mi.) auf die Plätze zwei und drei. Olisarenko hält sich dafür über 800 m schadlos: In neuer Weltre-

kordzeit (1:53,43 min) wird sie Olympiasiegerin.

5 **Britisches Laufduell:** Sebastian Coe (GBR, re.) wird Olympiasieger über 1500 m: Er gibt dem Zweitplazierten Jürgen Straub (GDR, Mi.) und dem Weltrekordhalter über diese Distanz, Steve Ovett (GBR, li.), das Nachsehen.

6 **Niederlage wettgemacht:** Steve Ovett (GBR, 3. v. re.) revanchiert sich für seine Niederlage im 1500-m-Lauf mit Gold über 800 m. Sein Landsmann, 800-m-Weltrekordinhaber Sebastian Coe, war als Favorit in das Rennen gegangen und holt Silber vor Nikolai Kirow aus der UdSSR.

7 **Gold im Hochsprung:** Die Italienerin Sara Simeoni, vor

vier Jahren in Montreal noch Gewinnerin der Silbermedaille, holt in Moskau Gold vor Urszula Kielan aus Polen und Jutta Kirst aus der DDR.

8 **Mit Rekord zum Gold:** Der Pole Wladyslaw Kosakiewicz gewinnt die Goldmedaille im Stabhochsprung mit der neuen Weltrekordhöhe von 5,78 m. Silber geht an seinen Landsmann Tadeusz Slusarski, der sich mit übersprungenen 5,65 m den zweiten Platz mit Konstantin Wolkow (URS) teilt.

9 **»Laufphänomen« gefeiert:** Der Äthiopier Miruts Yifter (li.) läßt über 5000 m Suleyman Nyambui aus Tansania (re.) und den Finnen Kaarlo Maaninka hinter sich. Seine zweite Goldmedaille

holt Yifter über 10 000 m vor Maaninka und seinem Landsmann Mohammed Kedir. Yifter gibt seinen Konkurrenten wegen seines unkonventionellen Laufstils mit zahlreichen unerwarteten Zwischenspurts Rätsel auf.

10 **Star der Spiele:** Wladimir Salnikow (URS) bleibt als erster Schwimmer über 1500 m Freistil unter der 15-min-Grenze. In 14:58,27 min verbessert er den Weltrekord des Amerikaners Brian Goodell (15:02,40 min) um mehr als vier Sekunden. Seine zweite Goldmedaille holt Salnikow über 400 m Freistil vor seinen Teamgefährten Andrej Krylow und Iwar Stukolkin. Mit der 4 x 200-m-Freistilstaffel bezwingt er die DDR und Brasilien.

1 DDR dominiert: Bernd und Jörg Landvoigt freuen sich über ihren Sieg im Zweier ohne Steuermann.

2 UdSSR vorn: Im Zweier-Kajak über 1000 m gewinnen Wladimir Parwenowitsch/ Sergej Tschuraj (vorn).

3 Medaillen im Fechten: Im Degen-Mannschaftsfinale gewinnt Frankreich mit 8:4 gegen Polen (hier die Begegnung Andrzej Lis gegen Hubert Gardas). Erfolge feiern die Franzosen auch als Mannschaftssieger mit dem Florett (Damen und Herren). Pascale Trinquet entscheidet zudem den Florett-Wettbewerb der Frauen für sich.

4 Gold für Gastgeber: Sergej Suchorutschenkow (URS) verweist im Einzel-Straßenrennen Czeslaw Lang (POL) und Juri Barinow (URS) auf die Plätze. Die Sowjetunion gewinnt auch das Mannschaftszeitfahren über 100 km.

5 Siegesfreude: Spieler und Betreuer feiern den Erfolg der UdSSR im Wasserball.

6 Knappe Entscheidung: Mit 23:22 bezwingt die DDR (weiße Trikots) die UdSSR im Finale des Handball-Turniers. Bei den Frauen gewinnt die UdSSR vor Jugoslawien und der DDR.

7 Judo-Gold für die Schweiz: Jürg Röthlisberger setzt sich im Mittelgewicht gegen den Kubaner Isaac Azcuy (stehend) durch.

8 Erfolgreichster Sportler: Alexander Ditjatin (URS) siegt im Einzel- und Mannschaftsmehrkampf sowie an den Ringen. Silber gewinnt er am Barren, beim Pferdsprung, am Reck und am Seitpferd sowie Bronze am Boden.

9 Starker Gewichtheber: Mit der Gesamtleistung von 440 kg im Zweikampf holt Sultan Rachmanow (URS) Gold im Superschwergewicht vor Jürgen Heuser (GDR, 410 kg) und Tadeusz Rutkowski (POL, 407,5 kg).

10 Ringer-Erfolg: Im Freistil-Superschwergewicht wird Soslan Andijew (URS, blaues Trikot) Olympiasieger. Silber holt József Balla (HUN) vor dem Polen Adam Sandurski (rotes Trikot).

11 Gold-Schütze: Im Schießen (Kleinkaliber liegend) gewinnt Karoly Varga (HUN) Gold vor Hellfried Heilfort (GDR) und Petar Zapianov (BUL).

12 Zweimal Gold: Den Modernen Fünfkampf entscheidet Anatoli Starostin (URS) für sich. Sein zweites Gold holt Starostin mit der Mannschaft vor Ungarn und Schweden.

Zum ersten Mal in der olympischen Geschichte wurden die Winterspiele auf dem Balkan ausgetragen. Als sich Sarajevo bei der Vergabe 1978 gegen die Mitbewerber Sapporo (Japan) und Göteborg (Schweden) durchsetzte, war sogar das jugoslawische Organisationskomitee überrascht.

Mit drei Gold- und einer Bronzemedaille ist Marja-Lisa Hämäläinen erfolgreichste Teilnehmerin der Winterspiele in Sarajevo.

Innerhalb von sechs Jahren mußten die Veranstalter fast alle Sportstätten neu errichten. Die Finanzierung war durch den Verkauf der Fernsehrechte, Sponsoren- und Werbeverträge sowie dank des Engagements der Bevölkerung gesichert: Die Bürger Sarajevos verzichteten bis zum Beginn der Spiele auf ca. 1 % ihres Bruttoeinkommens.

Ihr Improvisationsgeschick bewiesen die Veranstalter gleich mehrfach: So bauten sie an der alpinen Abfahrtsstrecke eine erhöhte Startrampe an, um den vorgeschriebenen Höhenunterschied zwischen Start und Ziel von 800 m zu erreichen. Auch die zahlreichen Terminverschiebungen wegen der anhaltend schlechten Witterung bekamen die Jugoslawen in den Griff. Erstmals übernahm das IOC die Kosten für jeweils einen Athleten und eine Athletin pro Team. Dadurch stieg die Zahl der teilnehmenden Nationen von 37 vier Jahre zuvor in Lake Placid auf 49. Ägypten, die Jungferninseln, Mexiko, Monaco, Puerto Rico und Senegal schickten jeweils nur einen Aktiven zu den Winterspielen nach Sarajevo.

Erfolgreichste Mannschaft wurde das Team der DDR mit neun Olympiasiegen vor der UdSSR (sechs) und den USA (vier). Die meisten Medaillen gewann die Finnin Marja-Lisa Hämäläinen mit Langlauf-Gold über 5 km, 10 km und 20 km sowie Bronze mit der 4 x 5-km-Staffel.

20 Jahre lang hatten die Norweger warten müssen, bis sie nach dem Erfolg von Tormod Knutsen (1964) mit Thomas Sandberg wieder einen Olympiasieger in der Nordischen Kombination stellten. Im bundesdeutschen Team überzeugte der Bi-

Eine Schneeflocke beherrscht das offizielle Plakat der Olympischen Winterspiele in Sarajevo.

Die US-Zwillingsbrüder Phil (re.) und Steve Mahre belegen im Slalom die Plätze eins und zwei.

Katarina Witt, das Aushängeschild des DDR-Sports, gewinnt ihren ersten Olympiatitel im Eiskunstlaufen.

athlet Peter Angerer, der neben einer Goldmedaille über 20 km auch Silber über 10 km und Bronze mit der 4 x 7,5-km-Staffel erreichte.

Zu den Stars der Spiele avancierten die britischen Eistänzer Jayne Torvill und Christopher Dean, die eine neue Ära im Eiskunstlauf begründeten: Für ihre Interpretation des »Bolero« von Maurice Ravel erhielten sie die höchsten Noten, die Wertungsrichter bis dahin bei Olympischen Spielen vergeben hatten. Zehn Jahre später lag Sarajevo mit seinen Sportstätten in Schutt und Asche. Während der Olympischen Spiele in Lillehammer flog IOC-Präsident Samaranch in die bosnische Hauptstadt und forderte die Kriegsparteien auf, wenigstens für die Zeit der Spiele die Waffen schweigen zu lassen.

Die unumstrittenen Stars in Sarajevo sind die britischen Eistänzer Jayne Torvill und Christopher Dean, die ihre Amateurlaufbahn 1984 mit dem Olympiasieg und ihrem vierten Weltmeistertitel krönen.

Bob DDR II mit Wolfgang Hoppe wird Viererbob-Olympiasieger vor dem Team von Bernhard Lehmann mit dem Bob DDR I.

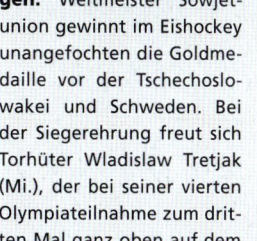

1 Olympiaflamme brennt auf dem Balkan: Nachdem 1600 Läufer das olympische Feuer in einem Stafettenlauf durch Jugoslawien getragen haben, wird es von der Eiskunstläuferin Sandra Dubravčić im Olympiastadion entzündet.

2 Olympiastadt schmückt sich: Stadtansicht von Sarajevo, wo mit Investitionen in Höhe von über 250 Mio. DM die Sportanlagen und Infrastruktur erheblich ausgeweitet wurden. Während der 13tägigen Spiele bringen Plakate mit dem Olympia-Emblem Farbe in die Stadt.

3 Gold und Silber für Nykänen: Der Finne Matti Nykänen bei einem Sprung von der Großschanze. Er beendet den Wettbewerb als Olympiasieger vor seinem Konkurrenten Jens Weißflog (GDR), der ihn wenige Tage zuvor auf der Normalschanze geschlagen hatte.

4 Doppelerfolg für USA-Läuferinnen: Die Amerikanerin Debbie Armstrong steht nach zwei Durchgängen im Riesenslalom als Siegerin vor ihrer Landsfrau Christin Cooper und Perrine Pelen aus Frankreich fest.

5 »Ski-König« kommt aus Schweden: Thomas Wassberg ist im 50-km-Langlauf nicht zu schlagen. Seine zweite Goldmedaille sichert er sich mit der schwedischen Staffel über 4 x 10 km.

6 Biathlet auf Erfolgskurs: Der bundesdeutsche Biathlet Peter Angerer feiert mit seinem Olympiasieg über 20 km, Silber über 10 km und der Bronzemedaille mit der 4 x 7,5-km-Staffel seine größten Erfolge.

7 Gold für die Schweiz: Max Julen gewinnt den Riesenslalom in 2:41,18 min vor Jure Franko (YUG) und Andreas Wenzel (LIE). Bei den Herren holt außerdem Peter Müller als Zweiter in der Abfahrt eine Medaille für die Eidgenossen.

8 Favorit wird Olympiasieger: Scott Hamilton (USA), Weltmeister 1981-1984, wechselt nach seinem Olympiasieg ins Lager der Profiläufer.

9 UdSSR nicht zu schlagen: Weltmeister Sowjetunion gewinnt im Eishockey unangefochten die Goldmedaille vor der Tschechoslowakei und Schweden. Bei der Siegerehrung freut sich Torhüter Wladislaw Tretjak (Mi.), der bei seiner vierten Olympiateilnahme zum dritten Mal ganz oben auf dem Siegerpodest steht. 1980 holte er mit der UdSSR Silber.

10 Schnellste Läuferin auf dem Eis: Karin Enke (GDR) gewinnt in Sarajevo Gold über 1000 m und 1500 m sowie Silber über 500 m und 3000 m. Den großen Erfolg der DDR-Läuferinnen runden Christa Rothenburger (Gold über 500 m), Andrea Schöne (Gold über 3000 m, Silber über 1000 m und 1500 m) und Gabi Schönbrunn (Bronze über 3000 m) ab.

11 DDR im Bobfahren vorn: Wolfgang Hoppe ist im Zweier- und Viererbob gleichermaßen erfolgreich: Im Zweier siegt er mit Dietmar Schauerhammer vor seinen Landsleuten Bernhard Lehmann/Bogdan Musiol, im Vierer feiert er mit der Besetzung Andreas Kirchner, Schauerhammr und Roland Wetzig den Olympiasieg vor Bob DDR II (Lehmann, Musiol, Ingo Voge, Eberhard Weise) und Schweiz I (Rico Freiermuth, Silvio Giobellina, Urs Salzmann, Heinz Stettler).

Zum zweiten Mal nach 1932 war Los Angeles Treffpunkt der olympischen Athleten. Die kalifornische Stadt veranstaltete die ersten rein privat finanzierten Spiele der Sportgeschichte.

Initiator der Bewerbung von Los Angeles war Bürgermeister Tom Bradley, die Verwirklichung des ehrgeizigen Projekts nach dem Zuschlag des IOC übernahm der Unternehmer Peter Ueberroth. Er gewann mehr als 30 Sponsoren, die 500 Mio. US-Dollar in die Kassen der Organisatoren brachten. Andere Firmen finanzierten den Bau neuer Sportstätten und durften im Gegenzug auf den Eintrittskarten werben. Den Kauf der TV-Übertragungsrechte ließ sich die amerikanische Fernsehgesellschaft ABC 225 Mio. Dollar kosten und konnte dafür mit »werbegünstigen« Startzeiten in den Abendstunden rechnen. In den Augen vieler Kritiker mutierte das einstige Festival des Amateursports in Los Angeles zum rein kommerziellen Spektakel.

Einen Schatten auf die Spiele warf der Boykott der Sowjetunion und ihrer Verbündeten (Ausnahme: Jugoslawien und Rumänien). Zwar begründeten die Staaten ihre Absage mit angeblich unzureichenden Sicherheitsvorkehrungen in den USA, doch war das Fernbleiben eine Antwort auf den von den Amerikanern initiierten Boykott der Spiele von Moskau vier Jahre zuvor.

Los Angeles waren die Spiele des amerikanischen Leichtathleten Carl Lewis, der 48 Jahre nach dem vierfachen Olympia-Erfolg von Jesse Owens in dessen Fußstapfen trat. Wie sein Landsmann siegte Lewis über 100 m, 200 m, mit der 4 x 100-m-Staffel und im Weitsprung. Mehr Medaillen als er gewann nur noch die 17jährige rumänische Turnerin Ecaterina Szabó (viermal Gold, einmal Silber).

Zum zweiten Mal nach 1980 stieg der Brite Daley Thompson im Zehnkampf zum »König der Athleten« auf. Sein Teamgefährte Sebastian Coe feierte nach einer schweren Er-

Das offizielle Olympiaplakat zeigt in Ausschnitten die unterschiedlichen Facetten des Lebens in den USA.

krankung (1983) mit seinem Olympiasieg über 1500 m und einem zweiten Platz über 800 m ein gelungenes Comeback.

Als erste Marokkanerin der olympischen Geschichte gewann Natal El Moutawakel eine Goldmedaille: Bei ihrem Olympia-Debüt entschied sie die 400-m-Hürden-Strecke für sich. Für Überraschungen sorgten auch die Niederländerin Rita Stalman mit der Goldmedaille im Diskuswurf, die Deutsche Ulrike Meyfarth, die ihren Erfolg im Hochsprung von 1972 wiederholte, und die nahezu unbekannte Australierin Glynis Nunn, die im ersten olympischen Siebenkampf triumphierte. Allerdings gewannen durch das Fernbleiben der Ostblock-Athleten einige Sportler Medaillen, die sonst wahrscheinlich nicht einmal eine Endkampfchance gehabt hätten.

Da beim Olympischen Kongreß 1981 in Baden-Baden der »Olympische Amateur« in der Olympischen Charta gestrichen wurde – die Fachverbände erhielten die Autorität über die Zulassungsbestimmungen – durften u. a. erstmals Profifußballer an den Spielen teilnehmen, sofern sie noch nicht bei Weltmeisterschaften gespielt hatten. Neu im Programm waren das Synchronschwimmen der Frauen, das Tracie Ruiz (USA) gewann und das Surfen (Stephan van den Berg, Niederlande).

Carl Lewis (USA) avanciert mit vier Olympiasiegen zum Star der Olympischen Sommerspiele 1984 in Los Angeles.

Auf dem Weg zum Sieg im Zehnkampf freut sich der Brite Daley Thompson über einen gelungenen Diskuswurf.

Vom 3-m-Brett wie vom 10-m-Turm ist der amerikanische Springer Greg Louganis in Los Angeles nicht zu schlagen.

Siegesbewußt präsentiert sich Michael Groß (FRG), der wegen der enormen Spannweite seiner Arme »Albatros« genannt wird.

Die rumänische Turnerin Ecaterina Szabó gewinnt vier Gold- und eine Silbermedaille und wird damit erfolgreichste Teilnehmerin der Spiele.

1 **Show mit vielen »Highlights«:** Begeistert empfangen die Zuschauer das amerikanische Team beim Einmarsch der Nationen. Als eine von vielen Attraktionen der Eröffnungsfeier im Coliseum präsentieren die Organisatoren einen »Raketenmann«, der mit Düsenantrieb ins Stadion einfliegt. Die insgesamt viereinhalbstündige Show, gestaltet von mehr als 10 000 Akteuren, wird von über 90 000 Gästen im Stadion und Millionen Fernsehzuschauern in aller Welt verfolgt.

2 **Olympiarekord über 100 m:** Die Amerikanerin Evelyn Ashford (re.) läuft – ohne Konkurrenz aus der DDR – über 100 m in 10,97 sec das bisher schnellste Rennen bei Sommerspielen überhaupt. Silber holt Alice Brown (USA, 11,13 sec) vor Merlene Ottey aus Jamaika (11,16 sec). Ihre zweite Goldmedaille gewinnt Ashford zusammen mit Brown, Jeanette Bolden und Chandra Cheeseborough über 4 x 100 m vor Kanada und Großbritannien.

3 **Premiere bei Olympia:** Erstmals gehen in Los Angeles Frauen über 400 m Hürden an den Start: Als bisher einzige Sportlerin ihres Landes gewinnt die Marokkanerin Nawal El Moutawakel eine Goldmedaille. In 54,61 sec. verweist sie die Amerikanerin Judi Brown und Cristina Cojocary aus Rumänien auf die Plätze. Nach ihrem Erfolg präsentiert die Überraschungssiegerin stolz die Fahne ihres Landes.

4 **Olympiasieg wiederholt:** Der amerikanische Weltrekordler über 400 m Hürden Edwin Moses hat bei der Eröffnungsfeier den Eid im Namen aller Teilnehmer gesprochen. Über seine Spezialstrecke sichert sich der Weltmeister von 1983 und 1987 seinen zweiten Olympiasieg (nach 1976). Zweiter wird sein Landsmann Danny Harris vor Europameister Harald Schmid (FRG).

5 **»Hitzeschlacht« beim Marathon:** Während die Frauen bei ihrem olympischen Debüt am späten Vormittag in die Mittagshitze hineinlaufen mußten und es dadurch zu großen Problemen kam, konnten die Männer ihr Rennen am späten Nachmittag aufnehmen. Zudem wurden kurzfristig die

Regeln geändert und zusätzliche Wasserstellen eingerichtet. Dadurch kann der 37jährige Carlos Lopes aus Portugal in 2:09,21 h einen Olympischen Rekord aufstellen. Es folgen der Ire John Treacy (2:09,56 h) und der Brite Charlie Spedding (2:09,58 h). Bei den Frauen gewinnt die Amerikanerin Joan Benoit in 2:24,52 h. Für Aufregung sorgt die Schweizerin Gaby Andersen-Schiess, die die letzte Stadionrunde nur noch mit unkontrollierten Bewegungen bewältigen kann.

5 Rückkehr auf den »Olymp«: Ulrike Meyfarth (FRG) gewinnt zwölf Jahre nach ihrem Hochsprung-Olympiasieg in München ihr zweites Gold. Mit 2,02 m stellt sie einen neuen olym-

pischen Rekord auf und springt 2 cm höher als Sara Simeoni aus Italien. Die Bronzemedaille sichert die Amerikanerin Joni Huntley (1,97 m).

7 Star der Spiele: Carl Lewis wird nach der Siegerehrung für die amerikanische Staffel von seinen Teamgefährten auf den Schultern getragen. Am Schlußtag der Olympischen Spiele stellten Ron Brown, Sam Graddy, Lewis und Calvin Smith in 37,83 sec einen neuen Weltrekord über 4 x 100 m auf und verwiesen Jamaika (38,62 sec) und Kanada (38,70 sec) auf die Medaillenränge. Für Lewis ist es zugleich die vierte Goldmedaille bei den Olympischen Spielen: Über 100 m ließ er Graddy und Ben Johnson (CAN) hinter sich, im 200-

m-Finale schlug er in 19,81 sec seine Landsmänner Kirk Baptiste und Thomas Jefferson. Im Weitsprung holte er mit 8,54 m den Sieg vor dem Australier Gary Honey und dem Italiener Giovanni Evangelisti (beide 8,24 m).

8 »König« der Leichtathletik bestätigt: Der Brite Daley Thompson (beim vorentscheidenden Stabhochsprung) wiederholt seinen Olympiasieg von Moskau 1980: Mit 8797 Punkten stellt er einen neuen olympischen Rekord auf und besiegt seinen schärfsten Rivalen, Jürgen Hingsen (FRG, 8673 Punkte). Das bundesdeutsche Team hat dennoch Grund zur Freude, denn mit Siegfried Wentz (8412; Bronze) und Guido Kratschmer (8326) auf Platz vier kommen zwei wei-

tere Athleten unter die besten fünf des Wettbewerbs. Thompson vor Hingsen lautet auch die Reihenfolge bei den Europameisterschaften zwei Jahre später in Stuttgart. Nach einem enttäuschenden neunten Rang bei der WM in Rom (1987) kommt der inzwischen 30jährige Brite im olympischen Zehnkampf von Seoul 1988 trotz einer Verletzung noch einmal auf Rang vier.

9 Überraschungssieger: Auch Experten haben den bundesdeutschen Diskuswerfer Rolf Danneberg nicht auf der Medaillenrechnung: Im vierten Versuch gelingt dem 1,98m großen Athleten (Armspannweite 1,14 m) der entscheidende Wurf von 66,60 m. Zweiter wird der Amerikaner Mac Wilkins

(66,30 m) vor seinem Landsmann John Powell (65,46 m).

10 Erstes Gold im Siebenkampf: Die international zuvor nur wenig in Erscheinung getretene Australierin Glynis Nunn (Mi., bei der Siegerehrung) beendet den Siebenkampf der Frauen, der in Los Angeles erstmals auf dem olympischen Programm steht, als Siegerin. Die Teilnehmerinnen gehen in dem zweitägigen Wettkampf in den Disziplinen 100 m Hürden, Hochsprung, Kugelstoßen, 200 m, Weitsprung, Speerwerfen und 800 m an den Start. Nur knapp liegt die Australierin in der Endabrechnung mit 6390 Punkten vor der favorisierten Amerikanerin Jackie Joyner (6385) und der bundesdeutschen Athletin Sabine Everts (6363).

1

2

3

4

5

1 Erster Doppelerfolg im Kunst- und Turmspringen seit 56 Jahren: Der Amerikaner Greg Louganis bei einem Sprung vom 10-m-Turm. Er gewinnt die Goldmedaille vor seinem Landsmann Bruce Kimball und dem Chinesen Li Kongzhen. Vier Tage zuvor hatte er auch den Wettkampf vom 3-m-Brett vor Tan Liangde (CHN) und Ronald Merriott (USA) für sich entschieden. Ein solcher Doppelerfolg bei Olympischen Spielen war vor Louganis nur den Amerikanern Albert White (1924 in Paris) und Pete Desjardins (1928 in Amsterdam) gelungen.

2 Favoritin holt ersten Olympiatitel: Weltmeisterin Tracy Ruiz (USA, vorn) wird in Los Angeles erste Olympiasiegerin im Synchronschwimmen. Silber gewinnt die Kanadierin Carolyn Waldo vor Miwako Motoyoshi aus Japan. Auch im Duett ist Ruiz zusammen mit Candy Costie von Sharon Hambrook/Kelly Kryczka (CAN) und Motoyoshi/Saeko Kimura (JPN) nicht zu schlagen.

3 Zweifacher Triumph für Groß: Michael Groß (FRG) schwimmt über 100 m Schmetterling in neuer Weltrekordzeit von 53,08 sec zur Goldmedaille vor Pablo Morales (USA) und Glenn Buchanan (AUS). Über 200 m Freistil schlägt er ebenfalls in Weltrekordzeit an (1:47,44 min) und besiegt Michael Heath (USA) und seinen Landsmann Thomas Fahrner. Über 200 m Schmetterling wird Groß Zweiter hinter Jon Sieben (AUS). Silber holt der 20jährige Deutsche auch mit der 4 x 200-m-Freistilstaffel (hinter den USA). Rang drei belegt das Quartett aus Großbritannien.

4 Siege und Weltrekorde: Der Kanadier Alex Baumann bejubelt nach den 200 m Lagen seinen Olympiasieg in Weltrekordzeit (2:01,42 min). Der nächste Erfolg gelingt dem Schwimmer über 400 m Lagen in 4:17,41 min.

5 Drei Goldmedaillen: Mary T. Meagher (USA) heißt die dreifache Olympiasiegerin über 100 m und 200 m Schmetterling sowie mit der 4 x 100-m-Lagenstaffel.

6 Fünf Medaillen für US-Turnerin: Publikumsliebling Mary Lou Retton (Foto bei ihrer Bronzekür am Boden) gewinnt die Einzelwertung im Achtkampf, holt Silber beim

Pferdsprung sowie in der Mannschaftswertung und sichert sich die Bronzemedaille am Stufenbarren.

7 Erfolgreichste Teilnehmerin: Die rumänische Turnerin Ecaterina Szabó ist in den Gerätefinals am Boden und Schwebebalken, beim Pferdsprung und im Mannschafts-Mehrkampf nicht zu schlagen. Im olympischen Achtkampf reicht es nur zur Silbermedaille hinter Mary Lou Retton (USA).

8 Olympiasiege für China: Turner Li Ning holt Gold am Boden, an den Ringen und am Seitpferd (Foto), Silber beim Pferdsprung und mit der Mannschaft sowie Bronze in der Zwölfkampf-Einzelwertung. Den Erfolg der chinesischen Turner rundet Yun Lou mit einer Goldmedaille im Pferdsprung und Silber am Boden ab.

9 Florett-Entscheidung: Die bundesdeutschen Fechterinnen freuen sich über Gold in der Florett-Mannschaftswertung vor Rumänien und Frankreich. Cornelia Hanisch (2.v.li.) holt zudem Silber im Einzel.

10 Fecht-Erfolge: Im Florettfechten holt Matthias Behr (FRG, re.) hinter dem Italiener Mauro Numa (li.) ebenso Silber wie mit der Mannschaft. Das bundesdeutsche Degen-Team sichert sich Gold vor Frankreich und Italien.

1 **China gewinnt:** Beim Volleyball-Turnier haben die Gastgeberinnen (li.) keine Chance gegen die Chinesinnen: Sie verlieren in der Finalrunde glatt in drei Sätzen gegen die späteren Olympiasiegerinnen. Die USA gewinnen Silber vor Japan. Bei den Herren stehen die USA nach dem 3:0-Erfolg gegen das zweitplazierte Brasilien ganz oben auf dem Treppchen.

2 **Jugoslawien im Handball vorn:** Knapp endet das Endspiel zwischen Jugoslawien (blaue Trikots) und der BRD (Foto: Erhard Wunderlich mit Ball). Mit 18:17 holt sich das Team vom Balkan den Olympiasieg. Die Bronzemedaille geht an Rumänien durch einen 23:19-Erfolg gegen Dänemark. Bei den Frauen steht Jugoslawien in der Abschlußtabelle mit 10:0 Punkten an erster Stelle vor Korea und China.

3 **Gold für die Niederlande:** Mit bunten Luftballons feiern die niederländischen Hockey-Spielerinnen ihren Olympiasieg. Nur sechs Mannschaften nahmen an dem zweiten olympischen Damenhockey-Tur-nier teil, bei dem die BRD die Silbermedaille vor den USA gewinnt. Bei den Herren ist Pakistan zum dritten Mal nach 1960 und 1968 erfolgreich. Das bundesdeutsche Team holt Silber, Großbritannien Bronze.

4 **USA nicht zu schlagen:** Im Basketball kann keine Mannschaft den neunten Olympiatitel für die favorisierten Amerikaner verhindern. In der Finalrunde geben die US-Spieler Spanien mit 96:65 das Nachsehen. Die Spielszene zeigt Pat Ewing (re.) und den Spanier Fernando Romay.

5 **US-Basketballerinnen holen Gold:** Sechs Mannschaften bestreiten das Basketball-Turnier der Frauen. In der Finalrunde schlagen die US-Damen Südkorea 85:55. Das Foto zeigt Cheryl Miller beim Korbwurf, die Koreanerin Kyung-Ja Moon (li.) hat keine Abwehrchance. Die Bronzemedaille sichert sich China durch ein 63:57 gegen Kanada.

6 **Ringkampf entschieden:** Im Bantamgewicht (griechisch-römischer Stil bis 57 kg Körpergewicht) ge-

winnt der bundesdeutsche Ringer Pasquale Passarelli (blaues Trikot) gegen den Japaner Masaki Eto (rotes Trikot) die Goldmedaille. Platz drei erkämpft sich der Grieche Haralambos Holidis. Die zweite Medaille für die Bundesrepublik gewinnt Markus Scherer im Papiergewicht (bis 48 kg) hinter Olympiasieger Vincenzo Maenza aus Italien.

7 **Starke Männer:** Rolf Milser (FRG, Foto) beherrscht die Konkurrenz beim Gewichtheben in der Klasse bis 100 kg. Er verweist den Rumänen Vasile Gropa und den Finnen Pekka Niemi auf die Plätze. Zuvor gewann Karl-Heinz Radschinsky in der Gewichtsklasse bis 75 kg Gold vor Jacques Demer (CAN) und Dragomir Cioroslan (ROM). Den bundesdeutschen Medaillenerfolg rundet Manfred Nerlingers Bronze – hinter Olympiasieger Dean Lukin (AUS) und Mario Martinez (USA) – in der Klasse über 110 kg ab.

8 **Ruder-»Hattrick«:** Der finnische Ruderer Pertti Karppinen gewinnt zum dritten Mal hintereinander den Olympiatitel im Einzel. Wie bereits 1976 in Montreal muß sich sein größter Konkurrent, Weltmeister Peter-Michael Kolbe (FRG), mit dem zweiten Platz – vor dem Kanadier Robert Mills – begnügen.

9 **Doppelerfolg für USA:** Bei der Siegerehrung nach dem Rad-Straßenrennen über 79,2 km freuen sich die Amerikanerinnen Connie Carpenter (Gold, Mi.) und Rebecca Twigg (Silber, li.) über ihre Medaillen. Bronze holt sich Sandra Schumacher (FRG, re.).

10 **Finanzexperte:** Peter Ueberroth (re.), auf Vorschlag von Bürgermeister Tom Bradley (li.) zum Organisationschef der ersten privat finanzierten Olympischen Spiele ernannt, wird nach dem Erfolg der Veranstaltung gefeiert.

11 **Favorit gewinnt:** Ungefährdet reitet Weltmeister Reiner Klimke (FRG) auf seinem Pferd Ahlerich zum Olympiasieg in der Dressur. Auch in der Mannschaftswertung holen die bundesdeutschen Reiter (Herbert Krug, Uwe Sauer und Klimke) Gold.

24 Jahre, nachdem sich in Calgary ein Bewerbungs-
komitee gegründet hatte, um die Spiele in die Stadt
am Rand der Rocky Mountains zu holen, erteilte das
IOC 1981 endlich die ersehnte Zusage.

Die Mittel zur Finanzierung der Sportveranstaltung flossen aus drei Quellen: Die Hälfte des Budgets stellte die kanadische Bundesregierung zur Verfügung, weitere 90 Mio. Dollar kamen über das Marketingprogramm durch Sponsoren, offizielle Ausrüster und Lizenznehmer in die Kassen. 309 Mio. Dollar überwies die US-Fernsehgesellschaft ABC für die Übertragungsrechte. Die TV-Gesellschaft profitierte von einer 1984 getroffenen Entscheidung des IOC, die Spiele von zwölf auf 16 Tage zu verlängern. Für die Aktiven hatte dies zur Folge, daß sich der Beginn vieler Wettkämpfe nicht nach sportlichen Gesichtspunkten richtete, sondern nach günstigen Übertragungszeiten für die Werbewirtschaft.

Das Olympiaprogramm wurde erneut erweitert: Premiere feierten die Mannschaftswettbewerbe in der Nordischen Kombination und im Spezialsprunglauf sowie der 5000-m-Eisschnellauf der Damen, der wie alle übrigen Rennen dieser Sportart erstmals in der Halle ausgetragen wurde. In den alpinen Wettbewerben kam der Super G neu hinzu. Erstmals seit 1948 gab es wieder Medaillen in der Kombination.

Die schon 1984 in Sarajevo im Langlauf praktizierte »Schlittschuhschritt-Technik« des Finnen Siitonen hatte zu einer Regeländerung geführt: Während die kürzeren Strecken – 15 km und 30 km bei den Herren, 5 km und 10 km bei den Damen – dem klassischen Stil vorbehalten blieben, durften die 20 km (Damen) und 50 km (Herren) sowie die Staffeln im freien Stil (Skating) gelaufen werden.

Die Zuschauer, die die Spiele eher als eine gut inszenierte Show denn als sportliches Kräftemessen betrachteten, feierten als erfolgreich-

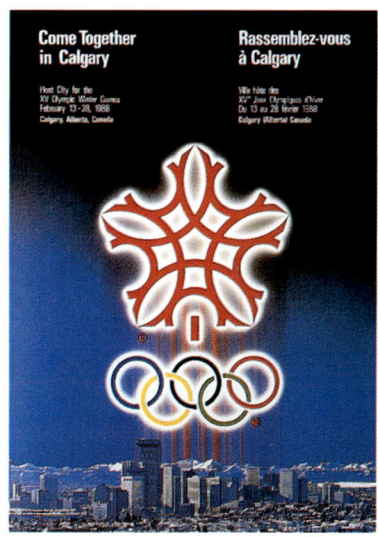

»Trefft euch in Calgary« lautet die zweisprachig verfaßte Aufforderung an die Jugend der Welt auf dem offiziellen Olympiaplakat.

ste Teilnehmer den finnischen Skispringer Matti Nykänen und die Eisschnelläuferin Yvonne van Gennip aus den Niederlanden (jeweils drei Goldmedaillen). Die eigentlichen Publikumslieblinge aber waren der Italiener Alberto Tomba, der durch seine Goldmedaillen im Slalom und Riesenslalom ebenso für Aufmerksamkeit sorgte wie durch seinen lockeren Lebenswandel, und Katarina Witt als »Carmen auf dem Eis«. Der DDR-Athletin gelang es als erster Eiskunstläuferin im Einzel nach Sonja Henie (1928–1936), ihren Olympiasieg zu wiederholen.

Erstmals seit 1968 fanden wieder Demonstrationswettbewerbe statt, und zwar im Curling, Short Track und Trickski. Darüber hinaus gab es wie schon 1984 Wettkämpfe der Behinderten. Damit demonstrierte das IOC die Anerkennung der sportlichen Leistungen versehrter Sportler. Eine Einbeziehung des Behindertensports in das offizielle olympische Programm lehnten die Funktionäre jedoch ab.

Als »Skikönig« darf sich der Schwede Gunde Svan nach seinem Sieg im 50-km-Langlauf feiern lassen. Mit der Staffel ist er über 4 x 10 km nicht zu schlagen.

Erfolgreichster Teilnehmer der Winterspiele ist der 24jährige Finne Matti Nykänen nach seinen Olympiasiegen von der Normal- und Großschanze sowie in der Mannschaftswertung.

Die niederländische Eisschnelläuferin Yvonne van Gennip gibt der Konkurrenz über 1500 m, 3000 m und 5000 m das Nachsehen.

Pirmin Zurbriggen (SUI), Kombinations- und Abfahrtsweltmeister von 1985 und Super-G-Weltmeister von 1987, gewinnt in Calgary mit Gold in der Abfahrt und Bronze im Riesenslalom Olympiamedaillen.

1 **Hidy und Howdy sorgen für gute Laune:** Die beiden offiziellen Maskottchen – die Polarbären Hidy und Howdy – wurden von der einheimischen Künstlerin Sheila Scott gestaltet und von den Organisatoren in vielfältiger Form vermarktet.

2 **Erfolgreicher Rennläufer:** Der Franzose Franck Piccard gewinnt den ersten olympischen Super-G-Wettbewerb vor Helmut Mayer (AUT) und Lars-Börje Eriksson (SWE). Piccard holt zudem hinter den beiden Schweizern Pirmin Zurbriggen und Peter Müller die Bronzemedaille im Abfahrtslauf.

3 **Deutsche am Mount Allan vorn:** Wegen widriger Wetterverhältnisse muß die Abfahrt der Damen um

einen Tag verschoben werden. Mit der anspruchsvollen Strecke und dem starken Wind kommt Marina Kiehl am besten zurecht. Die Deutsche verweist Brigitte Oertli (SUI) und Karen Percy (CAN) auf die Plätze.

4 **Olympiasieg nach Österreich:** Sigrid Wolf (Mi.) gewinnt die Goldmedaille im Super G: In 1:19,03 min läßt sie die Schweizerin Michela Figini (1:20,03 min, li.) und die kanadische Bronzemedaillengewinnerin in der Abfahrt, Karen Percy, (1:20,29 min, re.) hinter sich.

5 **Vreni Schneiders »Double«:** Vreni Schneider wird ihrer Favoritenrolle mit zwei Goldmedaillen gerecht: Im Slalom schlägt sie die Jugoslawin Mateja Svet und die Deutsche Christa Kinsho-

fer-Güthlein. Im Riesenslalom-Wettbewerb läßt die 23jährige Schweizerin ihre Konkurrentinnen Kinshofer-Güthlein und Maria Walliser (SUI) hinter sich.

6 **Titel und Ehrung für Witt:** Katarina Witt (GDR, Foto bei ihrer »Carmen«-Interpretation in der Kür) erhält im Sommer 1988 von IOC-Präsident Juan Antonio Samaranch den olympischen Orden, weil sie als bisher einzige Eiskunstläuferin nach Sonja Henie (1928–36) ihren Olympiatitel verteidigen konnte.

7 **Favoriten bleiben unbesiegt:** Im Eistanzen werden die sowjetischen Läufer Natalia Bestemjanowa und Andrej Bukin ihrer Favoritenrolle gerecht und gewinnen Gold vor ihren Landsleu-

6

7

8

9

10

ten Marina Klimowa und Sergej Ponomarenko. Die Einheimischen Tracy Wilson/ Robert McCall holen Bronze. In der Olympiasaison sind die Sieger nicht zu schlagen und werden zum vierten Mal hintereinander Weltmeister.

8 **Auf schnellen Kufen zum Gold:** Tomas Gustafson (SWE) gewinnt im Eisschnellauf die Goldmedaille über 5000 m und verweist Leo Visser und Gerard Kemkers (beide HOL) auf die Plätze. Bei seinem Erfolg vier Tage später über 10 000 m verbessert Gustafson den Weltrekord des Norwegers Geir Karlstad um 31 Hundertstelsekunden auf 13:48,20 min. Silber gewinnt der Österreicher Michael Hadschieff vor Visser.

9 **Medaillen für die Schweiz:** Seit einem Jahr gehört er zur Weltspitze der nordischen Kombinierer: Hippolyt Kempf (SUI) beim abschließenden Langlauf. Vier Tage zuvor hatte die Schweiz hinter der BRD Silber in der Mannschaftswertung gewonnen.

10 **Doppel-Olympiasieg:** Bei seinen zweiten Olympischen Spielen holt Frank-Peter Roetsch (GDR), der Silbermedaillengewinner von Sarajevo über 20 km, zweimal Gold im Biathlon über 10 km und 20 km.

11 **Schweizer Bob siegt:** Im Viererbob holen die Schweizer Piloten Ekkehard Fasser, Marcel Fässler, Kurt Meier und Werner Stocker Gold vor der DDR I und der UdSSR II.

11

173

Erstmals seit zwölf Jahren nahmen wieder alle führenden Sportnationen außer Kuba und Äthiopien an den Olympischen Spielen teil. Die Boykotte von Moskau (1980) und Los Angeles (1984) wiederholten sich dank der allgemeinen weltpolitischen Entspannung nicht.

Mit 21 Jahren ist Nicole Uphoff (FRG) die bisher jüngste Gewinnerin im olympischen Dressurreiten. Sie siegt mit ihrem Pferd Rembrandt sowohl im Einzel als auch mit der Mannschaft.

Zum zweiten Mal nach 1964 (Tokio) fanden die Sommerspiele in Asien statt. Die Herzlichkeit der Gastgeber konnte allerdings nicht über die gereizte politische Situation zwischen der westlich orientierten Regierung Südkoreas und dem kommunistisch dominierten Nordkorea hinwegtäuschen. Die Regierung des Nachbarstaates hatte die Teilnahme ihrer Athleten an den Spielen verweigert. In 16 Tagen stellten die Sportlerinnen und Sportler aus 160 Nationen insgesamt 27 Weltrekorde auf. Die Resultate rückten jedoch durch den spektakulärsten Dopingfall der olympischen Geschichte in den Hintergrund. Drei Tage nach seinem Weltrekord (9,79 sec) im 100-m-Finale wiesen Dopingkontrolleure dem Kanadier Ben Johnson die Einnahme verbotener leistungsfördernder Mittel nach. Dem 26jährigen wurden seine Weltrekorde und die Goldmedaille aberkannt.

Wieder einmal bewiesen die Sowjetunion (55 Olympiasiege) und die DDR (37) auf Rang eins und zwei im abschließenden Medaillenspiegel ihre sportliche Überlegenheit gegenüber den westlichen Nationen. Die DDR-Schwimmerin Kristin Otto konnte mit sechs Goldmedaillen fast die phänomenale Leistung des Amerikaners Mark Spitz (siebenmal Gold 1972) wiederholen. Nach der Wiedervereinigung konnte sie sich allerdings nur schwer gegenüber heftigen Dopingvorwürfen erwehren. Der US-Schwimmer Matt Biondi gewann fünfmal Gold sowie je einmal Silber und Bronze. Über 100 m Schmetterling mußte er sich Antony Nasty aus Surinam geschlagen geben, dem einzigen Teilnehmer seines Landes im Schwimmen.

Unter den ineinander verschlungenen olympischen Ringen ist auf dem offiziellen Plakat ein Fackelläufer zu sehen, der das Olympiafeuer nach Seoul trägt.

Energiebündel aus Rumänien: Daniela Silivas holt sich die Goldmedaillen am Boden, Schwebebalken und Stufenbarren, wird Zweite im Mehrkampf (Einzel und Mannschaft) und gewinnt Bronze beim Pferdsprung.

Erfolgreichste Olympionikin von Seoul ist die DDR-Schwimmerin Kristin Otto mit sechs Goldmedaillen.

Noch stärker im Blickfeld der Öffentlichkeit stand die Sprinterin Florence Griffith-Joyner (USA) in der Leichtathletik. Im Gegensatz zu früheren Wettkämpfen trat die dreifache Olympiasiegerin diesmal nicht in einem ihrer extravaganten Trikots an. Ihre erstaunliche Leistungssteigerung, verbunden mit einer deutlich sichtbaren Veränderung ihrer Muskelstruktur, ließ vielfache Interpretationsmöglichkeiten zu.

Die leichtathletischen Mittel- und Langstreckenwettbewerbe blieben eine Domäne der Läufer aus Afrika. Nur der Italiener Gelindo Bordin brach mit seinem Marathon-Gold in diese Phalanx ein. Nach 64 Jahren war Tennis wieder olympische Sportart: Im Einzel siegten die Deutsche Steffi Graf und der Tschechoslowake Miloslav Mecir. Im Tischtennis, neu im Olympia-Programm, machten Chinesen und Koreaner fast alle Medaillengewinner unter sich aus.

Die besseren Nerven entscheiden im Stabhochsprung für Sergej Bubka (URS), der mit nur einem gültigen Versuch Olympiasieger wird.

Sportlich sorgt die Sprinterin Florence Griffith-Joyner (USA) mit dreimal Gold und einmal Silber ebenso für Aufsehen wie durch ihr medienwirksames Auftreten.

1 Farbenfrohe Kulisse: Die Sportlerinnen und Sportler marschieren bei der Eröffnungsfeier in Seoul z.T. in ihren landesüblichen Trachten in das Stadion ein.

2 Gold für drei Tage: Nach dem vermeintlichen Triumph Ben Johnsons (CAN, re.) über 100 m folgt drei Tage später die Ernüchterung. Wegen Dopings wird er disqualifiziert, und Carl Lewis (USA) zum Olympiasieger erklärt.

3 Siebenkampf: Mit 7291 Punkten überbietet Jackie Joyner-Kersee (USA, re.) ihren Weltrekord um 76 Punkte. Es folgen S. John und A. Behmer (beide GDR). Im Weitsprung läßt Joyner-Kersee mit 7,40 m Heike Drechsler (GDR, 7,22 m) und Galina Tschistjakowa (URS, 7,11 m) keine Chance. Sprünge dieser Weite sind heute in der postanabolen Zeit kaum noch vorstellbar.

4 Olympiasiege für Kenia: Ihre Vormachtstellung über die Mittelstreckendistanzen stellen einmal mehr Läufer aus Kenia unter Beweis: Paul Ereng (li.) gewinnt den 800-m-Lauf vor Joaquim Cruz aus Brasilien (re.) und Said Aouita (MAR, Mi.). Erengs Landsmann Peter Rono läßt über 1500 m Peter Elliott (GBR) und Jens-Peter Herold (GDR) hinter sich.

5 **Afrikas Läufer vorn:** John Ngugi (KEN) läuft über 5000 m ein sicheres Rennen. Im Ziel hat er nach einem Spurt einen Vorsprung von 3,82 sec auf den Zweitplazierten Dieter Baumann (FRG); Platz drei erreicht Hansjörg Kunze (GDR). Über 10 000 m holt Brahim Boutayeb (MAR) Gold vor Salvatore Antibo (ITA).

6 **»Start-Ziel-Sieg«:** Die Portugiesin Rosa Mota dominiert den Marathonlauf. Silber geht an Lisa Martin (AUS), Bronze an Katrin Dörre (GDR).

7 **Doppelerfolg für DDR-Sportler:** Christian Schenk gewinnt den Zehnkampf vor seinem Landsmann Torsten Voss.

8 **Modebewußt:** Die dreifache Olympiasiegerin Florence Griffith-Joyner im 100-m-Vorlauf.

9 **Mit einem Sprung zum Sieg:** Sergej Bubka (URS) behält im dritten Versuch über 5,90 m die Nerven. Er siegt vor seinen Teamgefährten Rodion Gataullin (5,85 m) und Grigori Jegorow (5,80 m).

10 **Angstgegnerin besiegt:** Petra Felke (GDR) gewinnt den Speerwurf-Wettbewerb mit 74,68 m vor der britischen Welt- und Europameisterin Fatima Whitbread (70,32 m). Bronze holt Beate Koch (GDR, 67,30 m).

1 Sechs Siege bei sechs Starts: Kristin Otto (GDR) ist mit sechs Goldmedaillen die überragende Teilnehmerin der Sommerspiele in Seoul: Sie gewinnt die erste olympische Entscheidung über 50 m Freistil und gibt über 100 m Freistil der Chinesin Yong Zhuang und Catherine Plewinski aus Frankreich das Nachsehen. Über 100 m Rücken verweist die 22jährige die Ungarin Krisztina Egerszegy und ihre Landsfrau Cornelia Sirch auf die Plätze. Ihre Vielseitigkeit beweist Otto mit dem Olympiasieg über 100 m Schmetterling vor Birte Weigang (GDR) und der Chinesin Hong Quian. Ihren Triumph macht sie durch Staffel-Gold über 4 x 100 m Freistil und 4 x 100 m Lagen perfekt.

2 Erfolge für Matt Biondi: Zum Schwimmstar bei den Männern avanciert der Amerikaner Matt Biondi (vorn) mit fünf Gold-, einer Silber- und einer Bronzemedaille: Das erste olympische Rennen über 50 m Freistil gewinnt er vor seinem Teamgefährten Thomas Jager und Gennadi Prigoda aus der UdSSR. Über 100 m Freistil schlägt er seinen Landsmann Christopher Jacobs und den Franzosen Stephan Caron. Über 100 m Schmetterling wird er Zweiter, und im Finale über 200 m Freistil muß sich Biondi als Dritter dem Australier Duncan Armstrong und dem Schweden Anders Holmertz geschlagen geben. Seine Teilnahme an den Spielen krönt er als Mitglied der siegreichen US-Staffeln über 4 x 100 m und 4 x 200 m Freistil sowie über 4 x 100 m Lagen.

3 Gold für Surinam: Anthony Nasty heißt der Überraschungssieger der Schwimmwettbewerbe: Über 100 m Schmetterling gewinnt er in 53,00 sec mit einer Hundertstelsekunde Vorsprung vor dem hohen Favoriten Matt Biondi (USA) und holt damit die erste Medaille überhaupt für Surinam, das seit 20 Jahren an Olympischen Spielen teilnimmt.

4 »Achter« jubelt: 20 Jahre nach dem Erfolg in Mexiko -Stadt gewinnt der deutsche Achter bei Olympischen Spielen wieder die Goldmedaille. Im Finale schlagen Steuermann Manfred Klein, Thomas Möllenkamp, Matthias Mellinghaus, Ansgar Wessling, Eckhardt Schultz, Armin Eichholz, Thomas Domian, Wolfgang Maennig und Bahne Rabe (v. re.) die Boote aus der UdSSR und den USA mit einer Länge Vorsprung. Weitere Erfolge für den bundesdeutschen Ruderverband erzielen Peter-Michael Kolbe mit einer Silbermedaille hinter Thomas Lange (GDR) und der Vierer ohne Steuermann, der die Bronzemedaille hinter der DDR und den USA holt. Die erfolgreichste Rudernation der Spiele mit fünfmal Gold bei den Damen und drei Siegen bei den Herren ist die DDR.

5 Favorit gewinnt: Der Amerikaner Greg Louganis ist nicht zu bezwingen. Der Weltmeister vom 3-m-Brett beherrscht die Konkurrenz und verteidigt seinen Olympiatitel von Los Angeles 1984 vor den Chinesen Liangde Tan und Deliang Li. Der gleiche Erfolg gelingt dem amtierenden Weltmeister auch vom 10-m-Turm vor Ni Xiong (CHN) und Jesus Mena aus Mexiko. Bei den Damen triumphieren die Chinesinnen Min Gao (3-m-Brett) und Yanmei Xu (10-m-Turm).

6 Italiens Ruderer vorn: Im Zweier mit Steuermann wiederholen die Italiener Carmine (li.) und Giuseppe Abbagnale (Mi.) ihren Olympiasieg von 1984. Rechts im Boot: Steuermann Giuseppe di Capua. Silber gewinnt die DDR, Bronze Großbritannien. Die Brüder gehören außerdem zum Gold-Team im Doppelvierer.

7 Ruder-Gold für die Niederlande: Ein unerwarteter Erfolg gelingt Roland Florijn (li.) und Nicolas Rienks (HOL) im Doppelzweier. Mit 1,46 sec Vorsprung verweisen sie das Team der Schweiz und die UdSSR auf die Plätze. Die Olympiasieger bleiben in Seoul die einzigen niederländischen Medaillengewinner im Rudern.

1 **Perfektes Programm:** Fehlerlose Übungen zeigt Marina Lobatsch (URS) in der Rhythmischen Sportgymnastik. Überlegen gewinnt sie Gold im Mehrkampf vor Adriana Dunavska (BUL) und ihrer Teamgefährtin Alexandra Timoschenko.

2 **Überlegenheit der UdSSR:** Mit fünf Medaillen wird Wladimir Artemow erfolgreichster Turner: Er gewinnt den Mehrkampf (Einzel und Mannschaft), holt Gold am Barren und am Reck sowie Silber am Boden.

3 **Dressur-Sieg:** Nicole Uphoff (FRG) holt Gold vor Margitt Otto-Crepin (FRA) und Christine Stückelberger (SUI). Ihren zweiten Sieg feiert Uphoff mit der Mannschaft.

4 **Auf Medaillenkurs:** Auf dem anspruchsvollen Parcours der Military-Reiter setzt sich der Neuseeländer Mark Todd auf Charisma vor den Briten Ian Stark und Virginia Leng durch.

5 **Triumph für China:** Im Tischtennis der Frauen holen Jing Chen (Gold, Foto), Huifeng Li (Silber) und Zhimin Jiao (Bronze) alle Medaillen im Einzel.

6 **Koreaner überlegen:** Yoo Nam Kyu siegt im Tischtennis vor Kim Ki Taik und Erik Lindh (SWE).

7 **Säbel-Finale:** Im Einzel siegt Jean-François La-

mour (FRA, re.) gegen Janusz Olech (POL, li.).

8 **Medaillensegen:** Swetlana Boginskaja (URS) wird Olympiasiegerin beim Sprung und im Mannschafts-Mehrkampf, Zweite am Boden und Dritte im Achtkampf.

9 **Favoritin vorn:** Die dreifache Olympiasiegerin Daniela Silivas (ROM) gewinnt am Schwebebalken vor Elena Schuschunowa (URS).

10 **Medaillen im Winter und Sommer:** Christa Luding-Rothenburger (GDR, re.), bei den Winterspielen in Calgary Eisschnelllauf-Olympiasiegerin, gewinnt Silber im Radsprint hinter Elena Salumiae (URS, li.).

11 **Niederlande feiert Gold:** Im Rad-Straßenrennen der Frauen setzt sich Monique Knol (Nr. 32) nach 82 km durch.

12 **Tennis wieder olympisch:** Das erste Olympia-Turnier seit 64 Jahren gewinnt Miloslav Mecir (TCH) gegen Tim Mayotte (USA).

13 **Gold für Steffi Graf:** Die deutsche Tennisspielerin schlägt im Einzel Gabriela Sabatini (ARG).

14 **Deutscher Fecht-Triumph:** Mannschafts-Gold und drei Medaillen im Florett-Einzel feiern Sabine Bau (Silber, li.), Anja Fichtel (Gold, Mi.) und Zita Funkenhauser (Bronze, re.).

1 Sowjetunion führend: Im Superschwergewicht gewinnt Ringer Alexander Karelin (URS) die Goldmedaille im griechisch-römischen Stil vor Ranguel Guerowski aus Bulgarien und dem Schweden Tomas Johansson. Mit insgesamt viermal Gold, einmal Silber und einmal Bronze im griechisch-römischen Stil sowie viermal Gold, dreimal Silber und zweimal Bronze im freien Stil wird die UdSSR erfolgreichste Ringer-Nation.

2 Sieg für Norwegen: Jon Ronningen (blaues Trikot) holt im Fliegengewicht (griechisch-römisch) Gold vor Atsuji Miyahara (JPN).

3 Maske Champion: Der DDR-Boxer (re.) gewinnt Gold im Mittelgewicht gegen den Kanadier Egerton Marcus (li.). Nach der Wiedervereinigung wechselt er ins Profilager und wird 1993 Weltmeister im Halbschwergewicht.

4 Türkei feiert Sieg: Gewichtheber Naim Suleymanoglu sichert sich mit 342,5 kg die Goldmedaille im Federgewicht vor Stefan Topurov aus Bulgarien (312,5 kg) und dem Chinesen Huanming Ye (287,5 kg).

5 Ungarn vorn: Janos Martinek gewinnt die Einzelkonkurrenz im Modernen Fünfkampf mit 5404 Punkten vor Carlo Massullo (ITA, 5379) und Wladimir Jagoraschwili (URS, 5367).

6 Triumph nach 68 Jahren: Zum ersten Mal seit 1920 holt Großbritannien Gold im Hockey durch ein 3:1 gegen die Bundesrepublik Deutschland. Bronze geht an die Niederlande. Bei den Frauen gewinnt Australien Gold.

7 UdSSR Olympiasieger: Erst in der Verlängerung wird das olympische Fußballturnier zwischen der UdSSR und Brasilien durch das Tor zum 2:1 entschieden (Foto: Spielszene). Im Spiel um Platz drei holt die bundesdeutsche Elf durch ein 3:0 gegen Italien Bronze.

8 Spannung im Volleyball: In vier Sätzen (15:13, 10:15, 4:15 und 8:15) verliert die UdSSR das Finale gegen die USA. Bei den Damen setzt sich die Sowjetunion gegen Peru (10:15, 12:15, 15:13, 15:7 und 17:15) durch.

9 Ehrung: Sieger im Schießwettbewerb Kleinkaliber-liegend wird Miroslav Varga (TCH, Mi.) Olympiasieger vor dem Koreaner Yuong Chul Cha (re.) und Attila Zahonyi (HUN).

10 Gold-Schützin: Silvia Sperber (FRG) besiegt Vessela Letscheva (BUL) und Waleria Tscherkassowa (URS) im Kleinkaliber-Dreistellungskamp und gewinnt Silber mit dem Luftgewehr hinter Olympiasiegerin Irina Tschilowa (URS).

Durch die Vergabe der Winterspiele an Albertville avancierte Frankreich neben den USA zum bis dahin einzigen Land, das die Veranstaltung dreimal ausrichtete. 1924 war Chamonix, 1968 Grenoble Austragungsort gewesen.

Mit Gold über 10 km (klassisch), 30 km (klassisch) und mit der 4 x 10-km-Staffel sowie Silber im Jagdrennen gewinnt der Norweger Vegard Ulvang vier Olympiamedaillen.

Die erfolgreiche Kandidatur hatte Albertville der Initiative des dreifachen alpinen Ski-Olympiasiegers von 1968, Jean-Claude Killy, zu verdanken, der im Organisationskomitee als Präsident zusammen mit dem Politiker Michele Barnier fungierte. Mit staatlicher Unterstützung wollte er durch Ausrichtung der Spiele die für Wintersport und Ski-Tourismus noch kaum erschlossene Region Savoyen wirtschaftlich beleben. Die Vermarktung des »Unternehmens Olympia« gelang durch Sponsorenverträge, die Vergabe von Exklusivübertragungsrechten an eine US-Fernsehgesellschaft und durch Lizenzabkommen, mit denen Unternehmen zu »offiziellen Lieferanten« wurden. Während der Vorbereitung mehrten sich Stimmen, die die Verteilung der Wettkämpfe auf zwölf Austragungsorte bemängelten. Zudem führten die Baumaßnahmen zu Protesten von Umweltschützern. IOC-Präsident Samaranch kündigte daraufhin an, das IOC würde künftig Spiele in verschiedenen Landesteilen bzw. grenzüberschreitend gestatten, wenn dadurch Eingriffe in die Natur abgemildert werden.

Im Hauptort Albertville kamen die Aktiven aus 64 Ländern nur zur Eröffnungs- und Schlußfeier zusammen. Die Nachwirkungen des politischen Umbruchs in Osteuropa waren beim Einmarsch der Nationen deutlich spürbar: Sportler aus Estland, Lettland und Litauen starteten erstmals seit 1936 wieder mit eigener Mannschaft und Staatsflagge, andere Teilnehmer aus der früheren Sowjetunion fanden sich im Team der Gemeinschaft Unabhängiger Staaten (EUN) zusammen. Nach 28 Jahren marschierten die Sportlerin-

Skating-Spezialist Björn Dæhlie aus Norwegen gewinnt die Goldmedaillen im erstmals ausgetragenen Jagdrennen (10 km klassisch und 15 km Freistil), im 50-km-Langlauf (Freistil) und mit der Staffel über 4 x 10 km sowie Silber über 30 km im klassischen Stil.

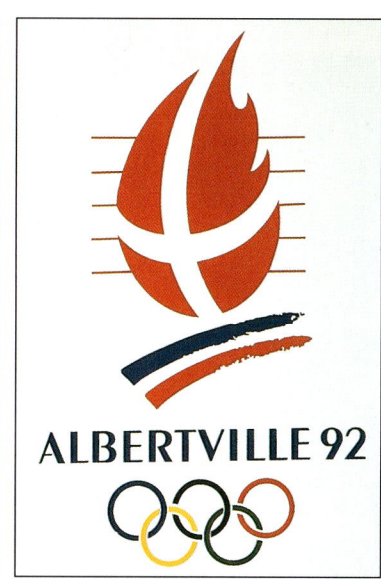

Das offizielle Logo der XVI. Olympischen Winterspiele in Albertville zeigt die Farben der französischen Nationalflagge unter der stilisierten olympischen Flamme.

Doppelerfolg für Petra Kronberger: Neben Gold im Slalom feiert die Österreicherin den Sieg in der Alpinen Kombination vor ihrer Landsfrau Anita Wachter (li.).

nen und Sportler des vereinten Deutschland bei Winterspielen wieder zusammen ins Stadion ein.

Zu den olympischen Disziplinen kamen Short-Track-Rennen im Eisschnellauf und der Trickskilauf auf der Buckelpiste hinzu. Erfolgreichste Teilnehmerin war die nordische Skiläuferin Ljubow Jegorowa (EUN) mit drei Gold- und zwei Silbermedaillen. Einen goldenen Abschluß ihrer Karriere feierte ihre Teamkollegin Raissa Smetanina in der Staffel: Bei fünf Olympia-Teilnahmen holte die inzwischen 39jährige Athletin zehn Medaillen.

Nach Bronze 1984 und Silber 1988 sicherten sich die russischen Eistänzer Marina Klimowa und Sergej Ponomarenko den Olympiasieg. Die Eisschnellaufnation Niederlande feierte mit Bart Veldkamps Erfolg über 10 000 m den ersten Olympiatitel nach Piet Kleines Triumph 1976.

Skispringer Toni Nieminen aus Finnland ist auf der Großschanze sowie mit dem Team in der Mannschaftswertung nicht zu schlagen und gewinnt zudem Bronze von der Normalschanze.

Siegesbewußt präsentiert sich Doppel-Olympiasieger Mark Kirchner (GER): Der Biathlet gewinnt den 10-km-Sprint, holt Gold mit der deutschen 4 x 7,5-km-Staffel und wird hinter Jewgeni Redkin (EUN) Zweiter über 20 km.

1 **Auftaktveranstaltung:** Ein »Fest für die Sinne« präsentieren 2500 Akteure.

2 **Nächste Spiele 1994:** Wikingerschiffe stimmen bei der Abschlußfeier auf Lillehammer 1994 ein.

3 **Sieg für 16jährigen:** Mit dem sog. V-Stil gewinnt Toni Nieminen (FIN) auf der Großschanze vor Martin Höllwarth und Heinz Kuttin (beide AUT).

4 **Doppelerfolg für Öster-** reich: Auf der Normalschanze siegt Ernst Vettori vor Martin Höllwarth (beide AUT).

5 **Freude in Norwegen:** Vegard Ulvang bei seinem Goldlauf über 30 km.

6 **Franzosen dominieren:** In der Nordischen Kombination holt Fabrice Guy (FRA, li.) die Goldmedaille.

7 **Gold für Italien:** Stefania Belmondo (ITA) gewinnt den 30-km-Langlauf vor Ljubow Jegorowa und Jelena Välbe (beide EUN).

8 **Japaner vorn:** Für Experten kommt der Sieg Japans (Foto Schlußläufer Kenji Ogiwara) in der Nordischen Kombination vor Norwegen und Österreich nicht überraschend.

9 **Alpine Überraschung:** Der Österreicher Patrick Ortlieb gewann noch kein Weltcup-Rennen und holt in Albertville Gold in der Abfahrt.

10 **Erfolgreichster deutscher Biathlet:** Mark Kirchner wird mit zweimal Gold und einmal Silber erfolgreichster Biathlet in Albertville.

11 **Tomba triumphiert:** Alberto Tomba (ITA) verteidigt seinen Titel im Riesenslalom.

12 **Österreich jubelt:** Mit zweimal Gold wird die Österreicherin Petra Kronberger erfolgreichste Teilnehmerin der alpinen Wettbewerbe.

13 **Außenseitersieg:** Finn Christian Jagge (NOR) gewinnt Gold im Slalom.

14 **Norweger ganz oben:** Mit Gold im Super G und Bronze im Riesenslalom demonstriert Kjetil Andre Aamodt seine Leistungsstärke.

15 **Sieger-Trio:** Katja Seizinger (GER, li.) freut sich über Bronze im Super G hinter der Siegerin Deborah Compagnoni (ITA, Mi.) und Carole Merle (FRA, re.).

1 **Keine Überraschung im Eistanz:** Nach Bronze in Sarajevo 1984 und Silber in Calgary 1988 gewinnen die Favoriten Marina Klimowa/ Sergej Ponomarenko aus St. Petersburg in Albertville die Goldmedaille und verweisen Isabelle und Paul Duchesnay (FRA) auf den zweiten Platz.

2 **Pfeilschnell auf dem Eis:** Die erfolgreichste deutsche Eisschnelläuferin, Gunda Niemann, gewinnt zweimal Gold (3000 m und 5000 m) sowie einmal Silber (1500 m). Jacqueline Börner (Gold über 1500 m), Monique Garbrecht (Bronze über 1000 m), Christa Luding (Bronze über 500 m), Claudia Pechstein (Bronze über 5000 m) und Heike Warnicke (Silber über 3000 m und 5000 m) runden den deutschen Erfolg ab.

3 **Favoritin holt Olympiasieg:** Eiskunstlauf-Weltmeisterin Kristi Yamaguchi (USA) bezwingt Midori Ito (JPN) und Nancy Kerrigan (USA). Europameisterin Surya Bona-ly (FRA), die den olympischen Eid gesprochen hatte, erreicht nur Platz fünf.

4 **Erfolg auf altem Schlitten:** Auf der Bob- und Rodelstrecke in La Plagne müssen die Herren auf dem 1,25 km langen Kurs mit 8,8 % Gefälle einen Höhenunterschied von 110 m bewältigen. Nachdem Georg Hackl mit einem neuen Gerät beim Training Probleme hatte, benutzt der Deutsche einen alten Schlitten, mit dem er die Österreicher Markus Prock und Markus Schmidt schlägt. Bei den Damen feiern die Schwestern Doris (Gold) und Angelika Neuner (Silber) einen Doppelerfolg für Österreich. Susi Erdmann (GER) folgt auf dem dritten Platz.

5 **Favoriten geschlagen:** Stefan Krauße und Jan Behrendt (GER) auf ihrem Weg zur Goldmedaille im Rodel-Doppelsitzer. Die Favoriten Hansjörg Raffl und Norbert Huber (ITA) holen Bronze hinter Yves Mankel/Thomas Rudolph (GER).

6 **Schweizer Duo nicht zu stoppen:** Gustav Weder und Donat Acklin heißen die Olympiasieger im Zweierbob. Im Viererbob holen sie mit Lorenz Schindelholz und Curdin Morell Bronze hinter Österreich und Deutschland.

7 **Begeisterung beim Eishockey:** Nach dem Zusammenbruch der Sowjetunion holt Trainer Wiktor Tichonow mit dem Team der Gemeinschaft Unabhängiger Staaten die Goldmedaille. Im Finale schlägt die Mannschaft Kanada mit 3:1. Hinter Kanada, das nach 24 Jahren wieder eine Olympiamedaille gewinnt, holt die Mannschaft der ČSFR Bronze.

8 **Gewagte Sprünge:** Die Vorführungen im Trickski (Ballett und Sprung) begeistern die Zuschauer. Darüber hinaus werden auch Geschwindigkeitsfahren und Curling demonstriert.

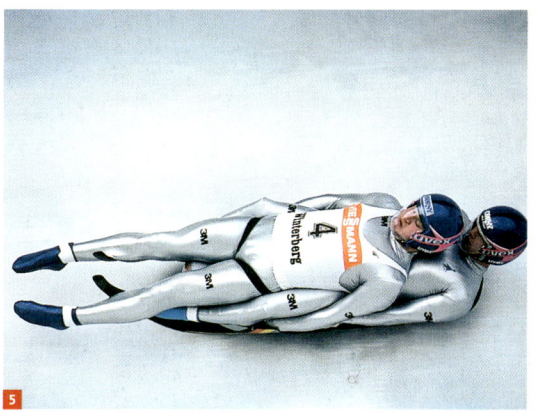

Zwei Milliarden TV-Zuschauer und 100 000 Menschen im Stadion von Barcelona erlebten eine der bis dahin prachtvollsten Eröffnungsfeier bei Olympischen Sommerspielen. Die Kommerzialisierung des Sports erreichte einen neuen Höhepunkt.

Es waren die Spiele des spanischen IOC-Präsidenten Juan Antonio Samaranch, der die Großveranstaltung in seine katalanische Heimat geholt hatte. Der Verfechter einer Kommerzialisierung des Sports dankte zum Abschluß der Wettkämpfe folgerichtig auch den Sponsoren. Die Spiele hatten dem IOC, u. a. durch TV-Lizenzen, Einnahmen in dreistelliger Millionenhöhe beschert. Samaranchs Haltung stieß jedoch nicht nur auf Zustimmung. So beklagten viele Aktive, daß sich die Startzeiten in einigen Wettbewerben ganz an den Wünschen der Werbewirtschaft orientierten.

Neben dem anspruchsvollen kulturellen Rahmenprogramm fand die architektonische (Um-)Gestaltung von Stadtteilen und Wettkampfstätten großes Lob: Das neoklassizistische Olympiastadion auf dem Montjuic-Berg und das Velodrom wurden modernisiert, den Palau dí Esports Sant Jordi (1700 Sitzplätze) – benannt nach dem katalanischen Nationalheiligen – ließen die Organisatoren in unmittelbarer Nähe des Schwimmbades neu errichten.

Einmal mehr zeigte sich die Ohnmacht des Sports gegenüber der Politik: Unbeeindruckt vom ungeschriebenen Gesetz, während der Spiele die Waffen schweigen zu lassen, ging in Jugoslawien der blutige Kampf um das Erbe Titos weiter. Dennoch waren in Barcelona Einzelstarter aus Rest-Jugoslawien vertreten; Bosnien-Herzegowina, Slowenien und Kroatien nahmen mit eigenen Mannschaften teil.

Erstmals seit 1964 trat wieder eine gesamtdeutsche Mannschaft bei Sommerspielen an. Auch Südfarika war wieder dabei: 28 Jahre lang hatten die Sportler des Landes wegen der Apartheidpolitik ihrer Regierung im olympischen Abseits gestanden. Trotz der tiefgreifenden politischen Veränderungen in der ehemaligen Sowjetunion fand sich in Barcelona auch ein Olympiateam der Gemeinschaft Unabhängiger Staaten (GUS) zusammen.

Für Begeisterung sorgten zahlreiche sportliche Überraschungen: Freudentränen flossen bei der Griechin Paraskevi Patoulidou, nachdem sie über 100 m Hürden als zweite Sportlerin ihres Landes eine Goldmedaille gewonnen hatte. Auch die Niederländerin Ellen van Langen konnte ihren Sieg über 800 m kaum fassen. Die US-Sprinterin Gail Devers, noch ein Jahr zuvor nach einer Krebserkrankung von einer Beinamputation bedroht, besiegte bei ihrem Triumph über 100 m zugleich ihr eigenes Schicksal.

Das Thema Doping sorgte erneut für Diskussionen. China und Kuba mußten sich Vorwürfe gefallen lassen, weil sie sich bislang allen internationalen Kontrollen entzogen hatten.

Das offizielle Plakat der XXV. Sommerspiele ist im Stil des spanischen Malers Joán Miro gehalten.

Nach der Silbermedaille von Seoul 1988 wird der Finalsieg über 100 m zum größten Triumph des 32jährigen britischen Sprinters Linford Christie, der 1986, 1990 und 1994 Europameister und 1993 Weltmeister über diese Distanz wird.

Gegen das »Dream Team« aus den USA hat beim Basketball-Turnier keine andere Mannschaft eine Chance. Earvin Johnson ist der Starspieler in Barcelona.

Bei den Siegerehrungen für Witali Scherbo wird erstmals die Fahne Weißrußlands gehißt und die Hymne der künftigen Republik gespielt, obwohl der sechsfache Olympiasieger für die GUS startet.

Heike Drechsler, eine der erfolgreichsten Leichtathletinnen zu Beginn der 90er Jahre, entscheidet in Barcelona den Weitsprung für sich.

Krisztina Egerszegy (HUN) gewinnt in Barcelona Gold über 100 m und 200 m Rücken sowie über 400 m Lagen.

1 Mystische Erzählwelten: Eines der ausdrucksstarken Bilder während der Eröffnungsfeier beschreibt den Kampf der Menschen gegen das Meer voller Ungeheuer. Die farbenprächtige Show in Barcelona glänzt mit kulturellen Höhepunkten wie Darbietungen der Opernstars Teresa Berganza, Montserrat Caballé, José Carreras und Placido Domingo sowie dem Auftritt der Flamenco-Königin Christina Hoyos hoch zu Roß.

2 Taktische Meisterleistung: Der Deutsche Dieter Baumann läuft das 5000-m-Rennen aus der zweiten Reihe, bevor er schließlich eingangs der Zielgeraden eine Lücke im Feld zum Antritt nutzt und im Endspurt vor dem Kenianer Paul Bitok und

Fita Bayisa aus Äthiopien ins Ziel kommt.

3 Überraschungssiegerin: In 10,82 sec gewinnt Gail Devers (USA, re.) das 100-m-Finale vor der Jamaikanerin Julie Cuthbert (2. v. re.) und Irina Priwalowa (EUN, li.), die jeweils eine Hundertstel zurückliegen. Gwen Torrence (USA) und Merlene Ottey aus Jamaika (2. und 3. v. li.) haben das Nachsehen. Ihre Hoffnung auf den Sieg über 100 m Hürden muß Devers nach einem Sturz jedoch begraben.

4 Weitsprung zum Gold: Der vierte Sprung (7,14 m) reicht der Deutschen Heike Drechsler im Finale zum Sieg vor Inessa Kravets (EUN) und ihrer ewigen Rivalin Jackie Joyner-Kersee (USA).

5 Skandal im Langstreckenlauf: Der Kenianer Richard Chelimo (Nr. 1110) wird von dem marokkanischen Läufer Hammou Boutayeb, der schon überrundet war behindert. Der Erstplazierte Skah wird nach dem Rennen zunächst disqualifiziert, doch später zum Olympiasieger erklärt. Chelimo holt Silber, wird aber vom Publikum als moralischer Sieger gefeiert.

6 Hürden-Weltrekord: In 46,78 sec gewinnt der amerikanische Läufer Kevin Young das 400-m-Hürden-Finale. Er unterbietet dabei den neun Jahre alten Weltrekord seines Landsmanns Edwin Moses (47,02 sec) und bewältigt die Strecke als erster Läufer unter 47 sec.

7 Die »Königin« der Leichtathletik: Die Amerikanerin Jackie Joyner-Kersee ist im Siebenkampf nicht zu schlagen. Mit 7044 Punkten verweist die 30jährige Athletin Irina Belowa (EUN, 6845) und Sabine Braun (GER, 6649) deutlich auf die Plätze.

8 Robert Zmelik in Top-Form: Der Tschechoslowake gewinnt den Zehnkampf nach einem zweitägigen »Hitzemarathon«. Für Schlagzeilen sorgt während des Wettbewerbs US-Meister Dave Johnson, der trotz Überschreitens der Begrenzungslinie beim Kugelstoßen nicht disqualifiziert wird, sondern einen vierten Versuch erhält. Vor heimischem Publikum erringt der Spani-

er Antonio Peñalver die Silbermedaille.

9 Erstmals Gold für Litauen: Zuletzt nahm eine Mannschaft Litauens 1928 an Olympischen Spielen teil, und noch nie hatte ein litauischer Sportler eine Medaille gewonnen. Diskuswerfer Romas Ubartas – 1986 noch Europameister für die UdSSR – holt in Barcelona gleich Gold.

10 Erster Sprung entscheidet über den Sieg: Kein Athlet erreicht die 8,67 m, die Carl Lewis (USA, li.) bereits im ersten Versuch des Weitsprung-Finales vorgelegt hat. Lewis nimmt damit Revanche für die Niederlage, die er bei der Weltmeisterschaft 1991 in Tokio gegen seinen Lands-

mann Mike Powell (re.) hinnehmen mußte. Powell, der im Vorjahr den Fabelweltrekord von Bob Beamon aus dem Jahr 1968 (8,90 m) um 5 cm übertraf, springt in Barcelona in seinem letzten Versuch mit 8,64 m auf den zweiten Platz.

11 Zittern vor dem Sieg: Heike Henkel (GER) hat das »Aus« im Hochsprung vor Augen, nachdem sie 1,97 m zweimal gerissen hat. Im Gegensatz zu ihrer Konkurrentin, der Bulgarin Stefka Kostadinova, schafft sie die Höhe im letzten Versuch. Auf dem Weg zur Goldmedaille verweist sie mit 2,02 m die Rumänin Galina Astafei (2,00 m) und die Kubanerin Anna Quintero (1,97 m) auf die Plätze zwei und drei.

1 Gemeinsam stark: Das Team der GUS gewinnt über 4 x 200 m Freistil Gold vor Schweden und den USA.

2 Schwimmstar aus Ungarn: Mit drei Goldmedaillen über 400 m Lagen, 100 m und 200 m Rücken wird Krisztina Egerszegy erfolgreichste Schwimmerin.

3 Dreimal Gold: Jewgeni Sadowyi (EUN) siegt über 200 m und 400 m Freistil und holt sein drittes Gold mit der Staffel über 4 x 200 m Freistil.

4 Lagen-Spezialist: Tamas Darnyi (HUN) verteidigt seine Olympiasiege über 200 m und 400 m Lagen.

5 Überraschungssieg: Als einzige deutsche Schwimmerin gewinnt Dagmar Hase eine Goldmedaille: Über 400 m Freistil schlägt sie Titelverteidigerin Janet Evans (USA). Silber holt sie über 200 m Rücken sowie mit der 4-x-100-m-Lagen-Staffel.

6 Zwillinge vorn: Die Konkurrenz im Duett-Synchronschwimmen wird von Karen und Sarah Josephson (USA) bestimmt. Sie siegen vor Penny und Vicky Vilagos aus Kanada.

7 Packendes Finale: Italiens Wasserball-Team präsentiert stolz seine Goldmedaillen. Im längsten Finale der Olympiageschichte gegen Gastegeber Spanien brachte erst das Tor zum 9:8 kurz vor Ende der sechsten Verlängerung die Entscheidung.

8 Wildwasser-Kanu wieder olympisch: 20 Jahre nach der Olympiapremiere in München werden im Wildwasser-Kanu wieder Medaillen vergeben. Im Zweier-Canadier liegen die Amerikaner Scott Strausbaugh (vorn) und Joe Jacobi vor Miroslav Simek/Jiři Rohan (TCH) und den Franzosen Franck Adisson/Wilfrid Forgues.

9 Titel für Großbritannien: Erschöpft feiern die britischen Ruderer Steven Redgrave (li.) und Matthew Pinsent ihren Olympiasieg im Zweier ohne Steuermann.

10 Briten feiern Ruderererfolg: Ausgelassen freuen sich Steuermann Garry Herbert (re.), Jonathan und Greg Searle über ihren Erfolg im Zweier mit Steuermann.

11 Vormachtstellung der Chinesen: Nachdem bei den Damen im Kunstspringen (Min Gao) und vom Turm (Minxia Fu) Chinesinnen gewonnen haben, macht Shuwei Sun (Foto) in der Herren-Konkurrenz vom Turm mit der Goldmedaille den Triumph seines Landes perfekt.

12 Segel-Gold für Frankreich: In der Tornado-Klasse sind Yves Loday/Nicolas Henard nicht zu schlagen. Für Randy Smyth/Keith Notary (USA) sowie Mitch Booth/John Forbes (AUS) bleiben nur Silber und Bronze.

13 Schnellster Surfer: Die Surfwettbewerbe erobern einen Platz im olympischen Programm. In der Klasse Lechner A-390 bezwingt Franck David (FRA) den Amerikaner Mike Gebhardt und Lars Kleppich (AUS).

195

1 Perfekte Kür: Die chinesische Turnerin Li Lu gewinnt am Stufenbarren mit der Höchstnote 10 und wird am Schwebebalken Zweite.

2 Perfektion belohnt: Alexandra Timoschenko (EUN) gewinnt mit ihrem anspruchsvollen Programm in der Rhythmischen Sportgymnastik.

3 Geringe Ausbäute: Trent Dimas holt bei seinem Sieg am Reck vor Andreas Wecker (FRG) und Grigori Misjutin (EUN) die einzige Medaille für die US-Turner.

4 Gefeierter Turner: Seine Überlegenheit beweist Witali Scherbo (EUN) mit Goldmedaillen an den Ringen, am Seitpferd, beim Pferdsprung, am Barren, im Mehrkampf und in der Mannschaftswertung.

5 Erfolg für GUS: Tatjana Lyssenko holt Gold am Schwebebalken, mit der Mannschaft und Bronze beim Pferdsprung.

6 Triumph am Boden: Lavinia Milosovici (ROM) sichert sich am Boden verdientermaßen die Goldmedaille.

7 Gold für Estland: Erika Salumae besiegt im Radsprint Annett Neumann (GER) und Ingrid Haringa (HOL).

8 Deutsches Team vorn: Im Mannschaftszeitfahren hat der deutsche Radvierer eine Minute Vorsprung vor Italien und Frankreich.

9 Einheimischer gewinnt: José Manuel Moreno siegt im 1000-m-Zeitfahren vor Shane Kelly (AUS) und Erin Hartwell (USA).

10 Fecht-Triumph: Philippe Omnes (FRA) feiert seinen Sieg im Florett-Einzel.

11 Titel für Italien: Florett-Weltmeisterin Giovanna Trillini wird auch Olympiasiegerin; ihre zweite Goldmedaille gewinnt sie mit der Mannschaft.

12 »Goldener« Schuß: Michael Jakosits (GER) holt Gold in der Disziplin Laufende Scheibe vor Anatoli Asrabajew (EUN) und Lubos Racansky (TCH).

13 Chinesin treffsicher: Shan Zhang besiegt im Skeet-Schießen alle männlichen Teilnehmer und wird vom Zweiten, Juan Jorge Giha (PER, li), und dem Drittplazierten Bruno Rossetti (ITA, re.) gefeiert.

14 Franzose gewinnt: Sebastien Flute (FRA) und Youn-Jeong Cho (KOR) heißen die Olympiasieger im Bogenschießen.

1 **Stärkster Mann:** Gewichtheber Alexander Kurlowitsch (EUN) gewinnt mit 450,0 kg Gold im Superschwergewicht vor seinem Landsmann Leonid Taranenko (425,0 kg) und dem Deutschen Manfred Nerlinger (412,5 kg).

2 **Freude vor heimischer Kulisse:** Die Spanierin Miriam Blasco kann es kaum glauben: Sie ist Olympiasiegerin im Judo (Leichtgewicht bis 56 kg).

3 **Kubaner vorn:** In sieben von zwölf Gewichtsklassen holen Kubas Boxer den Olympiasieg: Im Mittelgewicht schlägt Ariel Hernandez (re.) den Amerikaner Chris Byrd (li.).

4 **Gold im Federgewicht:** Andreas Tews (GER, re.) besiegt Faustino Reyes (ESP, li.) im Finale.

5 **Favorit gewinnt:** Maik Bullmann (GER, blaues Trikot), Weltmeister 1989-1991, läßt sich im Halbschwergewicht (griechisch-römisch) auch den Olympiasieg vor Hakki Basar (TUR, rotes Trikot) nicht nehmen.

6 **Gold für Ungarn:** Judoka Antal Kovacs (HUN, li.) gewinnt Gold vor dem Briten Raymond Stevens (re.).

7 **Heimvorteil nicht genutzt:** Die US-Schwestern Gigi (li.) und Mary Joe Fernandez (re.) besiegen im Damen-Doppel Arantxa Sanchez-Vicario/Conchita Martinez (ESP) mit 7:5, 2:6, 6:2.

8 **Tennis-Profis bei Olympia:** Im Einzel scheiden die Deutschen Michael Stich (li.) und Boris Becker (re.) frühzeitig aus, im Doppel holen sie mit 7:6, 4:6, 7:6 und 6:3

Gold gegen Wayne Ferreira/Piet Norval (SAF).

9 USA besiegt: In Hinblick auf Atlanta 1996 wird Baseball, die Lieblingssportart der Amerikaner, in das Olympiaprogramm aufgenommen. Die USA – nur zweitklassig vertreten – belegte aber nur Platz vier hinter Kuba, Taiwan und Japan.

10 Sternstunde im Basketball: Gegen das »Dream Team« aus den USA hat keine andere Mannschaft eine Chance. Im Finale wird die Vertretung Kroatiens mit

117:85 deklassiert.

11 Erstmals olympisch: Indonesiens Spieler sind im Badminton-Einzel nicht zu schlagen: Es siegen Allen Kusuma (Foto) bei den Männern und Susi Susanti bei den Frauen.

12 Dressur für Deutschland: Unangefochten gewinnt die deutsche Equipe mit Klaus Balkenhol, Nicole Uphoff, Monica Theodorescu und Isabelle Werth (v.li.) olympisches Gold. Sie verweist die Niederlande und die USA auf die Plätze.

Nach dem Vorbild der Spiele in der norwegischen Metropole Oslo (1952) veranstaltete die 21 000-Einwohner-Stadt Lillehammer Olympische Winterspiele »zum Anfassen«. Volksfeststimmung beherrschte die 16tägige Veranstaltung.

D as IOC hatte 1986 die Olympische Charta geändert, die bis dato für Winter- und Sommerspiele dasselbe Veranstaltungsjahr vorsah. Von der Einführung eines Zweijahreszyklus' versprachen sich die Funktionäre bessere Vermarktungsmöglichkeiten, zumal auch die Fernsehgesellschaften an Grenzen gestoßen waren: Sie fanden nicht genug Werbekunden, um zweimal in einem Jahr Millionen Dollar für Übertragungsrechte ausgeben zu können. Allerdings finden die Winterspiele jetzt im gleichen Jahr der Fußball-Weltmeisterschaften statt.
Bis zur Wahl als Austragungsort der XVII. Olympischen Winterspiele besaß Lillehammer lediglich nationalen Bekanntheitsgrad. Innerhalb von vier Jahren modernisierten die Veranstalter vorhandene Sportstätten, ließen neue Anlagen bauen und schufen die notwendige Infrastruktur. Besonderen Wert legten die Norweger auf ökologische Spiele: Standort und Architektur der Hallen richteten sich nach späteren Nutzungsmöglichkeiten, überflüssiges Abholzen von Wäldern zu Bauzwecken wurde vermieden.
Nach der politischen Wende in Südafrika und der Wiedereingliederung in das IOC nahmen erstmals seit 34 Jahren wieder Sportler aus diesem Land an Winterspielen teil. Aus der Gemeinschaft Unabhängiger Staaten hatten sich Teams aus Georgien, Rußland, der Ukraine und anderen jetzt selbständigen Republiken gebildet. Zu den Athleten aus 67 Nationen gehörten auch Sportler aus dem vom Bürgerkrieg erschütterten Bosnien-Herzegowina.
Abermals wies das olympische Programm mehr Wettbewerbe auf als

Mit insgesamt sechs Gold- und drei Silbermedaillen ist die Russin Ljubow Jegorowa die erfolgreichste Sportlerin bei Winterspielen überhaupt.

Das Emblem der XVII. Olympischen Winterspiele im norwegischen Lillehammer wurde von der Künstlerin Sarah Rosenbaum gestaltet.

bei den vorherigen Spielen, und zwar weitere Short-Track-Rennen im Eisschnellauf und das Trickskispringen. Der größte Medienandrang herrschte beim Eiskunstlauf der Damen. Grund war das Attentat auf die Titelaspirantin Nancy Kerrigan (USA) durch Personen aus dem Umfeld ihrer Konkurrentin Tonya Harding im Vorfeld. Den Wettbewerb entschied jedoch Oksana Bajul aus der Ukraine für sich.
Kurios endete der 1000-m-Lauf im Short-Track. Nach zahlreichen Stürzen und Disqualifikationen wurden nur Gold (Ki-Hoon, KOR) und Silber (Ji-Hoon, KOR) regulär vergeben; Bronze ging an den Gewinner des B-Finals, Marc Gagnon (CAN), der in seinem Lauf eine bessere Zeit als die spätere Sieger vorgelegt hatte.
Der Italiener Alberto Tomba erweiterte seine Edelmetallsammlung in Lillehammer durch Silber im Slalom auf fünf Medaillen.

Die Russin Ljubow Jegorowa holt bei ihrer zweiten Olympia-Teilnahme dreimal Gold (5 km, Jagdrennen, 4 x 5-km-Staffel) und einmal Silber (15 km).

Nach seinem WM-Titel 1985 im Riesenslalom krönt Markus Wasmeier (GER) seine Laufbahn in Lillehammer mit Olympiagold im Riesenslalom und im Super G.

Vor heimischem Publikum gewinnt der Eisschnelläufer Johann Olav Koss die Goldmedaillen über 1500 m, 5000 m und 10 000 m – jeweils in neuer Weltrekordzeit.

Mit zweimal Gold und zweimal Silber stellt der Norweger Björn Dæhlie seine Ausnahmestellung im Skilanglauf unter Beweis.

1

2

3

4

5

1 Volksfest des Wintersports: Bei den von Norwegens König Harald V. eröffneten Spiele fehlen auch die Rentiere nicht, die historische Schlitten mit Insassen in landesüblichen Trachten ziehen.

2 Ausgelassene Freude: Markus Wasmeier (GER) feiert seinen Sieg im Riesenslalom vor Urs Kälin (SUI) und Christian Mayer (AUT). Im Super G holt sich der Deutsche sein zweites Gold.

3 »Grande dame« des Skisports: Die Schweizerin Vreni Schneider ist nach ihrem Sieg im Slalom die einzige alpine Rennläuferin, die drei Goldmedaillen bei Olympischen Spielen gewonnen hat. In Lillehammer holt sie zudem Silber in der Kombination und Bronze im Riesenslalom.

4 Comeback mit Goldmedaille: Diann Roffe (USA) feiert nach vielen Verletzungen ein glänzendes Comeback: Als Olympiasiegerin im Super G bezwingt sie die Russin Swetlana Gladyschewa und Isolde Kostner (ITA).

5 Drei Medaillen für Kasachstan: Wladimir Smirnow aus Kasachstan, einem der Nachfolgestaaten der UdSSR, gewinnt die Goldmedaille im 50-km-Langlauf (klassesch) sowie Silber über 10 km (klassisch) und im Jagdrennen.

6 Erfolgreichster Athlet: Mit insgesamt fünf Gold- und drei Silbermedaillen bei den Spielen 1992 und 1994 ist der Norweger Björn Dæhlie der bisher erfolgreichste männliche Teilnehmer bei Winterspielen überhaupt.

7 Alaskaner holt Gold: Der nahe Anchorage lebende Amerikaner Tommy Moe gewinnt den Abfahrtslauf vor Kjetil André Aamodt (NOR) und Edward Podivinsky (CAN).

8 Fünffacher Jubel: Die Italienerin Manuela Di Centa (li., mit ihrer Teamgefährtin Stefania Belmondo), sichert über 30 km den Olympiasieg. Zudem gewinnt sie Gold über 15 km Freistil, holt Silber im 5-km-Sprint und im Jagdrennen sowie Bronze mit der 4 x 5-km-Staffel.

9 Doppelerfolg für Norwegen: Espen Bredesen auf dem Weg zum Erfolg im Springen von der Normalschanze. Silber holt Lasse Ottesen, Bronze geht an Dieter Thoma (GER).

10 Bédard dominiert im Biathlon: Die Kanadierin Myriam Bédard schlägt über 7,5 km Swetlana Paramygina (BLR) und Walentina Zerbe (UKR). Auf der 15-km-Distanz haben Anne Briand Bouthiaux (FRA) und Uschi Disl (GER) das Nachsehen.

11 Jubel beim Biathlon: Die deutsche Staffel mit Ricco Groß, Frank Luck, Mark Kirchner und Sven Fischer freut sich nach ihrem Olympiasieg über 4 x 7,5 km vor Rußland und Frankreich.

1 **Favorit gewinnt:** Der Russe Alexej Urmanow holt den Olympiatitel im Eiskunstlauf vor Elvis Stojko (CAN) und Philippe Candeloro (FRA).

2 **Goldmedaille für Ukraine:** Oksana Bajul sichert sich den Olympiasieg im Eiskunstlauf der Frauen. Die Ukrainerin verweist die Amerikanerin Nancy Kerrigan und die Chinesin Lu Chen auf die Plätze.

3 **Russen feiern Sieg im Eistanz:** Bei der Siegerehrung freuen sich Oksana Grischtschuk/Jewgeni Platow (RUS, Mi.) über ihre Goldmedaille. Hinter den Zweitplazierten, dem russischen Paar Maja Usowa/Alexander Schulin (li.), gewinnen Jayne Torvill und Christopher Dean (re.) Bronze. Die britischen Eistänzer, die bei den Winterspielen 1984 in Sarajevo Olympiasieger geworden waren, feierten als Europameister 1994 ein glanzvolles Comeback, werten ihr Abschneiden bei den Spielen in Lillehammer aber als Enttäuschung.

4 **Erfolgreichste US-Sportlerin:** Eisschnelläuferin Bonnie Blair sichert sich bei ihrer vierten Olympiateilnahme mit Siegen über 500 m und 1000 m die Goldmedaillen vier und fünf. Sie ist damit die erfolgreichste US-Sportlerin bei Olympischen Spielen. Im 500-m-Sprint läßt sie Susan Auch (CAN) und Franziska Schenk (GER) hinter sich, über 1000 m schlägt sie Anke Baier (GER) und die Chinesin Quiaobo Ye.

5 **Gold für Schweden:** Die schwedische Mannschaft jubelt über ihren Sieg im Eishockey. Im Finale bezwangen die Skandinavier Kanada mit 3:2 und holten damit erstmals den Olympiatitel nach Schweden.

6 **Spektakuläre Sprünge:** Der Kanadier Jean-Luc Brassard wird Olympiasieger auf der Buckelpiste vor dem Russen Sergej Schtschuplezow und Edgar Grospiron aus Frankreich.

7 **Doppelsieg für Italien:** Kurt Brugger und Wilfried Huber (ITA) holen sich die Goldmedaille im Rodel-Doppelsitzer. Auf der Olympia-Eisbahn von Hunderfossen mit einem Durchschnittsgefälle von 8,5% gewinnen ihre Landsleute Hansjörg Raffl/Norbert Huber Silber vor den Deutschen Stefan Krauße/Jan Behrendt.

8 **Deutlicher Sieg:** Die italienische Rodlerin Gerda Weissensteiner ist nicht zu schlagen. Mit 76 Hundertstelsekunden Vorsprung gewinnt sie vor Susi Erdmann (GER) und Andrea Tagwerker (AUT).

9 **Schweiz im Bobsport vorn:** Die Schweizer Gustav Weder (re.) und Donat Acklin (li.) fahren im Zweierbob zum Sieg. Silber holt Bob Schweiz II (Reto Götschi/Guido Acklin) vor Italien I (Günther Huber/Stefano Ticci).

10 **Koreas Läufer kaum zu besiegen:** Im Short-Track-Rennen über 1000 m holt sich der Koreaner Ji-Hoon Chae (vorn) die Silbermedaille hinter Ki-Hoon Kim (KOR). Bronze gewinnt Marc Gagnon aus Kanada. Mit weiteren Goldmedaillen bei den Herren über 500 m (Ji-Hoon Chae), bei den Damen über 1000 m (Lee-Kyung Chun) und mit der 3000-m-Staffel wird Korea erfolgreichste Nation im Short-Track.

100

Atlanta 1996

Die Jubiläumsveranstaltung 100 Jahre nach Wiederbelebung der olympischen Wettbewerbe findet nicht in Athen, dem Austragungsort der ersten Spiele der Neuzeit statt, sondern im amerikanischen Atlanta. Die Stadt, Sitz des Limonadenherstellers und Olympia-Sponsors Coca Cola, siegte im entscheidenden Wahlgang über den griechischen Mitbewerber.

Bei der 96. Vollversammlung des Internationalen Olympischen Komitees in der japanischen Hauptstadt Tokio fiel am 18.9.1990 die Entscheidung über die Vergabe der Olympischen Spiele der XXVI. Olympiade. Die Wahl erfolgte unter größter Geheimhaltung. Während früher oft schon im Vorfeld Klarheit über den aussichtsreichsten Kandidaten bestanden hatte, gab es 1990 keine Anhaltspunkte für einen Favoriten bei den IOC-Delegierten. Die Entscheidung für einen Olympiaort verläuft nach einem immer seit Jahrzehnten ähnlichen Wahlmodus: Jedes IOC-Mitglied schreibt den Namen einer Stadt auf einen Stimmzettel. Gewählt ist der Ort, der die absolute Mehrheit der Stimmen auf sich vereinigt. Gelingt dies keiner Stadt, scheidet in jedem Wahlgang der Bewerber mit der niedrigsten Zahl an Befürwortern aus.

Herscht bei den Letztplazierten jetzt noch Stimmengleichheit, kommt es zunächst zu einer Stichwahl. Das Ausscheidungsverfahren wird so lange fortgesetzt, bis schließlich eine Stadt die absolute Stimmenmehrheit erreicht.

In Tokio votierten die Delegierten im entscheidenden Wahlgang mit 51:35 für Atlanta und gegen Athen, nachdem zuvor Belgrad, Manchester, Melbourne und Toronto ausgeschieden waren. IOC-Präsident Juan Antonio Samaranch enthielt sich traditionell der Stimme.

Nach der Bekanntgabe der Entscheidung, die live in alle Kontinente übertragen wurde, konnten die Fernsehzuschauer in den Gesichtern der amerikanischen Delegation grenzenlosen Jubel und bei der griechischen Abordnung deutliche Enttäuschung ablesen. Atlantas Bürgermeister Naynard Jackson kommentierte die Zusage für die vierten Sommerspiele in den USA (nach St. Louis 1904, Los Angeles 1932 und 1984): »Jetzt ist nichts mehr unmöglich. Die Menschen in Atlanta sind Träumer und Arbeiter, alle haben für den Traum Olympia hart gearbeitet.« Prominente Befürworter Athens äußerten ihr Be-

Das offizielle Plakat der Olympischen Sommerspiele in Atlanta zeigt das stilisierte olympische Feuer, aus dessen Flammen sich Sterne bilden. Mit der Zahl 100 erinnern die Veranstalter an die Wiederbegründung der Olympischen Idee durch Pierre de Coubertin im Rahmen der ersten Spiele der Neuzeit 1896 in Athen.

Weit über die Grenzen Barcelonas hinaus ist das farbenprächtige Feuerwerk zu sehen, das die spanischen Organisatoren zum Abschluß der Sommerspiele 1992 veranstalten. Wer nicht selbst im Stadion dabeisein kann, sucht sich in der Stadt einen Aussichtspunkt, um das pyrotechnische Spektakel zu verfolgen. Als das olympische Feuer im Stadion um 23.02 Uhr erlischt, weisen Schriftzüge auf der Anzeigentafel auf die Spiele im 100. olympischen Jubiläumsjahr hin: In verschiedenen Sprachen wird zum Treffen in Atlanta 1996 aufgerufen.

dauer über die Abstimmungsniederlage: »Wir waren so sicher, nicht nur aus historischen Gründen ein starker Bewerber zu sein«, meinte der ehemalige griechische Ministerpräsident Andreas Papandreou. Die Schauspielerin und ehemalige Kultusministerin Melina Mercouri argwöhnte in Anspielung auf die starke finanzielle Unterstützung durch die in Atlanta ansässige Coca Cola Company, die Spiele würden »Coca-Colarisiert«. Auch der deutsche NOK-Präsident Willi Daume und Hans Hansen, Präsident des Deutschen Sportbundes, bedauerten das fehlende Bekenntnis zur Tradition. Gerüchte, das Nationale Olympische Komitee Griechenlands spiele angesicht der abschlägigen Entscheidung mit dem Gedanken, aus dem IOC auszutreten, wiesen die Funktionäre vehement zurück: »Das Votum ist zwar für alle Griechen schwer verständlich, doch wir müssen es akzeptieren«, demonstrierte das griechische IOC-Mitglied Nikos Filaretos Demokratiebewußtsein.

Atlanta, ca. 450 km nördlich vom Golf von Mexiko gelegen, wurde während des Sezessionskriegs zwischen den Nord- und Südstaaten der USA 1864 völlig zerstört und entwickelte sich von der Jahrhundertwende an zum bedeutenden Wirtschaftszentrum der US-Südstaaten. Zu Weltruhm gelangte die Metropole Ende der 30er Jahre durch die Dreharbeiten zu dem Südstaatenepos »Vom Winde verweht«. Prominentester Bürger der Stadt war der im April 1968 in Tennessee ermordete schwarze Bürgerrechtler und Friedensnobelpreisträger Martin Luther King. Die Olympiabewerbung kostete die knapp 435 000 Einwohner zählende Stadt insgesamt rund 7 Mio. Dollar und stand unter dem ebenso simplen wie wirkungsvollen Motto »We Want the Games« (Wir wollen die Spiele). Das Konzept sah u.a. die Schaffung eines Olympiaparks mit verschiedenen Sportstätten vor, in denen die meisten Disziplinen ausgetragen werden sollen. Lediglich Fußball, Kanufahren, Rhytmische Sportgymnastik, Rudern, Segeln und Softball müssen an entfernte Wettkampforte ausweichen. Zur Realisierung des Parks mit dem Namen »Olympischer Ring« entstehen der Hallenkomplex Georgia Dome sowie ein Olympia-, Schwimm- und Radstadion neu. Die Gesamtkosten sind mit insgesamt 1,5 Mrd. Dollar veranschlagt. Großen Anteil an der erfolgreichen Bewerbung hatten vor allem zwei in Atlanta beheimatete finanzstarke Unternehmen: die Fernsehgesellschaft CNN des Medien-

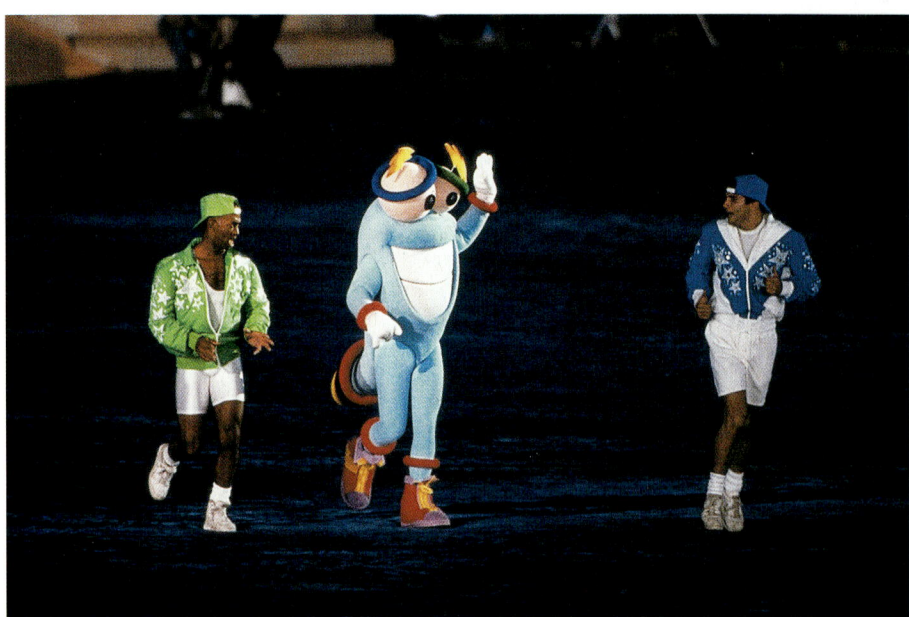

Bei der Abschlußfeier der Olympischen Spiele 1992 in Barcelona hat auch »IZZY«, das Maskottchen der Spiele in Atlanta, einen Kurzauftritt.

moguls Ted Turner und der Getränkehersteller Coca Cola als weltweit größter Sportsponsor und kommerzieller Förderer der Olympischen Spiele. Zum anderen verfügt die Stadt über eine ausgezeichnete Infrastruktur und einen der modernsten Flughäfen der Welt. Die Bettenkapazität der Hotels soll bis zu den Spielen bei etwa 70 000 liegen.

Die Olympischen Spiele dauern vom 19. Juli bis zum 4. August. Das Teilnehmerfeld wird insbesondere durch Mannschaften aus den inzwischen unabhängigen Län-

dern der früheren Sowjetunion vergrößert. In den meisten Staaten müssen sich die Sportler über Ausscheidungswettkämpfe für Atlanta qualifizieren, denn die Gesamtzahl der Aktiven soll die 10 000er-Marke nicht wesentlich überschreiten. Während einige Nationale Olympische Komitees ihren Sportlern mehrfach Gelegenheit geben, die Qualifikationsnorm für die Teilnahme an Olympischen Spielen zu erreichen (z.B. in Deutschland) gibt es in anderen Staaten (z.B. den USA in der Leichtathletik) einen einzigen Ausscheidungs-

Durch Plakate und Fahnen macht die Olympiastadt im amerikanischen Bundesstaat Georgia auf das bevorstehende Großereignis aufmerksam.

Eine Attraktion der Stadt ist das »Coca-Cola-Museum«, das die Geschichte des Landes und des ortsansässigen Limonadenherstellers nachzeichnet.

wettkampf: Nur wer an diesem Tag Spitzenleistungen erbringt, steht im jeweiligen Olympia-Aufgebot. Das IOC ermöglicht auch Athleten aus Staaten, in denen das Leistungsniveau nicht so hoch ist, eine Teilnahme, damit alle Mitgliedsländer vertreten sein können.

Das Sportprogramm wird im Vergleich zu Barcelona 1992 um 14 Entscheidungen auf 271 Wettbewerbe erweitert. Zu den bisherigen Disziplinen kommen Mountainbike-Fahren, Beach-Volleyball und Softball hinzu. Zusätzliche Wettbewerbe für Männer und Frauen gibt es z. B. im Rad- (Einzelzeitfahren-Straße) und Schießsport (Doppeltrap), für Frauen zudem u.a. im Fechten (Degen), Fußball, Leichtathletik (5000-m-Lauf, Dreisprung) und Schwimmen (4x200-m-Freistilstaffel). Darüber hinaus sind bei den Spielen 1996 neue Mannschaftsentscheidungen – etwa für Mixed-Teams im Badminton – vorgesehen.

Mitte 1995 liefen die Vorbereitungsarbeiten in Atlanta sowohl an den Sportstätten als auch in der Stadt auf Hochtouren. Viele der Bauvorhaben werden erst kurz vor der Eröffnungsfeier fertiggestellt sein. Dann ist die Stadt auf rund zwei Millionen Besucher vorbereitet. Neugestaltete Piktogramme sollen ihnen ebenso den Weg weisen wie das Olympiamaskottchen »IZZY«, ein junger »Mensch«, der im Inneren der Olympiaflamme lebt.

Noch während der Sommerspiele schreiten in anderen Teilen der Welt die Vorbereitungen für die auf Atlanta folgenden Olympischen Spiele voran. Jeweils sieben Jahre im

Jubelstimmung bei den Einwohnern, nachdem Atlanta am 18.9.1990 zum Olympiaort gewählt wurde. Spontan benennen einige Geschäftsleute ihre Restaurants und Cafes um und weisen so auf das bevorstehende Großereignis hin.

voraus wählt das IOC den nächsten Austragungsort. 1998 stehen die Winterspiele im japanischen Nagano auf dem Programm. Die Stadt setzte sich bei den Delegierten der 97. IOC-Session 1991 in Birmingham durch. Gegen Nagano unterlag u.a. Salt Lake City (US-Bundesstaat Utah) das im Juni 1995 als Gastgeber der Winterspiele 2002 ausgewählt wurde. Mit den Sommerspielen in Sydney (Australien) geht die olympische Bewegung im Jahr 2000 in das neue Jahrhundert.

Zu den neuen Sportarten im offiziellen Olympiaprogramm zählt das Mountainbike-Fahren, das sich vor allem bei Jugendlichen großer Beliebtheit erfreut.

An Attraktivität hat die neue Olympiasportart Beach-Volleyball mit nur zwei Spielern pro Team die traditionelle Form dieses Ballspiels längst überflügelt.

Frauen treten im Fußball erstmals um olympisches Edelmetall an, nachdem Weltmeisterschaften (Foto: GER – BRA bei der WM 1995 in Schweden) bereits seit 1991 stattfinden.

Ab 1996 fechten Frauen mit dem Degen im Einzel und in der Mannschaftswertung um Medaillen. Das Foto zeigt Marina Varkonyi (HUN) und Katja Nass (GER) bei der WM 1993 in Essen.

Im Omnidome können die Zuschauer u.a. Turnwettkämpfe und Ballsportarten verfolgen.

FLY DELTA
NEW YORK FLORIDA
TEXAS CALIFORNIA
1

EQUITABLE
FLY DELTA
Hampton Inn
SNICKERS
Fulton St
Central Ave
Ga Dome
EXIT
2

1 **Atlanta bei Nacht:** Ein lebendiges Bild bietet die Olympiametropole mit ihren zahllosen Lichterquellen auch bei Dunkelheit. Natürlich hat die Stadt auch für »Nachtschwärmer« aus aller Welt einiges zu bieten: Showprogramme in Bars und Restaurants vor allem im Stadtteil Buckhead versprechen abwechslungsreiche Unterhaltung. Besucher kommen im nächsten Jahr allerdings nur mit öffentlichen Verkehrsmitteln in die Innenstadt: Die Pkw müssen auf Parkplätzen am Rande der Stadt abgestellt werden. Viele Straßen sind entweder ständig oder zwischen 7.30 Uhr morgens und Mitternacht gesperrt.

2 **Blick auf Atlanta:** Die Hauptstadt des US-Bundesstaats Georgia bereitet sich gewissenhaft auf die Ausrichtung der Olympischen Sommerspiele vor. Schon bald nach Bekanntgabe des Wahlergebnisses durch IOC-Präsident Juan Antonio Samaranch im September 1990 waren die Neu- und Umbaumaßnahmen in vollem Gang. Regelmäßig wird in der Presse über die voranschreitenden Arbeiten berichtet. Dennoch ist bei einigen Bauvorhaben mit der Fertigstellung erst Mitte 1996 zu rechnen.
Den ca. 2 Mio. Besuchern, die Atlanta im Juli 1996 erwartet, empfehlen die Veranstalter eine frühzeitige Buchung eines Hotels und raten von Spontanbesuchen während der Sommermonate ab. In einigen der teilnehmenden Länder schließen die Nationalen Olympischen Komitees Verträge mit Reisebürogesellschaften, die dann exklusiv Eintrittskarten zu den Veranstaltungen sowie Hotelübernachtungen ermitteln. Für die Einwohner von Atlanta besitzt die Großveranstaltung allerdings nicht nur positive Seiten: So gibt es z.B. Klagen darüber, daß die Mieten vor allem in der Nähe des Olympiageländes in den vergangenen Monaten sprunghaft gestiegen sind – zwischen zehn und 15% seit Jahresanfang 1995. Der Fiskus rechnet insgesamt mit Mehreinnahmen aus Einkommens-, Umsatz- und Verbrauchssteuern in Höhe von mehreren 100 Mio. US-Dollar.
Um die Kosten in Höhe von geschätzten 1,6 Mrd. Dollar (Stand: Mitte 1995) aufzubringen, arbeitet das ACOG (Atlanta Committee for the Olympic Games) auf Hochtouren. Organisationschef Billy Pane: »Wir sind eine große Firma. Der Unterschied ist nur, daß wir für 16 Tage arbeiten und keine zweite Chance erhalten.«
Haupteinnahmequelle wird mit über 500 Mio. Dollar der Verkauf der Fernsehübertragungsrechte sein. Hinzu kommt der Erlös aus den ca. 11 Mio. Eintrittskarten, die durchschnittlich etwa 40 Dollar (zwischen 11 Dollar für ein Vorspiel im Damenhockey und 636 Dollar für Eröffnungs- und Schlußfeier) kosten. Sponsoren- und Lizenzverträge garantieren Einnahmen in dreistelliger Millionenhöhe.
Zu den Vorbereitungen gehört nicht zuletzt ein Krisenmanagement, das sich ausschließlich mit Notsituationen befaßt. Verhaltensmaßregeln für Katastrophen – z.B. Unwetter mit Tornados, Panikausbruch unter den Olympiabesuchern, schwere Verkehrsunfälle oder Stromausfall – werden bis ins kleinste Detail ausgearbeitet, alle Hilfsmaßnahmen der Rettungskräfte theoretisch durchgespielt. Rechtzeitig zum erwarteten Besucheransturm vor der Eröffnungsfeier sollen die verschiedenen Teams perfekt aufeinander eingespielt sein.

3 – **6** **Olympiakonzept garantiert kurze Wege:** Die meisten Sportstätten liegen nahe beieinander, so daß sie zu Fuß oder mit öffentlichen Verkehrsmitteln leicht zu erreichen sind. Die neuen Bauten, u.a. der Superdome (Bild 3), Omnidome (Bild 4) und Georgiadome (Bild 6) kosten ca. eine Milliarde Dollar. Das in Atlanta bereits vorhandene Stadion wurde abgerissen. An seine Stelle trat das Atlanta-Fulton County Stadium (Bild 5), das 85 000 Zuschauern Platz bietet.

Länderabkürzungen

AFG	Afghanistan		**ISV**	Jungferninseln
AHO	Niederländische Antillen		ITA	Italien
ALB	Albanien		**JAM**	Jamaika
ANG	Angola		JOR	Jordanien
ANT	Antigua und Barbuda		JPN	Japan
ARG	Argentinien		**KAZ**	Kasachstan
AUS	Australien		KEN	Kenia
AUT	Österreich		KOR	Südkorea
BAH	Bahamas		**LET**	Lettland (bis 1939; ab 1992)
BEL	Belgien		LIB	Libanon
BLR	Weißrußland		LIE	Liechtenstein
BOH	Böhmen (bis 1918)		LIT	Litauen (bis 1939; ab 1992)
BOL	Bolivien		LUX	Luxemburg
BRA	Brasilien		**MAR**	Marokko
BSH	Bosnien-Herzegowina (ab 1992)		MDV	Malediven
BUL	Bulgarien		MON	Monaco
CAN	Kanada		MVR	Mongolei
CHI	Chile		**NGR**	Nigeria
CHN	China		NIG	Niger
CIV	Elfenbeinküste		NOR	Norwegen
CMR	Kamerun		NZL	Neuseeland
COL	Kolumbien		**PAK**	Pakistan
CRO	Kroatien (ab 1992)		PER	Peru
CUB	Kuba		PHI	Philippinen
CZE	Tschechische Republik (ab 1994)		POL	Polen
DEN	Dänemark		POR	Portugal
DOM	Dominikanische Republik		PRK	Nordkorea
ECU	Ecuador		PUR	Puerto Rico
EGY	Ägypten		**ROM**	Rumänien
ESP	Spanien		RSA	Südafrika
EST	Estland (bis 1939, ab 1992)		RUS	Rußland (bis 1919; ab 1994)
ETH	Äthiopien		**SEN**	Senegal
EUN	Gemeinschaft Unabhängiger Staaten (1992)		SER	Serbien (ab 1992)
FIN	Finnland		SLO	Slowenien (ab 1992)
FRA	Frankreich		SUI	Schweiz
FRG	Bundesrepublik Deutschland (1949–1990; 1956–1964: GER* = Gesamtdeutsche Mannschaft; ab 1990: GER)		SUR	Surinam
			SVK	Slowakei (ab 1994)
			SWE	Schweden
GBR	Großbritannien		SYR	Syrien
GDR	Deutsche Demokratische Republik (1949–1990; 1956–1964: GER* = Gesamtdeutsche Mannschaft; ab 1990: GER)		**TCH**	Tschechoslowakei (bis 1992; – CZE; SVK)
			THA	Thailand
			TPE	Taiwan
GER	Deutschland (bis 1949; ab 1990)		TRI	Trinidad und Tobago
GHA	Ghana		TUN	Tunesien
GRE	Griechenland		TUR	Türkei
HOL	Niederlande		**UAE**	Vereinigte Arabische Emirate
HUN	Ungarn		UGA	Uganda
INA	Indonesien		UKR	Ukraine
IND	Indien		URS	Sowjetunion (bis 1992; – EUN; BLR; KAZ; RUS; UKR)
IRL	Irland			
IRN	Iran		URU	Uruguay
IRQ	Irak		USA	Vereinigte Staaten von Amerika
ISL	Island		**VEN**	Venezuela
ISR	Israel		**YUG**	Jugoslawien (bis 1992; – IOP; SER; CRO)

Athen 1896

6. April - 15. April

Teilnehmer: ca. 300 / Männer: 300, Frauen: 0, Länder: 13, Sportarten: 9, Entscheidungen: 43

Medaillenspiegel

RANG	LAND	GOLD	SILBER	BRONZE
1	USA	11	6	2
2	Griechenland	10	19	18
3	Deutschland	7	5	3
4	Frankreich	5	4	2
5	Großbritannien	3	3	1

Erfolgreichste Athleten

RANG	NAME (NATIONALITÄT)	DISZIPLIN	G	S	B
1	Carl Schuhmann (GER)	Turnen/Ringen	4	–	–
2	Hermann Weingärtner (GER)	Turnen	3	2	1
3	Alfred Flatow (GER)	Turnen	3	1	–
4	Paul Masson (FRA)	Radsport	3	–	–
5	Fritz Hofmann (GER)	Leichtathletik/Turnen	2	1	2

DISZIPLIN	GOLD		SILBER		BRONZE	
Leichtathletik						
100 m	Thomas Burke (USA)	12,0	Fritz Hofmann (GER)	12,2	Alajos Szokolyi (HUN)	12,6
400 m	Thomas Burke (USA)	54,2	Herbert Jamison (USA)	55,2	Fritz Hofmann (GER)	55,6
800 m	Edwin Flack (AUS)	2:11,0	Nandor Dani (HUN)	2:11,8	Dimitros Golemis (GRE)	2:28,0
1500 m	Edwin Flack (AUS)	4:33,2	Arthur Blake (USA)	4:34,0	Albin Lermusiaux (FRA)	4:36,0
Marathon (40 km)	Spyridon Louis (GRE)	2:58:50	Charilaos Vasilakos (GRE)	3:06:03	Gyula Kellner (HUN)	3:09:35
110 m Hürden	Thomas Curtis (USA)	17,6	Grantley Goulding (GBR)	18,0		
Hochsprung	Ellery Clark (USA)	1,81	James B. Connolly (USA)	1,65	Robert Garrett (USA)	1,65
Weitsprung	Ellery Clark (USA)	6,35	Robert Garrett (USA)	6,18	James B. Connolly (USA)	6,11
Stabhochsprung	William Hoyt (USA)	3,30	Albert Tylor (USA)	3,25	Angelos Damaskos (GRE)	2,85
Dreisprung	James B. Connolly (USA)	13,71	Alexandre Tuffère (FRA)	12,70	Ioannis Persakis (GRE)	12,52
Kugelstoßen	Robert Garrett (USA)	11,22	Militadis Gouskos (GRE)	11,20	Georgios Papasideris (GRE)	10,36
Diskuswurf	Robert Garrett (USA)	29,15	Panagiotis Paraskevopoulos (GRE)	28,95	Sotirios Versis (GRE)	28,78
Gewichtheben						
einarmig	Launceston Elliott (GBR)	71,0	Viggo Jensen (DEN)	57,2	Alexandros Nikolopulos (GRE)	57,2
beidarmig	Viggo Jensen (DEN)	111,5	Launceston Elliott (GBR)	111,5	Sotirios Versis (GRE)	100,0
Ringen						
	Carl Schuhmann (GER)		Georgios Tsitas (GRE)		Stephanos Christopoulos (GRE)	
Fechten						
Florett-Einzel	Emile Gravelotte (FRA)	4	Henri Callot (FRA)	3	Perikles Pierrakos-Mavromichalis (GRE)	2
Einzel für Fechtmeister	Leon Pyrgos (GRE)	1	M. Perronet (FRA)	0		
Säbel-Einzel	Jean Georgiadis (GRE)	4	Telemachos Karakalos (GRE)	3	Holger Nielsen (DEN)	2
Schießen						
Militärgewehr (200 m)	Pantelis Karasevdas (GRE)	2320	P. Pavlidis (GRE)	1978	Nicolaos Trikupis (GRE)	1718
Militärgewehr (300 m)	Georgios Orphanidis (GRE)	1583	Jean Phrangoudis (GRE)	1312	Viggo Jensen (DEN)	1305
Pistole (25 m)	Jean Phrangoudis (GRE)	344	Georgios Orphanidis (GRE)	249	Holger Nielsen (DEN)	
Revolver (25 m)	John Paine (USA)	442	Sumner Paine (USA)	380	N. Morakis (GRE)	205
Revolver (30 m)	Sumner Paine (USA)	442	Viggo Jensen (DEN)	285	Holger Nielsen (DEN)	
Radsport						
Sprint	Paul Masson (FRA)		Stamatios Nikolopoulos (GRE)		Adolf Schmal (AUT)	
2000 m	Paul Masson (FRA)	4:56,0	Stamatios Nikolopoulos (GRE)	5:00,2	Léon Flameng (FRA)	
10 000 m	Paul Masson (FRA)	17:54,0	Léon Flameng (FRA)	17:54,2	Adolf Schmal (AUT)	
100 km	Léon Flameng (FRA)	3:08:19,2	G. Kolettis (GRE)			
12-Stunden-Rennen	Adolf Schmal (AUT)	314,997	F. Keeping (GBR)	314,664	Georgios Paraskevopoulos (GRE)	313,330
Marathon (87 km)	Aristidis Konstantinidis	3:22:31	August Goedrich (GER)	3:42:18	F. Battel (GBR)	
Turnen						
Barren-Einzel	Alfred Flatow (GER)		Louis Zutter (SUI)		Hermann Weingärtner (GER)	
Barren-Mannschaft	Deutschland		Griechenland		Griechenland	
Pferdsprung	Carl Schuhmann (GER)		Louis Zutter (SUI)			
Reck-Einzel	Hermann Weingärtner (GER)		Alfred Flatow (GER)		Pet Messas (GRE)	
Reck-Mannschaft	Deutschland					
Ringe	Ioannis Mitropoulos (GRE)		Hermann Weingärtner (GER)		Petros Persakis (GRE)	
Seitpferd	Louis Zutter (SUI)		Hermann Weingärtner (GER)		Gyula Kakas (HUN)	
Tauhangeln	Nicolaos Andriakopoulos (GRE)		Thomas Xenakis (GRE)		Fritz Hofmann (GER)	

DISZIPLIN	GOLD		SILBER		BRONZE	
Schwimmen						
100 m Kraul	Alfred Hajós (HUN)	1:22,2	Efstathios Chorophas (GRE)	1:23,0	Otto Herschmann (AUT)	
500 m Kraul	Paul Neumann (AUT)	8:12,6	Antonios Pepanos (GRE)		Efstathios Chorophas (GRE)	
1200 m Kraul	Alfred Hajós (HUN)	18:22,2	Jean Andreou (GRE)	21:03,4	Efstathios Chorophas (GRE)	
100 m Matrosenschwimmen	Ioannis Malokinis (GRE)	2:20,4	S. Chasapis (GRE)		Dimitrios Drivas (GRE)	
Tennis						
Einzel	John Pius Boland (GBR)		Dennis Kasdaglis (GRE)			
Doppel	John Pius Boland (GBR)/		Demis Kasdaglis (GRE)/			
	Fritz Traun (GER)		Demetrios Petrokokkinos (GRE)			

Paris 1900

14. Mai - 28. Oktober

Teilnehmer: ca. 1520 / Männer: ca. 1500, Frauen: 21, Länder: 23,
Sportarten: 24, Entscheidungen: 166

Medaillenspiegel

RANG	LAND	GOLD	SILBER	BRONZE
1	Frankreich	29	41	32
2	USA	20	14	9
3	Großbritannien	17	8	10
4	Belgien	8	7	5
5	Schweiz	6	2	1

Erfolgreichste Athleten

RANG	NAME (NATIONALITÄT)	DISZIPLIN	G	S	B
1	Alvin Kraenzlein (USA)	Leichtathletik	4	-	-
2	Konrad Stäheli (SUI)	Schießen	3	-	1
3	Ray Ewry (USA)	Leichtathletik	3	-	-
4	Irving Baxter (USA)	Leichtathletik	2	3	-
5	Walter Tewksbury (USA)	Leichtathletik	2	2	1

DISZIPLIN	GOLD		SILBER		BRONZE	
Leichtathletik						
60 m	Alvin Kraenzlein (USA)	7,0	Walter B. Tewksbury (USA)	7,1	Stanley Rowley (AUS)	7,2
100 m	Francis Jarvis (USA)	11,0	Walter B. Tewksbury (USA)	11,1	Stanley Rowley (AUS)	11,2
200 m	Walter B. Tewksbury (USA)	22,2	Norman Pritchard (IND)	22,8	Stanley Rowley (AUS)	22,9
400 m	Maxwell Long (USA)	49,4	William Holland (USA)	49,6	Ernst Schultz (DEN)	
800 m	Alfred Tysoe (GBR)	2:01,2	John Cregan (USA)	2:03,0	David Hall (USA)	
1500 m	Charles Bennett (GBR)	4:06,2	Henri Deloge (FRA)	4:06,6	John Bray (USA)	4:07,2
5000 m Mannschaft	Großbritannien	26	Frankreich	29		
Marathon (40,260 km)	Michel Theato (FRA)	2:59:45	Emile Champion (FRA)	3:04:17	Ernst Fast (SWE)	3:37:14
110 m Hürden	Alvin Kraenzlein (USA)	15,4	John McLean (USA)	15,5	Fred Moloney (USA)	15,6
200 m Hürden	Alvin Kraenzlein (USA)	25,4	Norman Pritchard (IND)	26,6	Walter B. Tewksbury (USA)	
400 m Hürden	Walter B. Tewksbury (USA)	57,6	Henri Tauzin (FRA)	58,3	George Orton (CAN)	
2500 m Hindernis	George Orton (CAN)	7:34,4	Sidney Robinson (GBR)	7:38,0	Jacques Chastanié (FRA)	
4000 m Hindernis	John Rimmer (GBR)	12:58,4	Charles Bennett (GBR)	12:58,6	Sidney Robinson (GBR)	12:58,8
Hochsprung	Irving Baxter (USA)	1,90	Patrick Leahy (GBR/IRL)	1,78	Lajos Gönczy (HUN)	1,75
aus dem Stand	Ray Ewry (USA)	1,65	Irving Baxter (USA)	1,52	Lewis P. Sheldon (USA)	1,50
Stabhochsprung	Irving Baxter (USA)	3,30	Michael B. Colkett (USA)	3,25	Carl-Albert Andersen (NOR)	3,20
Weitsprung	Alvin Kraenzlein (USA)	7,18	Myer Prinstein (USA)	7,17	Patrick Leahy (GBR/IRL)	6,95
aus dem Stand	Ray Ewry (USA)	3,21	Irving Baxter (USA)	3,13	Emile Torecheboeuf (FRA)	3,03
Dreisprung	Myer Prinstein (USA)	14,47	James B. Connolly (USA)	13,97	Lewis P. Sheldon (USA)	13,64
aus dem Stand	Ray Ewry (USA)	10,58	Irving Baxter (USA)	9,95	Robert Garrett (USA)	9,50
Kugelstoßen	Richard Sheldon (USA)	14,10	Josiah McCracken (USA)	12,85	Robert Garrett (USA)	12,37
Diskuswurf	Rudolf Bauer (HUN)	36,04	Frantisek Janda-Suk (BOH)	35,25	Richard Sheldon (USA)	34,60
Hammerwurf	John Flanagan (USA)	49,73	Truxton Hare (USA)	49,13	Josiah McCracken (USA)	42,46
Tauziehen	Schweden/Dänemark		USA		Frankreich	
Schwimmen						
200 m Kraul	Frederick Lane (AUS)	2:25,2	Zoltán von Halmay (HUN)	2:31,4	Karl Ruberl (AUT)	2:32,0
1000 m Kraul	John Jarvis (GBR)	13:40,2	Otto Wahle (AUT)	14:53,6	Zoltán von Halmay (HUN)	15:16,4
4000 m Kraul	John Jarvis (GBR)	58:24,0	Zoltán von Halmay (HUN)	1:08:55,4	Louis Martin (FRA)	1:13:08,4
200 m Rücken	Ernst Hoppenberg (GER)	2:47,0	Karl Ruberl (AUT)	2:56,0	Johannes Drost (HOL)	3:01,0
200 m Mannschaft	Deutschland	32 P.	Frankreich	51 P.	Frankreich	61 P.
200 m Hindernis	Frederick Lane (AUS)	2:38,4	Otto Wahle (AUT)	2:40,0	Peter Kemp (GBR)	2:47,4
Unterwasserschwimmen	Charles de Vendeville (FRA)	188,4	P. Alexandre Six (FRA)	185,4	Peder Lykkeberg (DEN)	147,0
Wasserball	Großbritannien		Belgien		Frankreich	

DISZIPLIN	GOLD		SILBER		BRONZE	
Fechten						
Florett-Einzel	Emile Coste (FRA)		Henri Masson (FRA)		Jacques Boulenger (FRA)	
Florett (Fechtmeister)	Lucien Mérignac (FRA)		Alphonse Kirchhoffer (FRA)		Jean-Baptiste Mimiague (FRA)	
Degen-Einzel	Ramón Fonst (CUB)		Louis Perrée (FRA)		Léon Sée (FRA)	
Degen (Fechtmeister)	Albert Ayat (FRA)		Emile Bougnol (FRA)		Henri Laurent (FRA)	
Degen (offen)	Albert Ayat (FRA)		Ramón Fonst (CUB)		Léon Sée (FRA)	
Säbel-Einzel	Georges de la Falaise (FRA)		Léon Thiébaut (FRA)		Siegfried Flesch (AUT)	
Säbel (Fechtmeister)	Antonio Conte (ITA)		Italo Santelli (ITA)		Milan Neralic (AUT)	
Rudern						
Einer	Henri Barrelet (FRA)	7:35,6	André Gaudin (FRA)	7:41,6	George Saint-Ashe (GBR)	8:15,6
Zweier mit Steuermann	Niederlande	7:34,2	Frankreich	7:34,4	Frankreich	7:57,2
Vierer ohne Steuermann	Belgien	7:16,8	Frankreich	7:23,8	Frankreich	7:47,2
Vierer mit Steuermann	Frankreich	7:11,0	Frankreich	7:18,0	Deutschland	7:18,2
2. Finallauf*	Deutschland	5:59,0	Niederlande	6:33,0	Deutschland	6:35,0
Achter	USA	6:09,8	Belgien	6:13,8	Niederlande	6:23,0
Segeln						
Offene Klasse	Großbritannien		Deutschland		Frankreich	
0,5 Tonnen	Frankreich		Frankreich		Frankreich	
0 5-1,0 Tonnen	Großbritannien		Frankreich		Frankreich	
1-2 Tonnen	Deutschland		Schweiz		Frankreich	
2-3 Tonnen	Großbritannien		Frankreich		Frankreich	
3-10 Tonnen	USA		Frankreich		USA	
10-20 Tonnen	Frankreich		Frankreich		Großbritannien	
Radsport						
2000 m-Sprint	Georges Taillandier (FRA)		Michel Sanz (FRA)		Robert Lake (USA)	
Reitsport						
Jagdspringen	Aimé Haegeman (BEL)	2:16,0	Georges van de Poele (BEL)	2:17,6	Pierre de Champsavin (FRA)	2:26,0
Hochsprung	Dominique M. Gardères (FRA)	1,85	André Moreau (FRA)	1,70	Giangiorgio Trissino (ITA)	1,85
Weitsprung	C. van Langhendonck (BEL)	6,10	Giangiorgio Trissino (ITA)	5,70	Henri de Prunelle (FRA)	5,30
Schießen						
Schnellfeuer-Pistole	Maurice Larrouy (FRA)	58	Léon Moreaux (FRA)	57	Eugène Balme (FRA)	57
Scheiben-Pistole (50 m)	Karl Röderer (SUI)	503	Achille Paroche (FRA)	466	Konrad Stäheli (SUI)	453
Tontaubenschießen	Roger de Barbarin (FRA)	17	René Guyot (FRA)	17	Justinien de Clary (FRA)	17
Laufender Keiler	Louis Debray (FRA)	20	Pierre Nivet (FRA)	20	Comte de Lambert (FRA)	19
Lebende Tauben	Léon de Lunden (BEL)	21	Maurice Faure (FRA)	20	Dave Macintosh (AUS)	18
					Cecil Robinson (GBR)	18
Armeegewehr	Emil Kellenberger (SUI)	930	Anders P. Nielsen (DEN)	921	Ole Östmo (NOR)	917
					Paul van Asbroeck (BEL)	917
Armeegewehr 3 Stellungen						
stehend	Lars Jörgen Madsen (DEN)	305	Ole Östmo (NOR)	299	Charles P. du Verger (BEL)	298
kniend	Konrad Stäheli (SUI)	324	Emil Kellenberger (SUI)	314	Anders P Nielsen (DEN)	314
liegend	Achille Paroche (FRA)	332	Anders P. Nielsen (DEN)	330	Ole Östmo (NOR)	329
Armeegewehr Mannschaft	Schweiz	4399	Norwegen	4290	Frankreich	4278
Doppelschuß Mannschaft	Schweiz	2271	Frankreich	2203	Niederlande	1876
Bogenschießen						
Au cordon doré (50 m)	Henri Herouin (FRA)	31	Hubert van Innis (BEL)	29	Emile Fisseux (FRA)	28
Au chapelet (50 m)	Eugène Mougin (FRA)		Henri Helle (FRA)		Emile Mercier (FRA)	
Au cordon doré (33 m)	Hubert van Innis (BEL)		Victor Thibaud (FRA)		Charles F. Petit (FRA)	
Au chapelet (33 m)	Hubert van Innis (BEL)		VictorThibaud (FRA)		Charles F. Petit (FRA)	
Sur la perche à la herse	Emmanuel Foulon (FRA)		Pierre Serrurier (FRA)		Emile Druart (BEL)	
Sur la perche à la pyramide	Emile Grumiaux (FRA)		Louis Glineux (BEL)			
Game Shooting	D. Machintosh (AUS)		Santiago Pidal (ESP)		Murphy (USA)	
Turnen						
Mehrkampf	Gustave Sandras (FRA)	302	Noël Bas (FRA)	295	Lucien Démanet (FRA)	293
Fußball						
	Großbritannien		Frankreich		Belgien	
Cricket						
	Frankreich		Großbritannien			
Golf						
Herren	Charles E. Sand (USA)	167	Walter Rutherford (GBR)	168	Dave D. Robertson (GBR)	175
Damen	Margaret Abbott (USA)	47	Paula Whittier (SUI)	49	Huger Pratt (USA)	55

DISZIPLIN	GOLD	SILBER	BRONZE
Polo	Großbritannien	Großbritannien	Frankreich
Rugby	Frankreich	Deutschland	Großbritannien
Tennis			
Herren-Einzel	Hugh L. Doherty (GBR)	Harold S. Mahony (GBR/IRL)	Reginald F. Doherty (GBR) A. B. J. Norris (GBR)
Herren-Doppel	Reginald F. Doherty (GBR)/ Hugh L. Doherty (GBR)	Spalding de Garmendia (USA)/ Max Decugis (FRA)	André Prévost (FRA)/ Gerard de la Chapelle (FRA)/ Harold Mahony (GBR/IRL)/ A. B. J. Norris (GBR)
Damen-Einzel	Charlotte Cooper (GBR)	Hélène Prévost (FRA)	Marion Jones (USA) Hedwiga Rosenbaumová (BOH)
Mixed	Charlotte Cooper (GBR) Reginald F. Doherty (GBR)	Hélène Prévost (FRA)l Harold S. Mahony (GBR/IRL)	Hedwiga Rosenbaumová (BOH)/ Anthony A. Warden (GBR)/ Marion Jones (USA)/ Hugh L. Doherty (GBR)

*Verschiedene Proteste und Terminverschiebungen nach den Vorläufen führten zu zwei Finalläufen; für den zweiten Finallauf wurden »Siegerpreise« vergeben.

St. Louis 1904

1. Juli – 23. November

Teilnehmer: über 680/ Männer: ca. 680, Frauen: 6, Länder: 13, Sportarten: 6, Entscheidungen: 104

Medaillenspiegel

RANG	LAND	GOLD	SILBER	BRONZE
1	USA	80	86	72
2	Deutschland	5	4	6
3	Kuba	5	3	3
4	Kanada	4	1	1
5	Ungarn	2	1	1

Erfolgreichste Athleten

RANG	NAME (NATIONALITÄT)	DISZIPLIN	G	S	B
1	Anton Heida (USA)	Turnen	5	1	
2	Marcus Hurley (USA)	Radsport	4		
3	George Eyser (USA)	Turnen	3	2	1
4	James Lightbody (USA)	Leichtathletik	3	1	
	Charles Daniels (USA)	Schwimmen	3	1	

DISZIPLIN	GOLD		SILBER		BRONZE	
Leichtathletik						
60 m	Archie Hahn (USA)	7,0	William Hogenson (USA)	7,2	Fay Moulton (USA)	7,2
100 m	Archie Hahn (USA)	11,0	Nathaniel Cartmell (USA)	11,2	William Hogenson (USA)	11,2
200 m	Archie Hahn (USA)	21,6	Nathaniel Cartmell (USA)	21,9	William Hogenson (USA)	
400 m	Harry Hillman (USA)	49,2	Frank Waller (USA)	49,9	Herman Groman (USA)	50,0
800 m	James Lightbody (USA)	1:56,0	Howard Valentine (USA)	1:56,3	Emil Breitkreuz (USA)	1:56,4
1500 m	James Lightbody (USA)	4:05,4	W. Frank Verner (USA)	4:06,8	Lacey Hearn (USA)	
Marathon (40 km)	Thomas Hicks (USA)	3:28:53	Albert Corey (USA)	3:34:52	Arthur Newton (USA)	3:47:33
110 m Hürden	Frederick Schule (USA)	16,0	Thaddeus Shideler (USA)	16,3	L. Ashburner (USA)	16,4
200 m Hürden	Harry Hillman (USA)	24,6	Frank Castleman (USA)	24,9	George Poage (USA)	
400 m Hürden	Harry Hillman (USA)	53,0	Frank Waller (USA)	53,2	George Poage (USA)	
3000 m Hindernis	James Lightbody (USA)	7:39,6	John Daly (GBR /IRL)	7:40,6	Arthur Newton (USA)	
Querfeldeinlauf	USA	21:17,8	USA			
Hochsprung	Samuel Jones (USA)	1,803	Garret Serviss (USA)	1,778	Paul Weinstein (GER)	1,778
aus dem Stand	Ray Ewry (USA)	1,50	James Stadler (USA)	1,45	Lawson Robertson (USA)	1,45
Stabhochsprung	Charles Dvorak (USA)	3,505	LeRoy Samse (USA)	3,43	L. Wilkins (USA)	3,43
Weitsprung	Myer Prinstein (USA)	7,34	Daniel Frank (USA)	6,89	Robert Stangland (USA)	6,88
aus dem Stand	Ray Ewry (USA)	3,476	Charles King (USA)	3,276	John Biller (USA)	3,263
Dreisprung	Myer Prinstein (USA)	14,325	Frederick Englehardt (USA)	13,90	Robert Stangland (USA)	13,365
aus dem Stand	Ray Ewry (USA)	10,55	James King (USA)	10,16	James Stadler (USA)	9,53
Kugelstoß	Ralph Rose (USA)	14,81	William W. Coe (USA)	14,40	Leon Feuerbach (USA)	13,37
Diskuswurf	Martin Sheridan (USA)	39,28	Ralph Rose (USA)	39,28	Nicolaos Georgantas (GRE)	37,68
Hammerwurf	John Flanagan (USA)	51,23	John DeWitt (USA)	50,265	Ralph Rose (USA)	45,73
Gewichtwurf (25,4 kg)	Etienne Desmarteau (CAN)	10,465	John Flanagan (USA)	10,16	James Mitchell (USA)	10,135
Tauziehen	USA		USA		USA	
Mehrkampf	Thomas Kiely (GBR/IRL)	6036	Adam Gunn (USA)	5907	Truxton Hare (USA)	5813

DISZIPLIN	GOLD		SILBER		BRONZE	
Schwimmen						
50 y Kraul	Zoltán von Halmay (HUN)	28,0	J. Scott Leary (USA)	28,6	Charles Daniels (USA)	
100 y Kraul	Zoltán von Halmay (HUN)	1:02,8	Charles Daniels (USA)		J. Scott Leary (USA)	
220 y Kraul	Charles Daniels (USA)	2:44,2	Francis Gailey (USA)	2:46,0	Emil Rausch (GER)	2:56,0
440 y Kraul	Charles Daniels (USA)	6:16,2	Francis Gailey (USA)	6:22,0	Otto Wahle (AUT)	6:39,0
880 y Kraul	Emil Rausch (GER)	13:11,4	Francis Gailey (USA)	13:23,4	Géza Kiss (HUN)	
1 Meile Kraul	Emil Rausch (GER)	27:18,2	Géza Kiss (HUN)	28:28,2	Francis Gailey (USA)	28:54,0
100 y Rücken	Walter Brack (GER)	1:16,8	Georg Hoffmann (GER)	1:18,0	Georg Zacharias (GER)	1:19,6
440 y Brust	George Zacharias (GER)	7:23,6	Walter Brack (GER)	7:33,0	H. Jamison Handy (USA)	
4 x 50 y Kraul		2:04,6				
Turmspringen	George Sheldon (USA)	12,66	Georg Hoffmann (GER)	11,66	Frank Kehoe (USA)	11,33
					Alfred Braunschweiger (GER)	11,33
Kopfweitsprung	W. E. Dickey (USA)	19,05	Edgar Adams (USA)	17,53	Leo Goodwin (USA)	17,37
Wasserball						
Boxen						
Fliegengewicht (- 47,63 kg)	George Finnegan (USA)		Miles Burke (USA)			
Bantamgewicht (- 52,16 kg)	Oliver Kirk (USA)		George Finnegan (USA)			
Federgewicht (- 56,70 kg)	Oliver Kirk (USA)		Frank Haller (USA)			
Leichtgewicht (-61,24 kg)	Harry Spanger (USA)		James Eagan (USA)		Russell van Horn (USA)	
Weltergewicht (-65,27 kg)	Albert Young (USA)		Harry Spanger (USA)		Joseph Lydon (USA)	
Mittelgewicht (-71,67 kg)	Charles Mayer (USA)		Benjamin Spradley (USA)			
Schwergewicht (+ 71,67 kg)	Samuel Berger (USA)		Charles Mayer (USA)			
Gewichtheben						
Einarmig (10 Hantelübungen)	Oscar Paul Osthoff (USA)	48	Frederik Winters (USA)	45	Frank Kungler (USA)	10
Beidarmig	Perikles Kakousis (GRE)	111,58	Oscar Paul Osthoff (USA)	84,36	Frank Kungler (USA)	79,83
Ringen freier Stil						
Papiergewicht (- 47,63 kg)	Robert Curry (USA)		John Heim (USA)		Gustav Thiefenthaler (USA)	
Fliegengewicht (- 52,16 kg)	George Mehnert (USA)		Gustave Bauers (USA)		William Nelson (USA)	
Bantamgewicht (-56,70 kg)	Isaac Niflot (USA)		August Wester (USA)		Z. B. Strebler (USA)	
Federgewicht (-61,24 kg)	Benjamin Bradshaw (USA)		Theodore McLear (USA)		Charles Clapper (USA)	
Leichtgewicht (-65,27 kg)	Otto Roehm (USA)		R. Tesing (USA)		Albert Zirkel (USA)	
Weltergewicht (-71,67 kg)	Charles Erickson (USA)		William Beckmann (USA)		Jerry Winholtz (USA)	
Schwergewicht (+71,67 kg)	B. Hansen (USA)		Frank Kungler (USA)		F. Charles Warmbold (USA)	
Fechten						
Florett-Einzel	Ramón Fonst (CUB)		Albertson Van Zo Post (CUB)		Charles Tatham (CUB)	
Florett-Mannschaft	Kuba		Internationales Team			
Degen-Einzel	Ramón Fonst (CUB)		Charles Tatham (CUB)		Albertson Van Zo Post (CUB)	
Säbel-Einzel	Manuel Diaz (CUB)		William Grebe (USA)		Albertson Van Zo Post (CUB)	
Stockfechten	Albertson Van Zo Post (CUB)		William Grebe (USA)		William Scott O'Connor (USA)	
Rudern						
Einer	Frank Greer (USA)	10:08,5	James Juvenal (USA)		Constance Titus (USA)	
Doppelzweier	USA	10:03,2	USA		USA	
Vierer ohne Steuermann	USA	9:53,8	USA			
Achter	USA	7:50,0	Kanada			
Bogenschießen						
Männer						
York Round	Phillip Bryant (USA)	820	Robert Williams (USA)	819	William H. Thompson (USA)	816
American Round	Phillip Bryant (USA)	1048	Robert Williams (USA)	991	William H. Thompson (USA)	949
Team Round	USA	1344	USA	1341	USA	1268
Frauen						
National Round	M. C. Howell (USA)	620	H. C. Pollock (USA)	419	E. C. Cooke (USA)	419
Columbia Round	M. C. Howell (USA)	867	E. C. Cooke (USA)	630	H. C. Pollock (USA)	630
Team Round	USA	506	USA			
Turnen						
Mehrkampf, Einzelwertung	Julius Lenhart (AUT)	69,80	Wilhelm Weber (GER)	69,10	Adolf Spinnler (SUI)	67,99
Mehrkampf, Mannschaft	USA	374,43	USA	356,37	USA (Central Turnver. Chicago)	349,69
Barren	George Eyser (USA)	44	Anton Heida (USA)	43	John Duha (USA)	40
Pferdsprung	Anton Heida (USA)/ George Eyser (USA)	36 36			William Merz (USA)	31

DISZIPLIN	GOLD		SILBER		BRONZE	
Seitpferd	Anton Heida (USA)	42	George Eyser (USA)	33	William Merz (USA)	29
Reck	Anton Heida (USA)	40			George Eyser (USA)	39
	Edward Hennig (USA)	40				
Ringe	Hermann Glass (USA)	45	William Merz (USA)	35	Emil Voigt (USA)	32
Tauhangeln	George Eyser (USA)	7,0	Charles Krause (USA)	7,8	Emil Voigt (USA)	9,8
Keulenschwingen	Edward Hennig (USA)	13,0	Emil Voigt (USA)	9,0	Ralph Wilson (USA)	5,0
Geräte-Siebenkampf	Anton Heida (USA)	161	George Eyser (USA)	152	William Merz (USA)	135
Turn-Neunkampf	Adolf Spinnler (SUI)	43,49	Julius Lenhart (AUT)	43,00	Wilhelm Weber (GER)	41,60
Leichtathletik-Dreikampf	Max Emmerich (USA)	35,70	John Grieb (USA)	34,00	William Merz (USA)	33,90
Tennis						
Herren-Einzel	Beals C. Wright (USA)		Robert LeRoy (USA)			
Herren-Doppel	Edgar W. Leonard/		Alonzo L. Bell/			
	Beals C. Wright (USA)		Robert LeRoy (USA)			
Lacrosse						
	Kanada		USA			
Roque						
	Charles Jacobus (USA)		S. O. Streeter (USA)		Charles Brown (USA)	
Basketball						
	USA		USA		USA	
Fußball						
	Kanada		USA		USA	

London 1908

Teilnehmer: ca. 2050 / Männer: ca. 2000, Frauen: 43, Länder: 23,
Sportarten: 21, Entscheidungen: 110

27. April – 31. Oktober
(offizielle Eröffnung am 13. Juli)

Medaillenspiegel

RANG	LAND	GOLD	SILBER	BRONZE
1	Großbritannien	56	50	39
2	USA	23	12	12
3	Schweden	7	5	10
4	Frankreich	5	5	9
5	Deutschland	3	5	5

Erfolgreichste Athleten

RANG	NAME (NATIONALITÄT)	DISZIPLIN	G	S	B
1	Melvin Sheppard (USA)	Leichtathletik	3	–	–
	Henry Taylor (GBR)	Schwimmen	3	–	–
3	Benjamin Jones (GBR)	Radsport	2	1	–
4	Martin Sheridan (USA)	Leichtathletik	2	–	1
	Oscar Swahn (SWE)	Schießen	2	–	1

DISZIPLIN	GOLD		SILBER		BRONZE	
Leichtathletik						
100 m	Reginald Edgar Walker (SAF)	10,8	James Rector (USA)	10,9	Robert Kerr (CAN)	11,0
200 m	Robert Kerr (CAN)	22,6	Robert Cloughen (USA)	22,6	Nathaniel Cartmell (USA)	22,7
400 m	Wyndham Halswell (GBR)	50,0				
800 m	Melvin W. Sheppard (USA)	1:52,8	Emilio Lunghi (ITA)	1:54,2	Hanns Braun (GER)	1:55,2
1500 m	Melvin W. Sheppard (USA)	4:03,4	Harold Wilson (GBR)	4:03,6	Norman Hallows (GBR)	4:04,0
5 ms (8046,57 m)	Emil Voigt (GBR)	25:11,2	Edward Owen (GBR)	25:24,0	John Svanberg (SWE)	25:37,2
3 ms (4828 m) Mannschaft	Großbritannien	6	USA	19	Frankreich	32
Marathon	John Joseph Hayes (USA)	2:55:18,4	Charles Hefferon (SAF)	2:56:06,0	Joseph Forshaw (USA)	2:57:10,4
110 m Hürden	Forrest Smithson (USA)	15,0	John Garrels (USA)	15,7	Arthur Shaw (USA)	
400 m Hürden	Charles Bacon (USA)	55,0	Harry Hillman (USA)	55,3	Leonard Tremeer (GBR)	57,0
3200 m Hindernis	Arthur Russel (GBR)	10:47,8	Archie Robertson (GBR)	10:48,4	John Lincoln Eisele (USA)	
Olympische Staffel	USA	3:29,4	Deutschland	3:32,4	Ungarn	
3500 m Gehen	George Larner (GBR)	14:55,0	Ernest Webb (GBR)	15:07,4	Harry Kerr (NZL)	15:43,4
10 ms Gehen (16 093,4 m)	George Larner (GBR)	1:15:57,4	Ernest Webb (GBR)	1:17:31,0	Edward Spencer (GBR)	1:21:20,2
Hochsprung	Harry Porter (USA)	1,905	Con Leahy (GBR/IRL)	1,88		
			István Somody (HUN)	1,88		
			Geo André (FRA)	1,88		

DISZIPLIN	GOLD		SILBER		BRONZE	
aus dem Stand	Ray Ewry (USA)	1,575	Konstantin Tsiklitiras (GRE)	1,55		
			John Biller (USA)	1,55		
Stabhochsprung	Edward Cooke (USA)	3,71	Ed Archibald (CAN)	3,58		
	Alfred Gilbert (USA)	3,71	Charles Jacobs (USA)	3,58		
			Bruno Söderström (SWE)	3,58		
Weitsprung	Francis Irons (USA)	7,48	Daniel Kelly (USA)	7,09	Calvin Bricker (CAN)	7,085
aus dem Stand	Ray Ewry (USA)	3,335	Konstantin Tsiklitiras (GRE)	3,23	Martin Sheridan (USA)	3,225
Dreisprung	Timothy Ahearne (GBR/IRL)	915	J. Garfield McDonald (CAN)	14,76	Edvard Larsen (NOR)	14,395
Kugelstoß	Ralph Rose (USA)	14,21	Dennis Horgan (GBR)	13,62	John Garrels (USA)	13,18
Diskuswurf	Martin Sheridan (USA)	40,89	Merritt Giffin (USA)	40,70	Marquis Horr (USA)	39,445
antiker Stil	Martin Sheridan (USA)	38,00	Marquis Horr (USA)	37,325	Werner Järvinen (FIN)	36,48
Hammerwurf	John Flanagan (USA)	51,92	Matthew McGrath (USA)	51,18	Cornelius Walsh (USA)	48,50
Speerwurf	Erik Lemming (SWE)	54,825	Arne Halse (NOR)	50,570	Otto Nilsson (SWE)	47,105
freier Stil	Erik Lemming (SWE)	54,445	Michel Dorizas (GRE)	51,36	Arne Halse (NOR)	49,73
Tauziehen	Großbritannien		Großbritannien		Großbritannien	
Schwimmen						
100 m Kraul	Charles Daniels (USA)	1:05,6	Zoltán von Halmay (HUN)	1:06,2	Harald Julin (SWE)	1:08,0
400 m Kraul	Henry Taylor (GBR)	5:36,8	Frank Beaurepaire (AUS)	5:44,2	Otto Scheff (AUT)	5:46,0
1500 m Kraul	Henry Taylor (GBR)	22:48,4	Thomas Battersby (GBR)	22:51,2	Frank Beaurepaire (AUS)	22:56,2
100 m Rücken	Arno Bieberstein (GER)	1:24,6	Ludwig Dam (DEN)	1:26,6	Herbert Haresnape (GBR)	1:27,0
200 m Brust	Frederick Holman (GBR)	3:09,2	William Robinson (GBR)	3:12,8	Pontus Hansson (SWE)	3:14,6
4 x 200 m Kraul	Großbritannien	10:55,6	Ungarn	10:59,0	USA	11:02,8
Kunstspringen	Albert Zürner (GER)	85,5	Kurt Behrens (GER)	85,3	George Gaidzik (USA)	80,8
					Gottlob Walz (GER)	80,8
Turmspringen	Hjalmar Johansson (SWE)	83,75	Karl Malmström (SWE)	78,73	Arvid Spangberg (SWE)	74,00
Wasserball	Großbritannien		Belgien		Schweden	
Boxen						
Bantamgewicht (-52,62 kg)	A. Henry Thomas (GBR)		John Condon (GBR)		W. Webb (GBR)	
Federgewicht (-57,15 kg)	Richard Gunn (GBR)		C. W. Morris (GBR)		Hugh Roddin (GBR)	
Leichtgewicht (- 63,50 kg)	Frederick Grace (GBR)		Frederick Spiller (GBR)		H. H. Johnson (GBR)	
Mittelgewicht (- 71,67 kg)	John Douglas (GBR)		Reginald Baker (AUS)		W. Philo (GBR)	
Schwergewicht (+ 71,67 kg)	A. L. Oldham (GBR)		S. C. H. Evans (GBR)		Frederick Parks (GBR)	
Ringen, griechisch-römisch						
Leichtgewicht (- 66,6 kg)	Enrico Porro (ITA)		Nikolai Orlow (RUS)		Arvid Linden (FIN)	
Mittelgewicht (- 73 kg)	Frithiof Märtensson (SWE)		Mauritz Andersson (SWE)		Anders Andersen (DEN)	
Halbschwergewicht (- 93 kg)	Verner Weckman (FIN)		Yrjö Saarela (FIN)		Carl Jensen (DEN)	
Schwergewicht (+ 93 kg)	Richard Weisz (HUN)		Aleksander Petrow (RUS)		Sören Marius Jensen (DEN)	
Ringen, freier Stil						
Bantamgewicht (- 54 kg)	George Mehnert (USA)		William Press (GBR)		Aubert Côté (CAN)	
Federgewicht (- 60,3 kg)	George Dole (USA)		James Slim (GBR)		William McKie (GBR)	
Leichtgewicht (- 66,6 kg)	George de Relwyskow (GBR)		William Wood (GBR)		Albert Gingell (GBR)	
Mittelgewicht (-73 kg)	Stanley Bacon (GBR)		George de Relwyskow (GBR)		Frederick Beck (GBR)	
Schwergewicht (+ 73 kg)	George Con O'Kelly (GBR /IRL)		Jacob Gundersen (NOR)		Edmond Barrett (GBR/IRL)	
Fechten						
Degen-Einzel	Gaston Alibert (FRA)	5	Alexandre Lippmann (FRA)	4+2	Eugène Olivier (FRA)	4+1
Degen-Mannschaft	Frankreich		Großbritannien		Belgien	
Säbel-Einzel	Jenö Fuchs (HUN)	6+1	Béla Zulavsky (HUN)	6	Vilém Goppold von Lobsdorf (BOH)	4
Säbel-Mannschaft	Ungarn		Italien		Böhmen	
Rudern						
Einer	Harry Blackstaffe (GBR)	9:26,0	Alexander McCulloch (GBR)		Bernhard von Gaza (GER)	
					Károly Levitzky (HUN)	
Zweier ohne Steuermann	Großbritannien	9:41,0	Großbritannien		Kanada	
Vierer ohne Steuermann	Großbritannien	8:34,0	Großbritannien		Niederlande	
Achter	Großbritannien	7:52,0	Belgien		Kanada	
Segeln						
6-m-Klasse	Großbritannien		Belgien		Frankreich	
7-m-Klasse	Großbritannien					
8-m-Klasse	Großbritannien		Schweden		Großbritannien	
12-m-Klasse	Großbritannien		Großbritannien			

DISZIPLIN	GOLD		SILBER		BRONZE	
Motorboot						
Offene Klasse	E. B. Thubron (FRA)	2:26,53				
unter 60 Fuß	Thomas Thorycroft/					
	Bernard Redwood (GBR)	2:28:58				
8 m	Thomas Thorycroft/					
	Bernard Redwood (GBR)	2:28:36				
Radsport						
660 y	Victor Johnson (GBR)		Emile Demangel (FRA)		Karl Neuner (GER)	
100 km Bahn	Charles H. Bartlett (GBR)	2:41:48,6	Charles A. Denny (GBR)		Octave Lapize (FRA)	
1000-m-Sprint	Zeitüberschreitung; kein Sieger festgestellt					
20 km Bahn	Charles B. Kingsbury (GBR)	34:13,6	Benjamin Jones (GBR)		Joseph Werbrouck (BEL)	
2000-m-Tandemfahren	Frankreich	3:07,6	Großbritannien		Großbritannien	
5000 m	Benjamin Jones (GBR)	8:36,2	Maurice Schilles (FRA)		André Auffray (FRA)	
4000 m-Mannschaftsverfolgung	Großbritannien	2:18,6	Deutschland	2:28,6	Kanada	2:29,6
Schießen						
Freies Gewehr	Albert Helgerud (NOR)	909	Harry Simon (USA)	887	Ole Saether (NOR)	883
Freies Gewehr, Mannschaft	Norwegen	5055	Schweden	4711	Frankreich	4652
Militärgewähr 1000 y	Jerry Millner (GBR)	98	K. Kennon Casey (USA)	93	Maurice Blood (GBR)	92
Armeegewehr	Louis Richardet (SUI)	238	Jean Reich (SUI)	234	Raoul de Boigne (FRA)	232
Armeegewehr, Mannschaft	USA	2531	Großbritannien	2497	Kanada	2439
Kleinkaliber (KK)	A. A. Carnell (GBR)	387	Harry Humby (GBR)	386	G. Barnes (GBR)	385
KK, bewegliches Ziel	A. K. Fleming (GBR)	24	M.K. Matthews (GBR)	24	W. B. Marsden (GBR)	24
KK, verschwindendes Ziel	William K. Styles (GBR)	45	H. J. Hawkins (GBR)	45	E. J. Amoore (GBR)	45
Kleinkaliber Mannschaft	Großbritannien	771	Schweden	737	Frankreich	710
Schnellfeuer-Pistole	Paul van Asbroeck (BEL)	490	Reginald Storms (BEL)	487	James Edward Gorman (GBR)	485
Schnellfeuer-Pistole Mannschaft	USA	1914	Belgien	1863	Großbritannien	1817
Tontaubenschießen	Walter Henry Ewing (CAN)	72	Georg Beattie (CAN)	60	Alexander Maunder (GBR)	57
Tontaubenschießen, Mannschaft	Großbritannien	407	Kanada	405	Großbritannien	372
Laufender Hirsch	Oscar Swahn (SWE)	25	Ted Ranken (GBR)	24	A. E. Rodgers (GBR)	24
Laufender Hirsch, Mannschaft	Schweden	86	Großbritannien	85		
Laufender Hirsch, Doppelschuß	Walter Winans (USA)	46	Ted Ranken (GBR)	46	Oscar Swahn (SWE)	38
Bogenschießen						
Männer						
York Round	W. Dod (GBR)	815	R. B. Brooks-King (GBR)	768	Henry B. Richardson (USA)	760
Continental Round	E. G. Grisot (FRA)	263	Louis Vernet (FRA)	256	Gustave Cabaret (FRA)	255
Frauen						
National Round	Q. F. Newall (GBR)	688	Lottie Dod (GBR)	642	Hill-Lowe (GBR)	618
Turnen						
Mehrkampf, Einzelwertung	Alberto Braglia (ITA)	317,0	S. W. Tysal (GBR)	312,0	Louis Ségura (FRA)	297,0
Mehrkampf, Mannschaft	Schweden	438	Norwegen	425	Finnland	405
Fußball						
	Großbritannien		Dänemark		Niederlande	
Hockey						
	Großbritannien		Großbritannien/ Irland		Großbritannien/ Schottland	
					Großbritannien/ Wales	
Jeu de Paume						
	Jay Gould (USA)		Eustace H. Miles (GBR)		Neville S. Lytton (GBR)	
Lacrosse						
	Kanada		Großbritannien			
Polo						
	Großbritannien		Großbritannien II		Großbritannien III	
Rugby						
	Australien		Großbritannien			
Tennis						
Herren-Einzel	Josiah George Ritchie (GBR)		Otto Froitzheim (GER)		Wilberforce Vaughan Eaves (GBR)	
Herren-Einzel, Halle	Arthur W. Gore (GBR)		George A. Caridia (GBR)		Josiah George Ritchie (GBR)	

DISZIPLIN	GOLD	SILBER	BRONZE
Herren-Doppel	George W. Hillyard Reginald F. Doherty (GBR)	Josiah George Ritchie James Cecil Parke (GBR)	Charles H. L. Cazalet Charles Percy Dixon(GBR)
Herren-Doppel, Halle	Arthur W. Gore Herbert Ropel-Barrett (GBR)	George M. Simond George A. Caridia (GBR)	Gunnar Setterwall Wollmar Boström (SWE)
Damen-Einzel	Dorothy Lambert-Chambers (GBR)	6:1, 7:5 Dorothy B. Boothby (GBR)	Joan Winch (GBR)
Damen-Einzel, Halle	Gwendoline Eastlake-Smith (GBR)	Angela N. Greene (GBR)	Martha Adlerstrahle (SWE)
Raquette	Evan B. Noel (GBR)	Henry Leaf (GBR)	John J. Astor (GBR)
Doppel	Vane H. Pennel John J. Astor (GBR)	Edward W. Bury Cecil Browning (GBR)	Evan B. Noel Henry Leaf (GBR)
Eiskunstlauf			
Damen	Florence Syers (GBR)	Elsa Rendschmidt (GER)	Dorothy Greenhough-Smith (GBR)
Herren	Ulrich Salchow (SWE)	Richard Johansson (SWE)	Per Thorén (SWE)
Paare	Annie Kübler/Heinrich Burger (GER)	Pyllis Johnson/James Johnson (GBR)	Florence Syers/Edgar Syers (GBR)

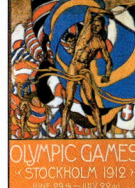

Stockholm 1912

Teilnehmer: ca. 2500 / Männer: ca. 2450, Frauen: 53, Länder: 28,
Sportarten: 13, Entscheidungen: 102

5. Mai – 22. Juli
(offizielle Eröffnungsfeier 6. Juli)

Medaillenspiegel

RANG	LAND	GOLD	SILBER	BRONZE
1	Schweden	24	24	17
2	USA	23	19	19
3	Großbritannien	10	15	16
4	Finnland	9	8	9
5	Frankreich	7	4	3

Erfolgreichste Athleten

RANG	NAME (NATIONALITÄT)	DISZIPLIN	G	S	B
1	Hannes Kolehmainen (FIN)	Leichtathletik	3	1	–
	Wilhelm Carlberg (SWE)	Schießen	3	1	–
	Alfred Lane (USA)	Schießen	3	1	–
4	Johan von Holst (SWE)	Schießen	2	1	1
5	Eric Carlberg (SWE)	Schießen	2	1	–

DISZIPLIN	GOLD		SILBER		BRONZE	
Leichtathletik						
100 m	Ralph Cook Craig (USA)	10,8	Alvah Meyer (USA)	10,9	Donald Lippincott (USA)	10,9
200 m	Ralph Cook Craig (USA)	21,7	Donald Lippincott (USA)	21,8	William Applegarth (GBR)	22,0
400 m	Charles Reidpath (USA)	48,2	Hanns Braun (GER)	48,3	Edward Lindberg (USA)	48,4
800 m	James E. Meredith (USA)	1:51,9	Melvin W. Sheppard (USA)	1:52,0	Ira Davenport (USA)	1:52,0
1500 m	Arnold Jackson (GBR)	3:56,8	Abel Kiviat (USA)	3:56,9	Norman Taber (USA)	3:56,9
3000 m Mannschaft	USA	9	Schweden	13	Großbritannien	23
5000 m	Hannes Kolehmainen (FIN)	14:36,6	Jean Bouin (FRA)	14:36,7	George Hutson (GBR)	15:07,6
10 000 m	Hannes Kolehmainen (FIN)	31:20,8	Louis Tewanima (USA)	32:06,6	Albin Stenroos (FIN)	32:21,8
Marathon (40,200 km)	Kenneth McArthur (SAF)	2:36:54,8	Christian Gitsham (SAF)	2:37:52,0	Gaston Strobino (USA)	2:38:42,4
110 m Hürden	Frederick Kelly (USA)	15,1	James Wendell (USA)	15,2	Martin Hawkins (USA)	15,3
Querfeldeinlauf	Hannes Kolehmainen (FIN)	45:11,6	Hjalmar Andersson (SWE)	45:44,8	John Eke (SWE)	46:37,6
Mannschaft	Schweden	10	Finnland	11	Großbritannien	49
4 x 100 m	Großbritannien	42,4	Schweden	42,6		
4 x 400 m	USA	3:16,6	Frankreich	3:20,7	Großbritannien	3:23,2
10 km Gehen	George Goulding (CAN)	46:28,4	Ernest Webb (GBR)	46:50,4	Fernando Altimani (ITA)	47:37,6
Hochsprung	Alma Richards (USA)	1,93	Hans Liesche (GER)	1,91	George Horine (USA)	1,89
aus dem Stand	Platt Adams (USA)	1,63	Benjamin Adams (USA)	1,60	Konstantin Tsiklitiras (GRE)	1,55
Stabhochsprung	Harry Babcock (USA)	3,95	Marcus Wright (USA)	3,85	Bertil Uggla (SWE)	3,80
					Willam Happenny (CAN)	3,80
					Frank Murphy (USA)	3,80
Weitsprung	Albert Gutterson (USA)	7,60	Calvin Bricker (CAN)	7,21	Georg Aberg (SWE)	7,18
aus dem Stand	Konstantin Tsiklitiras (GRE)	3,37	Platt Adams (USA)	3,36	Benjamin Adams (USA)	3,28
Dreisprung	Gustaf Lindblom (SWE)	14,76	Georg Aberg (SWE)	14,51	Erik Almlöf (SWE)	14,17
Kugelstoß	Patrick McDonald (USA)	15,34	Ralph Rose (USA)	15,25	Lawrence Whitney (USA)	13,93
beidhändig	Ralph Rose (USA)	27,70	Patrick McDonald (USA)	27,53	Elmer Niklander (FIN)	27,14
Diskuswurf	Armas Taipale (FIN)	45,21	Richard Byrd (USA)	42,32	James Duncan (USA)	42,28
beidhändig	Armas Taipale (FIN)	82,86	Elmer Niklander (FIN)	77,96	Emil Magnusson (SWE)	77,37
Hammerwurf	Matthew McGrath (USA)	54,74	Duncan Gillis (CAN)	48,39	Clarence Childs (USA)	48,17
Speerwurf	Erik Lemming (SWE)	60,64	Juho Saaristo (FIN)	58,66	Mór Kovács (HUN)	55,50
beidhändig	Julio Saaristo (FIN)	109,42	Väinö Siikaniemi (FIN)	101,13	Urho Peltonen (FIN)	100,24
Fünfkampf	Ferdinand Bie (NOR)	16	James Donahue (USA)	24	Frank Lukemann (CAN)	24

DISZIPLIN	GOLD		SILBER		BRONZE	
Zehnkampf	Hugo Wieslander (SWE)	7724,495	Charles Lomberg (SWE)	7413,510	Gösta Holmér (SWE)	7347,855
Tauziehen	Schweden		Großbritannien			
Schwimmen						
Männer						
100 m Kraul	Duke P. Kahanamouku (USA)	1:03,4	Cecil Healey (AUS)	1:04,6	Kenneth Huszagh (USA)	1:05,6
400 m Kraul	George R. Hodgson (CAN)	5:24,4	John G. Hatfield (GBR)	5:28,8	Harold Hardwick (AUS)	5:31,2
1500 m Kraul	George R. Hodgson (CAN)	22:00,0	John G. Hatfield (GBR)	22:39,0	Harold Hardwick (AUS)	23:15,4
100 m Rücken	Harry Hebner (USA)	1:21,2	Otto Fahr (GER)	1:22,4	Paul Kellner (GER)	1:24,0
200 m Brust	Walter Bathe (GER)	3:01,8	Wilhelm Lützow (GER)	3:05,0	Kurt Malisch (GER)	3:08,0
400 m Brust	Walter Bathe (GER)	6:29,6	Thor Henning (SWE)	6:35,6	Percy Courtman (GBR)	6:36,4
4 x 200 m Kraul	Australien	10:11,6	USA	10:20,2	Großbritannien	10:28,2
Kunstspringen	Paul Günther (GER)	79,23	Hans Luber (GER)	76,78	Kurt Behrens (GER)	73,73
Turmspringen	Erik Adlerz (SWE)	73,94	Albert Zürner (GER)	72,60	Gustaf Blomgren (SWE)	69,56
Turmspringen einfach	Erik Adlerz (SWE)	40,0	Hjalmar Johansson (SWE)	39,3	John Jansson (SWE)	39,1
Wasserball	Großbritannien		Schweden		Belgien	
Frauen						
100 m Kraul	Fanny Durack (AUS)	1:22,2	Wilhelmina Wylie (AUS)	1:25,4	Jennie Fletcher (GBR)	1:27,0
4 x 100 m Kraul	Großbritannien	5:52,8	Deutschland	6:04,6	Österreich	6:17,0
Turmspringen	Greta Johansson (SWE)	39,9	Lisa Regnell (SWE)	36,0	Isabelle White (GBR)	34,0
Ringen, griechisch-römisch						
Federgewicht (- 60 kg)	Kaarlo Koskelo (FIN)		Georg Gerstacker (GER)		Otto Lasanen (FIN)	
Leichtgewicht (- 67,5 kg)	Eemeli Väre (FIN)		Gustaf Malmström (SWE)		Edvin Matiasson (SWE)	
Mittelgewicht (- 75 kg)	Claes Johansson (SWE)		Martin Klein (RUS)		Alfred Asikainen (FIN)	
Halbschwergewicht (- 82,5 kg)			Anders Ahlgren (SWE)		Béla Varga (HUN)	
			Ivar Böhling (FIN)			
Schwergewicht (+ 82,5 kg)	Yrjö Saarela (FIN)		Johan Olin (FIN)		Sören Massus Marius (DEN)	
Fechten						
Florett-Einzel	Nedo Nadi (ITA)	7	Pietro Speciale (ITA)	5	Richard Verderber (AUT)	4
Degen-Einzel	Paul Auspach (BEL)	6	Ivan Osiier (DEN)	5	Philippe Le Hardy de Beaulieu (BEL)	4
Degen-Mannschaft	Belgien		Großbritannien		Niederlande	
Säbel-Einzel	Jenö Fuchs (HUN)	6	Béla Békéssy (HUN)	5/5	Ervin Mészáros (HUN)	5/6
Säbel-Mannschaft	Ungarn		Österreich		Niederlande	
Moderner Fünfkampf						
	Gustaf Lilliehöök (SWE)	27	Gösta Asbrink (SWE)	28	Georg de Laval (SWE)	30
Rudern						
Einer	William Kinnear (GBR)	7:47,6	Polydore Veirman (BEL)	7:56,0	Everard B. Butler (CAN)	
					Mikhail Kusik (RUS)	
Vierer mit Steuermann	Deutschland	6:59,4	Großbritannien		Dänemark	
Innendolle	Dänemark	7:47,0	Schweden	7:56,2	Norwegen	
Achter	Großbritannien	6:15,0	Großbritannien	6:19,0	Deutschland	
Segeln						
6-m-Klasse	Frankreich		Dänemark		Schweden	
8-m-Klasse	Norwegen		Schweden		Finnland	
10-m-Klasse	Schweden		Finnland		Rußland	
12-m-Klasse	Norwegen		Schweden		Finnland	
Radsport						
Straßenrennen (320 km)	Rudolph Lewis (SAF)	10:42:39,0	Frederick Grubb (GBR)	10:51:24,2	Carl Schutte (USA)	10:52:38,8
Mannschaft	Schweden	44:35:33,6	Großbritannien	44:44:39,2	USA	44:47:55,5
Reitsport						
Military, Einzel	Axel Nordlander (SWE)	46,59	Friedrich v. Rochow (GER)	46,42	Jean Cariou (FRA)	46,32
Military, Mannschaft	Schweden	139,06	Deutschland	138,48	USA	137,33
Dressur, Einzel	Carl Bonde (SWE)	15	Gustav-A. Boltenstern (SWE)	21	Hans v. Blixen-Finecke (SWE)	32
Jagdspringen, Einzel	Jean Cariou (FRA)	186	R. Wilhelm v. Kröcher (GER)	186	Emanuel de Blommaert de Soye (BEL)	185
Jagdspringen, Mannschaft	Schweden	545	Frankreich	538	Deutschland	530
Schießen						
Freies Gewehr	Paul Colas (FRA)	987	Lars Jörgen Madsen (DEN)	981	Niels H. D. Larsen (DEN)	962
Freies Gewehr, Mannschaft	Schweden	5655	Norwegen	5605	Dänemark	5529
Armeegewehr	Paul Colas (FRA)	94	Carl Osburn (USA)	94	Joseph Jackson (USA)	93

DISZIPLIN	GOLD		SILBER		BRONZE	
Armeegewehr, Mannschaft	USA	1687	Großbritannien	1602	Schweden	1570
Kleinkaliber (KK)	Frederick Hird (USA)	194	William Milne (GBR)	193	Harry Burt (GBR)	192
KK, verschwindendes Ziel	Schweden	925	Großbritannien	917	USA	881
Kleinkaliber, Mannschaft	Wilhelm Carlberg (SWE)	242	Johan H. von Holst (SWE)	233	Gustaf Ericsson (SWE)	231
Schnellfeuer-Pistole	Alfred Lane (USA)	499	Paul Palen (SWE)	286	Johan H. von Holst (SWE)	283
Beliebige Scheibenpistole	Alfred Lane (USA)	96	Peter Dolfen (USA)	474	Charles E. Stewart (GBR)	470
Mannschaft	USA	1916	Schweden	1849	Großbritannien	1804
Tontaubenschießen	James Graham (USA)	96	Alfred Goldel (GER)	94	Harry Blau (RUS)	91
Tontaubenschießen, Mannschaft	USA	532	Großbritannien	511	Deutschland	510
Laufender Hirsch, Einzelschuß	Alfred Swahn (SWE)	41	Ake Lundberg (SWE)	41	Nestori Toivonen (FIN)	41
Laufender Hirsch, Mannschaft	Schweden	151	USA	132	Finnland	123
Laufender Hirsch, Doppelschuß	Ake Lundberg (SWE)	79	Edward Benedicks (SWE)	74	Oscar Swahn (SWE)	72
Turnen						
Mehrkampf, Einzelwertung	Alberto Braglia (ITA)	135,0	Louis Ségura (FRA)	132,5	Adolfo Tunesi (ITA)	131,5
Mehrkampf, Mannschaft	Italien	265,75	Ungarn	227,25	Großbritannien	184,50
Schwedisches Turnen	Schweden	937,46	Dänemark	898,84	Norwegen	857,21
Freies System	Norwegen	114,25	Finnland	109,25	Dänemark	106,25
Tennis						
Herren-Einzel	Charles L. Winslow (SAF)		Harold A. Kitson (SAF)		Oscar Kreuzer (GER)	
Herren-Einzel, Halle	André Gobert (FRA)	8:6, 6:4, 6:4	Charles Dixon (GBR)		Anthony Wilding (AUS)	
Herren-Doppel, Rasen	Charles L. Winslow / Harold A. Kitson (SAF)		Felix Pipes / Arthur Zborzil (AUT)		Albert Canet / Marc M. de Marangue (FRA)	
Herren-Doppel	André Gobert / Maurice Gernot (FRA)		Gunnar Setterwall / Carl Kempe (SWE)		Charles Dixon / Alfred Beamish (GBR)	
Damen-Einzel, Rasen	Marguerite Broquedis (FRA)		Dora Köring (GER)		Molla Bjurstedt (NOR)	
Damen-Einzel, Halle	Edith Hannan (GBR)		Thora Castenschiold (DEN)		Mabel Parton (GBR)	
Mixed, Rasen	Dora Köring / Heinrich Schomburgk (GER)		Sigrid Fick / Gunnar Setterwall (SWE)		Marguerite Broquedis / Albert Canet (FRA)	
Mixed, Halle	Edith Hannan / Charles Dixon (GBR)		Helen Aitchison / Herbert Roper-Barre (GBR)		Sigrid Fick / Gunnar Setterwall (SWE)	
Fußball						
	Großbritannien		Dänemark		Niederlande	

Antwerpen 1920

7. Juli – 12. September
(Eiskunstlauf und Eishockey 23.–29. April)
(offizielle Eröffnung 14. August)

Teilnehmer: ca. 2660 / Männer: ca. 2600, Frauen: 64, Länder: 29,
Sportarten: 21, Entscheidungen: 154

Medaillenspiegel

RANG	LAND	GOLD	SILBER	BRONZE
1	USA	41	26	27
2	Schweden	17	19	26
3	Großbritannien	15	15	13
4	Belgien	14	11	10
5	Finnland	14	10	8

Erfolgreichste Athleten

RANG	NAME (NATIONALITÄT)	DISZIPLIN	G	S	B
1	Willis Lee (USA)	Schießen	5	1	1
2	Nedo Nadi (ITA)	Fechten	5	–	–
3	Hubert van Innis (BEL)	Bogenschießen	4	2	–
4	Lloyd Spponer (USA)	Schießen	4	1	2
5	Carl Osburn (USA)	Schießen	4	1	1

DISZIPLIN	GOLD		SILBER		BRONZE	
Leichtathletik						
100 m	Charles W. Paddock (USA)	10,8	Morris M. Kirksey (USA)	10,8	Harry Edward (GBR)	11,0
200 m	Allen Woodring (USA)	22,0	Charles. W. Paddock (USA)	22,1	Harry Edward (GBR)	22,2
400 m	Bevil Rudd (SAF)	49,6	Guy Butler (GBR)	49,9	Nils Engdahl (SWE)	50,0
800 m	Albert George Hill (GBR)	1:53,4	Earl Eby (USA)	1:53,6	Bevil Rudd (SAF)	1:54,0
1500 m	Albert George Hill (GBR)	4:01,8	Philip Noel-Baker (GBR)	4:02,4	Lawrence Shields (USA)	4:03,1
3000 m Mannschaft	USA	10	Großbritannien	20	Schweden	24
5000 m	Joseph Guillemot (FRA)	14:55,6	Paavo Nurmi (FIN)	15:00:0	Erik Backman (SWE)	15:13,0
10 000 m	Paavo Nurmi (FIN)	31:45,8	Joseph Guillemot (FRA)	31:47,2	James Wilson (GBR)	31:50,8

DISZIPLIN	GOLD		SILBER		BRONZE	
Marathon (42,750 km)	Hannes Kolehmainen (Fl N)	2:32:35,8	Juri Lossman (EST)	2:32:48,6	Valerio Arri (ITA)	2:36:32,8
110 m Hürden	Earl Thomson (CAN)	14,8	Harold Barron (USA)	15,1	Frederick Murray (USA)	15,2
400 m Hürden	Frank Loomis (USA)	54,0	John Norton (USA)	54,3	August Desch (USA)	54,5
3000 m Hindernis	Percy Hodge (GBR)	10:00,4	Patrick Flynn (USA)		Ernesto Ambrosini (ITA)	
Querfeldeinlauf	Paavo Nurmi (FIN)	27:15,0	Erik Backman (SWE)	27:15,6	Heikki Liimatainen (FIN)	27:37,0
Mannschaft	Finnland	10	Großbritannien	21	Schweden	23
4 x 100 m	USA	42,2	Frankreich	42,6	Schweden	42,9
4 x 400 m	Großbritannien	3:22,2	Südafrika	3:24,2	Frankreich	3:24,8
3 km Gehen	Ugo Frigerio (ITA)	13:14,2	George Parker (AUS)		Richard F. Remer (USA)	
10 km Gehen	Ugo Frigerio (ITA)	48:06,2	Joseph Pearman (USA)		Charles Gunn (GBR)	
Hochsprung	Richmond Landon (USA)	1,935	Harold Muller (USA)	1,90	Bo Ekelund (SWE)	1,90
Stabhochsprung	Frank Foss (USA)	4,09	Henry Petersen (DAN)	3,70	Edwin Myers (USA)	3,60
Weitsprung	William Pettersson (SWE)	7,15	Carl Johnson (USA)	7,095	Erik Abrahamsson (SWE)	7,08
Dreisprung	Vilho Tuulos (FIN)	14,505	Folke Jansson (SWE)	14,48	Erik Almlöf (SWE)	14,275
Kugelstoß	Ville Pörhölä (FIN)	14,81	Elmer Niklander (FIN)	14,155	Harry Liversedge (USA)	14,15
Diskuswurf	Elmer Niklander (FIN)	44,685	Armas Taipale (FIN)	44,19	Augustus Pope (USA)	42,13
Hammerwurf	Patrick Ryan (USA)	52,875	Carl Johan Lind (SWE)	48,43	Basil Bennet (USA)	48,25
Speerwurf	Jonni Myyrä (FIN)	65,78	Urho Peltonen (FIN)	63,50	Paavo Jaale-Johansson (FIN)	63,095
Gewichtwerfen	Patrick McDonald (USA)	11,265	Patrick Ryan (USA)	10,965	Carl Johan Lind (SWE)	10,25
Fünfkampf	Eero Lehtonen (FIN)	14	Everett Bradley (USA)	24	Hugo Lahtinen (FIN)	26
Zehnkampf	Helge Lövland (NOR)	6804,355	Brutus Hamilton (USA)	6771,085	Bertil Ohlson (SWE)	6580,030
Tauziehen	Großbritannien		Niederlande		Belgien	
Schwimmen						
Männer						
100 m Kraul	Duke P. Kahanamoku (USA)	1:01,4	Pua Kela Kealoha (USA)	1 :02,2	William Harris (USA)	1:03,0
400 m Kraul	Norman Ross (USA)	5 :26,8	Ludy Langer (USA)	5 :29,0	George Vernot (CAN)	5:29,6
1500 m Kraul	Norman Ross (USA)	22:23,2	George Vernot (CAN)	22 :36,4	Frank Beaurepaire (AUS)	23:04,0
100 m Rücken	Warren Paoa Kealoha (USA)	1:15,2	Raymond Kegeris (USA)	1:16,2	Gérard Blitz (BEL)	1:19,0
200 m Brust	Hakan Malmroth (SWE)	3:04,4	Thor Henning (SWE)	3:09,2	Arvo Aaltonen (FIN)	3:12,2
400 m Brust	Hakan Malmroth (SWE)	6:31,8	Thor Henning (SWE)	6:45,2	Arvo Aaltonen (FIN)	6:48,0
4 x 200 m Kraul	USA	10:04,4	Australien	10:25,4	Großbritannien	10:37,2
Kunstspringen	Louis Kuehn (USA)	05.11.1901	Clarence Pinkston (USA)	655,3	Louis Balbach (USA)	649,5
Turmspringen	Clarence Pinkston (USA)	100,67	Erik Adlerz (SWE)	99,08	Harry Prieste (USA)	93,73
Turmspringen, einfach	Arvid Wallmann (SWE)	183,5	Nils Skoglund (SWE)	183,0	John Jansson (SWE)	175,0
Wasserball	Großbritannien		Belgien		Schweden	
Damen						
100 m Kraul	Ethelda Bleibtrey (USA)	1:13,6	Irene Guest (USA)	1:17,0	Frances Schroth (USA)	1:17,2
300 m Kraul	Ethelda Bleibtrey (USA)	4:34,0	Margaret Woodbridge (USA)	4:42,8	Frances Schroth (USA)	4:52,0
4 x 100 m Kraul	USA	5:11,6	Großbritannien	5:40,8	Schweden	5:43,6
Kunstspringen	Aileen Riggin (USA)	539,9	Helen Wainwright (USA)	534,8	Thelma Payne (USA)	534,1
Turmspringen	Stefani Fryland-Clausen (DEN)	34,6	Eileen Armstrong (GBR)	33,3	Eva Ollivier (SWE)	33,3
Boxen						
Fliegengewicht (- 50,8 kg)	Frank di Genaro (USA)		Anders Petersen (DEN)		William Cuthbertson (GBR)	
Bantamgewicht (- 53,52 kg)	Clarence Walker (SAF)		Chris J. Graham (CAN)		James McKenzie (GBR)	
Federgewicht (- 57,15 kg)	Paul Fritsch (FRA)		Jean Gachet (FRA)		Edoardo Garzena (ITA)	
Leichtgewicht(- 61,24 kg)	Samuel Mosberg (USA)		Gotfred Johansen (DEN)		Chris Newton (CAN)	
Weltergewicht (- 66,68 kg)	Albert Schneider (CAN)		Alexander Ireland (GBR)		Frederick Colberg (USA)	
Mittelgewicht (- 72,57 kg)	Harry Mallin (GBR)		Georges A. Prud'Homme (CAN)		Montgomery H. Herscovitch (CAN)	
Halbschwergewicht (- 79,38 kg)	Edward Eagan (USA)		Sverre Sörsdal (NOR)		Harry Franks (GBR)	
Schwergewicht (+ 79,38 kg)	Ronald Rawson (GBR)		Sören Petersen (DEN)		Xavier Eluère (FRA)	
Gewichtheben						
Federgewicht (- 60 kg)	Frans de Haes (BEL)	220,0	Alfred Schmidt (EST)	212,5	Eugène Ryther (SUI)	210,0
Leichtgewicht (- 67,5 kg)	Alfred Neuland (EST)	257,5	Louis Williquet (BEL)	240,0	Florimond Rooms (BEL)	230,0
Mittelgewicht (- 75 kg)	Henri Gance (FRA)	245,0	Pietro Bianchi (ITA)	237,5	Albert Pettersson (SWE)	237,5
Leichtschwergewicht (- 82,5 kg)	Ernest Cadine (FRA)	290,0	Fritz Hünenberger (SUI)	275,0	Erik Pettersson (SWE)	272,5
Schwergewicht (+ 82,5 kg)	Filippo Bottino (ITA)	270,0	Joseph Alzin (LUX)	255,0	Louis Bernot (FRA)	250,0
Ringen, griechisch-römisch						
Federgewicht (- 60 kg)	Oskari Friman (FIN)		Heikki Kähkönen (FIN)		Frithjof Svensson (SWE)	
Leichtgewicht (- 67,5 kg)	Eemeli Väre (FIN)		Taavi Tamminen (FIN)		Frithjof Andersen (NOR)	
Mittelgewicht (- 75 kg)	Carl Westergren (SWE)		Artur Lindfors (FIN)		Matti Perttilä (FIN)	
Halbschwergewicht (- 82,5 kg)	Claes Johansson (SWE)		Edil Rosenqvist (FIN)		Johannes Eriksen (DEN)	
Schwergewicht (+ 82,5 kg)	Adolf Lindfors (FIN)		Poul Hansen (DEN)		Martti Nieminen (FIN)	

DISZIPLIN	GOLD		SILBER		BRONZE	
Ringen, freier Stil						
Federgewicht (- 60 kg)	Charles Edwin Ackerly (USA)		Samuel Gerson (USA)		Peter W. Bernard (GBR)	
Leichtgewicht (- 67,5 kg)	Kalle Antilla (FIN)		Gottfried Svensson (SWE)		Peter Wright (GBR)	
Mittelgewicht (- 75 kg)	Elno Leino (FIN)		Välnö Penttala (FIN)		Charles Johnson (USA)	
Halbschwergewicht (- 82,5 kg)	Anders Larsson (SWE)		Charles Courant (SUI)		Walter Maurer (USA)	
Schwergewicht (+ 82,5 kg)	Robert Roth (SUI)		Nathan Pendleton (USA)		Ernst Nilsson (SWE)	
Fechten						
Florett-Einzel	Nedo Nadi (ITA)	10	Philippe Cattiau (FRA)	9/14	Roger Ducret (FRA)	9/19
Florett-Mannschaft	Italien		Frankreich		USA	
Degen-Einzel	Armand Massard (FRA)	9	Alexandre Lippmann (FRA)	7	Gustave Buchard (FRA)	6
Degen-Mannschaft	Italien		Belgien		Frankreich	
Säbel-Einzel	Nedo Nadi (ITA)	11	Aldo Nadi (ITA)	9	Adrianus E. W. de Jong (HOL)	7
Säbel-Mannschaft	Italien		Frankreich		Niederlande	
Moderner Fünfkampf						
	Gustav Dyrssen (SWE)	18	Erik de Laval (SWE)	23	Gösta Runö (SWE)	
Rudern						
Einer	John Kelly sen. (USA)	7:35,0	Jack Beresford jun. (GBR)	7:36,0	D. Clarence Hadfield d'Arcy (NZL) 7:48,0	
Doppelzweier	USA	7:09,0	Italien	7:19,0	Frankreich	7:21,0
Zweier mit Steuermann	Italien	7:56,0	Frankreich	7:57,0	Schweiz	
Vierer mit Steuermann	Schweiz	6:54,0	USA	6:58,0	Norwegen	7:02,0
Achter	USA	6:02,6	Großbritannien	6:05,0	Norwegen	6:36,0
Segeln						
12-Fuß-Dinghi	Niederlande		Niederlande			
18-Fuß-Dinghi	Großbritannien					
6-m-Klasse	Norwegen		Belgien			
6-m-Klasse (Typ 1907)	Belgien		Norwegen		Norwegen	
6,5-m-Klasse (Typ 1919)	Niederlande		Frankreich			
7-m-Klasse	Großbritannien					
8-m-Klasse	Norwegen		Norwegen		Belgien	
8-m-Klasse (Typ 1907)	Norwegen		Norwegen			
10-m-Klasse	Norwegen					
10-m-Klasse (Typ 1907)	Norwegen					
12-m-Klasse(Typ 1903)	Norwegen					
12-m-Klasse	Norwegen					
Sharpi 30 m²	Schweden					
Sharpi 40 m²	Schweden		Schweden			
Radsport						
Straßenrennen (175 km)	Harry Stenqvist (SWE)	4:40:01,8	Henry J. Kaltenbrunn (SAF) 4:41:26,6		Fernand Canteloube (FRA) 4:42:54,4	
Mannschaft	Frankreich	19:16:43,2	Schweden	19:23:10,0	Belgien	19:28:44,4
50 km Bahn	Henry George (BEL)	1:16:43,2	Cyril Albert Alden (GBR)		Piet Ikelaar (HOL)	
1000-m-Sprint	Maurice Peeters (HOL)	1 :38,3	Thomas Johnson (GBR)		Harry Ryan (GBR)	
2000-m-Tandemfahren	Großbritannien	2:49,4	Südafrika		Niederlande	
4000-m-Mannschaftsverfolgung	Italien	5:20,0	Großbritannien		Südafrika	
Reitsport						
Military, Einzel	Helmer Mörner (SWE)	1775,00	Age Lundström (SWE)	1738,75	Ettore Caffaratti (ITA)	1733,75
Military, Mannschaft	Schweden	5057,50	Italien	4735,00	Belgien	4560,00
Dressur, Einzel	Janne Lundblad (SWE)	27,937	Bertil Sandström (SWE)	26,312	Hans von Rosen (SWE)	25,125
Jagdspringen, Einzel	Tommaso Lequio (ITA)	-2	Alessandro Valerio (ITA)	27.12.1899	C. Gustaf Lewenhaupt (SWE)	-4
Jagdspringen, Mannschaft	Schweden	-14	Belgien	-16,25	Italien	-18,75
Kunstreiten, Einzel	Bouckaert (BEL)	30,5	Fiel (FRA)	29,5	Finet (BEL)	29,0
Kunstreiten, Mannschaft	Belgien		Frankreich		Schweden	
Schießen						
Freies Gewehr	Morris Fisher (USA)	997	Niels H. D. Larsen (DEN)	985	Östen Östensen (NOR)	980
Freies Gewehr, Mannschaft	USA	4876	Norwegen	4741	Schweiz	4698
Armeegewehr, liegend 300 m	Otto Olsen (NOR)	60	Léon Johnson (FRA)	59	Fritz Kuchen (SUI)	59
Armeegewehr, Mannschaft	USA	289	Frankreich	283	Finnland	281
Armeegewehr, stehend 300 m	Carl Osburn (USA)	56	Lars Jörgen Madsen (DEN)	55	Lawrence Adam Nuesslein (USA)	54
Armeegewehr, Mannschaft	Dänemark	266	USA	255	Schweden	255
Armeegewehr, liegend 600 m	C. Hugo Johansson (SWE)	58	Mauritz Eriksson (SWE)	56	Lloyd Spooner (USA)	56

ANTWERPEN 1920

DISZIPLIN	GOLD		SILBER		BRONZE	
Armeegewehr, Mannschaft	USA	287	Südafrika	287	Schweden	287
Armeegewehr, liegend 600 +300 m, Armeegewehr, Mannschaft	USA	573	Norwegen	565	Schweiz	563
Kleinkaliber, stehend	Lawrence A. Nuesslein (USA)	391	Arthur Rothrock (USA)	386	Dennis Fenton (USA)	385
Kleinkaliber, Mannschaft	USA	1899	Schweden	1873	Norwegen	1866
Schnellfeuerpistole	Guilherme Paraense (BRA)	274	Raymond Bracken (USA)	272	Fritz Zulauf (SUI)	269
Scheibenpistole, 50 m	Carl Frederick (USA)	496	Afranio da Costa (BRA)	489	Alfred Lane (USA)	481
Tontaubenschießen	Mark Arie (USA)	95	Frank Troeh (USA)	93	Frank Wright (USA)	87
Tontaubenschießen, Mannschaft	USA	547	Belgien	503	Schweden	500
Laufender Hirsch, Einzelschuß	Otto M. Olsen (NOR)	43	Alfred Swahn (SWE)	41	Harald Natvig (NOR)	41
Laufender Hirsch, Mannschaft	Norwegen	178	Finnland	159	USA	158
Laufender Hirsch, Doppelschuß	Ole Andreas Lilloe-Olsen (NOR)	82	Fredrik Landelius (SWE)	77	Elnar Liberg (NOR)	71
Laufender Hirsch, Mannschaft	Norwegen	343	Schweden	336	Finnland	284
Armeerevolver, Mannschaft 50 m	USA	2372	Schweden	2289	Brasilien	2264
Armeerevolver, Mannschaft 30 m	USA	1310	Griechenland	1285	Schweiz	1270
Bogenschießen						
Festes Vogelziel, kleine Vögel (a)	Edmond van Moer (BEL)	11	Louis van de Perck (BEL)	8	Joseph Hermans (BEL)	6
große Vögel (b)	Edouard Cloetens (BEL)	13	Louis van de Perck (BEL)	11	Firmin Flamand (BEL)	7
Mannschaft a und b	Belgien					
bewegliches Vogelziel, 28 m	Hubert van Innis (BEL)	144	Léonce Gaston Quentin (FRA)	115		
Mannschaft	Niederlande	3087	Belgien	2924	Frankreich	2317
Bew. Vogelziel, 33 m	Hubert van Innis (BEL)	139	Julien Louis Brulé (FRA)	94		
Mannschaft	Belgien	2958	Frankreich	2586		
Bew. Vogelziel, 50 m	Julien Louis Brulé (FRA)	134	Hubert van Innis (BEL)	106		
Mannschaft	Belgien	2701	Frankreich	2493		
Turnen						
Mehrkampf, Einzelwertung	Giorgio Zampori (ITA)	88,35	Marco Torrès (FRA)	87,62	Jean Gounot (FRA)	87,45
Mehrkampf, Mannschaft	Italien	359,855	Belgien	346,785	Frankreich	340,100
Schwedisches Turnen	Schweden	1364	Dänemark	1325	Belgien	1094
Freies System	Dänemark		Norwegen			
Tennis						
Herren-Einzel	Louis Raymond (SAF)		Ichiya Kumagae (JPN)		Charles L. Winslow (SAF)	
Herren-Doppel	O. G. Noel Turnbull / Max Woosman (GBR)		Ichiya Kumagae/ Seiichiro Kashio (JPN)		Max Décugis/ Pierre Albarran (FRA)	
Damen-Einzel	Suzanne Lenglen (FRA)		E. Dorothy Holman (GBR)		Kitty McKane (GBR)	
Damen-Doppel	Winifred Margaret McNair/ Kitty McKane (GBR)		Geraldine Beamish/ E. Dorothy Holman (GBR)		Suzanne Lenglen/Elizabeth d'Ayen (FRA)	
Mixed	Suzanne Lenglen/ Max Décugis (FRA)		Kitty McKane/ Max Woosnam (GBR)		Milada Skrbková/Ladislav Zmela (TCH)	
Fußball	Belgien		Spanien		Niederlande	
Hockey	Großbritannien		Dänemark		Belgien	
Polo	Großbritannien		Spanien		USA	
Rugby	USA		Frankreich			
Eiskunstlauf						
Damen	Magda Julin (SWE)	12	Svea Noren (SWE)	12,5	Theresa Weld (SWE)	15,5
Herren	Gillis Grafström (SWE)	7	Andreas Krogh (NOR)	18	Martin Stixrud (NOR)	24,5
Paare	Ludovika Jakobsson/ Walter Jakobsson (FIN)	7	Alexia Bryn/Yngvar Bryn (NOR)	15,5	Phyllis W . Johnson / Basil Williams (GBR)	25
Eishockey	Kanada		USA		Tschechoslowakei	

226

Chamonix 1924

24. Januar – 5. Februar

Teilnehmer: ca. 300 / Männer: 245, Frauen: 13, Länder: 17,
Sportarten: 5, Entscheidungen: 14

Medaillenspiegel

RANG	LAND	GOLD	SILBER	BRONZE
1	Norwegen	4	7	6
2	Finnland	4	3	3
3	Österreich	2	1	–
4	USA	1	2	1
5	Schweiz	1	–	1

Erfolgreichste Athleten

RANG	NAME (NATIONALITÄT)	DISZIPLIN	G	S	B
1	Clas Thunberg (FIN)	Eisschnellauf	3	1	1
2	Thorleif Haug (NOR)	Ski nordisch	3	–	–
3	Julius Skutnabb (FIN)	Eisschnellauf	1	1	1

DISZIPLIN	GOLD		SILBER		BRONZE	
Ski nordisch						
18-km-Langlauf	Thorleif Haug (NOR)	1:14:31,0	Johan Gröttumsbraaten (NOR)	1:15:51,0	Tapani Niku (FIN)	1:16:26,0
50-km-Langlauf	Thorleif Haug (NOR)	3:44:32,0	Thoralf Strömstad (NOR)	3:46:23,0	Johan Gröttumsbraaten (NOR)	3:47:46,0
Skispringen	Jacob Tullin Thams (NOR)	18,960	Narve Bonna (NOR)	18,689	Thorleif Haug (NOR)	18,000*
					Anders Haugen (USA)	17,916*
Nordische Kombination	Thorleif Haug (NOR)	18,906	Thoralf Strömstad (NOR)	18,219	Johan Gröttumsbraaten (NOR)	17,854
Eiskunstlauf						
Damen	Herma Planck-Szabo (AUT)		Beatrix Loughran (USA)		Ethel Muckelt (GBR)	
Herren	Gillis Grafström (SWE)		Willy Böckl (AUT)		Georges Gautschi (SUI)	
Paare	Helene Engelmann/Alfred Berger (AUT)		Ludovika Jakobsson/ Walter Jakobsson (FIN)		Andée Joly/ Pierre Brunet (FRA)	
Eisschnellauf-Herren						
500 m	Charles Jewtraw (USA)	44,0	Oskar Olsen (NOR)	44,2	Roald Larsen (NOR)	44,8
					Clas Thunberg (FIN)	44,8
1500 m	Clas Thunberg (FIN)	2:20,8	Roald Larsen (NOR)	2:22,0	Sigurd Moen (NOR)	2:25,6
5000 m	Clas Thunberg (FIN)	8:39,0	Julius Skutnabb (FIN)	8:48,4	Roald Larsen (NOR)	8:50,2
10000 m	Julius Skutnabb (FIN)	18:04,8	Clas Thunberg (FIN)	18:07,8	Roald Larsen (NOR)	18:12,2
Punktsieger	Clas Thunberg (FIN)	5,5	Roald Larsen (NOR)	9,5	Julius Skutnabb (FIN)	11
Bob						
Viererbob	Schweiz I	5:45,54	Großbritannien II	5:48,83	Belgien I	6:02,29
Eishockey						
	Kanada		USA		Großbritannien	

* Durch einen Rechenfehler, der erst 1974 entdeckt und korrigiert werden konnte, erhielt Haug offiziell die Bronzemedaille, obwohl er tatsächlich nur 17,821 Punkte hatte. Haugen erhielt seine Bronzemedaille nachträglich.

Paris 1924

4. Mai – 27. Juli
(offizielle Eröffnung 5. Juli)

Teilnehmer: ca. 3000 / Männer: ca. 3000, Frauen: ca. 140, Länder: 45,
Sportarten: 17, Entscheidungen: 126

Medaillenspiegel

RANG	LAND	GOLD	SILBER	BRONZE
1	USA	45	27	27
2	Finnland	14	13	10
3	Frankreich	13	15	10
4	Großbritannien	9	13	12
5	Italien	8	3	5

Erfolgreichste Athleten

RANG	NAME (NATIONALITÄT)	DISZIPLIN	G	S	B
1	Paavo Nurmi (FIN)	Leichtathletik	5	–	–
2	Ville Ritola (FIN)	Leichtathletik	4	2	–
3	Roger Ducret (FRA)	Fechten	3	1	–
4	Johnny Weissmuller (USA)	Schwimmen	3	–	–
5	Vincent Richards (USA)	Tennis	2	1	–

DISZIPLIN	GOLD		SILBER		BRONZE	
Leichtathletik						
100 m	Harold Abrahams (GBR)	10,6	Jackson Scholz (USA)	10,7	Arthur Porritt (NZL)	10,8
200 m	Jackson Scholz (USA)	21,6	Charles W. Paddock (USA)	21,7	Eric Liddell (GBR)	21,9
400 m	Eric Liddell (GBR)	47,6	Horatio Fitch (USA)	48,4	Guy Butler (GBR)	48,6
800 m	Douglas Lowe (GBR)	1:52,4	Paul Martin (SUI)	1:52,6	Schuyler Enck (USA)	1:53,0
1500 m	Paavo Nurmi (FIN)	3:53,6	Willy Schärer (SUI)	3:55,0	Henry Stallard (GBR)	3:55,6
3000 m Mannschaft	Finnland	8	Großbritannien	14	USA	25
5000 m	Paavo Nurmi (FIN)	14:31,2	Ville Ritola (FIN)	14:31,4	Edvin Wide (SWE)	15:01,8
10 000 m	Ville Ritola (FIN)	30:23,2	Edvin Wide (SWE)	30:55,2	Eero Berg (FIN)	31:43,0
Marathon (42,195 km)	Albin Stenroos (FIN)	2:41:22,6	Romeo Bertini (ITA)	2:47:19,6	Clarence DeMar (USA)	2:48:14,0
110 m Hürden	Daniel Kinsey (USA)	15,0	Sidney Atkinson (SAF)	15,0	Sten Petterson (SWE)	15,4
400 m Hürden	F. Morgan Taylor (USA)	52,6	Erik Vilén (FIN)	53,8	Ivan Riley (USA)	54,2
3000 m Hindernis	Ville Ritola (FIN)	9:33,6	Elias Katz (FIN)	9:44,0	Paul Bontemps (FRA)	9:45,2
Querfeldeinlauf	Paavo Nurmi (FIN)	32:54,8	Ville Ritola (FIN)	34:19,4	Earl Johnson (USA)	35:21,0
Mannschaft	Finnland	11	USA	14	Frankreich	20
4 x 100-m-Staffel	USA	41,0	Großbritannien	41,2	Niederlande	41,8
4 x 400-m-Staffel	USA	3:16,0	Schweden	3:17,0	Großbritannien	3:17,4
10 km Gehen	Ugo Frigerio (ITA)	47:49,0	Gordon Goodwin (GBR)		Cecil McMaster (SAF)	
Hochsprung	Harold Osborn (USA)	1,98	Leroy Brown (USA)	1,95	Pierre Lewden (FRA)	1,92
Stabhochsprung	Lee Barnes (USA)	3,95	Glen Graham (USA)	3,95	James Brooker (USA)	3,90
Weitsprung	William DeHart Hubbard (USA)	7,445	Edward Gourdin (USA)	7,275	Sverre Hansen (NOR)	7,26
Dreisprung	Anthony Winter (AUS)	15,525	Luis Bruneto (ARG)	15,425	Vilho Tuulos (FIN)	15,37
Kugelstoßen	Clarence Houser (USA)	14,995	Glenn Hartranft (USA)	14,895	Ralph Hills (USA)	14,64
Diskuswurf	Clarence Houser (USA)	46,155	Vilho Niittymaa (FIN)	44,95	Thomas Lieb (USA)	44,83
Hammerwurf	Frederick Tootell (USA)	53,295	Matthew McGrath (USA)	50,84	Malcolm Nokes (GBR)	48,875
Speerwurf	Jonni Myyrä (FIN)	62,96	Gunnar Lindström (SWE)	60,92	Eugene Oberst (USA)	58,35
Fünfkampf	Eero Lehtonen (FIN)	14	Elemér Somfay (HUN)	16	Robert LeGendre (USA)	18
Zehnkampf	Harold Osborn (USA)	7710,775	Emerson Norton (USA)	7350,895	Alexander Klumberg (EST)	7329,360
Schwimmen						
Männer						
100 m Kraul	Johnny Weissmuller (USA)	59,0	Duke P. Kahanamoku (USA)	1:01,4	Sam Kahanamoku (USA)	1:01,8
400 m Kraul	Johnny Weissmuller (USA)	5:04,2	Arne Borg (SWE)	5:05,6	Andrew Charlton (AUS)	5:06,6
1500 m Kraul	Andrew Charlton (AUS)	20:06,6	Arne Borg (SWE)	20:41,4	Frank Beaurepaire (AUS)	21:48,4
100 m Rücken	Warren Paoa Kealoha (USA)	1:13,2	Paul Wyatt (USA)	1:15,4	Károly Bartha (HUN)	1:17,8
200 Brust	Robert Skelton (USA)	2:56,6	Joseph de Combe (BEL)	2:59,2	William Kirschbaum (USA)	3:01,0
4 x 200 m Kraul	USA	9:53,4	Australien	10:02,2	Schweden	10:06,8
Kunstspringen	Albert White (USA)	696,4	Peter Desjardins (USA)	693,3	Clarence Pinkston (USA)	653,0
Turmspringen	Albert White (USA)	97,46	David Fall (USA)	97,30	Clarence Pinkston (USA)	94,60
Turmspringen einfach	Richmond Eve (AUS)	160,0	John Jansson (SWE)	157,0 *	Harold Clarke (GBR)	158,0 *
Wasserball	Frankreich	Belgien	USA			
Platzziffer: Jansson 14,5 -Clarke 15,5						
Frauen						
100 m Kraul	Ethel Lackie (USA)	1:12,4	Mariechen Wehselau (USA)	1:12,8	Gertrude C. Ederle (USA)	1:14,2
400 m Kraul	Martha Norelius (USA)	6:02,2	Helen Wainwright (USA)	6:03,8	Gertrude C. Ederle (USA)	6:04,8
100 m Rücken	Sybil Bauer (USA)	1:23,2	Phyllis Harding (GBR)	1:27,4	Aileen Riggin (USA)	1:28,2
200 m Brust	Lucy Morton (GBR)	3:33,2	Agnes Geraghty (USA)	3:34,0	Gladys Helena Carson (GBR)	3:35,4
4 x 100 m Kraul	USA	4:58,8	Großbritannien	5:17,0	Schweden	5:35,6
Kunstspringen	Elizabeth Becker (USA)	474,5	Aileen Riggin (USA)	460,4	Caroline Fletcher (USA)	436,4
Turmspringen	Caroline Smith (USA)	33,2 *	Elizabeth Becker (USA)	33,4 *	Hjördis Töpel (SWE)	32,8
Platzziffer: Smith 10,5 -Becker 11,0						
Boxen						
Fliegengewicht (- 50,80 kg)	Fidel LaBarba (USA)		James McKenzie (GBR)		Raymond Fee (USA)	
Bantamgewicht (- 53,52 kg)	William Smith (SAF)		Salvatore Tripoli (USA)		Jean Ces (FRA)	
Federgewicht (- 57,15 kg)	Jackie Fields (USA)		Joseph Salas (USA)		Pedro Quartucci (ARG)	
Leichtgewicht (- 61,24 kg)	Hans Nielsen (DEN)		Alfredo Copello (ARG)		Frederick Boylstein (USA)	
Weltergewicht (- 66,68 kg)	Jean Delarge (BEL)		Héctor Mendez (ARG)		Douglas Lewis (CAN)	
Mittelgewicht (- 72,57 kg)	Harry Mallin (GBR)		John Elliott (GBR)		Joseph Beecken (BEL)	
Halbschwergewicht (- 79,38 kg)	Harry Mitchell (GBR)		Thyge Petersen (DEN)		Sverre Sörsdal (NOR)	
Schwergewicht (+ 79,38 kg)	Otto von Porrat (NOR)		Sören Petersen (DEN)		Alfredo Porzio (ARG)	
Gewichtheben						
Federgewicht (- 60 kg)	Pierino Gabetti (ITA)	402,5	Andreas Stadler (AUT)	385,0	Arthur Reinmann (SUI)	382,5
Leichtgewicht (- 67,5 kg)	Edmond Decottignies (FRA)	440,0	Anton Zwerina (AUT)	427,5	Bohumil Durdis (TCH)	425,0
Mittelgewicht (- 75 kg)	Carlo Galimberti (ITA)	492,5	Alfred Neuland (EST)	455,0	Johannes Kikas (EST)	450,0

DISZIPLIN	GOLD		SILBER		BRONZE	
Leichtschwergewicht (- 82,5 kg)	Charles Rigoulot (FRA)	502,5	Fritz Hünenberger (SUI)	490,0 *	Leopold Friedrich (AUT)	490,0 *
Schwergewicht (+ 82.5 kg)	Guiseppe Tonani (ITA)	517,5	Franz Aigner (AUT)	515,0	Harald Tammer (EST)	497,5
* Körpergewicht: Hünenberger 81,9 kg, Friedrich 82,0 kg						
Ringen, griechisch-römisch						
Bantamgewicht (- 58 kg)	Eduard Pütsep (EST)		Anselm Ahlfors (FIN)		Välnö Ikonen (FIN)	
Federgewicht (- 62 kg)	Kalle Antilla (FIN)		Aleksanteri Toivola (FIN)		Erik Malmberg (SWE)	
Leichtgewicht (- 67,5 kg)	Oskari Friman (FIN)		Lajos Keresztes (HUN)		Kalle Westerlund (FIN)	
Mittelgewicht (- 75 kg)	Edvard Westerlund (FIN)		Artur Lindfors (FIN)		Roman Steinberg (EST)	
Halbschwergewicht (- 82,5 kg)	Carl Westergren (SWE)		Rudolf Svensson (SWE)		Onni Pellinen (FIN)	
Schwergewicht (+ 82,5 kg)	Henri Deglane (FRA)		Edil Rosenqvist (FIN)		Raymund Badó (HUN)	
Ringen, freier Stil						
Bantamgewicht (- 56 kg)	Kustaa Pihlajamäki (FIN)		Kaarlo Mäkinen (FIN)		Bryant Hines (USA)	
Federgewicht (- 61 kg)	Robin Reed (USA)		Chester Newton (USA)		Katsutoshi Naito (JPN)	
Leichtgewicht(- 66 kg)	Russell Vis (USA)		Volmari Vikström (FIN)		Arvo Haavisto (FIN)	
Weltergewicht (-72 kg)	Hermann Gehri (SUI)		Eino Leino (FIN)		Otto Müller (SUI)	
Mittelgewicht (- 79 kg)	Fritz Hagemann (SUI)		Pierre Olivier (BEL)		Vilho Pekkala (FIN)	
Halbschwergewicht (- 87 kg)	John Spellman (USA)		Rudolf Svensson (SWE)		Charles Courant (SUI)	
Schwergewicht (+ 87 kg)	Harry Steele (USA)		Henri Wernli (SUI)		Andrew McDonald (GBR)	
Fechten						
Florett-Einzel, Herren	Roger Ducret (FRA)	6	Philippe Cattiau (FRA)	5	Maurice van Damme (BEL)	4
Florett-Mannschaft, Herren	Frankreich		Belgien		Ungarn	
Degen-Einzel	Charles Delporte (BEL)	8	Roger Ducret (FRA)	7	Nils Hellsten (SWE)	7
Degen-Mannschaft	Frankreich		Belgien		Italien	
Säbel-Einzel	Sándor Posta (HUN)	5	Roger Ducret (FRA)	5	János Garay (HUN)	5
Säbel-Mannschaft	Italien		Ungarn		Niederlande	
Florett-Einzel, Damen	Ellen Osiier (DEN)	5	Gladys Muriel Davis (GBR)	4	Grete Heckscher (DEN)	3
Moderner Fünfkampf						
Einzel	Bo Lindman (SWE)	18	Gustaf Dyrssen (SWE)	39,5	Bertil Uggla (SWE)	45
Rudern						
Einer	Jack Beresford jun. (GBR)	7:49,2	William E. G. Gilmore (USA)	7:54,0	Josef Schneider (SUI)	8:01,1
Doppelzweier	USA	6:34,0	Frankreich	6:38,0	Schweiz	
Zweier ohne Steuermann	Niederlande	8:19,4	Frankreich	8:21,6		
Zweier mit Steuermann	Schweiz	8:39,0	Italien	8:39,1	USA	
Vierer ohne Steuermann	Großbritannien	7:08,6	Kanada	7:18,0	Schweiz	
Vierer mit Steuermann	Schweiz	7:18,4	Frankreich	7:21,6	USA	
Achter	USA	6:33,4	Kanada	6:49,0	Italien	
Segeln						
Ein-Mann-Boot	Léon Huybrechts (BEL)	2	Henrik Robert (NOR)	7	Hans Dittmar (FIN)	8
6-m-Klasse	Norwegen	2	Dänemark	5	Niederlande	5
8-m-Klasse	Norwegen	2	Großbritannien	5	Frankreich	5
Radsport						
Straßenrennen (188 km)	Armand Blanchonnet (FRA)	6:20:48,0	Henri Hoevenaers (BEL)	6:30:27,0	René Hamel (FRA)	6:30:51,6
Mannschaft	Frankreich	19:30:13,4	Belgien	19:46:55,4	Schweden	19:56:41,4
50 km Bahn	Jacobus Willems (HOL)	1:18:24,0	Cyril Albert Alden (GBR)		Frank H. Wyld (GBR)	
1000-m-Sprint	Lucien Michard (FRA)		Jakob Meijer (HOL)		Jean Cugnot (FRA)	
2000-m-Tandemfahren	Frankreich		Dänemark		Niederlande	
4000-m-Mannschaftsverfolgung	Italien	5:15,0	Polen		Belgien	
Reitsport						
Military, Einzel	Adolph v. d. Voort v. Zijp (HOL)	1976,0	Frode Kirkebjerg (DEN)	1853,5	Sloan Doak (USA)	1845,5
Military, Mannschaft	Niederlande	5297,5	Schweden	4743,5	Italien	4512,5
Dressur, Einzel	Ernst Linder (SWE)	276,4	Bertil Sandström (SWE)	275,8	Xavier Lesage (FRA)	265,8
Jagdspringen, Einzel	Alphonse Gemuseus (SUI)	-6	Tommaso Lequio (ITA)	-8,75	Adam Królikiewicz (POL)	-10
Jagdspringen, Mannschaft	Schweden	-42,25	Schweiz	-50,0	Portugal	-53,0
Schießen						
Freies Gewehr	Morris Fisher (USA)	95	Carl Osburn (USA)	95	Niels H. D. Larsen (DEN)	93
Freies Gewehr, Mannschaft	USA	676	Frankreich	646	Haiti	646
Kleinkaliber(KK), liegend	Pierre Coquelin de Lisle (FRA)	398	Marcus Dinwiddle (USA)	396	Josias Hartmann (SUI)	394
Schnellfeuerpistole	H. M. Bailey (USA)	18	Vilhelm Carlberg (SWE)	18	Lennart Hannelius (FIN)	18
Tontaubenschießen	Gyula Halasy (HUN)	98	Konrad Huber (FIN)	98	Frank Hughes (USA)	97

DISZIPLIN	GOLD		SILBER		BRONZE	
Tontaubenschießen, Mannschaft	USA	363	Kanada	360	Finnland	360
Laufender Hirsch, Einzelschuß	John Boles (USA)	40	C. W. Mackworth-Praed (GBR)	39	Otto M.Olsen (NOR)	39
Laufender Hirsch, Mannschaft	Norwegen	160	Schweden	154	USA	148
Laufender Hirsch, Doppelschuß	Ole A. Lilloe-Olsen (NOR)	76	C. W. Mackworth-Praed (GBR)	72	Alfred Swahn (SWE)	72
Laufender Hirsch, Mannschaft	Großbritannien	263	Norwegen	262	Schweden	250
Turnen						
Mehrkampf, Einzelwertung	Leon Stukelji (YUG)	110,340	Robert Pražak (TCH)	110,323	Bedrich Supčik (TCH)	106,930
Mehrkampf, Mannschaft	Italien	839,058	Frankreich	820,528	Schweiz	816,661
Barren	August Güttinger (SUI)	21,63	Robert Pražak (TCH)	21,61	Giorgio Zampori (ITA)	21,45
Pferdsprung	Frank Kriz (USA)	9,98	Jan Koutny (TCH)	9,97	Bohumil Morkovsky (TCH)	9,93
Reck	Leon Stukelji (YUG)	19,730	Jean Gutweniger (SUI)	19,236	André Higelin (FRA)	19,163
Ringe	Franco Martino (ITA)	21,553	Robert Pražak (TCH)	21,483	Ladislav Vácha (TCH)	21,430
Seitpferd	Josef Wilhelm (SUI)	21,23	Jean Gutweniger (SUI)	21,13	Antoine Rebetez (SUI)	20,73
Seitpferdsprung	Albert Ségiun (FRA)	10,00	Jean Gounet (FRA)	9,93		
			François Gangloff (FRA)	9,93		
Tauhangeln	Bedrich Supčik (TCH)	7,2	Albert Séguin (FRA)	7,4	August Güttinger (SUI)	7,8
					Ladislav Vácha	
Tennis						
Herren-Einzel	Vincent Richards (USA)		Henri Cochet (FRA)		Umberto L. De Morpurgo (ITA)	
Herren-Doppel	Vincent Richards/Frank Hunter (USA)		Jacques Brugnon/ Henri Cochet (FRA)		Jean Borotra/ René Lacoste (FRA)	
Damen-Einzel	Helen Wills (USA)		Julie P. Vlasto (FRA)		Kitty McKane (GBR)	
Damen-Doppel	Hazel Wightman/ Helen Wills (USA)		Edith Covell/ Kitty McKane (GBR)		Dorothy C. Shepherd-Barron/ Evely L. Colyer (GBR)	
Mixed	Hazel Wightman/ R. Norris Williams (USA)		Marion Jessup/ Vincent Richards (USA)		Cornelia Bouman/ Hendrik Timmer (HOL)	
Fußball						
	Uruguay		Schweiz		Schweden	
Polo						
	Argentinien		USA		Großbritannien	
Rugby						
	USA		Frankreich		Rumänien	

St. Moritz 1928

11. Februar – 19. Februar

Teilnehmer: ca. 510 / Männer: ca. 500, Frauen: 27, Länder: 25,
Sportarten: 6, Entscheidungen: 14

Medaillenspiegel

RANG	LAND	GOLD	SILBER	BRONZE
1	Norwegen	6	4	5
2	USA	2	2	2
3	Schweden	2	2	1
4	Finnland	2	1	1
5	Frankreich	1	–	–

Erfolgreichste Athleten

RANG	NAME (NATIONALITÄT)	DISZIPLIN	G	S	B
1	Johan Gröttumsbraaten (NOR)	Ski nordisch	2	–	–
	Clas Thunberg (FIN)	Eisschnellauf	2	–	–
3	Bernt Evenson (NOR)	Eisschnellauf	1	1	1
4	Ivar Ballangrud (NOR)	Eisschnellauf	1	–	1

DISZIPLIN	GOLD		SILBER		BRONZE	
Ski nordisch						
18-km-Langlauf	Johan Gröttumsbraaten (NOR)	1:37:01,0	Ole Hegge (NOR)	1:39:01,0	Reidar Ödegaard (NOR)	1:40:11,0
50-km-Langlauf	Per Erik Hedlund (SWE)	4:52:03,0	Gustaf Jonsson (SWE)	5:05:30,0	Volger Andersson (SWE)	5:05:46,0
Sprunglauf	Alf Andersen (NOR)	19,208	Sigmund Ruud (NOR)	18,542	Rudolf Burkert (TCH)	17,937
Nordische Kombination	Johan Gröttumsbraaten (NOR)	17,833	Hans Vinjarengen (NOR)	15,303	John Snersrud (NOR)	15,021

DISZIPLIN	GOLD		SILBER		BRONZE	
Eiskunstlauf						
Damen	Sonja Henie (NOR)		Fritzi Burger		Beatrix Loughran	
Herren	Gillis Grafström (SWE)		Willy Böckl		Robert van Zeebroeck	
Paare	Andrée Joly/ Pierre Brunet (FRA)		Lilly Scholz/ Otto Kaiser		Melitta Brunner/ Ludwig Wrede	
Eisschnellauf						
500 m	Clas Thunberg (FIN)	43,4	John O'Neil Farrell (USA)	43,6		
	Bernt Evensen (NOR)	43,4	Roald Larsen (NOR)	43,6		
			Jaakko Friman (FIN)	43,6		
1500 m	Clas Thunberg (FIN)	2:21,1	Bernt Evensen (NOR)	2:21,9	Ivar Ballangrud (NOR)	2:22,6
5000 m	Ivar Ballangrud (NOR)	8:50,5	Julius Skutnabb (FIN)	8:59,1	Bernt Evensen (NOR)	9:01,1
10 000 m	im 5. Lauf wegen starken Tauwetters abgebrochen					
Bob						
Viererbob	USA II	3:20,5	USA I	3:21,0	Deutschland	3:21,9
Skeleton	Jennison Heaton (USA)	181,8	John R. Heaton (USA)	182,8	David Earl of Northesk (GBR)	185,1
Eishockey						
	Kanada		Schweden		Schweiz	

Amsterdam 1928

17. Mai – 12. August
(offizielle Eröffnung am 28.Juli)

Teilnehmer: ca. 2700 / Männer: ca. 2350, Frauen: ca. 350, Länder: 46,
Sportarten: 14, Entscheidungen: 109

Medaillenspiegel

RANG	LAND	GOLD	SILBER	BRONZE
1	USA	22	18	16
2	Deutschland	10	7	14
3	Finnland	8	8	9
4	Schweden	7	6	12
5	Italien	7	5	7

Erfolgreichste Athleten

RANG	NAME (NATIONALITÄT)	DISZIPLIN	G	S	B
1	Georges Miez (SUI)	Turnen	3	1	–
2	Lucien Gaudin (FRA)	Fechten	2	2	–
3	Hermann Hänggi (SU)	Turnen	2	1	1
4	Eugen Mack (SUI)	Turnen	2	–	1

DISZIPLIN	GOLD		SILBER		BRONZE	
Leichtathletik						
Männer						
100 m	Percy Williams (CAN)	10,8	Jack London (GBR)	10,9	Georg Lammers (GER)	10,9
200 m	Percy Williams (CAN)	21,8	Walter Rangeley (GBR)	21,9	Helmut Körnig (GER)	21,9
400 m	Raymond Barbuti (USA)	47,8	James Ball (CAN)	48,0	Joachim Büchner (GER)	48,2
800 m	Douglas Lowe (GBR)	1:51,8	Erik Byléhn (SWE)	1:52,8	Hermann Engelhard (GER)	1:53,2
1500 m	Harry Larva (FIN)	3:53,2	Jules Ladoumégue (FRA)	3:53,8	Eino Purje (FIN)	3:56,4
5000 m	Ville Ritola (FIN)	14:38,0	Paavo Nurmi (FIN)	14:40,0	Edvin Wide (SWE)	14:41,2
10 000 m	Paavo Nurmi (FIN)	30:18,8	Ville Ritola (FIN)	30:19,4	Edvin Wide (SWE)	31:00,8
Marathon	Mohammed El Quafi (FRA)	2:32:57	Miguel Plaza (CHI)	2:33:23	Martti Marttelin (FIN)	2:35:02
110 m Hürden	Sidney Atkinson (SAF)	14,8	Stephen Anderson (USA)	14,8	John Collier (USA)	14,9
400 m Hürden	David Burghley (GBR)	53,4	Frank Cuhel (USA)	53,6	F. Morgan Taylor (USA)	53,6
3000 m Hindernis	Toivo Loukola (FIN)	9:21,8	Paavo Nurmi (FIN)	9:31,6	Ove Andersen (FIN)	9:35,6
4 x 100 m	USA	41,0	Deutschland	41,2	Großbritannien	41,8
4 x 400 m	USA	3:14,2	Deutschland	3:14,8	Kanada	3:15,4
Hochsprung	Robert King (USA)	1,94	Benjamin Hedges (USA)	1,91	Claude Ménard (FRA)	1,91
Stabhochsprung	Sabin William Carr (USA)	4,20	William Droegemueller (USA)	4,10	Charles McGinnis (USA)	3,95
Weitsprung	Edward Hamm (USA)	7,73	Silvio Cator (HAI)	7,58	Alfred Bates (USA)	7,40
Dreisprung	Mikio Oda (JPN)	15,21	Levi Casey (USA)	15,17	VilhoTuulos (FIN)	15,11
Kugelstoßen	John Kuck (USA)	15,87	Herman Brix (USA)	15,75	Emil Hirschfeld (GER)	15,72
Diskuswurf	Clarence Houser (USA)	47,32	Antero Kivi (FIN)	47,23	James Corson (USA)	47,10
Hammerwurf	Patrick O'Callaghan (IRL)	51,39	Ossian Skiöld (SWE)	51,29	Edmund Black (USA)	49,03
Speerwurf	Erik Lundkvist (SWE)	66,60	Béla Szepes (HUN)	65,26	Olav Sunde (NOR)	63,97
Zehnkampf	Paavo Yrjölä (FIN)	8053	Akilles Järvinen (FIN)	7931	John Kenneth Doherty (USA)	7706

DISZIPLIN	GOLD		SILBER		BRONZE	
Frauen						
100 m	Elizabeth Robinson (USA)	12,2	Fanny Rosenfeld (CAN)	12,3	Ethel Smith (CAN)	12,3
800 m	Lina Radke-Batschauer (GER)	2:16,8	Kinue Hitomi (JPN)	2:17,6	Inga Gentzel (SWE)	2:17,8
4 x 100 m	Kanada	48,4	USA	48,8	Deutschland	49,0
Hochsprung	Ethel Catherwood (CAN)	1,59	Carolina Gisolf (HOL)	1,56	Mildred Wiley (USA)	1,56
Diskuswurf	Halina Konopacka (POL)	39,62	Lillian Copeland (USA)	37,08	Ruth Svedberg (SWE)	35,92
Schwimmen						
Männer						
100 m Kraul	Johnny Weissmuller (USA)	58,6	István Bárány (HUN)	59,8	Katsuo Takaishi (JPN)	1:00,0
400 m Kraul	Alberto Zorilla (ARG)	5:01,6	Andrew Charlton (AUS)	5:03,6	Arne Borg (SWE)	5:04,6
1500 m Kraul	Arne Borg (SWE)	19:51,8	Andrew Charlton (AUS)	20:02,6	Clarence Crabbe (USA)	20:28,8
100 m Rücken	George Kojac (USA)	1:08,2	Walter Laufer (USA)	1:10,0	Paul Wyatt (USA)	1:12,0
200 m Brust	Yoshiyuki Tsuruta (JPN)	2:48,8	Erich Rademacher (GER)	2:50,6	Teofilo Yldefonzo (PHI)	2:56,4
4 x 200 m Kraul	USA	9:36,2	Japan	9:41,4	Kanada	9:47,8
Kunstspringen	Peter Desjardins (USA)	185,04	Michael Galitzen (USA)	174,06	Farid Simaika (EGY)	172,46
Turmspringen	Peter Desjardins (USA)	98,74	Farid Simaika (EGY)	99,58	Michael Galitzen (USA)	92,34
Wasserball	Deutschland		Ungarn		Frankreich	
Frauen						
100 m Kraul	Albina Osipowich (USA)	1:11,0	Eleonor Garatti (USA)	1:11,4	Margaret Joyce Cooper (GBR)	1:13,6
400 m Kraul	Martha Norelius (USA)	5:42,8	Maria-Johanna Braun (HOL)	5:57,8	Josephine McKim (USA)	6:00,2
100 m Rücken	Maria-Johanna Braun (HOL)	1:22,0	Ellen E. King (GBR)	1:22,2	Margaret Joyce Cooper (GBR)	1:22,8
200 m Brust	Hilde Schrader (GER)	3:12,6	Mietje Baron (HOL)	3:15,2	Lotte Mühe (GER)	3:17,6
4 x 100 m Kraul	USA	4:47,6	Großbritannien	5:02,8	Südafrika	5:13,4
Kunstspringen	Helen Meany (USA)	78,62	Dorothy Poynton (USA)	75,62	Georgia Coleman (USA)	73,38
Turmspringen	Elizabeth Pinkston-Becker (USA)	31,60	Georgia Coleman (USA)	30,60	Lala Sjöqvist (SWE)	29,20
Boxen						
Fliegengewicht (- 50,80 kg)	Antal Kocsis (HUN)		Armand Appel (FRA)		Carlo Cavagnoli (ITA)	
Bantamgewicht (- 53,52 kg)	Vittorio Tamagnini (ITA)		John Daley (USA)		Harry Isaacs (SAF)	
Federgewicht (- 57,15 kg)	Bep van Klaveren (HOL)		Victor Peralta (ARG)		Harold Devine (USA)	
Leichtgewicht (- 61,24 kg)	Carlo Orlandi (ITA)		Stephen Michael Halaiko (USA)		Gunnar Berggren (SWE)	
Weltergewicht (- 66,68 kg)	Edward Morgan (SWE)		Raúl Landini (ARG)		Raymond Smillie (CAN)	
Mittelgewicht (-72,57 kg)	Piero Toscani (ITA)		Jan Hermánek (TCH)		Léonard Steyaert (BEL)	
Halbschwergewicht (- 79,38 kg)	Victor Avendano (ARG)		Ernst Pistulla (GER)		Karl Leendert Miljon (HOL)	
Schwergewicht (+ 79,38 kg)	Arturo Rodrigues Jurado (ARG)		Nils Ramm (SWE)		M. Jacob Michaelsen (DEN)	
Gewichtheben						
Federgewicht (- 60 kg)	Franz Andrysek (AUT)	287,5	Pierino Gabetti (ITA)	282,5	Hans Wölpert (GER)	282,5
Leichtgewicht (-67,5 kg)	Kurt Helbig (GER)	322,5	Hans Haas (AUT)	322,5	Fernand Arnout (FRA)	302,5
Mittelgewicht (- 75 kg)	Roger Francois (FRA)	335,0	Carlo Galimberti (ITA)	332,5	August Scheffer (HOL)	327,5
Leichtschwergewicht (- 82,5 kg)	Sayed Nosseir (EGY)	355,0	Louis Hostin (FRA)	352,5	Johannes Verheijen (HOL)	337,5
Schwergewicht (+ 82.5 kg)	Josef Straßberger (GER)	372,5	Arnold Luhäär (EST)	360,0	Jaroslav Skobla (TCH)	357,5
Ringen, griechisch-römisch						
Bantamgewicht (- 58 kg)	Kurt Leucht (GER)		Jindrich Maudr (TCH)		Giovanni Gozzi (ITA)	
Federgewicht (- 62kg)	Voldemar Väli (EST)		Erik Malmberg (SWE)		Gerolamo Quaglia (ITA)	
Leichtgewicht (- 67,5 kg)	Lajos Keresztes (HUN)		Eduard Sperling (GER)		Edvard Westerlund (FIN)	
Mittelgewicht (- 75 kg)	Väino Kokkinen (FIN)		László Papp (HUN)		Albert Kusnets (EST)	
Halbschwergewicht (- 82,5 kg)	Ibrahim Moustafa (EGY)		Adolf Rieger (GER)		Onni Pellinen (FIN)	
Schwergewicht (+ 82,5 kg)	Rudolf Svensson (SWE)		Hjalmar E. Nyström (FIN)		Georg Gehring (GER)	
Ringen, freier Stil						
Bantamgewicht (- 56 kg)	Kaarlo Mäkinen (FIN)		Edmond Spapen (BEL)		James Trifunov (CAN)	
Federgewicht (-61 kg)	Allie Morrison (USA)		Kustaa Pihlajamäki (FIN)		Hans Minder (SUI)	
Leichtgewicht (- 66 kg)	Osvald Käpp (EST)		Charles Pacôme (FRA)		Eino Leino (FIN)	
Weltergewicht (-72 kg)	Arvo Haavisto (FIN)		Lloyd Appleton (USA)		Maurice Letchford (CAN)	
Mittelgewicht (- 79 kg)	Ernst Kyburz (SUI)		Donald P. Stockton (CAN)		Samuel Rabin (GBR)	
Halbschwergewicht (- 87 kg)	Thure Sjöstedt (SWE)		Arnold Bögli (SUI)		Henri Lefébre (FRA)	
Schwergewicht (+ 87 kg)	Johan Richthoff (SWE)		Aukusti Sihvola (FIN)		Edmond Dame (FRA)	
Fechten						
Florett-Einzel, Herren	Lucien Gaudin (FRA)	9+2	Erwin Casmir (GER)	9+1	Giulio Gaudini (ITA)	9
Florett-Mannschaft, Herren	Italien	Frankreich	Argentinien			
Degen-Einzel	Lucien Gaudin (FRA)	8	Georges Buchard (FRA)	7	George Calnan (USA)	6
Degen-Mannschaft	Italien	Frankreich	Portugal			

DISZIPLIN	GOLD		SILBER		BRONZE	
Säbel-Einzel	Ödön Tersztyánsky (HUN)	9+1	Attila Petschauer (HUN)	9	Bino Bini (ITA)	8
Säbel-Mannschaft	Ungarn	Italien	Polen			
Florett-Einzel, Damen	Helene Mayer (GER)	7	Muriel B. Freeman (GBR)	6	Olga Oelkers (GER)	4
Moderner Fünfkampf						
Einzel	Sven Thofelt (SWE)	47	Bo Lindman (SWE)	50	Helmuth Kahl (GER)	52
Rudern						
Einer	Henry Pearce (AUS)	7:11,0	Kenneth Myers (USA)	7:20,8	Theo D. Collet (GBR)	7:29,8
Doppelzweier	USA	6:41,4	Kanada	6:51,0	Österreich	6:58,8
Zweier ohne Steuermann	Deutschland	7:06,4	Großbritannien	7:08,8	USA	7:20,4
Zweier mit Steuermann	Schweiz	7:42,6	Frankreich	7:48,4	Belgien	7:59,4
Vierer ohne Steuermann	Großbritannien	6:36,0	USA	6:37,0	Italien	
Vierer mit Steuermann	Italien	6:47,8	Schweiz	7:03,4	Polen	7:12,8
Achter	USA	6:03,2	Großbritannien	6:05,6	Kanada	
Segeln						
Ein-Mann-Boot	Sven Thorell (SWE)		Henrik Robert (NOR)		Bertil Broman (FIN)	
6-m-Klasse	Norwegen		Dänemark		Estland	
8-m-Klasse	Frankreich		Niederlande		Schweden	
Radsport						
Straßenrennen (168 km)	Henry Hansen (DEN)	4:47:18	Frank W. Southall (GBR)	4:55:06	Gösta Carlsson (SWE)	5:00:17
Mannschaft	Dänemark	15:09:14	Großbritannien	15:14:49	Schweden	15:27:49
1000-m-Zeitfahren	Willy Falck Hansen (DEN)	1:14,4	Gerard Bosch (HOL)	1:15,2	Edgar Gray (AUS)	1:15,6
1000-m-Sprint	René Beaufrand (FRA)		Antoine Mazairac (HOL)		Willy Falck Hansen (DEN)	
2000-m-Tandemfahren	Niederlande		Großbritannien		Deutschland	
4000-m-Mannschaftsverfolgung	Italien	5:01,8	Niederlande	5:06,2	Großbritannien	5:02,4
Reitsport						
Military, Einzel	Charles F. Pahud de Mortanges (HOL)	1969,92	Gerard Pieter C. de Kruyff (HOL)	1967,26	Bruno Neumann (GER)	1944,42
Military, Mannschaft	Niederlande		Norwegen		Polen	
Dressur, Einzel	Carl Friedrich von Langen (GER)	237,42	Charles Marion (FRA)	231,0	Ragnar Olson (SWE)	229,78
Dressur, Mannschaft	Deutschland		Schweden		Niederlande	
Jagdspringen, Einzel	František Ventura (TCH)	0/0/0	Pierre Bertran de Balanda (FRA)	0/0/2	Charley Kuhn (SUI)	0/0/4
Jagdspringen, Mannschaft	Spanien	-4	Polen	-8	Schweden	-10
Turnen						
Männer						
Mehrkampf - Einzelwertung	Georges Miez (SUI)	247,500	Hermann Hänggi (SUI)	246,625	Leon Stukelji (YUG)	244,875
Mehrkampf - Mannschaft	Schweiz	1718,625	Tschechoslowakei	1712,250	Jugoslawien	1648,750
Barren	Ladislav Vácha (TCH)	18,83	Josip Primožič (YUG)	18,50	Hermann Hänggi (SUI)	18,08
Pferdsprung	Eugen Mack (SUI)	9,58	Emanuel Löffler (TCH)	9,50	Stane Derganc (YUG)	9,46
Reck	Georges Miez (SUI)	19,17	Romeo Neri (ITA)	19,00	Eugen Mack (SUI)	18,92
Ringe	Leon Stukelji (YUG)	19,25	Ladislav Vácha (TCH)	19,17	Emanuel Löffler (TCH)	18,83
Seitpferd	Hermann Hänggi (SUI)	19,75	Georges Miez (SUI)	19,25	Heikki Savolainen (FIN)	18,83
Frauen						
Mehrkampf- Mannschaft	Niederlande	316,75	Italien	289,00	Großbritannien	258,25
Fußball						
	Uruguay		Argentinien		Italien	
Hockey						
	Indien		Niederlande		Deutschland	

Lake Placid 1932

4. Februar – 15. Februar

Teilnehmer: ca. 310 / Männer: ca. 280, Frauen: 32, Länder: 17,
Sportarten: 5, Entscheidungen: 14

Medaillenspiegel

RANG	LAND	GOLD	SILBER	BRONZE
1	USA	6	4	2
2	Norwegen	3	4	3
3	Schweden	1	2	–
4	Kanada	1	1	5
5	Finnland	1	1	1

Erfolgreichste Athleten

RANG	NAME (NATIONALITÄT)	DISZIPLIN	G	S	B
1	John A. »Jack« Shea (USA)	Eisschnellauf	2	–	–
	Irving Jaffee (USA)	Eisschnellauf	2	–	–
3	Veli Saarinen (FIN)	Ski nordisch	1	–	1

DISZIPLIN	GOLD		SILBER		BRONZE	
Ski nordisch						
18-km-Langlauf	Sven Utterström (SWE)	1:23:07	Axel T. Wikström (SWE)	1:25:07	Veli Saarinen (FIN)	1:25:24
50-km-Langlauf	Veli Saarinen(FIN)	4:28:00	Väinö Liikkanen (FIN)	4:28:20	Arne Rustadstuen (NOR)	4:31:53
Sprunglauf	Birger Ruud (NOR)	228,1	Hans Beck (NOR)	227,0	Kaare Wahlberg (NOR)	219,5
Nordische Kombination	Johan Gröttumsbraaten (NOR)	446,00	Ole Stenen (NOR)	436,05	Hans Vinjarengen (NOR)	434,60
Eiskunstlauf						
Damen	Sonja Henie (NOR)		Fritzi Burger (AUT)		Maribel Vinson (USA)	
Herren	Karl Schäfer (AUT)		Gillis Grafström (SWE)		Montgomery Wilson (CAN)	
Paare	Andrée Brunet/Pierre Brunet (FRA)		Beatrix Loughran/Sherwin Badger (USA)		Emllia Rotter/László Szollás (HUN)	
Eisschnellauf						
500 m	John A. Shea (USA)	43,4	Bernt Evensen (NOR)		Alexander Hurd (CAN)	
1500 m	John A. Shea (USA)	2:57,5	Alexander Hurd (CAN)		William F. Logan (CAN)	
5000 m	Irving Jaffee (USA)	9:40,8	Edward S. Murphy (USA)		William F. Logan (CAN)	
10 000 m	Irving Jaffee (USA)	19:13,6	Ivar Ballangrud (NOR)		Frank Stack (CAN)	
Bob						
Zweierbob	USA I	8:14,74	Schweiz II	8:16,28	USA II	8:29,15
Viererbob	USA I	7:53,68	USA II	7:55,70	Deutschland I	8:00,04
Eishockey						
	Kanada		USA		Deutschland	

Los Angeles 1932

30. Juli – 14. August

Teilnehmer: ca. 1200 / Männer: ca. 1100, Frauen: ca. 130, Länder: 40,
Sportarten: 14, Entscheidungen: 117

Medaillenspiegel

RANG	LAND	GOLD	SILBER	BRONZE
1	USA	41	32	30
2	Italien	12	12	12
3	Frankreich	10	5	4
4	Schweden	9	5	9
5	Japan	7	7	4

Erfolgreichste Athleten

RANG	NAME (NATIONALITÄT)	DISZIPLIN	G	S	B
1	Helen Madison (USA)	Schwimmen	3	–	–
	Romeo Neri (ITA)	Turnen	3	–	–
3	István Pelle (UNG)	Turnen	2	2	–
4	Mildred Didrikson (USA)	Leichtathletik	2	1	–

DISZIPLIN	GOLD		SILBER		BRONZE	
Leichtathletik						
Männer						
100 m	Eddie Tolan (USA)	10,3	Ralph Metcalfe (USA)	10,3	ArthurJonath (GER)	10,4
200 m	Eddie Tolan (USA)	21,2	George Simpson (USA)	21,4	Ralph Metcalfe (USA)	21,5
400 m	William Carr (USA)	46,2	Benjamin Eastman (USA)	46,4	Alexander Wilson (CAN)	47,4

DISZIPLIN	GOLD		SILBER		BRONZE	
800 m	Thomas Hampson (GBR)	1:49,7	Alexander Wilson (CAN)	1:49,9	Philip Edwards (CAN)	1:51,5
1500 m	Luigi Beccali (ITA)	3:51,2	John Cornes (GBR)	3:52,6	Philip Edwards (CAN)	3:52,8
5000 m	Lauri Lehtinen (FIN)	14:30,0	Ralph Hill (USA)	14:30,0	Lauri Virtanen (FIN)	14:44,0
10 000 m	Janusz Kusocinski (POL)	30:11,4	Volmari Iso-Hollo (FIN)	30:12,6	Lauri Virtanen (FIN)	30:35,0
Marathon	Juan Carlos Zabala (ARG)	2:31:36,0	Samuel Ferris (GBR)	2:31:55,0	Armas Toivonen (FIN)	2:32:12,0
110 m Hürden	George Saling (USA)	14,6	Percy Beard (USA)	14,7	Donald Finlay (GBR)	14,8
400 m Hürden	Robert Tisdall (IRL)	51,7	Glenn Hardin (USA)	51,9	F. Morgan Taylor (USA)	52,0
3000 m Hindernis	Volmari Iso-Hollo (FIN)	10:33,4	Thomas Evenson (GBR)	10:46,0	Joseph McCluskey (USA)	10:46,2
4 x 100 m	USA	40,0	Deutschland	40,9	Italien	41,2
4 x 400 m	USA	3:08,2	Großbritannien	3:11,2	Kanada	3:12,8
50 km Gehen	Thomas Green (GBR)	4:50,10	Janis Dalinsch (LET)	4:57:20	Ugo Frigerio (ITA)	4:59:06
Hochsprung	Duncan McNaughton (CAN)	1,97	Robert Van Osdel (USA)	1,97	Simeon Toribio (PHI)	1,97
Stabhochsprung	William Miller (USA)	4,315	Shuhei Nishida (JPN)	4,30	George Jefferson (USA)	4,20
Weitsprung	Edward Gordon (USA)	7,64	Charles L. Redd (USA)	7,60	Chuhei Nambu (JPN)	7,45
Dreisprung	Chuhei Nambu (JPN)	15,72	Erik Svensson (SWE)	15,32	Kenkichi Oshima (JPN)	15,12
Kugelstoßen	Leo Sexton (USA)	16,005	Harlow Rothert (USA)	15,675	Franti_ek Douda (TCH)	15,61
Diskuswurf	John Anderson (USA)	49,49	Henri J. Laborde (USA)	48,47	Paul Winter (FRA)	47,85
Hammerwurf	Patrick O'Callaghan (IRL)	53,92	Ville Pörhölä (FIN)	52,27	Peter Zaremba (USA)	50,33
Speerwurf	Matti Järvinen (FIN)	72,71	Matti Sippala (FIN)	69,80	Eino Penttilä (FIN)	68,70
Zehnkampf	James A. Bausch (USA)	8462,23	Akilles Järvinen (FIN)	8292,48	Wolrad Eberle (GER)	8030,80
Frauen						
100 m	Stanislawa Walasiewicz (POL)	11,9	Hilde Strike (CAN)	11,9	Wilhelmina v. Bremen (USA)	12,0
80 m Hürden	Mildred Didrikson (USA)	11,7	Evelyne Hall (USA)	11,7	Marjorie Clark (SAF)	11,8
4 x 100 m	USA	47,0	Kanada	47,0	Großbritannien	47,6
Hochsprung	Jean Shiley (USA)	1,657	Mildred Didrikson (USA)	1,657	Eva Dawes (CAN)	1,60
Diskuswurf	Lillian Copeland (USA)	40,58	Ruth Osburn (USA)	40,12	Jadwiga Wajsowna (POL)	38,74
Speerwurf	Mildred Didrikson (USA)	43,68	Ellen Braumüller (GER)	43,49	Tilly Fleischer (GER)	43,00
Schwimmen						
Männer						
100 m Kraul	Yasuji Miyazaki (JPN)	58,2	Tatsugo Kawaishi (JPN)	58,6	Albert Schwartz (USA)	58,8
400 m Kraul	Clarence Crabbe (USA)	4:48,4	Jean Taris (FRA)	4:48,5	Tsutomu Oyokota (JPN)	4:52,3
1500 m Kraul	Kusuo Kitamura (JPN)	19:12,4	Shozo Makino (JPN)	19:14,1	James Cristy (USA)	19:39,5
200 m Brust	Yoshiyuki Turuta (JPN)	2:45,4	Reizo Koike (JPN)	2:46,6	Teofilo Yldefonzo (PHI)	2:47,1
100 m Rücken	Masaji Kiyokawa (JPN)	1:08,6	Toshio Irie (JPN)	1:09,8	Kentaro Kawatsu (JPN)	1:10,0
4 x 200 m Kraul	Japan	8:58,4	USA	9:10,5	Ungarn	9:31,4
Kunstspringen	Michael Galitzen (USA)	161,38	Harold Smith (USA)	158,54	Richard Degener (USA)	151,82
Turmspringen	Harold Smith (USA)	124,80	Michael Galitzen (USA)	124,28	Frank Kurtz (USA)	121,98
Wasserball	Ungarn	8	Deutschland	5	USA	5
Frauen						
100 m Kraul	Helene Madison (USA)	1:06,8	Willie den Ouden (HOL)	1:07,8	Eleonor Garatti (USA)	1:08,2
400 m Kraul	Helene Madison (USA)	5:28,5	Lenore Kight (USA)	5:28,6	Jennie Makaal (SAF)	5:47,3
200 m Brust	Claire Dennis (AUS)	3:06,3	Hideko Maehata (JPN)	3:06,4	Else Jacobsen (DEN)	3:07,1
100 m Rücken	Eleanor Holm (USA)	1:19,4	Philomena Mealing (AUS)	1:21,3	Elizabeth Davies (GBR)	1:22,5
4 x 100 m Kraul	USA	4:38,0	Niederlande	4:47,5	Großbritannien	4:52,4
Kunstspringen	Georgia Coleman (USA)	87,52	Katherine Rawls (USA)	82,56	Jane Fauntz (USA)	82,12
Turmspringen	Dorothy Poynton (USA)	40,26	Georgia Coleman (USA)	35,56	Marion Roper (USA)	35,22
Boxen						
Fliegengewicht (- 50,8 kg)	István Enekes (HUN)		Francisco Cabanas (MEX)		Louis Salica (USA)	
Bantamgewicht (- 53,52 kg)	Horace Gwynne (CAN)		Hans Ziglarski (GER)		José Villanueva (PHI)	
Federgewicht (- 57,15 kg)	Carmelo Robledo (ARG)		Josef Schleinkofer (GER)		Carl Carlsson (SWE)	
Leichtgewicht (- 61,24 kg)	Lawrence Stevens (SAF)		Thure Ahlqvist (SWE)		Nathan Bor (USA)	
Weltergewicht (- 66,68 kg)	Edward Flynn (USA)		Erich Campe (GER)		Bruno Ahlberg (FIN)	
Mittelgewicht (- 72,57 kg)	Carmen Barth (USA)		Amado Azar (ARG)		Ernest Pierce (SAF)	
Halbschwergewicht (- 79,38 kg)	David Carstens (SAF)		Gino Rossi (ITA)		Peter Jörgensen (DEN)	
Schwergewicht (+ 79,38 kg)	Santiago Lovell (ARG)		Luigi Rovati (ITA)		Frederik Feary (USA)	
Gewichtheben						
Federgewicht (- 60 kg)	Raymond Suvigny (FRA)	287,5	Hans Wölpert (GER)	282,5	Anthony Terlazzo (USA)	280,0
Leichtgewicht (-67,5 kg)	Réne Duverger (FRA)	325,0	Hans Haas (AUT)	307,5	Gastone Pierini (ITA)	302,5
Mittelgewicht (- 75 kg)	Rudolf Ismayr (GER)	345,0	Carlo Galimberti (ITA)	340,0	Karl Hipfinger (AUT)	337,5
Leichtschwergewicht (- 82,5 kg)	Louis Hostin (FRA)	365,0	Svend Olsen (DEN)	360,0	Henry Duey (USA)	330,0
Schwergewicht (+ 82.5 kg)	Jaroslav Skobla (TCH)	380,0	Vaclav Pšnička (TCH)	377,5	Josef Straßberger (GER)	377,5

DISZIPLIN	GOLD		SILBER		BRONZE	
Ringen, griechisch-römisch						
Bantamgewicht (- 56 kg)	Jakob Brendel (GER)		Marcello Nizzola (ITA)		Louis François (FRA)	
Federgewicht (- 61 kg)	Giovanni Gozzi (ITA)		Wolfgang Ehrl (GER)		Lauri Koskela (FIN)	
Leichtgewicht (- 66 kg)	Erik Malmberg (SWE)		Abraham Kurland (DEN)		Eduard Sperling (GER)	
Weltergewicht (- 72 kg)	Ivar Johansson (SWE)		Väinö Kalander (FIN)		Ercole Gallegati (ITA)	
Mittelgewicht (- 79 kg)	Väinö Kokkinen (FIN)		Jean Földeák (GER)		Axel Cadier (SWE)	
Halbschwergewicht (- 87 kg)	Rudolf Svensson (SWE)		Onni Pellinen (FIN)		Mario Gruppioni (ITA)	
Schwergewicht (+ 87 kg)	Carl Westergren (SWE)		Josef Urban (TCH)		Nikolaus Hirschl (AUT)	
Ringen, freier Stil						
Bantamgewicht (- 56 kg)	Robert Pearce (USA)		Ödön Zombori (HUN)		Aatos Jaskari (FIN)	
Federgewicht (- 61 kg)	Hermanni Pihlajamäki (FIN)		Edgar Nemir (USA)		Einar Karlsson (SWE)	
Leichtgewicht (- 66 kg)	Charles Pacôme (FRA)		Károly Kárpáti (HUN)		Gustaf Klarén (SWE)	
Weltergewicht (- 72 kg)	Jack van Bebber (USA)		Daniel MacDonald (CAN)		Eino Leino (FIN)	
Mittelgewicht (- 79 kg)	Ivar Johansson (SWE)		Kyösti Luukko (FIN)		Józef Tunyogi (HUN)	
Halbschwergewicht (- 87 kg)	Peter Mehringer (USA)		Thure Sjöstedt (SWE)		Eddie Scarf (AUS)	
Schwergewicht (+ 87 kg)	Johan Richthoff (SWE)		John Riley (USA)		Nikolaus Hirschl (AUT)	
Fechten						
Florett - Einzel, Herren	Gustavo Marzi (ITA)	9	Joseph Levis (USA)	6	Giulio Gaudini (USA)	5
Florett- Mannschaft, Herren	Frankreich		Italien		USA	
Degen- Einzel	Giancarlo Cornaggia-Medici (ITA)	8/18	Georges Buchard (FRA)	8/16	Carlo Agostoni (ITA)	7
Degen- Mannschaft	Frankreich		Italien		USA	
Säbel- Einzel	György Piller (HUN)	8	Giulio Gaudini (ITA)	7	Endre Kabos (HUN)	5
Säbel - Mannschaft	Ungarn		Italien		Polen	
Florett - Einzel, Damen	Ellen Preis (AUT)	8/1	Judy Heather Guinness (GBR)	8	Erna Bogen (HUN)	7
Moderner Fünfkampf						
Einzel	Johan Oxenstierna (SWE)	32	Bo Lindmann (SWE)	35,5	Richard Mayo (USA)	38,5
Rudern						
Einer	Henry Pearce (AUS)	7:44,4	William Miller (USA)	7:45,2	Guillermo Douglas (URU)	8:13,6
Doppelzweier	USA	7:17,4	Deutschland	7:22,8	Kanada	7:27,6
Zweier ohne Steuermann	Großbritannien	8:00,0	Neuseeland	8:02,4	Polen	8:08,2
Zweier mit Steuermann	USA	8:25,8	Polen	8:31,2	Frankreich	8:41,2
Vierer ohne Steuermann	Großbritannien	6:58,2	Deutschland	7:03,0	Italien	7:04,0
Vierer mit Steuermann	Deutschland	7:19,0	Italien	7:19,2	Polen	7:26,8
Achter	USA	6:37,6	Italien	6:37,8	Kanada	6:40,4
Segeln						
Ein-Mann-Boot	Jacques Lebrun (FRA)	87	Adriaan L. J. Maas (HOL)	85	Santiago A. Cansino (ESP)	76
Star	USA	46	Großbritannien	35	Schweden	28
6-m-Klasse	Schweden	18	USA	12	Kanada	4
8-m-Klasse	USA	8	Kanada	4		
Radsport						
Straßenrennen (100 km)	Attilio Pavesi (ITA)	2:28:05,6	Guglielmo Segato (ITA)	2:29:21,4	Bernhard Britz (SWE)	2:29:45,2
Mannschaft	Italien	7:27:15,2	Dänemark	7:38:50,2	Schweden	7:39:12,6
1000-m-Zeitfahren	Edgar Gray (AUS)	1:13,0	Jacobus v. Egmond (HOL)	1:13,3	Charles Rampelberg (FRA)	1:13,4
1000-m-Sprint	Jacobus v. Egmond (HOL)	12,6	Louis Chaillot (FRA)		Bruno Pellizzari (ITA)	
2000-m-Tandemfahren	Frankreich	12,0	Großbritannien		Dänemark	
4000-m-Mannschaftsverfolgung	Italien	4:53,0	Frankreich	4:55,7	Großbritannien	4:56,0
Reitsport						
Military, Einzel	Charles F. P. de Mortanges (HOL)	1813,833	Earl Thomson (USA) 1811,000		Clarence von Rosen jun. (SWE)	1809,416
Military, Mannschaft	USA		Niederlande			
Dressur, Einzel	Xavier Lesage (FRA)	343,75	Charles Marion (FRA)	305,42	Hiram Tuttle (USA)	300,50
Dressur, Mannschaft	Frankreich		Schweden		USA	
Jagdspringen, Mannschaft	Takeichi Nishi (JPN)	-8	Harry Chamberlain (USA)	-12	Clarence von Rosen jun. (SWE)	-16
Schießen						
Kleinkaliber (KK) liegend	Bertil Rönmark (SWE)	294	Gustavo Huet (MEX)	294	Zoltan Hradetzky-Soos (HUN)	293
Schnellfeuer-Pistole	Renzo Morigi (ITA)	36	Heinz Hax (GER)	36	Domenico Metteucci (ITA)	36

DISZIPLIN	GOLD		SILBER		BRONZE	
Turnen						
Mehrkampf, Einzelwertung	Romeo Neri (ITA)	140,625	István Pelle (HUN)	134,925	Heikki Savolainen (FIN)	134,575
Mehrkampf, Mannschaft	Italien	541,850	USA	522,275	Finnland	509,995
Barren	Romeo Neri (ITA)	18,97	István Pelle (HUN)	18,60	Heikki Savolainen (FIN)	18,27
Boden	István Pelle (HUN)	9,60	Georges Miez (SUI)	9,47	Mario Lertora (ITA)	9,23
Pferdsprung	Savio Guglielmetti (ITA)	18,03	Alfred Jochim (USA)	17,72	Edward Carmichael (USA)	17,53
Reck	Dallas Bixler (USA)	18,33	Heikki Savolainen (FIN)	18,07	Einari Teräsvirta (FIN)	18,07
Ringe	George Gulack (USA)	18,97	William Denton (USA)	18,60	Giovanni Lattuada (ITA)	18,50
Seitpferd	István Pelle (HUN)	19,07	Omero Bonoli (ITA)	18,87	Frank Haubold (USA)	18,57
Tauhangeln	Raymond Bass (USA)	6,7	William Galbraith (USA)	6,8	Thomas Connelly (USA)	7,0
Federbrettsprung	Rowland Wolfe (USA)	18,90	Edward Gross (USA)	18,67	William Hermann (USA)	18,37
Keulenschwingen	George Roth (USA)		Philipp Erenberg (USA)		William Kulhmeier (USA)	
Hockey						
	Indien		Japan		USA	

Garmisch-Partenkirchen 1936

6. Februar – 16. Februar

Teilnehmer: ca. 880 / Männer: ca. 800, Frauen: ca. 80, Länder: 28,
Sportarten: 6, Entscheidungen: 17

Medaillenspiegel

RANG	LAND	GOLD	SILBER	BRONZE
1	Norwegen	7	5	3
2	Deutschland	3	3	–
3	Schweden	2	2	3
4	Finnland	1	2	3
5	Schweiz	1	2	–

Erfolgreichste Athleten

RANG	NAME (NATIONALITÄT)	DISZIPLIN	G	S	B
1	Ivar Ballangrud (NOR)	Eisschnellauf	3	1	–
2	Oddbjörn Hagen (NOR)	Ski nordisch	1	2	–
3	Ernst Baier (GER)	Eiskunstlauf	1	1	–
4	Erik-August Larsson (SWE)	Ski nordisch	1	–	1

DISZIPLIN	GOLD		SILBER		BRONZE	
Ski alpin						
Kombination						
Männer	Franz Pfnür (GER)	08.04.1900	Adolf G. »Guzzi« Lantschner (GER)	96,26	Emile Allais (FRA)	94,69
Frauen	Christl Cranz (GER)	06.04.1900	Käthe Grasegger (GER)	95,26	Laila Schou Nilsen (NOR)	93,48
Ski nordisch						
18-km-Langlauf	Erik August Larsson (SWE)	1:14:38	Oddbjörn Hagen (NOR)	1:15:33	Pekka Niemi (FIN)	1:16:59
50-km-Langlauf	Elis Viklund (SWE)	3:30:11	Axel L. T. Wikström (SWE)	3:33:20	Nils-Joel Englund (SWE)	3:34:10
4 x 10 km	Finnland	2:41:33	Norwegen	2:41:39	Schweden	2:43:03
Skispringen	Birger Ruud (NOR)	232,0	Sven Ivan Eriksson (SWE)	230,5	Reidar Andersen (NOR)	228,9
Nordische Kombination	Oddbjörn Hagen (NOR)	430,3	Olaf Hoffsbakken (NOR)	419,8	Sverre Brodahl (NOR)	408,1
Eiskunstlauf						
Damen	Sonja Henie (NOR)		Cecilia Colledge (GBR)		Vivi-Anne Hultén (SWE)	
Herren	Karl Schäfer (AUT)		Ernst Baier (GER)		Felix Kaspar (AUT)	
Paare	Maxi Herber/Ernst Baier (GER)		Ilse Pausin/Erik Pausin (AUT)		Emilia Rotter/László Szollás (HUN)	
Eisschnellauf						
500 m	Ivar Ballangrud (NOR)	11.02.1900	Georg Krog (NOR)	43,5	Leo Freisinger (USA)	44,0
1500 m	Charles Mathisen (NOR)	2:19,2	Ivar Ballangrud (NOR)	2:20,2	Birger Vasenius (FIN)	2:20,9
5000 m	Ivar Ballangrud (NOR)	8:19,6	Birger Vasenius (FIN)	8:23,3	Antero Ojala (FIN)	8:30,1
10 000 m	Ivar Ballangrud (NOR)	17:24,3	Birger Vasenius (FIN)	17:28,2	Max Stiepl (AUT)	17:30,0
Bob						
Zweierbob	USA I	5:29,29	Schweiz II	5:30,64	USA II	5:33,96
Viererbob	Schweiz II	5:19,85	Schweiz I	5:22,73	Großbritannien	5:23,41
Eishockey						
	Großbritannien		Kanada		USA	

Berlin 1936

1. August – 16. August

Teilnehmer: ca. 4660 / **Männer:** ca. 4300, **Frauen:** ca. 360, **Länder:** 50,
Sportarten: 19, **Entscheidungen:** 129
Letzter Fackelträger: Fritz Schilgen

Medaillenspiegel

RANG	LAND	GOLD	SILBER	BRONZE
1	Deutschland	33	26	30
2	USA	24	20	12
3	Ungarn	10	1	5
4	Italien	8	9	5
5	Finnland	7	6	6

Erfolgreichste Athleten

RANG	NAME (NATIONALITÄT)	DISZIPLIN	G	S	B
1	Jesse Owens (USA)	Leichtathletik	4	–	–
2	Konrad Frey (GER)	Turnen	3	1	2
3	Hendrika Mastenbroek (HOL)	Schwimmen	3	1	–
4	Alfred Schwarzmann (GER)	Turnen	3	–	2
5	Robert Charpentier (FRA)	Radsport	3	–	–

DISZIPLIN	GOLD		SILBER		BRONZE	
Leichtathletik						
Männer						
100 m	Jesse Owens (USA)	10,3	Ralph Metcalfe (USA)	10,4	Martinus Osendarp (HOL)	10,5
200 m	Jesse Owens (USA)	20,7	Matthew Robinson (USA)	21,1	Martinus Osendarp (HOL)	21,3
400 m	Archie Williams (USA)	46,5	Arthur G. Brown (GBR)	46,7	James LuValle (USA)	46,8
800 m	John Woodruff (USA)	1:52,9	Mario Lanzi (ITA)	1:53,3	Philip Edwards (CAN)	1:53,6
1500 m	John Lovelock (NZL)	3:47,8	Glenn Cunningham (USA)	3:48,4	Luigi Beccali (ITA)	3:49,2
5000 m	Gunnar Hoeckert (FIN)	14:22,2	Lauri Lehtinen (FIN)	14:25,8	Henry Jonsson (SWE)	14:29,0
10 000 m	Ilmari Salminen (FIN)	30:15,4	Arvo Askola (FIN)	30:15,6	Volmari Iso-Hollo (FIN)	30:20,2
Marathon	Kitei Son (JPN)	2:29:19,2	Ernest Harper (GBR)	2:31:23,2	Shoryu Nan (JPN)	2:31:42,0
110 m Hürden	Forrest Towns (USA)	14,2	Donald Finlay (GBR)	14,4	Frederick Pollard (USA)	14,4
400 m Hürden	Glenn Hardin (USA)	52,4	John Loaring (CAN)	52,7	Miguel White (PHI)	52,8
3000 m Hindernis	Volmari Iso-Hollo (FIN)	9:03,8	Kaarlo Tuominen (FIN)	9:06,8	Alfred Dompert (GER)	9:07,2
4 x 100 m	USA	39,8	Italien	41,1	Deutschland	41,2
4 x 400 m	Großbritannien	3:09,0	USA	3:11,0	Deutschland	3:11,8
50 km Gehen	Hector Whitlock (GBR)	4:30:41,1	Arthur Schwab (SUI)	4:32:09,2	Adalbert Bubenko (LET)	4:32:42,2
Hochsprung	Cornelius Johnson (USA)	2,03	David Albritton (USA)	2,00	Delos Thurber (USA)	2,00
Stabhochsprung	Earle Meadows (USA)	4,35	Shuhei Nishida (JPN)	4,25	Sueo Oe (JPN)	4,25
Weitsprung	Jesse Owens (USA)	8,06	Luz Long (GER)	7,87	Naoto Tajima (JPN)	7,74
Dreisprung	Naoto Tajima (JPN)	16,00	Masao Harada (JPN)	15,66	John P. Metcalfe (AUS)	15,50
Kugelstoßen	Hans Woellke (GER)	16,20	Sulo Bärlund (FIN)	16,12	Gerhard Stöck (GER)	15,66
Diskuswurf	Kenneth Carpenter (USA)	50,48	Gordon Dunn (USA)	49,36	Giorgio Oberweger (ITA)	49,23
Hammerwurf	Karl Hein (GER)	56,49	Erwin Blask (GER)	55,04	Fred Warngard (SWE)	54,83
Speerwurf	Gerhard Stöck (GER)	71,84	Yrjö Nikkanen (FIN)	70,77	Kalervo Toivonen (FIN)	70,72
Zehnkampf	Glenn Morris (USA)	7900	Robert Clark (USA)	7601	Jack Parker (USA)	7275
Frauen						
100 m	Helen Stephens (USA)	11,5	Stanislawa Walasiewicz (POL)	11,7	Käthe Krauß (GER)	11,9
80 m Hürden	Trebisonda Valla (ITA)	11,7	Anny Steuer (GER)	11,7	Elizabeth Taylor (CAN)	11,7
4 x 100-m	USA	46,9	Großbritannien	47,6	Kanada	47,8
Hochsprung	Ibolya Csák (HUN)	1,60	Dorothy Odam (GBR)	1,60	Elfriede Kaun (GER)	1,60
Diskuswurf	Gisela Mauermayer (GER)	47,63	Jadwiga Wajswna (POL)	46,22	Paula Mollenhauer (GER)	39,80
Speerwurf	Tilly Fleischer (GER)	45,18	Luise Krüger (GER)	43,29	Maria Kwasniewska (POL)	41,80
Schwimmen						
Männer						
100 m Kraul	Ferenc Csik (HUN)	57,6	Masanori Yusa (JPN)	57,9	Shiego Arai (JPN)	58,0
400 m Kraul	Jack Medica (USA)	4:44,5	Shumpei Uto (JPN)	4:45,6	Shozo Makino (JPN)	4:48,1
1500 m Kraul	Noboru Terada (JPN)	19:13,7	Jack Medica (USA)	19:34,0	Shumpei Uto (JPN)	19:34,5
100 m Rücken	Adolf Kiefer (USA)	1:05,9	Albert van de Weghe (USA)	1:07,7	Masaji Kiyokawa (JPN)	1:08,4
200 m Brust	Tetsuo Hamuro (JPN)	2:41,5	Erwin Sietas (GER)	2:42,9	Reizo Koike (JPN)	2:44,2
4 x 200 m Kraul	Japan	8:51,5	USA	9:03,0	Ungarn	9:12,3
Kunstspringen	Richard Degener (USA)	163,57	Marshall Wayne (USA)	159,56	Albert Greene (USA)	146,29
Turmspringen	Marshall Wayne (USA)	113,58	Elbert Root (USA)	110,60	Hermann Stork (GER)	110,31
Wasserball	Ungarn		Deutschland		Belgien	
Frauen						
100 m Kraul	Hendrika Mastenbroek (HOL)	1:05,9	Jeanette Campbell (ARG)	1:06,4	Gisela Arendt (GER)	1:06,6
400 m Kraul	Hendrika Mastenbroek (HOL)	5:26,4	Ragnhild Hveger (DEN)	5:27,5	Lenore Wingard-Kight (USA)	5:29,0
200 m Brust	Hideko Maehata (JPN)	3:03,6	Martha Genenger (GER)	3:04,2	Inge Sörensen (DEN)	3:07,8
100 m Rücken	Dina W. Senff (HOL)	1:18,9	Hendrika Mastenbroek (HOL)	1:19,2	Alica Bridges (USA)	1:19,4

DISZIPLIN	GOLD		SILBER		BRONZE	
4 x 100 m Kraul	Niederlande	4:36,0	Deutschland	4:36,8	USA	4:40,2
Kunstspringen	Marjorie Gestring (USA)	89,27	Katherine Rawls (USA)	88,35	Dorothy Poynton-Hill (USA)	82,36
Turmspringen	Dorothy Poynton-Hill (USA)	33,93	Velma Dunn (USA)	33,63	Käthe Köhler (GER)	33,43
Boxen						
Fliegengewicht (- 50,80 kg)	Willy Kaiser (GER)		Gavino Matta (ITA)		Louis D. Lauria (USA)	
Bantamgewicht (- 53,52 kg)	Ulderico Sergo (ITA)		Jack Wilson (USA)		Fidel Ortiz (MEX)	
Federgewicht (- 57,15 kg)	Oscar Casanovas (ARG)		Charles Catterall (SAF)		Josef Miner (GER)	
Leichtgewicht (- 61,24 kg)	Imre Harangi (HUN)		Nikolai Stepulov (EST)		Erik Agren (SWE)	
Weltergewicht (- 66,68 kg)	Sten Suvio (FIN)		Michael Murach (GER)		Gerhard Petersen (DEN)	
Mittelgewicht (- 72,57 kg)	Jean Despeaux (FRA)		Henry Tiller (NOR)		Raul Villareal (ARG)	
Halbschwergewicht (- 79,38 kg)	Roger Michelot (FRA)		Richard Vogt (GER)		Francisco Risiglione (ARG)	
Schwergewicht (+ 79,38 kg)	Herbert Runge (GER)		Guillermo Lovell (ARG)		Erling Nilsen (NOR)	
Gewichtheben						
Federgewicht (- 60 kg)	Anthony Terlazzo (USA)	312,5	Saleh M. Soliman (EGY)	305,0	Ibrahim H. Shams (EGY)	300,0
Leichtgewicht (- 67,5 kg)	Anwar Mesbah (EGY)	342,5			Karl Jansen (GER)	327,5
	Robert Fein (AUT)	342,5				
Mittelgewicht (- 75 kg)	Khadr Sayed El Touni (EGY)	387,5	Rudolf Ismayr (GER)	352,5	Adolf Wagner (GER)	352,5
Leichtschwergewicht (- 82,5 kg)	Louis Hostin (FRA)	372,5	Eugen Deutsch (GER)	365,0	Ibrahim Wasif (EGY)	360,0
Schwergewicht (+ 82,5 kg)	Josef Manger (GER)	410,0	Václav Pšenička (TCH))	402,5	Arnold Luhaäär (EST)	400,0
Ringen, griechisch-römisch						
Bantamgewicht (- 56 kg)	Márton Lörincz (HUN)		Egon Svensson (SWE)		Jakob Brendel (GER)	
Federgewicht (- 61 kg)	Yasar Erkan (TUR)		Aarne Reini (FIN)		Einar Karlsson (SWE)	
Leichtgewicht (- 66 kg)	Lauri Koskela (FIN)		Josef Herda (TCH)		Voldemar Väli (EST)	
Weltergewicht (- 72 kg)	Rudolf Svedberg (SWE)		Fritz Schäfer (GER)		Eino Virtanen (FIN)	
Mittelgewicht (- 79 kg)	Ivar Johansson (SWE)		Ludwig Schweickert (GER)		Jósef Palotás (HUN)	
Halbschwergewicht (- 87 kg)	Axel Cadier (SWE)		Edwin Bietags (LET)		August Neo (EST)	
Schwergewicht (+ 87 kg)	Kristjan Palusalu (EST)		John Nyman (SWE)		Kurt Hornfischer (GER)	
Ringen, freier Stil						
Bantamgewicht (- 56 kg)	Ödön Zombori (HUN)		Ross Flood (USA)		Johannes Herbert (GER)	
Federgewicht (- 61 kg)	Kustaa Pihlajamäki (FIN)		Francis Millard (USA)		Gösta Jönsson (SWE)	
Leichtgewicht (- 66 kg)	Károly Kárpáty (HUN)		Wolfgang Ehrl (GER)		Hermanni Pihlajamäki (FIN)	
Weltergewicht (- 72 kg)	Frank Lewis (USA)		Ture Andersson (SWE)		Joseph Schleimer (CAN)	
Mittelgewicht (- 79 kg)	Emile Poilvé (FRA)		Richard Voliva (USA)		Ahmet Kirecci (TUR)	
Halbschwergewicht (- 87 kg)	Knut Fridell (SWE)		August Neo (EST)		Erich Siebert (GER)	
Schwergewicht (+ 87 kg)	Kristjan Palusalu (EST)		Josef Klapuch (TCH)		Hjalmar Nyström (FIN)	
Fechten						
Florett - Einzel, Herren	Giulio Gaudini (ITA)	7	Edward Gardière (FRA)	6	Giorgio Bocchino (ITA)	4
Florett - Mannschaft, Herren	Italien		Frankreich		Deutschland	
Degen - Einzel	Franco Riccardi (ITA)	5	Saverio Ragno (ITA)	6	Giancarlo Cornaggia-Medici (ITA)	6
Degen - Mannschaft	Italien		Schweden		Frankreich	
Säbel - Einzel	Endre Kabos (HUN)	7	Gustavo Marzi (ITA)	6	Aladár Gerevich (HUN)	6
Säbel - Mannschaft	Ungarn		Italien		Deutschland	
Florett - Einzel, Damen	Ilona Elek (HUN)	6	Helene Mayer (GER)	5	Ellen Preis (AUT)	5
Moderner Fünfkampf						
Einzel	Gotthard Handrick (GER)	31,5	Charles Leonard (USA)	39,5	Silvano Abba (ITA)	45,5
Kanu						
1000 m K1	Gregor Hradetzky (AUT)	4:22,9	Helmut Cämmerer (GER)	4:25,6	Jacob Kraaier (HOL)	4:35,1
10 000 m K1	Ernst Krebs (GER)	46:01,6	Fritz Landertinger (AUT)	46:14,7	Ernest Riedel (USA)	47:23,9
1000 m K2	Österreich	4:03,8	Deutschland	4:08,9	Niederlande	4:12,2
10 000 m K2	Deutschland	41:45,0	Österreich	42:05,4	Schweden	43:06,1
1000 m C1	Francis Amyot (CAN)	5:32,1	Bohuslav Karlik (TCH)	5:36,9	Erich Koschik (GER)	5:39,0
1000 m C2	Tschechoslowakei	4:50,1	Österreich	4:53,8	Kanada	4:56,7
10 000 m C2	Tschechoslowakei	50:33,5	Kanada	51:15,8	Österreich	51:28,0
10 000 m Faltboot F1	Gregor Hradetzky (AUT)	50:01,2	Henri Eberhardt (FRA)	50:04,2	Xaver Hörmann (GER)	50:06,5
10 000 m Faltboot F2	Schweden	45:48,9	Deutschland	45:49,2	Niederlande	46:12,4
Rudern						
Einer	Gustav Schäfer (GER)	8:21,5	Josef Hasenöhrl (AUT)	8:25,8	Daniel Barrow (USA)	8:28,0
Doppelzweier	Großbritannien	7:20,8	Deutschland	7:26,2	Polen	7:36,2
Zweier ohne Steuermann	Deutschland	8:16,1	Dänemark	8:19,2	Argentinien	8:23,0
Zweier mit Steuermann	Deutschland	8:36,9	Italien	8:49,7	Frankreich	8:54,0

DISZIPLIN	GOLD		SILBER		BRONZE	
Vierer ohne Steuermann	Deutschland	7:01,8	Großbritannien	7:06,5	Schweiz	7:10,6
Vierer mit Steuermann	Deutschland	7:16,2	Schweiz	7:24,3	Frankreich	7:33,3
Achter	USA	6:25,4	Italien	6:26,0	Deutschland	6:26,4
Segeln						
Ein-Mann-Boot	Daniel M.J. Kagchelland (HOL)	163	Werner Krogmann (GER)	150	Peter M. Scott (GBR)	131
Star	Deutschland	80	Schweden	64	Niederlande	63
6-m-Klasse	Großbritannien	67	Norwegen	66	Schweden	62
8-m-Klasse	Italien	55	Norwegen	53	Deutschland	53
Radsport						
Straßenrennen (100 km)	Robert Charpentier (FRA)	2:33:05,0	Guy Lapébie (FRA)	2:33:05,2	Ernst Nievergelt (SUI)	2:33:05,8
Mannschaft	Frankreich	7:39:16,2	Schweiz	7:39:20,4	Belgien	7:39:21,0
1000-m-Zeitfahren	Arie van Vliet (HOL)	1:12,0	Pierre Georget (FRA)	1:12,8	Rudolf Karsch (GER)	1:13,2
1000-m-Sprint	Toni Merkens (GER)	11,8	Arie van Vliet (HOL)		Louis Chaillot (FRA)	
2000-m-Tandemfahren	Deutschland	11,8	Niederlande		Frankreich	
4000-m-Mannschaftsverfolgung	Frankreich	4:45,0	Italien	4:51,0	Großbritannien	4:53,6
Reitsport						
Military, Einzel	Ludwig Stubbendorff (GER)	-37,70	Earl Thomson (USA)	-99,90	Hans Mathiesen-Lunding(DEN)	-102,20
Military, Mannschaft	Deutschland	-676,65	Polen	-991,70	Großbritannien	-9195,50
Dressur, Einzel	Heinrich Pollay (GER)	1760,0	Friedrich Gerhard (GER)	1745,5	Alois Podhajsky (AUT)	1721,5
Dressur, Mannschaft	Deutschland	5074,0	Frankreich	4846,0	Schweden	4660,5
Jagdspringen, Einzel	Kurt Hasse (GER)	4	Henri Rang (ROM)	4	József von Platthy (HUN)	8
Jagdspringen, Mannschaft	Deutschland	-44,00	Niederlande	-51,50	Portugal	-56,00
Schießen						
Kleinkaliber (KK) liegend	Willy Rögeberg (NOR)	300	Ralf Berzseny (HUN)	296	Wladyslaw Karas (POL)	296
Schnellfeuer-Pistole	Cornelius van Oyen (GER)	36	Heinz Hax (GER)	35	Torsten Ullman (SWE)	34
Beliebige Scheibenpistole	Torsten Ullman (SWE)	559	Erich Krempel (GER)	544	Charles des Jammonières (FRA)	540
Turnen						
Männer						
Mehrkampf, Einzelwertung	Alfred Schwarzmann (GER)	113,100	Eugen Mack (SUI)	112,334	Konrad Frey (GER)	115,532
Mehrkampf, Mannschaft	Deutschland	657,430	Schweiz	654,802	Finnland	638,468
Barren	Konrad Frey (GER)	19,067	Michael Reusch (SUI)	19,034	Alfred Schwarzmann (GER)	18,967
Boden	Georges Miez (SUI)	18,666	Josef Walter (SUI)	18,500	Eugen Mack (SUI)	18,466
					Konrad Frey (GER)	18,466
Pferdsprung	Alfred Schwarzmann (GER)	19,200	Eugen Mack (SUI)	18,967	Matthias Volz (GER)	18,467
Reck	Aleksanteri Saarvala (FIN)	19,367	Konrad Frey (GER)	19,267	Alfred Schwarzmann (GER)	19,233
Ringe	Alois Hudec (THC)	19,433	Leon Stukelji (YUG)	18,867	Matthias Volz (GER)	18,667
Seitpferd	Konrad Frey (GER)	19,333	Eugen Mack (SUI)	19,167	Albert Bachmann (SUI)	19,067
Frauen						
Mehrkampf, Mannschaft	Deutschland	506,50	Tschechoslowakei	503,60	Ungarn	499,00
Basketball						
	USA		Kanada		Mexiko	
Fußball						
	Italien		Österreich		Norwegen	
Handball						
	Deutschland		Österreich		Schweiz	
Hockey						
	Indien		Deutschland		Niederlande	
Polo						
	Argentinien		Großbritannien		Mexiko	

St. Moritz 1948

30. Januar – 8. Februar

Teilnehmer: ca. 700 / **Männer:** ca. 620, **Frauen:** ca. 80, **Länder:** 28,
Sportarten: 7, **Entscheidungen:** 22
Letzter Fackelträger: Richard Torriani

Medaillenspiegel

RANG	LAND	GOLD	SILBER	BRONZE
1	Norwegen	4	3	3
	Schweden	4	3	3
3	Schweiz	3	4	3
4	USA	3	4	2
5	Frankreich	2	1	2

Erfolgreichste Athleten

RANG	NAME (NATIONALITÄT)	DISZIPLIN	G	S	B
1	Henri Oreiller (FRA)	Ski alpin	2	–	1
2	Martin Lundström (SWE)	Ski nordisch	2	–	–
3	Trude Beiser (AUT)	Ski alpin	1	1	–
	Gretchen Fraser (USA)	Ski alpin	1	1	–
	Nils Östensson (SWE)	Ski nordisch	1	1	–

DISZIPLIN	GOLD		SILBER		BRONZE	
Ski alpin						
Männer						
Abfahrt	Henri Oreiller (FRA)	2:55,0	Franz Gabl (AUT)	2:59,1	Karl Molitor (SUI)	3:00,3
					Rolf Olinger (SUI)	3:00,3
Slalom	Edy Reinalter (SUI)	130,3	James Couttet (FRA)	130,8	Henri Oreiller (FRA)	132,8
Kombination	Henri Oreiller (FRA)	3,27	Karl Molitor (SUI)	6,44	James Couttet (FRA)	6,95
Frauen						
Abfahrt	Hedy Schlunegger (SUI)	2:28,3	Trude Beiser (AUT)	2:29,1	Resi Hammerer (AUT)	2:30,2
Slalom	Gretchen Frazer (USA)	117,2	Antoinette Meyer (SUI)	117,7	Erika Mahringer (AUT)	118,0
Kombination	Trude Beiser (AUT)	6,58	Gretchen Frazer (USA)	6,95	Erika Mahringer (AUT)	7,04
Ski nordisch						
18-km-Langlauf	Martin Lundström (SWE)	1:13:50	Nils Östensson (SWE)	1:14:22	Gunnar Eriksson (SWE)	1:16:06
50-km-Langlauf	Nils Karlsson (SWE)	3:47:48	Harald Eriksson (SWE)	3:52:20	Benjamin Vanninen (FIN)	3:57:28
4 x 10 km	Schweden	2:32:08	Finnland	2:41:06	Norwegen	2:44:33
Skispringen	Peter Hugsted (NOR)	228,1	Birger Ruud (NOR)	226,6	Thorleif Schjelderup (NOR)	225,1
Nordische Kombination	Heikki Hasu (FIN)	448,80	Martti Huhtala (FIN)	433,65	Sven Israelsson (SWE)	433,40
Eiskunstlaufen						
Damen	Barbara Ann Scott (CAN)		Eva Pawlik (AUT)		Jeanette Altwegg (GBR)	
Herren	Richard Button (USA)		Hans Gerschwiler (SUI)		Edi Rada (AUT)	
Paare	Micheline Lannoy/ Pierre Baugniet (BEL)		Andrea Kékessy/ Ede Király (HUN)		Suzanne Morrow/ Wallace Diestelmeyer (CAN)	
Eisschnellaufen						
500 m	Finn Helgesen (NOR)	43,1	Kenneth Bartholomew (USA)	43,2		
			Thomas Byberg (NOR)	43,2		
			Robert Fitzgerald (USA)	43,2		
1500 m	Sverre Farstadt (NOR)	2:17,6	Ake Seyffarth (SWE)	2:18,1	Odd Lundberg (NOR)	2:18,9
5000 m	Reidar Liaklev (NOR)	8:29,4	Odd Lundberg (NOR)	8:32,7	Göte Hedlund (SWE)	8:34,8
10 000 m	Ake Seyffarth (SWE)	17:26,3	Lauri Parkkinen (FIN)	17:36,0	Pentti Lammio (FIN)	17:42,7
Bob						
Zweierbob	Schweiz II	5:29,2	Schweiz I	5:30,4	USA II	5:35,3
Viererbob	USA II	5:20,1	Belgien	5:21,3	USA I	5:21,5
Skeleton						
	Nino Bibbia (ITA)	323,2	John R. Heaton (USA)	324,6	John G. Crammond (GBR)	325,1
Eishockey						
	Kanada		Tschechoslowakei		Schweiz	

London 1948

29. Juli – 14. August

Teilnehmer: ca. 4100 / **Männer:** ca. 3700, **Frauen:** ca. 400, **Länder:** 59,
Sportarten: 17, **Entscheidungen:** 136
Letzter Fackelträger: John Mark

Medaillenspiegel

RANG	LAND	GOLD	SILBER	BRONZE
1	USA	38	27	19
2	Schweden	16	11	17
3	Frankreich	10	6	13
4	Ungarn	10	5	12
5	Italien	8	12	9

Erfolgreichste Athleten

RANG	NAME (NATIONALITÄT)	DISZIPLIN	G	S	B
1	Fanny Blankers-Koen (HOL)	Leichtathletik	4	–	–
2	Veikko Huhtanen (FIN)	Turnen	3	1	1
3	Paavo Aaltonen (FIN)	Turnen	3	–	1
4	James McLane (USA)	Schwimmen	2	1	–
	Anne Curtis (USA)	Schwimmen	2	1	–

DISZIPLIN	GOLD		SILBER		BRONZE	
Leichtathletik						
Männer						
100 m	Harrison Dillard (USA)	10,3	Henry Norwood Ewell (USA)	10,4	Lloyd La Beach (PAN)	10,4
200 m	Melvin Patton (USA)	21,1	Henry Norwood Ewell (USA)	21,1	Lloyd La Beach (PAN)	21,2
400 m	Arthur Wint (JAM)	46,2	Herbert McKenley (JAM)	46,4	Malvin Whitfield (USA)	46,9
800 m	Malvin Whitfield (USA)	1:49,2	Arthur Wint (JAM)	1:49,5	Marcel Hansenne (FRA)	1:49,8
1500 m	Henry Eriksson (SWE)	3:49,8	Lennart Strand (SWE)	3:50,4	Willem Slijkhuis (HOL)	3:50,4
5000 m	Gaston Reiff (BEL)	14:17,6	Emil Zátopek (TCH)	14:17,8	Willem Slijkhuis (HOL)	14:26,8
10 000 m	Emil Zátopek (TCH)	29:59,6	Alain Mimoun (FRA)	30:47,4	Bertil Albertsson (SWE)	30:53,6
Marathon	Delfo Cabrera (ARG)	2:34:51,6	Thomas Richards (GBR)	2:35:07,6	Etienne Gailly (BEL)	2:35:33,6
110 m Hürden	William Porter (USA)	13,9	Clyde Scott (USA)	14,1	Craig Dixon (USA)	14,1
400 m Hürden	Leroy Cochran (USA)	51,1	Duncan White (CEY)	51,8	Rune Larsson (SWE)	52,2
3000 m Hindernis	Thore Sjöstrand (SWE)	9:04,6	Erik Elmsäter (SWE)	9:08,2	Gösta Hagström (SWE)	9:11,8
4 x 100 m	USA	40,6	Großbritannien	41,3	Italien	41,5
4 x 400 m	USA	3:10,4	Frankreich	3:14,8	Schweden	3:16,0
10 km Gehen	John Mikaelsson (SWE)	45:13,2	Ingemar Johansson (SWE)	45:43,8	Fritz Schwab (SUI)	46:00,2
50 km Gehen	John Ljunggren (SWE)	4:41:52	Gaston Godel (SUI)	4:48:17	Tebbs Lloyd-Johnson (GBR)	4:48:31
Hochsprung	John Winter (AUS)	1,98	Björn Paulson (NOR)	1,95	George Stanich (USA)	1,95
Stabhochsprung	Guinn Smith (USA)	4,30	Erkki Kataja (FIN)	4,20	Robert Richards (USA)	4,20
Weitsprung	Willie Steele (USA)	7,825	Thomas Bruce (AUS)	7,555	Herbert Douglas (USA)	7,545
Dreisprung	Arne Ahman (SWE)	15,40	George Avery (AUS)	15,365	Ruhi Sarialp (TUR)	15,025
Kugelstoßen	Wilbur Thompson (USA)	17,12	Francis J. Delaney (USA)	16,68	James Fuchs (USA)	16,42
Diskuswurf	Adolfo Consolini (ITA)	52,78	Giuseppe Tosi (ITA)	51,78	Fortune Gordien (USA)	50,77
Hammerwurf	Imre Németh (HUN)	56,07	Ivan Gubijan (YUG)	54,27	Robert Bennett (USA)	53,73
Speerwurf	Tapio Rautavaara (FIN)	69,77	Steve Seymour (USA)	67,56	József Várszegi (HUN)	67,03
Zehnkampf	Robert Mathias (USA)	7139	Ignace Heinrich (FRA)	6974	Floyd Simmons (USA)	6950
Frauen						
100 m	Fanny Blankers-Koen (HOL)	11,9	Dorothy Manley (GBR)	12,2	Shirley Strickland (AUS)	12,2
200 m	Fanny Blankers-Koen (HOL)	24,4	Audrey Williamson (GBR)	25,1	Audrey Patterson (USA)	25,2
80 m Hürden	Fanny Blankers-Koen (HOL)	11,2	Maureen Gardner (GBR)	11,2	Shirley Strickland (AUS)	11,4
4 x 100 m	Niederlande	47,5	Australien	47,6	Kanada	47,8
Hochsprung	Alice Coachman (USA)	1,68	Dorothy Tyler-Odam (GBR)	1,68	Micheline Ostermeyer (FRA)	1,61
Weitsprung	Olga Gyarmati (HUN)	5,695	Noëmi Simonetto De Portela (ARG)	5,60	Ann-Britt Leyman (SWE)	5,575
Kugelstoßen	Micheline Ostermeyer (FRA)	13,75	Amelia Piccinini (ITA)	13,095	Ine Schäffer (AUT)	13,08
Diskuswurf	Micheline Ostermeyer (FRA)	41,92	Edera Gentile-Cordiale (ITA)	41,17	Jacqueline Mazeas (FRA)	40,47
Speerwurf	Herma Bauma (AUT)	45,57	Kaisa Parviainen (FIN)	43,79	Lily Carlstedt (DEN)	42,08
Schwimmen						
Männer						
100 m Kraul	Walter Ris (USA)	57,3	Alan Ford (USA)	57,8	Géza Kádas (HUN)	58,1
400 m Kraul	William Smith (USA)	4:41,0	James McLane (USA)	4:43,4	John Marshall (AUS)	4:47,7
1500 m Kraul	James McLane (USA)	19:18,5	John Marshall (AUS)	19:31,3	György Mitró (HUN)	19:43,2
100 m Rücken	Allen Stack (USA)	1:06,4	Robert Cowell (USA)	1:06,5	Georges Vallerey (FRA)	1:07,8
200 m Brust	Joseph Verdeur (USA)	2:39,3	Keith Carter (USA)	2:40,2	Robert Sohl (USA)	2:43,9
4 x 200 m Kraul	USA	8:46,0	Ungarn	8:48,4	Frankreich	9:08,0
Kunstspringen	Bruce Harlan (USA)	163,64	Miller Anderson (USA)	157,29	Samuel Lee (USA)	145,52
Turmspringen	Samuel Lee (USA)	130,05	Bruce Harlan (USA)	122,30	Joaquin Caprilla Pérez (MEX)	113,52
Wasserball	Italien		Ungarn		Niederlande	

DISZIPLIN	GOLD		SILBER		BRONZE	
Frauen						
100 m Kraul	Greta Andersen (DEN)	1:06,3	Ann Curtis (USA)	1:06,5	Marie-Louise Vaessen (HOL)	1:07,6
400 m Kraul	Ann Curtis (USA)	5:17,8	Karen-Margrete Harup (DEN)	5:21,2	Catherine Gibson (GBR)	5:22,5
100 m Rücken	Karen-Margrete Harup (DEN)	1:14,4	Suzanne Zimmermann (USA)	1:16,0	Judy Davies (AUS)	1:16,7
200 m Brust	Petronella van Vliet (HOL)	2:57,2	Beatrice Lyons (AUS)	2:57,7	Evá Novák (HUN)	3:00,2
4 x 100 m Kraul	USA	4:29,2	Dänemark	4:29,6	Niederlande	4:31,6
Kunstspringen	Victoria Draves (USA)	108,74	Zoe Ann Olsen (USA)	108,23	Patricia Elsener (USA)	101,30
Turmspringen	Victoria Draves (USA)	68,87	Patricia Elsner (USA)	66,28	Birte Christofferson (DEN)	66,04
Boxen						
Fliegengewicht (- 51 kg)	Pascual Perez (ARG)		Spartaco Bandinelli (ITA)		Soo-Ann Han (KOR)	
Bantamgewicht (- 54 kg)	Tibor Csik (HUN)		Giovanni Battista Zuddas (ITA)		Juan Venegas (PUR)	
Federgewicht (- 58 kg)	Ernesto Formenti (ITA)		Dennis Shepherd (SAF)		Aleksy Antkiewicz (POL)	
Leichtgewicht (- 62 kg)	Gerald Dreyer (SAF)		Joseph Vissers (BEL)		Sven Wad (DEN)	
Weltergewicht (- 67 kg)	Julius Torma (TCH)		Horace Herring (USA)		Alessandro D'Ottavio (ITA)	
Mittelgewicht (- 73 kg)	László Papp (HUN)		John Wright (GBR)		Ivano Fontana (ITA)	
Halbschwergewicht (- 80 kg)	George Hunter (SAF)		Donald Scott (GBR)		Maurio Cia (ARG)	
Schwergewicht (+ 80 kg)	Rafael Iglesias (ARG)		Gunnar Nilsson (SWE)		John Arthur (SAF)	
Gewichtheben						
Bantamgewicht (- 56 kg)	Joseph Di Pietro (USA)	307,5	Julian Creus (GBR)	297,5	Richard Tom (USA)	295,0
Federgewicht (- 60 kg)	Mahmoud Fayad (EGY)	332,5	Rodney Wilkes (TRI)	317,5	Jaffar Salmassi (IRN)	312,5
Leichtgewicht (- 67,5 kg)	Ibrahim Hassan Shams (EGY)	360,0	Attia Hamouda (EGY)	360,0	James Halliday (GBR)	340,0
Mittelgewicht (- 75 kg)	Frank Spellman (USA)	390,0	Peter George (USA)	382,5	Sung-Jip Kim (KOR)	380,0
Leichtschwergewicht (- 82,5 kg)	Stanley Stanczyk (USA)	417,5	Harold Sakata (USA)	380,0	Gösta Magnusson (SWE)	375,0
Schwergewicht (+ 82,5 kg)	John Davis (USA)	452,5	Norbert Schemansky (USA)	425,0	Abraham Charité (HOL)	412,5
Ringen, griechisch-römisch						
Fliegengewicht (- 52 kg)	Pietro Lombardi (ITA)		Kenan Olcay (TUR)		Reino Kangasmäki (FIN)	
Bantamgewicht (-57 kg)	Kurt Pettersen (SWE)		Ali Mahmoud Hassan (EGY)		Halil Kaya (TUR)	
Federgewicht (-62 kg)	Mehmet Oktav (TUR)		Olle Anderberg (SWE)		Ferenc Tóth (HUN)	
Leichtgewicht (-67 kg)	Gustav Freij (SWE)		Aage Eriksen (NOR)		Károly Ferencz (HUN)	
Weltergewicht (-73 kg)	Gösta Andersson (SWE)		Miklós Szilvási (HUN)		Henrik Hansen (DEN)	
Mittelgewicht (-79 kg)	Axel Grönberg (SWE)		Muhlis Tayfur (TUR)		Ercole Gallegati (ITA)	
Halbshwergewicht (-87 kg)	Karl-Erik Nilsson (SWE)		Kaelpo Gröndahl (FIN)		Ibrahim Orabi (EGY)	
Schwergewicht (+87 kg)	Ahmet Kirecci (TUR)		Tor Nilsson (SWE)		Guido Fantoni (ITA)	
Ringen, freier Stil						
Fliegengewicht (-52 kg)	Lennart Viitala (FIN)		Halat Balamir (TUR)		Thure Johansson (SWE)	
Bantamgewicht (-57 kg)	Nasuh Akar (TUR)		Gerald Leeman (USA)		Charles Kouyos (FRA)	
Federgewicht (-62 kg)	Gazanfer Bilge (TUR)		Ivar Sjölin (SWE)		Adolf Müller (SUI)	
Leichtgewicht (-67 kg)	Celal Atik (TUR)		Gösta Frändfors (SWE)		Hermann Baumann (SUI)	
Weltergewicht (-73 kg)	Yasar Dogu (TUR)		Richard Garrad (AUS)		Leland Merrill (USA)	
Mittelgewicht (-79 kg)	Glen Brand (USA)		Adil Candemir (TUR)		Erik Linden (SWE)	
Halbschwergewicht (-87 kg)	Henry Wittenberg (USA)		Fritz Stöckli (SUI)		Bengt Fahlkvist (SWE)	
Schwergewicht (+87 kg)	Gyula Bóbis (HUN)		Bertil Antonsson (SWE)		Joseph Armstrong (AUS)	
Fechten						
Florett - Einzel, Herren	Jehan Buhan (FRA)	7	Christian d'Oriola (FRA)	5	Lajos Maszlay (HUN)	4
Florett - Mannschaft, Herren	Frankreich		Italien		Belgien	
Degen - Einzel	Luigi Cantone (ITA)	7	Oswald Zappelli (SUI)	5	Edoardo Mangiarotti (ITA)	5
Degen - Mannschaft	Frankreich		Italien		Schweden	
Säbel - Einzel	Aladár Gerevich (HUN)	7	Vicenzo Pinton (ITA)	5	Pál Kovacs (HUN)	5
Säbel - Mannschaft	Ungarn		Italien		USA	
Florett - Einzel, Damen	Ilona Elek (HUN)	6	Karen Lachmann (DEN)	5	Ellen Müller-Preis (AUT)	5
Moderner Fünfkampf						
Einzel	Wiliam Grut (SWE)	16	George Moore (USA)	47	Gösta Gärdin (SWE)	49
Kanu						
Männer						
1000 m K1	Gert Fredriksson (SWE)	4:33,2	Johan Kobberup (DEN)	4:39,9	Henri Eberhardt	4:41,4
10 000 m K1	Gert Fredriksson (SWE)	50:47,7	Kurt Wires (FIN)	51:18,2	Ejvind Skabo (NOR)	51:35,4
1000 m K2	Schweden	4:07,3	Dänemark	4:07,5	Finnland	4:08,7
10 000 m K2	Schweden	46:09,4	Norwegen	46:44,8	Finnland	46:48,2
1000 m C1	Josef Holeček (TCH)	5:42,0	Douglas Bennett (CAN)	5:53,3	Robert Boutigny (FRA)	5:55,9
10 000 m C1	František Capek (TCH)	1:02,05	Frank Havens (USA)	1:02,40	Norman Lane (CAN)	1:04,35

LONDON 1948

DISZIPLIN	GOLD		SILBER		BRONZE	
1000 m C2	Tschechoslowakei	5:07,1	USA	5:08,2	Frankreich	5:15,2
10 000 m C2	USA	55:55,4	Tschechoslowakei	57:38,5	Frankreich	58:00,8
Frauen						
500 m K1	Karen Hoff (DEN)	2:31,9	Alida van der Anker-Doedans (HOL) 2:32,8		Fritzi Schwingl (AUT)	2:32,9
Rudern						
Einer	Mervyn Wood (AUS)	7:24,4	Eduardo Risso (URU)	7:38,2	Romolo Catasta (ITA)	7:51,4
Doppelzweier	Großbritannien	6:51,3	Dänemark	6:55,3	Uruguay	7:12,4
Zweier ohne Steuermann	Großbritannien	7:21,1	Schweiz	7:23,9	Italien	7:31,5
Zweier mit Steuermann	Dänemark	8:00,5	Italien	8:12,2	Ungarn	8:25,2
Vierer ohne Steuermann	Italien	6:39,0	Dänemark	6:43,5	USA	6:47,7
Vierer mit Steuermann	USA	6:50,3	Schweiz	6:53,3	Dänemark	6:58,6
Achter	USA	5:56,7	Großbritannien	6:06,9	Norwegen	6:10,3
Segeln						
Ein-Mann-Boot	Paul Elvström (DEN)	5543	Ralph Evans jun. (USA)	5408	Jacobus H. de Jong (HOL)	5204
Star	USA	5828	Kuba	4949	Niederlande	4731
Swallow	Großbritannien	5625	Portugal	5579	USA	4352
Drachen	Norwegen	4746	Schweden	4621	Dänemark	4223
6-m-Klasse	USA	5472	Argentinien	5120	Schweden	4033
Radsport						
Straßenrennen (194,633 Km)	José Beyaert (FRA)	5:18:12,6	Gerardus P. Voorting (HOL) 5:18:16,2		Lode Wouters van Roesbroeck(BEL)	5:18:16,2
Mannschaftswertung	Belgien	15:58:17,4	Großbritannien	16:03:31,6	Frankreich	16:08:19,4
1000-m-Zeitfahren	Jacques Dupont (FRA)	1:13,5	Pierre Nihant (BEL)	1:14,5	Thomas Godwin (GBR)	1:15,0
1000-m-Sprint	Mario Ghella (ITA)		Reginald Harris (GBR)		Axel Schandorff (DEN)	
2000-m-Tandemfahren	Italien		Großbritannien		Frankreich	
4000-m-Mannschaftsverfolgung	Frankreich	4:57,8	Italien	5:36,7	Großbritannien	4:55,8
Reitsport						
Military, Einzel	Bernard Chevallier (FRA)	+4	Frank Henry (USA)	-21	Robert Selfelt (SWE)	-25
Military, Mannschaft	USA	-161,50	Schweden	-165,00	Mexiko	-305,25
Dressur, Einzel	Hans Moser (SUI)	492,5	André Jousseaume (FRA)	480,0	Gustav-Adolf Boltenstern jun. (SWE)	477,5
Dressur, Mannschaft	Frankreich	1269,0	USA	1256,0	Portugal	1182,0
Jagdspringen, Einzel	Humberto Marileo Cortés (MEX)	6,25	Rubén Uriza (MEX)	8	Jean François d'Orgeix (FRA)	8
Jagdspringen, Mannschaft	Mexiko	-34,25	Spanien	-56,50	Großbritannien	-67,00
Schießen						
Freies Gewehr	Emil Grünig (SUI)	1120	Pauli Janhonen (FIN)	1114	Willy Rögeberg (NOR)	1112
Kleinkaliber (KK) liegend	Arthur Cook (USA)	599	Walter Tomsen (USA)	599	Jonas Jonsson (SWE)	597
Schnellfeuer-Pistole	Károly Takács (HUN)	580	Carlos E. Diaz Sáenz Valiente (ARG)	571	Sven Lundqvist (SWE)	569
Beliebige Scheibenpistole	Edwin Vasquez Cam (PER)	545	Rudolf Schnyder (SUI)	539	Torsten Ullman (SWE)	539
Turnen						
Männer						
Mehrkampf, Einzelwertung	Veikko Huhtanen (FIN)	229,70	Walter Lehmann (SUI)	229,00	Paavo Aaltonen (FIN)	228,80
Mehrkampf, Mannschaft	Finnland	1358,30	Schweiz	1356,70	Ungarn	1330,85
Barren	Michael Reusch (SUI)	39,50	Veikko Huhtanen (FIN)	39,30	Christian Kipfer (SUI)	39,10
					Josef Stalder (SUI)	39,10
Boden	Ferenc Pataki (HUN)	38,70	János Mogyorósi-Klencs (HUN)	38,40	Zdenek Ruzicka (TCH)	38,10
Pferdsprung	Paavo Aaltonen (FIN)	39,10	Olavi Rove (FIN)	39,00	János Mogyorósi-Klencs (HUN)	38,50
					Ferenc Pataki (HUN)	38,50
					Leo Sotornik (TCH)	38,50
Reck	Josef Stalder (SUI)	39,70	Walter Lehmann (SUI)	39,40	Veikko Huhtanen (FIN)	39,20
Ringe	Karl Frei (SUI)	39,60	Michael Reusch (SUI)	39,10	Zdenek Ružička (TCH)	38,50
Seitpferd	Veikko Huhtanen (FIN)	38,70	Luigi Zanetti (ITA)	38,30	Guido Figone (ITA)	38,20
	Paavo Aaltonen (FIN)	38,70				
	Heikki Savolaien (FIN)	38,70				
Frauen						
Mehrkampf, Mannschaft	Tschechoslowakei	445,45	Ungarn	440,55	USA	422,63
Basketball	USA		Frankreich		Brasilien	
Fußball	Schweden		Jugoslawien		Dänemark	
Hockey	Indien		Großbritannien		Niederlande	

Oslo 1952

14. Februar – 25. Februar

Teilnehmer: ca. 730 / **Männer:** ca. 620, **Frauen:** ca. 110, **Länder:** 30,
Sportarten: 6, **Entscheidungen:** 22
Letzter Fackelträger: Eigil Nansen

Medaillenspiegel

RANG	LAND	GOLD	SILBER	BRONZE
1	Norwegen	7	3	6
2	USA	4	6	1
3	Finnland	3	4	2
4	Deutschland	3	2	2
5	Österreich	2	4	2

Erfolgreichste Athleten

RANG	NAME (NATIONALITÄT)	DISZIPLIN	G	S	B
1	Hjalmar Andersen (NOR)	Eisschnellauf	3	–	–
2	Andrea Lawrence-Mead (USA)	Ski alpin	2	–	–
	Andreas Ostler (GER)	Bobsport	2	–	–
	Lorenz Nieberl (GER)	Bobsport	2	–	–

DISZIPLIN	GOLD		SILBER		BRONZE	
Ski alpin						
Männer						
Abfahrt	Zeno Colò (ITA)	2:30,8	Othmar Schneider (AUT)	2:32,0	Christian Pravda (AUT)	2:32,4
Slalom	Othmar Schneider (AUT)	2:00,0	Stein Eriksen (NOR)	2:01,2	Guttorm Berge (NOR)	2:01,7
Riesenslalom	Stein Eriksen (NOR)	2:25,0	Christian Pravda (AUT)	2:26,9	Toni Spiß (AUT)	2:28,8
Frauen						
Abfahrt	Trude Jochum-Beiser (AUT)	1:47,1	Annnemarie Buchner (GER)	1:48,0	Guliana Minuzzo (ITA)	1:49,0
Slalom	Andrea Lawrence-Mead (USA)	2:10,6	Ossi Reichert (GER)	2:11,4	Annemarie Buchner (GER)	2:13,3
Riesenslalom	Andrea Lawrence-Mead (USA)	2:06,8	Dagmar Rom (AUT)	2:09,0	Annemarie Buchner (GER)	2:10,0
Ski nordisch						
Männer						
18-km-Langlauf	Hallgeir Brenden (NOR)	1:01:34,0	Tapio Mäkelä (FIN)	1:02:09,0	Paavo Lonkila (FIN)	1:02:20,0
50-km-Langlauf	Veikko Hakulinen (FIN)	3:33.33,0	Eero Kolehmainen (FIN)	3:38:11,0	Magnar Estensad (NOR)	3:38:28,0
4 x 10 km	Finnland	2:20:16,0	Norwegen	2:23:13,0	Schweden	2:24:13,0
Skispringen	Arnfinn Bergmann (NOR)	226,0	Torbjörn Falkanger (NOR)	221,5	Karl Holmstöm (SWE)	219,5
Nordische Kombination	Simon Slettvik (NOR)	451,621	Heikki Hasu (FIN)	447,500	Sverre Stenersen (NOR)	436,335
Frauen						
10-km-Langlauf	Lydia Widemann (FIN)	41:40,0	Mirja Hietamies (FIN)	42:39,0	Siiri Rantanen (FIN)	42:50,0
Eiskunstlauf						
Damen	Jeanette Altwegg (GBR)		Tenley Albright (USA)		Jacqueline du Bief (FRA)	
Herren	Richard Button (USA)		Helmut Seibt (AUT)		James Grogan (USA)	
Paare	Ria Falk/ Paul Falk (GER)		Karol Estelle Kennedy/ Michael Kennedy (USA)		Marianne Nagy/ László Nagy (HUN)	
Eisschnellauf						
500 m	Kenneth Henry (USA)	43,2	Donald McDermott (USA)	43,9	Arne Johansen (NOR) / Gordon Audley (CAN)	44,0 / 44,0
1500 m	Hjalmar Andersen (NOR)	2:20,4	Willem van der Voort (HOL)	2.20,6	Roald Aas (NOR)	2:21,6
5000 m	Hjalmar Andersen (NOR)	8:10,6	Cornelis Broekman (HOL)	8:21,6	Sverre Haugli (NOR)	8:22,4
10 000 m	Hjalmar Andersen (NOR)	16:45,8	Cornelis Broekman (HOL)	17:10,6	Carl-Erik Asplund (SWE)	17:16,6
Bob						
Zweierbob	Deutschland	5:24,54	USA I	5:26,89	Schweiz I	5:27,71
Viererbob	Deutschland	5:07,84	USA	5:10,84	Schweiz I	5:11,70
Eishockey	Kanada		USA		Schweden	

Helsinki 1952

19. Juli – 3. August

Teilnehmer: ca. 5420 / **Männer:** ca. 4900, **Frauen:** ca. 520, **Länder:** 69,
Sportarten: 17, **Entscheidungen:** 149
Letzter Fackelträger: Paavo Nurmi

Medaillenspiegel

RANG	LAND	GOLD	SILBER	BRONZE
1	USA	40	19	17
2	UdSSR	22	30	19
3	Ungarn	16	10	16
4	Schweden	12	12	10
5	Italien	8	9	4

Erfolgreichste Athleten

RANG	NAME (NATIONALITÄT)	DISZIPLIN	G	S	B
1	Viktor Tschukarin (URS)	Turnen	4	2	–
2	Emil Zátopek (TCH)	Leichtathletik	3	–	–
3	Maria Gorowskaja (URS)	Turnen	2	5	–
4	Edoardo Mangiarotti (ITA)	Fechten	2	2	–
	Grant Schaginyan (URS)	Turnen	2	2	–
	Nina Botscharowa (URS)	Turnen	2	2	–

DISZIPLIN	GOLD		SILBER		BRONZE	
Leichtathletik						
Männer						
100 m	Lindy Remigino (USA)	10,4	Herbert McKenley (JAM)	10,4	Emmanuel McDonald-Bailey (GBR)	10,4
200 m	Andrew Stanfield (USA)	20,7	W. Thane Baker (USA)	20,8	James Gathers (USA)	20,8
400 m	George Rhoden (JAM)	45,9	Herbert McKenley (JAM)	45,9	Ollie Matson (USA)	46,8
800 m	Malvin Whitfield (USA)	1:49,2	Arthur Wint (JAM)	1:49,4	Heinz Ulzheimer (GER)	1:49,7
1500 m	Josy Barthel (LUX)	3:45,1	Bob McMillen (USA)	3:45,2	Werner Lueg (GER)	3:45,4
5000 m	Emil Zátopek (TCH)	14:06,6	Alain Mimoun (FRA)	14:07,4	Herbert Schade (GER)	14:08,6
10 000 m	Emil Zátopek (TCH)	29:17,0	Alain Mimoun (FRA)	29:32,8	Alexandr Anufrijew (URS)	29:48,2
Marathon	Emil Zátopek (TCH)	2:23:03,2	Reinaldo Gorno (ARG)	2:25:35,0	Gustaf Jansson (SWE)	2:26:07,0
110 m Hürden	Harrison Dillard (USA)	13,7	Jack Davis (USA)	13,7	Arthur Barnard (USA)	14,1
400 m Hürden	Charles Moore (USA)	50,8	Jury Litujew (URS)	51,3	John Holland (NZL)	52,2
3000 m Hindernis	Horace Ashenfelter (USA)	8:45,4	Vladimir Kazantsew (URS)	8:51,6	John Disley (GBR)	8:51,8
4 x 100 m	USA	40,1	UdSSR	40,3	Ungarn	40,5
4 x 400 m	Jamaika	3:03,9	USA	3:04,0	Deutschland	3:06,6
10 km Gehen	John Mikaelsson (SWE)	45:02,8	Fritz Schwab (SUI)	45:41,0	Bruno Yunk (URS)	45:41,0
50 km Gehen	Giuseppe Dordoni (ITA)	4:28:07,8	Josef Dolezal (TCH)	4:30:17,8	Antal Róka (HUN)	4:31:27,2
Hochsprung	Walter Davis (USA)	2,04	Ken Wiesner (USA)	2,01	J. Telles da Conceiceião (BRA)	1,98
Stabhochsprung	Bob Richards (USA)	4,55	Donald Laz (USA)	4,50	Ragnar Lundberg (SWE)	4,40
Weitsprung	Jerome Biffle (USA)	7,57	Meredith Gourdine (USA)	7,53	Ödön Földessy (HUN)	7,30
Dreisprung	A. Ferreira da Silva (BRA)	16,22	Leonid Tscherbakow (URS)	15,98	Arnoldo Devonish (VEN)	15,52
Kugelstoßen	Parry O'Brien (USA)	17,41	Darrow Hooper (USA)	17,39	Jim Fuchs (USA)	17,06
Diskuswurf	Sim Iness (USA)	55,03	Adolfo Consolini (ITA)	53,78	James Dillion (USA)	53,28
Hammerwurf	József Csermák (HUN)	60,34	Karl Storch (GER)	58,86	Imre Németh (HUN)	57,74
Speerwurf	Cyrus Young (USA)	73,78	William Miller (USA)	72,46	Toivo Hyytiäinen (FIN)	71,89
Zehnkampf	Robert Mathias (USA)	7887	Milton Campbell (USA)	6975	Floyd Simmons (USA)	6788
Frauen						
100 m	Marjorie Jackson (AUS)	11,5	Daphne Hasenjager-Robb (SAF)	11,8	S. de la Hunty-Strickland (AUS)	11,9
200 m	Marjorie Jackson (AUS)	23,7	Bertha Brouwer (HOL)	24,2	Nadyeschda Shnykina (URS)	24,2
80 m Hürden	Shirley de la Hunty-Strickland (AUS)	10,9	Maria Golubnitschaja (URS)	11,1	Maria Sander (GER)	11,1
4 x 100-m-Staffel	USA	45,9	Deutschland	45,9	Großbritannien	46,2
Hochsprung	Esther Brand (SAF)	1,67	Sheila Lerwill (GBR)	1,65	Alexandra Tschudina (URS)	1,63
Weitsprung	Yvette Williams (NZL)	6,24	Alexandra Tschudina (URS)	6,14	Shirley Cawley (GBR)	5,92
Kugelstoß	Galina Zybina (URS)	15,28	Marianne Werner (GER)	14,57	Klawdija Totschenowa (URS)	14,50
Diskuswurf	Nina Romaschkowa (URS)	51,42	Yelisaweta Bagryantsewa (URS)	47,08	Nina Dumbadse (URS)	46,29
Speerwurf	Dana Zátopková (TCH)	50,47	Alexandra Tschudina (URS)	50,01	Jelena Gortschakowa (URS)	49,76
Schwimmen						
Männer						
100 m Kraul	Clarke Scholes (USA)	57,4	Hiroshi Suzuki (JPN)	57,4	Göran Larsson (SWE)	58,2
400 m Kraul	Jean Boiteux (FRA)	4:30,7	Ford Konno (USA)	4:31,3	Per-Olof Östrand (SWE)	4:35,2
1500 m Kraul	Ford Konno (USA)	18:30,3	Shiro Hashizume (JPN)	18:41,4	Tetsuo Okamoto (BRA)	18:51,3
100 m Rücken	Yoshinobu Oyakawa (JPN)	1:05,4	Gilbert Bozon (FRA)	1:06,2	Jack Taylor (USA)	1:04,5
200 m Brust	John Davies (AUS)	2:34,4	Bowen Stassforth (USA)	2:34,7	Herbert Klein (GER)	2:35,9
4 x 200 m Kraul	USA	8:31,1	Japan	8:33,5	Frankreich	8:45,9
Kunstspringen	David Browning (USA)	205,29	Miller Anderson (USA)	199,84	Robert Clotworthy (USA)	184,92
Turmspringen	Samuel Lee (USA)	156,28	Joaquin Capilla Pérez	145,21	Günther Haase (GER)	141,31
Wasserball	Ungarn		Jugoslawien		Italien	

DISZIPLIN	GOLD		SILBER		BRONZE	
Frauen						
100 m Kraul	Katalin Szöke (HUN)	1:06,8	Johanna Termeulen (HOL)	1:07,0	Judit Temes (HUN)	1:07,1
400 m Kraul	Váleria Gyenge (HUN)	5:12,1	Eva Novák (HUN)	5:13,7	Evelyn Kawamoto (USA)	5:14,6
100 m Rücken	Joan Harrison (SAF)	1:14,3	Geertje Wielema (HOL)	1:14,5	Jean Stewart (NZL)	1:15,8
200 m Brust	Eva Székely (HUN)	2:51,7	Eva Novák (HUN)	2:54,4	Helen Gordon (GBR)	2:57,6
4 x 100 m Kraul	Ungarn	4:24,4	Niederlande	4:29,0	USA	4:30,1
Kunstspringen	Patricia McCormick (USA)	147,30	Mady Moreau (FRA)	139,34	Zoe Ann Jensen-Olsen (USA)	127,57
Turmsprmgen	Patricia McCormlck (USA)	79,37	Paula Jean Myers (USA)	71,63	Juno Irwin-Stover (USA)	70,49
Boxen						
Fliegengewicht (- 51 kg)	Nathan Brooks (USA)		Edgar Basel (GER)		Anatoly Bulakov (URS)	
					Bill Toweel (SAF)	
Bantamgewicht (- 54 kg)	Pentti Hämäläinen (FIN)		John McNally (IRL)		Gennadij Garbusow (URS)	
					Joon-Ho Kang (KOR)	
Federgewicht (- 57 kg)	Jan Zachara (TCH)		Sergio Caprari (ITA)		Joseph Ventaja (FRA)	
					Leonard Leisching (SAF)	
Leichtgewicht (- 60 kg)	Aureliano Bolognesi (ITA)		Aleksy Antkiewicz (POL)		Erkki Pakkanen (FIN)	
					Gheorge Fiat (ROM)	
Halbweltergewicht (- 63,5 kg)	Charles Adkins (USA)		Viktor Mednow (URS)		Erkki Mallenius (FIN)	
					Bruno Visintin (ITA)	
Weltergewicht (- 67 kg)	Zygmunt Chychla (POL)		Sergej Tscherbakow (URS)		Victor Jörgensen (DEN)	
					Günther Heidemann (GER)	
Halbmittelgewicht (-71 kg)	László Papp (HUN)		Theunis van Schalkwyyk (SAF)		Boris Tischin (URS)	
					Eladio Herrera (ARG)	
Mittelgewicht (-75 kg)	Floyd Patterson (USA)		Vasile Tita (ROM)		Stig Sjölin (SWE)	
					Boris Nikolov (BUL)	
Halbschwergewicht (- 81 kg)	Norvel Lee (USA)		Antonio Pacenza (ARG)		Anatoli Perow (URS)	
					Harri Siljander (FIN)	
Schwergewicht (+ 81 kg)	Hayes Edward Sanders (USA)		Ingemar Johansson (SWE)*		Andries Nieman (SAF)	
					Jekka Koski (FIN)	

* disqualifiziert; 1982 wurde ihm die Silbermedaille wieder zugesprochen

DISZIPLIN	GOLD		SILBER		BRONZE	
Gewichtheben						
Bantamgewicht (- 56 kg)	Ivan Udodow (URS)	315,0	Mahmoud Namdjou (IRN)	307,5	Ali Mirzai (IRN)	300,0
Federgewicht (- 60 kg)	Rafael Tschimischkian (URS)	337,5	Nikolai Saksonow (URS)	332,5	Rodney Wilkes (TRI)	322,5
Leichtgewicht (- 67,5 kg)	Thomas Kono (USA)	362,5	Jewgenji Lopatin (URS)	350,0	Verne Barberis (AUS)	350,0
Mittelgewicht (- 75 kg)	Peter George (USA)	400,0	Gerard Gratton (CAN)	390,0	Sung-Jip Kim (KOR)	382,5
Leichtschwergewicht (- 82,5 kg)	Trofin Lomakin (URS)	417,5	Stanley Stanczyk (USA)	415,0	Arkady Worobjew (URS)	407,5
Mittelschwergewicht (- 90 kg)	Norbert Schemansky (USA)	445,0	Grigory Nowak (URS)	410,0	Lennox Kilgour (TRI)	402,5
Schwergewicht (+ 90 kg)	John Davis (USA)	460,0	James Bradford (USA)	437,5	Humberto Selvetti (ARG)	432,5
Ringen, griechisch-römisch						
Fliegengewicht (- 52 kg)	Boris Gurewitsch (URS)		Ignazio Fabra (ITA)		Leo Honkala (FIN)	
Bantamgewicht (- 57 kg)	Imre Hódos (HUN)		Zakaria Chihab (LIB)		Artem Terjan (URS)	
Federgewicht (- 62 kg)	Yakov Punkin (URS)		Imre Polyak (HUN)		Abdel Rashed (EGY)	
Leichtgewicht (- 67 kg)	Schazam Safin (URS)		Gustaf Freij (SWE)		Mikulás Athanasov (TCH)	
Weltergewicht (- 73 kg)	Miklós Szilvási (HUN)		Gösta Andersson (SWE)		Khalil Taha (LIB)	
Mittelgewicht (- 79 kg)	Axel Grönberg (SWE)		Kalervo Ranhala (FIN)		Nikolaj Bjelow (URS)	
Halbschwergewicht (- 87 kg)	Kaelpo Gröndahl (FIN)		Schalva Tschikhladze (URS)		Karl-Erik Nilsson (SWE)	
Schwergewicht (+ 87 kg)	Johannes Kotkas (URS)		Josef Ruzicka (TCH)		Tauno Kovanen (FIN)	
Ringen, freier Stil						
Fliegengewicht (- 52 kg)	Hasan Gemici (TUR)		Yushu Kitano (JPN)		Mahmoud Mollaghassemi (IRN)	
Bantamgewicht (- 57 kg)	Shohachi Ishii (JPN)		Raschid Mamedbekow (URS)		Kha-Shaba Jadav (IND)	
Federgewicht (- 62 kg)	Bayram Sit (TUR)		Nasser Guivehtchi (IRN)		Josiah Henson (USA)	
Leichtgewicht (- 67 kg)	Olle Anderberg (SWE)		Jay Thomas Evans (USA)		Djahanbakte Tovfighe (IRN)	
Weltergewicht (- 73 kg)	William Smith (USA)		Per Berlin (SWE)		Abdullah Modjzabavi (IRN)	
Mittelgewicht (- 79 kg)	David Tsimakuridze (URS)		Gholam Reza Takhti (IRN)		György Gurics (HUN)	
Halbschwergewicht (- 87 kg)	Wiking Palm (SWE)		Henry Wittenberg (USA)		Adil Atan (TUR)	
Schwergewicht (+ 87 kg)	Arsen Mekokischwili (URS)		Bertil Antonsson (SWE)		Kenneth Richmond (GBR)	
Fechten						
Florett-Einzel, Herren	Christian d'Oriola (FRA)	8	Edoardo Mangiarotti (ITA)	6	Manlio Di Rosa (ITA)	5
Florett-Mannschaft, Herren	Frankreich		Italien		Ungarn	
Degen-Einzel	Edoardo Mangiarotti (ITA)	7	Dario Mangiarotti (ITA)	6	Oswald Zappelli (SUI)	6
Degen-Mannschaft	Italien		Schweden		Schweiz	

DISZIPLIN	GOLD		SILBER		BRONZE	
Säbel-Einzel	Pál Kovács (HUN)	8	Aladár Gerevich (HUN)	7	Tibor Berczelly (HUN)	5
Säbel-Mannschaft	Ungarn		Italien		Frankreich	
Florett-Einzel, Damen	Irene Camber (ITA)	5+1	Ilona Elek (HUN)	5	Karen Lachmann (DEN)	4
Moderner Fünfkampf						
Einzel	Lars Hall (SWE)	32	Gábor Benedek (HUN)	39	István Szondy (HUN)	41
Mannschaft	Ungarn	166	Schweden	182	Finnland	213
Kanu						
Männer						
1000 m K1	Gert Fredriksson (SWE)	4:07,9	Thorvald Strömberg (FIN)	4:09,7	Luis Gantois (FRA)	4:20,1
10 000 m K1	Thorvald Strömberg (FIN)	47:22,8	Gert Fredriksson (SWE)	47:34,1	Michael Scheuer (GER)	47:54,5
1000 m K2	Finnland	3:51,1	Schweden	3:51,1	Österreich	3:51,4
10 000 m K2	Finnland	44:21,3	Schweden	44:21,7	Ungarn	44:26,6
1000 m C1	Josef Holeček (TCH)	4:56,3	János Parti (HUN)	5:53,3	Olavi Ojanpara (FIN)	5:08,5
10 000 m C1	Frank Havens (USA)	57:41,1	Gábor Novák (HUN)	57:49,2	Alfred Jindra (TCH)	57:53,1
1000 m C2	Dänemark	4:38,3	Tschechoslowakei	4:42,9	Deutschland	4:48,3
10 000 m C2	Frankreich	54:08,3	Kanada	54:09,9	Deutschland	54:28,1
Frauen						
500 m K1	Sylvi Saimo (FIN)	2:18,4	Gertrude Liebhart (AUT)	2:18,8	Nina Savina (URS)	2:21,6
Rudern						
Einer	Juri Tjukalow (URS)	8:12,8	Mervyn Wood (AUS)	8:14,5	Teodor Kocerka (POL)	8:19,4
Doppelzweier	Argentinien	7:32,2	UdSSR	7:38,3	Uruguay	7:43,7
Zweier ohne Steuermann	USA	8:20,7	Belgien	8:23,5	Schweiz	8:32,7
Zweier mit Steuermann	Frankreich	8:28,6	Deutschland	8:32,1	Dänemark	8:34,9
Vierer ohne Steuermann	Jugoslawien	7:16,0	Frankreich	7:18,9	Finnland	7:23,3
Vierer mit Steuermann	Tschechoslowakei	7:33,4	Schweiz	7:36,5	USA	7:37,0
Achter	USA	6:25,9	UdSSR	6:31,2	Australien	6:33,1
Segeln						
Ein-Mann-Boot	Paul Elvström (DEN)	8209	Charles Currey (GBR)	5449	Rickard Sarby (SWE)	5051
Star	Italien	7635	USA	7216	Portugal	4903
Drachen	Norwegen	6130	Schweden	5556	Deutschland	5352
5,5-m-Klasse	USA	5751	Norwegen	5325	Schweden	4554
6-m-Klasse	USA	4870	Norwegen	4648	Finnland	3944
Radsport						
Straßenrennen (190,4 km)	André Noyelle (BEL)	5:06:03,6	Robert Grondelaers (BEL)	5:06:51,2	Edi Ziegler (GER)	5:07:47,5
Mannschaft	Belgien	15:20:46,6	Italien	15:33:27,3	Frankreich	15:38:58,1
1000-m-Zeitfahren	Russel Mockridge (AUS)	1:11,1	Marino Morettini (ITA)	1:12,7	Raymond Robinson (SAF)	1:13,0
1000-m-Sprint	Enzo Sacchi (ITA)		Lionel Cox (AUS)		Werner Potzernheim (GER)	
2000-m-Tandemfahren	Australien		Südafrika		Italien	
4000-m-Mannschaftsverfolgung	Italien	4:46,1	Südafrika	4:53,6	Großbritannien	4:51,5
Reitsport						
Military, Einzel	Hans v. Blixen-Finecke (SWE)	-28,33	Guy Lefrant (FRA)	-54,50	Wilhelm Büsing (GER)	-55,50
Military, Mannschaft	Schweden	-221,94	Deutschland	-235,49	USA	-587,16
Dressur, Einzel	Henri Saint Cyr (SWE)	561,0	Lis Hartel (DEN)	541,5	André Jousseaume (FRA)	541,0
Dressur, Mannschaft	Schweden	1597,5	Schweiz	1579,0	Deutschland	1501,0
Jagdspringen, Einzel	Pierre Jonquères d'Oriola (FRA)	-8/0	Oscar Cristi (CHI)	-8/4	Fritz Thiedemann (GER)	-8/8
Jagdspringen, Mannschaft	Großbritannien	-40,75	Chile	-45,75	USA	-52,25
Schießen						
Freies Gewehr	Anatoli Bogdanow (URS)	1123	Robert Bürchler (SUI)	1120	Lew Weinstein (URS)	1109
Kleinkaliber (KK) liegend	Josif Sirbu (ROM)	400/33	Boris Andrejew (URS)	400/28	Arthur Jackson (USA)	399
Kleinkaliber, Dreistellungskampf	Erling Konshaug (NOR)	1164/53	Vilho Ylönen (FIN)	1164/49	Boris Andrejew (URS)	1163
Schnellfeuer-Pistole	Károly Takács (HUN)	579	Szilárd Kun (HUN)	578	Gheorghe Lichiardopol (ROM)	578
Beliebige Scheibenpistole	Huelet Benner (USA)	553	Angel L. de Gozalo (ESP)	550	Ambrus Balogh (HUN)	549
Tontaubenschießen	George P. Généreux (CAN)	192	Knut Holmqvist (SWE)	191	Hans Liljedahl (SWE)	190
Laufender Hirsch	John Larsen (NOR)	413	Per Olof Sköldberg (SWE)	409	Tauno Mäki (FIN)	407
Turnen						
Männer						
Mehrkampf, Einzelwertung	Viktor Tschukarin (URS)	115,70	Grant Schaginyan (URS)	114,95	Josef Stalder (SUI)	114,75
Mehrkampf, Mannschaft	UdSSR	574,4	Schweiz	567,50	Finnland	564,20
Barren	Hans Eugster (SUI)	19,65	Viktor Tschukarin (URS)	19,60	Josef Stalder (SUI)	19,50

DISZIPLIN	GOLD		SILBER		BRONZE	
Boden	Karl William Thoresson (SWE)	19,25	Tadao Uesako (JPN)	19,15		
			Jerzy Jokiel (POL)	19,15		
Pferdsprung	Viktor Tschukarin (URS)	19,20	Masao Takemoto (JPN)	19,15	Takashi Ono (JPN)	19,10
					Tadao Uesako (JPN)	19,10
Reck	Jack Günthard (SUI)	19,55	Josef Stalder (SUI)	19,50		
			Alfred Schwarzmann (GER)	19,50		
Ringe	Grant Schaginyan (URS)	19,75	Viktor Tschukarin (URS)	19,55	Hans Eugster (SUI)	19,40
					Dmitry Leonkin (URS)	19,40
Seitpferd	Viktor Tschukarin (URS)	19,50	Jewgenij Korolkow (URS)	19,40		
			Grant Schaginyan (URS)	19,40		
Frauen						
Mehrkampf, Einzelwertung	Maria Gorochowskaja (URS)	76,78	Nina Botscharowa (URS)	75,94	Margit Korondi (HUN)	75,82
Mehrkampf, Mannschaft	UdSSR	527,03	Ungarn	520,96	Tschechoslowakei	503,32
Boden	Agnes Keleti (HUN)	19,36	Maria Gorochowskaja (URS)	19,20	Margit Korondi (HUN)	19,00
Pferdsprung	Ekaterina Kalintschuk (URS)	19,20	Maria Gorochowskaja (URS)	19,19	Galina Minaitschewa (URS)	19,16
Schwebebalken	Nina Botscharowa (URS)	19,22	Maria Gorochowskaja (URS)	19,13	Margit Korondi (HUN)	19,02
Stufenbarren	Margit Korondi (HUN)	19,40	Maria Gorochowskaja (URS)	19,26	Agnes Keleti (HUN)	19,16
Gruppen-Gymnastik	Schweden	74,20	UdSSR	73,00	Ungarn	71,60
Basketball	USA		UdSSR		Uruguay	
Fußball	Ungarn		Jugoslawien		Schweden	
Hockey	Indien		Niederlande		Großbritannien	

Cortina d'Ampezzo 1956

26. Januar – 5. Februar

Teilnehmer: ca. 820 / **Männer:** ca. 690, **Frauen:** ca. 130, **Länder:** 32,
Sportarten: 6, **Entscheidungen:** 24
Letzter Fackelträger: Guido Caroli

Medaillenspiegel

RANG	LAND	GOLD	SILBER	BRONZE
1	UdSSR	7	3	6
2	Österreich	4	3	4
3	Finnland	3	3	1
4	Schweiz	3	2	1
5	Schweden	2	4	4

Erfolgreichste Athleten

RANG	NAME (NATIONALITÄT)	DISZIPLIN	G	S	B
1	Toni Sailer (AUT)	Ski alpin	3	–	–
2	Jewgeni Grischin (URS)	Eisschnellauf	2	–	–
3	Sixten Jernberg (SWE)	Ski nordisch	1	2	1
4	Veikko Hakulinen (FIN)	Ski nordisch	1	2	–
5	Ljubow Kosyrewa (URS)	Ski nordisch	1	1	–
	Sigvard Ericsson (SWE)	Eisschnellauf	1	1	–

DISZIPLIN	GOLD		SILBER		BRONZE	
Ski alpin						
Männer						
Abfahrt	Toni Sailer (AUT)	2:52,2	Raymond Fellay (SUI)	2:55,7	Andreas Molterer (AUT)	2:56,2
Slalom	Toni Sailer (AUT)	3:14,7	Chiharu Igaya (JPN)	3:18,7	Stig Sollander (SWE)	3:20,2
Riesenslalom	Toni Sailer (AUT)	3:00,1	Andreas Molterer (AUT)	3:06,3	Walter Schuster (AUT)	3:07,2
Frauen						
Abfahrt	Madeleine Berthod (SUI)	1:40,7	Frieda Dänzer (SUI)	1:45,4	Lucile Wheeler (CAN)	1:45,9
Slalom	Renée Colliard (SUI)	1:52,3	Regina Schöpf (AUT)	1:55,4	Jewgenija Sidorowa (URS)	1:56,7
Riesenslalom	Ossi Reichert (GER)*	1:56,5	Josefine »Puzzi« Frandl (AUT)	1:57,8	Dorothea Hochleitner (AUT)	1:58,2
Ski nordisch						
Männer						
15-km-Langlauf	Hallgeir Brenden (NOR)	49:39,0	Sixten Jernberg (SWE)	50:14,0	Pawel Koltschin (URS)	50:17,0
30-km-Langlauf	Veikko Hakulinen (FIN)	1:44:06,0	Sixten Jernberg (SWE)	1:44:30,0	Pawel Koltschin (URS)	1:45:45,0

DISZIPLIN	GOLD		SILBER		BRONZE	
50-km-Langlauf	Sixten Jernberg (SWE)	2:50:27,0	Veikko Hakulinen (FIN)	2:51:45,0	Fjodor Terentiew (URS)	2:53:32,0
4 x 10 km	UdSSR	2:15:30,0	Finnland	2:16:31,0	Schweden	2:17:42,0
Skispringen	Antti Hyvärinen (FIN)	227,0	Aulis Kallakorpi (FIN)	225,0	Harry Glaß (GER)*	224,5
Nordische Kombination	Sverre Stenersen (NOR)	455,000	Bengt Eriksson (SWE)	437,000	Franciszek Gron-Gasienica (POL)	436,800
Frauen						
10-km-Langlauf	Ljubow Kosyrewa (URS)	38:11,0	Radja Jeroschina (URS)	38:16,0	Sonja Edström (SWE)	38:23,0
3 x 5 km	Finnland	1:09:01,0	UdSSR	1:09:28,0	Schweden	1:09:48,0
Eiskunstlauf						
Damen	Tenley Albright (USA)		Carol Heiss (USA)		Ingrid Wendl (AUT)	
Herren	Hayes Alan Jenkins (USA)		Ronald Robertson (USA)		David Jenkins (USA)	
Paare	Elisabeth Schwarz/Kurt Oppelt (AUT)		Frances Dafoe/Norris Bowden (CAN)		Marianne Nagy/László Nagy (HUN)	
Eisschnellauf						
500 m	Jewgeni Grischin (URS)	40,2	Rafael Gratsch (URS)	40,8	Alv Gjestvang (NOR)	41,0
1500 m	Jewgeni Grischin (URS)	2:08,6	Toivo Salonen (FIN)	2:09,4		
	Juri Michailow (URS)	2:08,6				
5000 m	Boris Schilkow (URS)	7:48,7	Sigvard Ericsson (SWE)	7:56,7	Oleg Gontscharenko (URS)	7:57,5
10 000 m	Sigvard Ericsson (SWE)	16:35,9	Knut Johannesen (NOR)	16:36,9	Oleg Gontscharenko (URS)	16:42,3
Bob						
Zweierbob	Italien I	5:30,14	Italien II	5:31,45	Schweiz I	5:37,46
Viererbob	Schweiz I	5:10,44	Italien II	5:12,10	USA I	5:12,39
Eishockey						
	UdSSR		USA		Kanada	

* im Rahmen einer gesamtdeutschen Mannschaft

Melbourne 1956

22. November – 8. Dezember
(Reiterspiele in Stockholm 10.–17. Juni)

Teilnehmer: ca. 3330 / **Männer:** ca. 2950, **Frauen:** 380, **Länder:** 72,
Sportarten: 17, **Entscheidungen:** 151
Letzter Fackelträger: Ron Clarke (Melbourne)
Hans Wikne/Karin Lindberg/Henri Eriksson (Stockholm)

Medaillenspiegel

RANG	LAND	GOLD	SILBER	BRONZE
1	UdSSR	37	29	32
2	USA	32	25	17
3	Australien	13	8	14
4	Ungarn	9	10	7
5	Italien	8	8	9

Erfolgreichste Athleten

RANG	NAME (NATIONALITÄT)	DISZIPLIN	G	S	B
1	Larissa Latynina (URS)	Turnen	4	1	–
2	Agnes Keleti (HUN)	Turnen	3	2	–
3	Viktor Tschukarin (URS)	Turnen	3	1	1
4	Valentin Muratow (URS)	Turnen	3	1	–
5	Betty Cuthbert (AUS)	Leichtathletik	3	–	–
	Bobby Morrow (USA)	Leichtathletik	3	–	–
	Murray Rose (AUS)	Schwimmen	3	–	–

DISZIPLIN	GOLD		SILBER		BRONZE	
Leichtathletik						
Männer						
100 m	Robert Morrow (USA)	10,5	W. Thane Baker (USA)	10,5	Hector Hogan (AUS)	10,6
200 m	Robert Morrow (USA)	20,6	Andrew Stanfield (USA)	20,7	W. Thane Baker (USA)	20,9
400 m	Charles Jenkins (USA)	46,7	Karl-Friedrich Haas (GER)*	46,8	Voitto Hellsten (FIN)	47,0
					Ardaljon Ignatjew	47,0
800 m	Tom Courtney (USA)	1:47,7	Derek Johnson (GBR)	1:47,8	Andun Boysen (NOR)	1:48,1
1500 m	Ronald Delany (IRL)	3:41,2	Klaus Richtzenhain (GER)*	3:42,0	John Landy (AUS)	3:42,0
5000 m	Vladimir Kuts (URS)	13:39,6	Gordon Pirie (GBR)	13:50,6	Derek Ibbotson (GBR)	13:54,4
10 000 m	Vladimir Kuts (URS)	28:45,6	József Kovács (HUN)	28:52,4	Allan Lawrence (AUS)	28:53,6
Marathon	Alain Mimoun (FRA)	2:25:00,0	Franjo Mihalič (YUG)	2:26:32,0	Veikko Karvonen (FIN)	2:27:47,0
110 m Hüden	Lee Calhoun (USA)	13,5	Jack Davis (USA)	13,5	Joel Shankle (USA)	14,1
400 m Hüden	Glenn Davis (USA)	50,1	Eddie Southern (USA)	50,8	Joshua Culbreath (USA)	51,6
3 000 m Hindernis	Chris Brasher (GBR)	8:41,2	Sándor Rozsnyói (HUN)	8:43,6	Ernst Larsen (NOR)	8:44,0

DISZIPLIN	GOLD		SILBER		BRONZE	
4 x 100 m	USA	39,5	UdSSR	39,8	Deutschland*	40,3
4 x 400 m	USA	3:04,8	Australien	3:06,2	Großbritannien	3:07,2
20 km Gehen	Leonid Spirin (URS)	1:31:27,4	Antonas Mikenas (URS)	1:32:03,0	Bruno Yunk (URS)	1:32:12,0
50 km Gehen	Norman Read (NZL)	4:30:42,8	Jewgenj Maskinskow (URS)	4:32:57,0	John Lundgren (SWE)	4:35:02,0
Hochsprung	Charles Dumas (USA)	2,12	Charles Porter (AUS)	2,10	Igor Kaschkarow (URS)	2,08
Stabhochsprung	Bob Richards (USA)	4,56	Bob Gutowski (USA)	4,53	Georgios Roubanis (GRE)	4,50
Weitsprung	Greg Bell (USA)	7,83	John Bennett (USA)	7,68	Jorma Valkama (FIN)	7,48
Dreisprung	A. Ferreira da Silva (BRA)	16,35	Vilhjálmur Einarsson (ISL)	16,26	Vitold Kreyer (URS)	16,02
Kugelstoßen	Parry O'Brien (USA)	18,57	Bill Nieder (USA)	18,18	Jiri Skobla (TCH)	17,65
Diskuswurf	Al Oerter (USA)	56,36	Fortune Gordien (USA)	54,81	Desmond Koch (USA)	54,40
Hammerwurf	Harold Connolly (USA)	63,19	Michail Krivonosow (URS)	63,03	Anatoli Samotswetow (URS)	62,56
Speerwurf	Egil Danielsen (NOR)	85,71	Janusz Sidlo (POL)	79,98	Viktor Tsybulenko (URS)	79,50
Zehnkampf	Milton Campbell (USA)	7937	Rafer Johnson (USA)	7587	Wassily Kusnetsow (URS)	7465
Frauen						
100 m	Betty Cuthbert (AUS)	11,5	Christa Stubnick (GER)*	11,7	Marlene Matthews (AUS)	11,7
200 m	Betty Cuthbert (AUS)	23,4	Christa Stubnick (GER)*	23,7	Marlene Matthews (AUS)	23,8
80 m Hürden	S. de la Hunty-Strickland (AUS)	10,7	Gisela Köhler (GER)*	10,9	Norma Thrower (AUS)	11,0
4 x 100 m	Australien	44,5	Großbritannien	44,7	USA	44,9
Hochsprung	Mildred McDaniel (USA)	1,76	Maria Pissarjewa (URS)	1,67	Thelma Hopkins (GBR)	1,67
Weitsprung	Elzbieta Krzesinska (POL)	6,35	Willye White (USA)	6,09	Nadeschda Dwalischwili (URS)	6,07
Kugelstoßen	Tamara Tyschkewitsch (URS)	16,59	Galina Zybina (URS)	16,53	Marianne Werner (GER)*	15,61
Diskuswurf	Olga Fikotová (TCH)	53,69	Irina Beglyakowa (URS)	52,54	Nina Ponomarjewa (URS)	52,02
Speerwurf	Inese Yaunzeme (URS)	53,86	Marlene Ahrens (CHI)	50,38	Nadyeschda Konjajewa (URS)	50,28
Schwimmen						
Männer						
100 m Kraul	John Henricks (AUS)	55,4	John Devitt (AUS)	55,8	Gary Chapman (AUS)	56,7
400 m Kraul	Murray Rose (AUS)	4:27,3	Tsuyoshi Yamanaka (JPN)	4:30,4	George Breen (USA)	4:32,5
1500 m Kraul	Murray Rose (AUS)	17:58,9	Tsuyoshi Yamanaka (JPN)	18:00,3	George Breen (USA)	18:08,2
100 m Rücken	David Theile (AUS)	1:02,2	John Monckton (AUS)	1:03,2	Frank McKinney (USA)	1:04,5
200 m Brust	Masaru Furukawa (JPN)	2:34,7	Masahiro Yoshimura (JPN)	2:36,7	Charis Yunitschew (URS)	2:36,8
200 m Schmetterling	William Yorzik (USA)	2:19,3	Takashi Ishimoto (JPN)	2:23,8	György Tumpek (HUN)	2:23,9
4 x 200 m Kraul	Australien	8:23,6	USA	8:31,5	UdSSR	8:34,7
Kunstspringen	Robert Clotworthy (USA)	159,56	Donald Harper (USA)	156,23	Joaquin Capilla Pérez (MEX)	150,69
Turmspringen	Joaquin Capilla Pérez (MEX)	152,44	Gary Tobian (USA)	152,41	Richard Connor (USA)	149,79
Wasserball	Ungarn		Jugoslawien		UdSSR	
Frauen						
100 m Kraul	Dawn Fraser (AUS)	1:02,0	Lorraine Crapp (AUS)	1:02,3	Faith Leech (AUS)	1:05,1
400 m Kraul	Lorraine Crapp (AUS)	4:54,6	Dawn Fraser (AUS)	5:02,5	Sylvia Ruuska (USA)	5:07,1
100 m Rücken	Judith Grinham (GBR)	1:12,9	Carine Cone (USA)	1:12,9	Magaret Edwards (GBR)	1:13,1
200 m Brust	Ursel Happe (GER)*	2:53,1	Eva Székely (HUN)	2:54,8	Eva-Maria Ten Elsen (GER)*	2:55,1
100 m Schmetterling	Shelley Mann (USA)	1:11,0	Nancy Ramey (USA)	1:11,9	Mary Sears (USA)	1:14,4
4 x 100 m Kraul	Australien	4:17,1	USA	4:19,2	Südafrika	4:25,7
Kunstspringen	Patricia Mc Cormick (USA)	142,36	Jeanne Stunyo (USA)	125,89	Irene Mac Donald (CAN)	121,40
Turmspringen	Patricia Mc Cormick (USA)	84,85	Juno Irwin (USA)	81,64	Paula Jean Myers (USA)	81,58
Boxen						
Fliegengewicht (- 51 kg)	Terence Spinks (GER)		Mircea Dobrescu (ROM)		John Caldwell (IRL) René Libeer (FRA)	
Bantamgewicht (- 54 kg)	Wolfgang Behrendt (GER)*		Soon-Chung Song (KOR)		Frederick Gilroy (IRL) Claudio Barrientos (CHI)	
Federgewicht (- 57 kg)	Wladimir Safronow (URS)		Thomas Nicholl (GBR)		Hendryk Niedzwiedzki (POL) Pentti Hämäläinen (FIN)	
Leichtgewicht (- 60 kg)	Richard McTaggart (GBR)		Harry Kurschat (GER)*		Anthony Byrne (IRL) Anatoly Lacetko (URS)	
Halbweltergewicht (- 63,5 kg)	Vladimir Yengibarjan (URS)		Franco Nenci (ITA)		Henry Loubscher (SAF) Constantin Dumitrescu (ROM)	
Weltergewicht (- 67 kg)	Nicolae Linca (ROM)		Frederick Tiedt (IRL)		Kevin John Hogarth (AUS) Nicholas Gargano (GBR)	
Halbmittelgewicht (- 71 kg)	László Papp (HUN)		José Torres (USA)		John McCormack (GBR) Zbiegniew Pietrzykowski (POL)	
Mittelgewicht (- 75 kg)	Gennadij Schatkow (URS)		Ramon Tapia (CHI)		Gilbert Chapron (FRA) Victor Zalazar (ARG)	
Halbschwergewicht (- 81 kg)	James Felton Boyd (USA)		Gherorghe Negrea (ROM)		Romualdas Murauskas (URS) Carlos Lucas (CHI)	
Schwergewicht (81 kg +)	T. Peter Rademacher (USA)		Lew Muckhin (URS)		Daniel Bekker (SAF) Giacomo Bozzano (ITA)	

MELBOURNE 1956

DISZIPLIN	GOLD		SILBER		BRONZE	
Gewichtheben						
Bantamgewicht (- 56 kg)	Charles Vinci (USA)	342,5	Vladimir Stogow (URS)	337,5	Mahmoud Namdjou (IRN)	27.11.1900
Federgewicht (- 60 kg)	Isaac Berger (USA)	352,5	Jewgenji Minajew (URS)	342,5	Marian Zielinski (POL)	335,0
Leichtgewicht (- 67.5 kg)	Igor Rybak (URS)	380,0	Rafael Chabutdinow (URS)	372,5	Chang-Hee Kim (KOR)	370,0
Mittelgewicht (- 75 kg)	Fjodor Bogdanowski (URS)	420,0	Peter George (USA)	412,5	Ermanno Pignatti (ITA)	382,5
Leichtschwergewicht (- 82,5 kg)	Thomas Kono (USA)	447,5	Vasili Stepanow (URS)	427,5	James George (USA)	417,5
Mittelschwergewicht (- 90 kg)	Arkady Worobjew (URS)	462,5	David Sheppard (USA)	442,5	Jean Debuf (FRA)	425,0
Schwergewicht (+ 90 kg)	Paul Anderson (USA)	500,0	Humberto Selvetti (ARG)	500,0	Alberto Pigaiani (ITA)	452,5
Ringen, griechisch-römisch						
Fliegengewicht (- 52 kg)	Nikolai Solojow (URS)		Ignazio Fabra (ITA)		Durum Ali Egribas (TUR)	
Bantamgewicht (- 57 kg)	Konstantin Vyrupayew (URS)		Edvin Vesterby (SWE)		Francisc Horvat (ROM)	
Federgewiclat (- 62 kg)	Rauno Mäkinen (FIN)		Imre Polyák (HUN)		Roman Dzneladze (URS)	
Leichtgewicht (- 67 kg)	Kyösti Lehtonen (FIN)		Riza Dogan (TUR)		Gyula Tóth (HUN)	
Weltergewicht (- 73 kg)	Mithat Bayrak (TUR)		Vladimir Manejew (URS)		Per Berlin (SWE)	
Mittelgewicht (- 79 kg)	Givy Kartozija (URS)		Dimiter Dobrev (BUL)		Rune Jansson (SWE)	
Halbschwergewicht (- 87 kg)	Valentin Nikolajew (URS)		Petko Sirakov (BUL)		Karl-Erik Nilsson (SWE)	
Schwergewicht (+ 87 kg)	Anatoli Parfenow (URS)		Wilfried Dietrich (GER)*		Adelmo Bulgarelli (ITA)	
Ringen, freier Stil						
Fliegengewicht (- 52 kg)	Mirian Tsalkalamanidze (URS)		Mohamed Ali Khojastehpour (IRN)		Hüseyin Akbas (TUR)	
Bantamgewicht (- 57 kg)	Mustafa Dagistanli (TUR)		Mohamad Yaghoubi (IRN)		Michail Schachow (URS)	
Federgewicht (- 62 kg)	Shozo Sasahara (JPN)		Joseph Mewis (BEL)		Erkki Penttilä (FIN)	
Leichtgewicht (- 67 kg)	Emamali Habibi (IRN)		Shigeru Kasahara (JPN)		Alimbeg Bestajew (URS)	
Weltergewicht (- 73 kg)	Mitsuo Ikeda (JPN)		hrahim Zengin (TUR)		Vachtang Balavadse (URS)	
Mittelgewicht (- 79 kg)	Nikola Stantschev (BUL)		Daniel Hodge (USA)		Georgi Schirtladse (URS)	
Halbschwergewicht (- 87 kg)	Gholam-Reza Takhti (IRN)		Boris Kulajew (URS)		Peter Steele Blair (USA)	
Schwergewicht (+ 87 kg)	Hamnit Kaplan (TUR)		Hussein Mehmedov (BUL)		Taisto Kangasniemi (FIN)	
Fechten						
Florett-Einzel, *Herren*	Christian d'Oriola (FRA)	6	Giancarlo Bergamini (ITA)	5	Antonio Spallino (ITA)	5
Florett-Mannschaft, *Herren*	Italien		Frankreich		Ungarn	
Degen-Einzel	Carlo Pavesi (ITA)	5/1/2	Guiseppe Delfino (ITA)	5/1/1	Edoardo Mangiarotti (ITA)	5/1/10
Degen-Mannschaft	Italien		Ungarn		Frankreich	
Säbel-Einzel	Rudolf Kárpáti (HUN)	6	Jerzy Pawlowski (POL)	5	Lew Kuznetsow (URS)	4
Säbel-Mannschaft	Ungarn		Polen		UdSSR	
Florett-Einzel, *Damen*	Gillian Sheen (GBR)	6+1	Olga Orban (ROM)	6	Renée Garilhe (FRA)	5
Moderner Fünfkampf						
Einzel	Lars Hall (SWE)	4833	Olavi Mannonen (FIN)	4774,5	Väinö Korhonen (FIN)	4750
Mannschaft	UdSSR	13 690,5	USA	13 482	Finnland	13 185,5
Kanu						
Männer						
1000 m K1	Gert Fredriksson (SWE)	4:12,8	Igor Pissarjew (URS)	4:15,3	Lajos Kiss (HUN)	4:16,2
10 000 m K1	Gert Fredriksson (SWE)	47:43,4	Ferenc Halaczky (HUN)	47:53,3	Michael Scheuer (GER)*	48:00,3
1000 m K2	Deutschland*	3:49,6	UdSSR	3:51,4	Österreich	3:55,8
10 000 m K2	Ungarn	43:37,0	Deutschland*	43:40,6	Australien	43:43,2
1000 m C1	Leon Rotman (ROM)	5:05,3	István Hernek (HUN)	5:06,2	Gennady Bucharin (URS)	5:12,7
10 000 m C1	Leon Rotman (ROM)	56:41,0	János Parti (HUN)	57:11,0	Gennady Bucharin (URS)	57:14,5
1000 m C2	Rumänien	4:47,4	UdSSR	4:48,6	Ungarn	4:54,3
10 000 m C2	UdSSR	54:02,4	Frankreich	54:48,3	Ungarn	55:15,6
Frauen						
500 m K1	Jelisaweta Dementjewa (URS)	2:18,9	Therese Zenz (GER)*	2:19,6	Tove Söby (DEN)	2:22,3
Rudern						
Einer	Wjatscheslaw Iwanow (URS)	8:02,5	Stuart Mackenzie (AUS)	8:07,7	John Kelly jun. (USA)	8:11,8
Doppelzweier	UdSSR	7:24,0	USA	7:32,2	Australien	7:37,4
Zweier ohne Steuermann	USA	7:55,4	UdSSR	8:03,9	Österreich	8:11,8
Zweier mit Steuermann	USA	8:26,1	BR Deutschland*	8:29,2	UdSSR	8:31,0
Vierer ohne Steuermann	Kanada	7:08,8	USA	7:18,4	Frankreich	7:20,9
Vierer mit Steuermam	Italien	7:19,4	Schweden	7:22,4	Finnland	7:30,9
Achter	USA	6:35,2	Kanada	6:37,1	Australien	6:39,2
Segeln						
Ein-Mann-Boot	Paul Elvström (DEN)	7509	André Nelis (BEL)	6254	John Marvin (USA)	5953
Star	USA	5876	Italien	5649	Bahamas	5223

DISZIPLIN	GOLD		SILBER		BRONZE	
Sharpie	Neuseeland	6086	Australien	6068	Großbritannien	4859
Drachen	Schweden	5723	Dänemark	5723	Großbritannien	4547
5.5-m-Klasse	Schweden	5527	Großbritannien	4050	Australien	4022
Radsport						
Straßenrennen (187,731 km)	Ercole Baldini (ITA)	5:21:17,0	Arnand Geyre (FRA)	5:23:16,0	Alan Jakson (GBR)	5:23:16,0
Mannschaftswertung	Frankreich	22	Großbritannien	23	Deutschland*	27
1 000-m-Zeitfahren	Leandro Faggin (ITA)	1:09,8	Ladislav Fouček (TCH)	1:11,4	Alfred Swift (SAF)	1:11,6
1 000-m-Sprint	Michel Rousseau (FRA)		Guglielmo Pesenti (ITA)		Richard Ploog (AUS)	
2 000-m-Tandemfahren	Australien		Tschechoslowakei		Italien	
4 000-m-Mannschaftsverfolgung	Italien	4:37,4	Frankreich	4:39,4	Großbritannien	4:42,2
Reitsport						
Military, Einzel	Petrus Kastennmann (SWE)	-66,53	August Lütke-Westhues (GER)*	-84,87	Frank Weldon (GBR)	-85,48
Military, Mannschaft	Großbritannien	-355,48	Deutschland*	-475,91	Kanada	-572,72
Dressur, Einzel	Henri Saint Cyr (SWE)	860,0	Lis Hartel (DEN)	850,0	Liselott Linsenhoff (GER)*	832,0
Dressur, Mannschaft	Schweden	2475	Deutschland*	2346	Schweiz	2346
Jagdspringen, Einzel	Hans Günter Winkler (GER)*	-4	Raimondo d'Inzeo (ITA)	-8	Piero d'Inzeo (ITA)	-11
Jagdspringen, Mannschaft	Deutschland*	-40,00	Italien	-66,00	Großbritannien	-69,00
Schießen						
Freies Gewehr	Wassili Borissow (URS)	1138	Allan Erdman (URS)	1137	Vilho Ylönen (FIN)	1128
Kleinkaliber (KK) liegend	Gerald R. Ouelette (CAN)	600	Vassily Borissov (URS)	599	Gilmour St. Boa (CAN)	598
Kleinkaliber, Dreistellungskampf	Anatoli Bogdanow (URS)	1172	Otakar Horinek (TCH)	1172	Nils Johan Sundberg (SWE)	1167
Schnellfeuer-Pistole	Stefan Petrescu (ROM)	587	Jevgenj Tscherkassow (URS)	585	Gheorghe Lichiardopol (ROM)	581
Beliebige Scheibenpistole	Pentti Linnosvuo (FIN)	556126	Makhmud Umarow (URS)	556124	Offutt Pinion (USA)	551
Tontaubenschießen	Galliano Rossini (ITA)	195	Adam Smelczynski (POL)	190	Alessandro Ciceri (ITA)	188
Laufender Hirsch	Vitaly Romanenko (URS)	441	Per Olof Sköldberg (SWE)	432	Vladimir Sevrjugin (URS)	429
Turnen						
Männer						
Mehrkampf, Einzelwertung	Viktor Tschukarin (URS)	114,25	Takashi Ono (JPN)	114,20	Juri Titow (URS)	113,80
Mehrkampf, Mannschaft	UdSSR	568,25	Japan	566,40	Finnland	555,95
Barren	Viktor Tschukarin (URS)	19,20	Masami Kubota (JPN)	19,15	Takashi Ono (JPN)	19,10
					Masao Takemoto (JPN)	19,10
Boden	Valentin Muratow (GER)	19,20	Nobuyuki Aihara (JPN)	19,10		
			William Thoresson (SWE)	19,10		
			Viktor Tschukarin (URS)	19,10		
Pferdsprung	Helmut Bantz (GER)*	18,85			Juri Titow (URS)	18,75
	Valentin Muratow (URS)	18,85				
Reck	Takashi Ono (JPN)	19,60	Juri Titow (URS)	19,40	Masao Takemoto (JPN)	19,30
					Masami Kumota (JPN)	19,10
Ringe	Albert Azarjan (URS)	19,35	Valentin Muratow (URS)	19,15	Masao Takemoto (JPN)	19,10
Seitpferd	Boris Schaklin (URS)	19,25	Takashi Ono (JPN)	19,20	Viktor Tschukarin (URS)	19,10
Frauen						
Mehrkampf, Einzelwertung	Larissa Latynina (URS)	74,933	Agnes Keleti (HUN)	74,633	Sofia Muratowa (URS)	74,466
Mehrkampf, Mannschaft	UdSSR	444,80	Ungarn	443,50	Rumänien	438,20
Boden	Agnes Keleti (HUN)	18,733	Elena Leustean (ROM)	18,700		
	Larissa Latynina (URS)	18,733				
Pferdsprung	Larissa Latynina (URS)	17.01.1900	Tamara Manina (URS)	18,800	Ann-Sophie Colling (SWE)	18,733
Schwebebalken	Agnes Keleti (HUN)	18,800	Tamara Manina (URS)	18,633		
	Eva Besáková (TCH)	18,633				
Stufenbarren	Agnes Keleti (HUN)	18,966	Larissa Latynina (URS)	18,833	Sofia Muratowa (URS)	18,800
Gruppen-Gymnastik	Ungarn	75,20	Schweden	74,20	Polen	74,00
Basketball						
	USA		UdSSR		Uruguay	
Fußball						
	UdSSR		Jugoslawien		Bulgarien	
Hockey						
	Indien		Pakistan		Deutschland*	

* im Rahmen einer gesamtdeutschen Mannschaft

Squaw Valley 1960

18. Februar – 28. Februar

Teilnehmer: ca. 660 / **Männer:** ca. 520, **Frauen:** ca. 140, **Länder:** 30,
Sportarten: 6, **Entscheidungen:** 27
Letzter Fackelträger: Kennth Henry

RANG	LAND	GOLD	SILBER	BRONZE
1	UdSSR	7	5	9
2	Deutschland*	4	3	1
3	USA	3	4	3
4	Norwegen	3	3	–
5	Schweden	3	2	2

RANG	NAME (NATIONALITÄT)	DISZIPLIN	G	S	B
1	Lidiya Skoblikowa (URS)	Eisschnellauf	2	–	–
	Jewgeni Grischin (URS)	Eisschnellauf	2	–	–
3	Veikko Hakulinen (FIN)	Ski nordisch	1	1	1
4	Maria Gussakowa (URS)	Ski nordisch	1	1	–
	Helga Haase (GER)*	Eisschnellauf	1	1	–
	Sixten Jernberg (SWE)	Ski nordisch	1	1	–
	Knut Johannesen (NOR)	Eisschnellauf	1	1	–
	Viktor Kositschkin (URS)	Eisschnellauf	1	1	–

DISZIPLIN	GOLD		SILBER		BRONZE	
Ski alpin						
Männer						
Abfahrt	Jean Vuarnet (FRA)	2:06,0	Hans-Peter Lanig (GER)*	2:06,5	Guy Perillat (FRA)	2:06,9
Slalom	Ernst Hinterseer (AUT)	2:08,9	Matthias Leitner (AUT)	130,3	Charles Bozon (FRA)	130,4
Riesenslalom	Roger Staub (SUI)	1:48,3	Josef Stiegler (AUT)	1:48,7	Ernst Hinterseer (AUT)	1:49,1
Frauen						
Abfahrt	Heidi Biebl (GER)*	1:37,6	Penny Pitou (USA)	1:38,6	Traudl Hecher (AUT)	1:38,9
Slalom	Anne Heggtveit (CAN)	1:49,6	Betsy Snite (USA)	112,9	Barbara Henneberger (GER)*	116,6
Riesenslalom	Yvonne Rüegg (SUI)	1:39,9	Penny Pitou (USA)	1:40,0	Giuliana Chenal-Minuzzo (ITA)	1:40,2
Ski nordisch						
Männer						
15-km-Langlauf	Haakon Brusveen (NOR)	51:55,5	Sixten Jernberg (SWE)	51:58,6	Veikko Hakulinen (FIN)	52:03,0
30-km-Langlauf	Sixten Jernberg (SWE)	1:51:03,9	Rolf Rämgard (SWE)	1:51:16,9	Nikolai Anikin (URS)	1:52:28,2
50-km-Langlauf	Kalevi Hämäläinen (FIN)	2:59:06,3	Veikko Hakulinen (FIN)	2:59:26,7	Rolf Rämgard (SWE)	3:02:46,7
4x10 km	Finnland	2:18:45,6	Norwegen	2:18:46,4	UdSSR	2:21:21,6
Skispringen	Helmut Recknagel (GER)*	227,2	Niilo Halonen (FIN)	222,6	Otto Leodolter (AUT)	219,4
Nordische Kombination	Georg Thoma (GER)*	457,952	Tormod Knutsen (NOR)	453,000	Nikolai Gussalow (URS)	452,000
Frauen						
10-km-Langlauf	Maria Gussakowa (URS)	39:46,6	Ljubow Baranowa-Kosyrewa (URS)	40:04,2	Radja Jeroschina (URS)	40:06,0
3x5 km	Schweden	1:04:21,4	UdSSR	1:05:02,6	Finnland	1:06:27,5
Biathlon	Klas Lestander (SWE)	1:33:21,6	Antti Tyrväinen (FIN)	1:33:57,7	Alexandr Priwalow (URS)	1:34:54,2
Eiskunstlauf						
Damen	Carol Heiss (USA)		Sjoukje Dijkstra (HOL)	1424,8	Barbara Roles (USA)	1414,9
Herren	David Jenkins (USA)		Karol Divin (TCH)	1414,3	Donald Jackson (CAN)	1401,0
Paare	Barbara Wagner/ Robert Paul (CAN)		Marika Kilius/ Hans-Jürgen Bäumler (GER)*	76,8	Nancy Ludington/ Ronald Ludington (USA)	76,2
Eisschnellauf						
Männer						
500 m	Jewgeni Grischin (URS)	40,2	William Disney (USA)	40,3	Rafael Gratsch (URS1)	40,4
1500 m	Roald Aas (NOR) Jewgeni Grischin (URS)	2:10,4 2:10,4	Boris Stenin (URS)	2:11,5		
5000 m	Viktor Kositschkin (URS)	7:51,3	Knut Johannesen (NOR)	8:00,8	Jan Pesmann (HOL)	8:05,1
10 000 m	Knut Johannesen (NOR)	15:46,6	Viktor Kositschkin (URS)	15:49,2	Kjell Bäckman (SWE)	16:14,2
Frauen						
500 m	Helga Haase (GER)*	45,9	Natalja Dontschenko (URS)	46,0	Jeanne Ashworth (USA)	46,1
1000 m	Klara Gusewa (URS)	1:34,1	Helga Haase (GER)*	1:34,3	Tamara Rylowa (URS)	1:34,8
1500 m	Lidiya Skoblikowa (URS)	2:25,2	Elvira Seroczynka (POL)	2:25,7	Helena Pilejczyk (POL)	2:27,1
3000 m	Lidiya Skoblikowa (URS)	5:14,3	Valentina Stenina (URS)	5:16,9	Eevi Huttunen (FIN)	5:21,0
Eishockey	USA		Kanada		UdSSR	

* im Rahmen einer gesamtdeutschen Mannschaft

Rom 1960

25. August–11. September

Teilnehmer: ca. 5390 / **Männer:** ca. 4750, **Frauen:** ca. 600, **Länder:** 83,
Sportarten: 17, **Entscheidungen:** 150
Letzter Fackelträger: Giancarlo Peris

Medaillenspiegel

RANG	LAND	GOLD	SILBER	BRONZE
1	UdSSR	42	28	29
2	USA	34	21	16
3	Italien	13	10	13
4	Deutschland*	12	19	11
5	Australien	8	8	6

Erfolgreichste Athleten

RANG	NAME (NATIONALITÄT)	DISZIPLIN	G	S	B
1	Boris Schakhlin (URS)	Turnen	4	2	1
2	Larisa Latynina (URS)	Turnen	3	2	1
3	Takashi Ono (JPN)	Turnen	3	1	2
4	Chris v. Saltza (USA)	Schwimmen	3	1	–
5	Wilma Rudolph (USA)	Leichtathletik	3	–	–

DISZIPLIN	GOLD		SILBER		BRONZE	
Leichtathletik						
Männer						
100 m	Armin Hary (GER)*	10,2	David Sime (USA)	10,2	Peter Radford (GBR)	10,3
200 m	Livio Berutti (ITA)	20,5	Lester Carney (USA)	20,6	Abdoulaye Seye (FRA)	20,7
400 m	Otis Davis (USA	44,9	Carl Kaufmann (GER)*	44,9	Malcolm Spence (SAF)	45,5
800 m	Peter Snell (NZL)	1:46,3	Roger Moens (BEL)	1:46,5	George Kerr (ANT)	1:47,1
1500 m	Herbert Elliott (AUS)	3:35,6	Michel Jazy (FRA)	3:38,4	Istvan Rozsavölgyi (HUN)	3:39,2
5000 m	Murray Halberg (NZL)	13:43,4	Hans Grodotzki (GER)*	13:44,6	Kasimierz Zimny (POL)	13:44,8
10 000 m	Pjotr Bolotnikow (URS)	28:32,2	Hans Grodotzki (GER)*	28:37,0	David Power (AUS)	28:38,2
Marathon	Abebe Bikila (ETH)	2:15:16,2	Rhadi Ben Abdesselam (MAR)	2:15:41,6	Barry Magee (NZL)	2:17:18,2
110 m Hürden	Lee Calhoun (USA)	13,8	Willie May (USA)	13,8	Hayes Jones (USA)	14,0
400 m Hürden	Glenn Davis (USA)	49,3	Clifton Cushman (USA)	49,6	Richard Howard (USA)	49,7
3000 m Hindernis	Zdislaw Krzyszkowiak (POL)	8:34,2	Nikolai Sokolow (URS)	8:36,4	Semjon Rischtschin (URS)	8:42,2
4 x 100 m	Deutschland*	39,5	UdSSR	40,1	Großbritannien	40,2
4 x 400 m	USA	3:02,2	Deutschland*	3:02,7	Antillen	3:04,0
20 km Gehen	Wladimir Golubnitschky (URS)	1:34:07,2	Noel Freeman (AUS)	1:34:16,4	Stanley Vickers (GBR)	1:34:56,4
50 km Gehen	Don Thompson (GBR)	4:25:30,0	John Ljunggren (SWE)	4:25:47,0	Abdon Pannich (ITA)	4:27:55,4
Hochsprung	Robert Schavlakadze (URS)	2,16	Waleri Brumel (URS)	2,16	John Thomas (USA)	2,14
Stabhochsprung	Donald Bragg (USA)	4,70	Ron Morris (USA)	4,60	Eeles Landström (FIN)	4,55
Weitsprung	Ralph Boston (USA)	8,12	Irvin Roberson (USA)	8,11	Igor Ter-Owanesian (URS)	8,04
Dreisprung	Jozef Schmidt (POL)	16,81	Vladimir Gorjajew (URS)	16,63	Witold Kreyer (URS)	16,43
Kugelstoßen	Bill Nieder (USA)	16,98	Parry O'Brien (USA)	19,11	Dallas Long (USA)	19,01
Diskuswurf	Al Oerter (USA)	59,18	Richard Babka (USA)	58,02	Dick Cochran (USA)	57,16
Hammerwurf	Wasili Rudenkow (URS)	67,10	Gyula Zsivotzky (HUN)	65,79	Tadeusz Rut (POL)	65,64
Speerwurf	Viktor Tsybulenko (URS)	84,64	Walter Krüger (GER)*	79,36	Gergely Kulcsar (HUN)	78,57
Zehnkampf	Rafer Johnson (USA)	8392	Chuan-Kwang Yang (TPE)	8334	Wasili Kusnetsow (URS)	7809
Frauen						
100 m	Wilma Rudolph (USA)	11,0	Dorothy Hyman (GBR)	11,3	Giuseppina Leone (ITA)	11,3
200 m	Wilma Rudolph (USA)	24,0	Jutta Heine (GER)*	24,4	Dorothy Hyman (GBR)	24,7
800 m	Ludmilla Schewtsowa (URS)	2:04,3	Brenda Jones (AUS)	2:04,4	Ursula Donath (GER)*	2:05,6
80 m Hürden	Irina Press (URS)	10,8	Carol Quinton (GBR)	10,9	Gisela Birkemeyer-Köhler (GER)*	11,0
4 x 100 m	USA	44,5	Deutschland*	44,8	Polen	45,0
Hochsprung	Yolanda Balas (ROM)	1,85	Jaroslawa Jozwiakowska (POL)	1,71	Dorothy Shirley (GBR)	1,71
Weitsprung	Vera Krepkina (URS)	6,37	Elzbieta Krzesinska (POL)	6,27	Hildrun Claus (GER)*	6,21
Kugelstoßen	Tamara Press (URS)		Johanna Lüttge (GER)*	16,61	Earlene Brown (USA)	16,42
Diskuswurf	Nina Ponomarjewa (URS)	55,10	Tamara Press (URS)	52,59	Lia Manolin (ROM)	52,36
Speerwurf	Elvira Ozolina (URS)	55,98	Dana Zátopková (TCH)	53,78	Birute Kalediena (URS)	53,45
Schwimmen						
Männer						
100 m Kraul	John Devitt (AUS)	55,2	Lance Larson (USA)	55,2	Manuel Dos Santos (BRA)	55,4
400 m Kraul	Murray Rose (AUS)	4:18,3	Tsuyoshi Yamanaka (JPN)	4:21,4	John Konrads (AUS)	4:21,8
1500 m Kraul	John Konrads (AUS)	17:19,6	Murray Rose (AUS)	17:21,7	George Breen (USA)	17:30,6
100 m Rücken	David Theile (AUS)	1:01,9	Frank McKinney (USA)	1:02,1	Robert Bennett (USA)	1:02,3
200 m Brust	Bill Mulliken (USA)	2:37,4	Yoshikiko Osaki (JPN)	2:38,0	Wilger E. Mensonides (HOL)	2:39,7
200 m Schmetterling	Michael Troy (USA)	2:12,8	Neville Hayes (AUS)	2:14,6	David Gillanders (USA)	2:15,3
4 x 200 m Kraul	USA	8:10,2	Japan	8:13,2	Australien	8:13,8
4 x 100 m Lagen	USA	4:05,4	Australien	4:12,0	Japan	4:12,2

DISZIPLIN	GOLD		SILBER		BRONZE	
Kunstspringen	Gary Tobian (USA)	170,00	Samuel Hall (USA)	167,08	Juan Batello (MEX)	162,30
Turmspringen	Robert Webster (USA)	165,56	Gary Tobian (USA)	165,25	Brian Eric Phelps (GBR)	157,13
Wasserball	Italien		UdSSR		Ungarn	
Frauen						
100 m Kraul	Dawn Fraser (AUS)	1:01,2	Chris v. Saltza (USA)	1:02,8	Natalie Steward (GBR)	1:03,1
400 m Kraul	Chris v. Saltza (USA)	4:50,6	Jane Cederquist (SWE)	4:53,9	Catarina Lagerberg (HOL)	4:56,9
100 m Rücken	Lynn Burke (USA)	1:09,3	Natalie Steward (GBR)	1:10,8	Satoko Tanaka (JPN)	1:11,4
200 m Brust	Anita Lonsbrough (GBR)	2:49,5	Wiltrud Urselmann (GER)*	2:50,0	Barbara Göbel (GER)*	2:53,6
100 m Schmetterling	Carolyn Schuler (USA)	1:09,5	Marianne Heemskerk (HOL)	1:10,4	Janice Andrew (AUS)	1:12,2
4 x 100 m Kraul	USA	4:08,9	Australien	4:11,3	Deutschland	4:19,7
4 x 100 m Lagen	USA	4:41,1	Australien	4:45,9	Deutschland	4:47,6
Kunstspringen	Ingrid Krämer (GER)*	155,81	Paula J. Pope-Myers (USA)	141,24	Elisabeth Ferris (GBR)	139,09
Turmspringen	Ingrid Krämer (GER)*	91,28	Paula J. Pope-Myers (USA)	88,94	Ninel Krutowa (URS)	86,99
Boxen						
Fliegengewicht (- 51 kg)	Gyula Török (HUN)		Sergei Sivko (URS)		Kiyoshi Tanabe (JPN)	
					Abdel Elgiundi (VAR)	
Bantamgewicht (- 54 kg)	Oleg Grigorjew (URS)		Primo Zamparini (ITA)		Oliver Taylor (AUS)	
					Brunon Bendig (POL)	
Federgewicht (- 57 kg)	Francesco Musso (ITA)		Jerzy Adamski (POL)		Jorma Limmonen (FIN)	
					William Meyers (SAF)	
Leichtgewicht (- 60 kg)	Kasimierz Pazdcior (POL)		Sandro Lopopolo (ITA)		Richard McTaggart (GBR)	
					Abel Laudonio (ARG)	
Halbweltergewicht (- 63,5 kg)	Bohumil Nemeček (TCH)		Clement Quartey (GHA)		Quincey Daniels (USA)	
					Marian Kasprzyk (POL)	
Weltergewicht (- 67 kg)	Giovanni Benvenuti (ITA)		Juri Radonjak (URS)		Leszek Drogosz (POL)	
					James Lloyd (GBR)	
Halbmittelgewicht (- 71 kg)	Wilbert McClure (USA)		Carmelo Bossi (ITA)		Boris Lagutin (URS)	
					Bill Fisher (USA)	
Mittelgewicht (- 75 kg)	Edward Crook (USA)		Tadeusz Walasek (POL)		Ion Monea (ROM)	
					Jewgenij Feofanow (URS)	
Halbschwergewicht (- 81 kg)	Cassius Clay (USA)		Zbigniew Pietrzykowski (POL)		Giulio Sarandi (ITA)	
					Antony Madigan (AUS)	
Schwergewicht (+ 81 kg)	Franco De Piccoli (ITA)		Daniel Bekker (SAF)		Günter Siegmund (GER)*	
					Josef Nemec (TCH)	
Gewichtheben						
Bantamgewicht (- 56 kg)	Charles Vinci (USA)	345,0	Yoshinobu Miyake (JPN)	337,5	Esmail Khah (IRN)	330,0
Federgewicht (- 60 kg)	Jewgeni Minajew (URS)	372,5	Isaac Berger (USA)	362,5	Sebastino Mannironi (ITA)	352,5
Leichtgewicht (- 67,5 kg)	Viktor Buschujew (URS)	397,5	Howe-Liang Tan (SIN)	380,0	Abdul Wahid Aziz (IRK)	380,0
Mittelgewicht (- 75 kg)	Alexandr Kurynow (URS)	473,5	Thomas Kono (USA)	427,5	Gyözö Veres (HUN)	405,0
Leichtschwergewicht (- 82,5 kg)	Ireneusz Palinski (POL)	442,5	James George (USA)	430,0	Jan Bochenek (POL)	420,0
Mittelschwergewicht (- 90 kg)	Arkady Worobjew (URS)	472,5	Trofim Lomakin (URS)	457,5	Louis Martin (GBR)	445,0
Schwergewicht (+ 90 kg)	Juri Wlassow (URS)	537,5	James Bradford (USA)	512,5	Norbert Schemansky (USA)	500,0
Ringen, griechisch-römisch						
Fliegengewicht (- 52 kg)	Dumitra Pivulescu (ROM)		Osman Sayed (UAE)		Mohamed Paziraye (IRN)	
Bantamgewicht (- 57 kg)	Oleg Karavajew (URS)		Ion Cornea (ROM)		Dinko Petrov (BUL)	
Federgewicht (- 62 kg)	Müzahir Sille (TUR)		Imre Polyák (HUN)		Konstantin Yyrupajew (URS)	
Leichtgewicht (- 67 kg)	Avtandil Koridze (URS)		Bronislaw Martinovic (YUG)		Gustaf Freij (SWE)	
Weltergewicht (- 73 kg)	Mithat Bayrak (TUR)		Günther Maritschnigg (GER)*		René Schiermeyer (FRA)	
Mittelgewicht (- 79 kg)	Dimiter Dobrev (BUL)		Lothar Metz (GER)*		Ion Taranu (ROM)	
Halbschwergewicht (- 87 kg)	Tevfik Kis (TUR)		Krali Bimbalov (BUL)		Giwy Kartoziya (URS)	
Schwergewicht (+ 87 kg)	Iwan Bogdon (URS)		Wilfried Dietrich (GER)*		Bohumil Kubát (TCH)	
Ringen, freier Stil						
Fliegengewicht (- 52 kg)	Ahmet Bilek (TUR)		Masayuki Matsubara (JPN)		Mohamed Saifpour Saidabachi (IRN)	
Bantamgewicht (- 57 kg)	Terrence McCann (USA)		Nedschet Zalev (BUL)		Tadeusz Trojanowski (POL)	
Federgewicht (- 62 kg)	Mustafa Dagistanli (TUR)		Stantscho Ivanov (BUL)		Wladimir Rubaschwili (URS)	
Leichtgewicht (- 67 kg)	Shelby Wilson (USA)		Wladimir Sinjawski (URS)		Enyu Dimov (BUL)	
Weltergewicht (- 73 kg)	Douglas Blubaugh (USA)		Ismail Ogan (TUR)		Muhammed Bashir (PAK)	
Mittelgewicht (- 79 kg)	Hasan Güngör (TUR)		Georgy Schirtladse (URS)		Hans Y. Antonsson (SWE)	
Halbschwergewicht (- 87 kg)	Ismet Atli (TUR)		Gholam-R. Takhti (IRN)		Anatoly Albul (URS)	
Schwergewicht (+ 87 kg)	Wilfried Dietrich (GER)*		Hamit Kaplan (TUR)		Savkus Dzarrasow (URS)	
Fechten						
Florett-Einzel, *Herren*	Viktor Tschanowitsch (URS)	7	Juri Sissikin (URS)	4	Albert Axelrod (USA)	3

DISZIPLIN	GOLD		SILBER		BRONZE	
Florett-Mannschaft, *Herren*	UdSSR		Italien		Deutschland*	
Degen-Einzel	Giuseppe Delfino (ITA)	5	Allan Jay (GBR)	5	Bruno Tschabarow (URS)	4
Degen-Mannschaft	Italien		Großbritannien		UdSSR	
Säbel-Einzel	Rudolf Kárpáti (HUN)	5	Zoltán Horváth (HUN)	4	Wladimiro Calarese (ITA)	4
Säbel-Mannschaft	Ungarn		Polen		Italien	
Florett-Einzel, *Damen*	Heidi Schmid (GER)*	6	Valentina Rastworowa (URS)	5	Maria Vicol (ROM)	4
Florett-Mannschaft	UdSSR		Ungarn		Italien	
Moderner Fünfkampf						
Einzel	Ferenc Németh (HUN)	5024	Imre Nagy (HUN)	4988	Robert L. Beck (USA)	4981
Mannschaft	Ungarn	14863	UdSSR	14309	USA	14192
Kanu						
Männer						
1000 m K1	Erik Hansen (DEN)	3:53,00	Imre Szöllösi (HUN)	3:54,02	Gert Fredriksson(SWE)	3:55,89
1000 m K2	Schweden	3:34,73	Ungarn	3:34,91	Polen	3:37,34
4 x 500 m K1	Deutschland*	7:39,43	Ungarn	7:44,02	Dänemark	7:46,09
1000 m C1	János Parti (HUN)	4:33,93	Alexandr Silajew (URS)	4:34,41	Leon Rotman (ROM)	4:35,87
1000 m C2	UdSSR	4:17,94	Italien	4:20,77	Ungarn	4:20,89
Frauen						
500 m K1	Antonina Seredina (URS)	2:08,88	Therese Zenz (GER)*	2:08,22	Daniela Walkowiak (POL)	2:10,46
500 m K2	UdSSR	1:54,76	Deutschland*	1:56,66	Ungarn	1:58,22
Rudern						
Einer	Wjatscheslaw Iwanow (URS)	7:13,96	Achim Hill (GER)*	7:20,21	Teodor Kocerka (POL)	7:21,26
Doppelzweier	Tschechoslowakei	6:47,50	UdSSR	6:50,49	Schweiz	6:50,59
Zweier ohne Steuermann	UdSSR	7:02,01	Österreich	7:03,17	Finnland	7:03,80
Zweier mit Steuermann	Deutschland*	7:29,14	UdSSR	7:30,17	USA	7:34,58
Vierer ohne Steuermann	USA	6:26,26	Italien	6:28,78	UdSSR	6:29,62
Vierer mit Steuermann	Deutschland*	6:39,12	Frankreich	6:41,62	Italien	6:43,72
Achter	Deutschland*	5:57,18	Kanada	6:01,52	Tschechoslowakei	6:04,84
Segeln						
Ein-Mann-Boot	Paul Elvström (DEN)	8171	Alexandr Tschutschelow (URS)	6250	André Neli (BEL)	5934
Star	UdSSR	7619	Portugal	6695	USA	6269
Flying Dutchman	Norwegen	6774	Dänemark	5991	Deutschland*	5882
Drachen	Griechenland	6733	Argentinien	5715	Italien	5704
5,5-m-Klasse	USA	6900	Dänemark	5678	Schweiz	5122
Radsport						
Straßenrennen (175 km)	Viktor Kapitonow (URS)	4:20:37,0	Livio Trape (ITA)	4:20:37,0	Willy van den Berghen (BEL)	4:20:57,0
100-km-Mannschaftszeitfahren	Italien	2:14:33,53	Deutschland*	2:16:56,31	UdSSR	2:18:41,67
1000-m-Zeitfahren	Sante Gaiardoni (ITA)	1:07,27	Dieter Gieseler (GER)*	1:08,75	Rostislav Vargaschkin (URS)	1:08,86
1000-m-Sprint	Sante Gaiardoni (ITA)		Leo Sterckx (BEL)		Valentino Gasparello (ITA)	
2000-m-Tandemfahren	Italien		Deutschland*		UdSSR	
4000-m-Mannschaftsverfolgung	Italien	4:30,90	Deutschland*	4:35,78	UdSSR	
Reitsport						
Military, Einzel	Lawrence Morgan (AUS)	+ 7,15	Neale Lavis (AUS)	- 16,50	Anton Bühler (SUI)	- 51,21
Military, Mannschaft	Australien	-128,18	Schweiz	-386,02	Frankreich	-515,71
Dressur, Einzel	Sergej Filatov (URS)	2144,0	Gustav Fischer (SUI)	2087,0	Josef Neckermann (GER)*	2082,0
Jagdspringen, Einzel	Raimondo d' Inzeo (ITA)	-12	Piero d' Inzeo (ITA)	-16	David Broome (GBR)	-23
Jagdspringen, Mannschaft	Deutschland*	-46,50	USA	-66,00	Italien	-80,50
Schießen						
Freies Gewehr	Hubert Hammerer (AUT)	1129	Hans Spillmann (SUI)	1127	Wassilij Borissow (URS)	1127
Kleinkaliber (KK) liegend	Peter Kohnke (GER)*	590	James Hill (USA)	589	Enrico F. Pelliccioni (VEN)	587
Kleinkaliber, Dreistellungskampf	Viktor Schamburkin (URS)	1149	Marat Nijasow (URS)	1145	Klaus Zähringer (GER)*	1139
Schnellfeuerpistole	William McMillan (USA)	587/147	Pentti Linnosvuo (FIN)	587/139	Aleksandr Zabelin (URS)	587/135
Beliebige Scheibenpistole	Alexej Gutschin (URS)	560	Makhmud Umarow (URS)	552/26	Yoshihisa Yoshikawa (JPN)	552/20
Tontaubenschießen	Ion Dumitrescu (ROM)	192	Galliano Rossini (ITA)	191	Sergeij Kalinin (URS)	190
Turnen						
Männer						
Mehrkampf, Einzelwertung	Boris Schakhlin (URS)	115,95	Takashi Ono (JPN)	115,90	Juri Titow (URS)	115,60
Mehrkampf, Mannschaft	Japan	575,20	UdSSR	572,70	Italien	559,05
Barren	Boris Schakhlin (URS)	19,400	Giovanni Carminucci (ITA)	19,375	Takashi Ono (JPN)	19,350

DISZIPLIN	GOLD		SILBER		BRONZE	
Boden	Nobuyuki Aihara (JPN)	19,450	Juri Titow (URS)	19,325	Franco Menichelli (ITA)	19,275
Pferdsprung	Boris Schakhlin (URS)	19,350	Wladimir Portnoi (URS)	19,225		
	Takashi Ono (JPN)	19,350				
Reck	Takashi Ono (JPN)	19,600	Masao Takemoto (JPN)	19,525	Boris Schakhlin (URS)	19,475
					Welik Kapaszow (BUL)	19,425
Ringe	Albert Azarjan (URS)	19,725	Boris Schakhlin (URS)	19,500	Takashi Ono (JPN)	19,425
Seitpferd	Boris Schakhlin (URS)	19,375	Shuji Tsurumi (JPN)	19,150		
	Eugen Ekman (FIN)	19,375				
Frauen						
Achtkampf, Einzel	Larisa Latynina (URS)	77,031	Sofia Muratowa (URS)	76,696	Polina Astakowa (URS)	76,164
Mehrkampf, Mannschaft	UdSSR	382,320	Tschechoslowakei	373,323	Rumänien	372,053
Boden	Larisa Latynina (URS)	19,583	Polina Astakowa (URS)	19,532	Tamara Ljukina (URS)	19,449
Pferdsprung	Margarita Nikolajewa (URS)	19,316	Sofia Muratowa (URS)	19,049	Larisa Latynina (URS)	19,016
Schwebebalken	Eva Bosaková (TCH)	19,283	Larisa Latynina (URS)	19,233	Sofia Muratova (URS)	19,232
Stufenbarren	Polina Astakowa (URS)	19,616	Larisa Latynina (URS)	19,416	Tamara Ljukina (URS)	19,399
Basketball						
	USA		UdSSR		Brasilien	
Fußball						
	Jugoslawien		Dänemark		Ungarn	
Hockey						
	Pakistan		Indien		Spanien	

* im Rahmen einer gesamtdeutschen Mannschaft

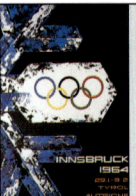

Innsbruck 1964

29. Januar – 9. Februar

Teilnehmer: ca. 1200 / **Männer:** ca. 1000, **Frauen:** ca. 200, **Länder:** 36,
Sportarten: 8, **Entscheidungen:** 34
Letzter Fackelträger: Joseph Rieder

Medaillenspiegel

RANG	LAND	GOLD	SILBER	BRONZE
1	UdSSR	11	8	6
2	Österreich	4	5	3
3	Norwegen	3	6	6
4	Finnland	3	4	3
5	Frankreich	3	4	–

Erfolgreichste Athleten

RANG	NAME (NATIONALITÄT)	DISZIPLIN	G	S	B
1	Lydia Skoblikowa (URS)	Eisschnellauf	4	–	–
2	Klawdija Bojarskirch (URS)	Ski nordisch	3	–	–
3	Eero Mäntyranta (FIN)	Ski nordisch	2	1	–
4	Sixten Jernberg (SWE)	Ski nordisch	2	–	1
5	Toralf Engan (NOR)	Ski nordisch	1	1	–
	Christine Goitschel (FRA)	Ski alpin	1	1	–
	Marielle Goitschel (FRA)	Ski alpin	1	1	–
	Veikko Kankkonen (FIN)	Ski nordisch	1	1	–
	Jewdokija Mekschilo (URS)	Ski nordisch	1	1	–
	Assar Rönnlund (SWE)	Ski nordisch	1	1	–

DISZIPLIN	GOLD		SILBER		BRONZE	
Ski alpin						
Männer						
Abfahrt	Egon Zimmermann (AUT)	2:18,16	Leo Lacroix (FRA)	2:18,90	Wolfgang Bartels (GER)*	2:19:48
Slalom	Josef Stiegler (AUT)	2:11,13	William Kidd (USA)	2:11,27	James Heuga (USA)	2:11,52
Riesenslalom	François Bonlieu (FRA)	1:46:71	Karl Schranz (AUT)	1:47,09	Josef Stiegler (AUT)	1:48:05
Frauen						
Abfahrt	Christl Haas (AUT)	1:55,39	Edith Zimmermann (AUT)	1:56:42	Traudl Hecher (AUT)	1:56:66
Slalom	Christine Goitschel (FRA)	1:29,86	Marielle Goitschel (FRA)	1:30,77	Jean Saubert (USA)	1:13,36
Riesenslalom	Marielle Goitschel (FRA)	1:52,24	Christine Goitschel (FRA)	1:53:11		
			Jean Saubert (USA)	1:53,11		
Ski nordisch						
Männer						
15-km-Klasse	Eero Mäntyranta (FIN)	50:54,1	Harald Grönningen (NOR)	51:34,8	Sixten Jernberg (SWE)	51:42,2
30-km-Klasse	Eero Mäntyranta (FIN)	1:30:50,7	Harald Grönningen (NOR)	1:32:02,3	Igor Worontschinin (URS)	1:32:15,8

DISZIPLIN	GOLD		SILBER		BRONZE	
50-km-Klasse	Sixten Jernberg (SWE)	2:43:52,6	Assar Rönnlund (SWE)	2:44:58,2	Arto Tiainen (FIN)	2:45:30,4
4 x 10 km	Schweden	2:18:34,6	Finnland	2:18:42,4	UdSSR	2:18:46,9
Skispringen Normalschanze	Veikko Kankkonen (FIN)	229,9	Toralf Engan (NOR)	226,3	Torgeir Brandtzæg (NOR)	222,9
Skispringen Großschanze	Toralf Engan (NOR)	230,7	Veikko Kankkonen (FIN)	228,9	Torgeir Brandtzæg (NOR)	227,2
Nordische Kombination	Tormod Knutsen (NOR)	469,28	Nikolai Kisseljow (URS)	453,04	Georg Thoma (GER)*	452,88
Frauen						
5 km	Klawdija Bojarskich (URS)	17:50,5	Mirja Lehtonen (FIN)	17:52,9	Alewtina Koltschina (URS)	18:08,4
10 km	Klawdija Bojarskich (URS)	40:24,3	Jewdokija Mekschilo (URS)	40:26,6	Maria Gussakowa (URS)	40:46,6
3 x 5 km	UdSSR	59:20,2	Schweden	1:01:27,0	Finnland	1:02:45,1
Biathlon 20 km	Wladimir Melanin (URS)	1:20:26,8	Alexander Priwalow (URS)	1:23:42,5	Olav Jordet (NOR)	1:24:38,8
Eiskunstlauf						
Damen	Sjoukje Dijkstra (HOL)		Regine Heitzer (AUT)		Petra Burka (CAN)	
Herren	Manfred Schnelldorfer (GER)*		Alain Calmat (FRA)		Scott Allen (USA)	
Paare	Ludmilla Belousowa/		Marika Kilius/		Debbi Wilkes/	
	Oleg Protopopow (URS)		Hans-Jürgen Bäumler (GER)*		Guy Revell (CAN)	
Eisschnellauf						
Männer						
500 m	Richard McDermott (USA)	40,1	Jewgeni Grischin (URS)	40,6		
			Wladimir Orlow (URS)	40,6		
			Alv Gjestvang (NOR)	40,6		
1500 m	Ants Antson (URS)	2:10,3	Cornelis Verkerk (HOL)	2:10,6	Villy Haugen (NOR)	2:11,2
5000 m	Knut Johannesen (NOR)	7:38,4	Per Ivar Moe (NOR)	7:38,6	Fred Anton Maier (NOR)	7:42,0
10 000 m	Jonny Nilsson (SWE)	15:50,1	Fred Anton Maier (NOR)	16:06,0	Knut Johannesen (NOR)	16:06,3
Frauen						
500 m	Lidia Skoblikowa (URS)	45,0	Irina Jegorowa (URS)	45,4	Tatjana Sidirowa (URS)	45,5
1000 m	Lidia Skoblikowa (URS)	1:33,2	Irina Jegorowa (URS)	1:34,3	Kaija Mustonen (FIN)	1:34,8
1500 m	Lidia Skoblikowa (URS)	2:22,6	Kaija Mustonen (FIN)	2:25,5	Berta Kolokoltsewa (URS)	2:27,1
3000 m	Lidia Skoblikowa (URS)	5:14,9	Valentina Stenina (URS)	5:18,5		
			Pil Hwa Han (PRK)	5:18,5		
Bob						
Zweierbob	Großbritannien	4:21,90	Italien II	4:22,02	Italien I	4:22,63
Viererbob	Kanada I	4:14,46	Österreich I	4:15,48	Italien II	4:15,60
Rennrodeln						
Einer *Herren*	Thomas Köhler (GER)*	3:26,77	Klaus-Michael Bonsack (GER)*	3:27,04	Hans Plenk (GER)*	3:30,15
Einer *Damen*	Ortrud Enderlein (GER)*	3:24,67	Ilse Geisler (GER)*	3:27,42	Helene Thurner (AUT)	3:29,06
Doppel	Josef Feistmantl/		Reinhold Senn/		Walter Außendorfer/	
	Manfred Stengl (AUT)	1:41,62	Helmut Thaler (AUT)	1:41,91	Sigisfred Mair (ITA)	1:42,87
Eishockey						
	UdSSR		Schweden		Tschechoslowakei	

* im Rahmen einer gesamtdeutschen Mannschaft

Tokio 1964

10. Oktober – 24. Oktober

Teilnehmer: ca. 5190 / **Männer:** ca. 4450, **Frauen:** 700, **Länder:** 93,
Sportarten: 19, **Entscheidungen:** 163
Letzter Fackelträger: Yoshinori Sakai

Medaillenspiegel

RANG	LAND	GOLD	SILBER	BRONZE
1	USA	36	28	28
2	UdSSR	30	31	35
3	Japan	16	5	8
4	Deutschland*	10	21	19
5	Italien	10	10	7

Erfolgreichste Athleten

RANG	NAME (NATIONALITÄT)	DISZIPLIN	G	S	B
1	Don Schollander (USA)	Schwimmen	4	–	–
2	Vera Cáslavská (TCH)	Turnen	3	1	–
	Yukio Endo (JPN)	Turnen	3	1	–
	Sharon Stouder (USA)	Schwimmen	3	1	–
5	Stephen Clark (USA)	Schwimmen	3	–	–

DISZIPLIN	GOLD		SILBER		BRONZE	
Leichtathletik						
Männer						
100 m	Robert Hayes (USA)	10,0	Enrique Figuerola (CUB)	10,2	Harry Jerome (CAN)	10,2
200 m	Henry Carr (USA)	20,3	Otis Paul Drayton (USA)	20,5	Edwin Roberts (TRI)	20,6
400 m	Michael Larrabee (USA)	45,1	Wendell Mottley (TRI)	45,2	Andrzej Badenski (POL)	45,5
800 m	Peter Snell (NZL)	1:45,1	William Crothers (CAN)	1:45,6	Wilson Kiprugut (KEN)	1:45,9
1500 m	Peter Snell (NZL)	3:38,1	Josef Odložil (TCH)	3:39,6	John Davies (NZL)	3:39,6
5000 m	Robert Schul (USA)	13:48,8	Harald Norpoth (GER)*	13:49,6	William Dellinger (USA)	13:49,8
10 000 m	William Mills (USA)	28:24,4	Mohamed Gammoudi (TUN)	28:24,8	Ronald Clarke (AUS)	28:25,8
Marathon	Abebe Bikila (ETH)	2:12:11,2	Basil Heatley (GBR)	2:16:19,2	Kokichi Tsuburaya (JPN)	2:16:22,8
110 m Hürden	Hayes Jones (USA)	13,6	Harold B. Lindgren (USA)	13,7	Anatoly Mikhailow (URS)	13,7
400 m Hürden	»Rex« Cawley (USA)	49,6	John Cooper (GBR)	50,1	Salvatore Morale (ITA)	50,1
3000 m Hindernis	Gaston Roelants (BEL)	8:30,8	Maurice Herriott (GBR)	8:32,4	Ivan Beljajew (URS)	8:33,8
4 x 100 m	USA	39,0	Polen	39,3	Frankreich	39,3
4 x 400 m	USA	3:00,7	Großbritannien	3:01,6	Trinidad	3:01,7
20 km Gehen	Kenneth Matthews (GBR)	1:29:34,0	Dieter Lindner (GER)*	1:31:13,2	Wladimir Golubnitschy (URS)	1:31:59,4
50 km Gehen	Abdon Pamich (ITA)	4:11:12,4	Paul V. Nihill (GBR)	4:11:31,2	Ingvar Pettersson (SWE)	4:14:17,4
Hochsprung	Waleri Brumel (URS)	2,18	John Thomas (USA)	2,18	John Rambo (USA)	2,18
Stabhochsprung	Fred Hansen (USA)	5,10	Wolfgang Reinhardt (GER)*	5,05	Klaus Lehnertz (GER)*	5,00
Weitsprung	Lynn Davies (GBR)	8,07	Ralph Boston (USA)	8,03	Igor Ter-Owanesian (URS)	7,99
Dreisprung	Jozef Schmidt (POL)	16,85	Oleg Fedosejew (URS)	16,58	Viktor Krawtschenkow (URS)	16,57
Kugelstoß	Dallas Long (USA)	20,33	Randy Matson (USA)	20,20	Vilmos Varju (HUN)	19,39
Diskuswurf	Al Oerter (USA)	61,00	Ludvik Danek (TCH)	60,52	David Weill (USA)	59,49
Hammerwurf	Romuald Klim (URS)	69,74	Gyula Zsivótzky (HUN)	69,09	Uwe Beyer (GER)*	68,09
Speerwurf	Pauli Nevala (FIN)	82,66	Gergely Kulcsar (HUN)	82,32	Janis Lusis (URS)	80,57
Zehnkampf	Willi Holdorf (GER)*	7887	Rein Aun (URS)	7842	Hans-Joachim Walde (GER)*	7809
Frauen						
100 m	Wyomia Tyus (USA)	11,4	Edith McGuire (USA)	11,6	Ewa Klobukowska[1] (POL)	11,6
200 m	Edith McGuire (USA)	23,0	Irena Kirszenstein (POL)	23,1	Marilyn Black (AUS)	23,1
400 m	Betty Cuthbert (AUS)	52,0	Ann Packer (GBR)	52,2	Judith Amoore (AUS)	53,4
800 m	Ann Packer (GBR)	2:01,1	Maryvonne Dupureur (FRA)	2:01,9	Ann Chamberlain (NZL)	2:02,8
80 m Hürden	Karin Balzer (GER)*	10,5	Tereza Ciepla (POL)	10,5	Pamela Kilborn (AUS)	10,5
4 x 100 m	Polen	43,6	USA	43,9	Großbritannien	44,0
Hochsprung	Yolanda Balas (ROM)	1,90	Michele Brown-Mason (AUS)	1,80	Taisija Tschentschik (URS)	1,78
Weitsprung	Mary Rand (GBR)	6,76	Irena Kirszenstein (POL)	6,60	Tatjana Tschelkanowa (URS)	6,42
Kugelstoßen	Tamara Press (URS)	18,14	Renate Garisch (GER)*	17,61	Galina Zybina (URS)	17,45
Diskuswurf	Tamara Press (URS)	57,27	Ingrid Lotz (GER)*	57,21	Lia Manoliu (ROM)	56,97
Speerwurf	Mihaela Penes (ROM)	60,54	Marta Rudas (HUN)	58,27	Jelena Gortschakowa (URS)	57,06
Fünfkampf	Irina Press (URS)	5246	Mary Rand (GBR)	5035	Galina Bystrowa (URS)	4956

[1] 1967 wegen nicht-weiblichem Geschlechtsstatus von Frauen-Wettkämpfen ausgeschlossen und aus den Rekordlisten gestrichen

DISZIPLIN	GOLD		SILBER		BRONZE	
Schwimmen						
Männer						
100 m Kraul	Don Schollander (USA)	53,4	Robert McGregor (GBR)	53,5	Hans-Joachim Klein (GER)*	54,0
400 m Kraul	Don Schollander (USA)	4:12,2	Frank Wiegand (GER)*	4:14,9	Allan Wood (GBR)	4:15,1
1500 m Kraul	Robert Windle (AUS)	17:01,7	John Nelson (USA)	17:03,0	Allan Wood (GBR)	17:07,7
200 m Rücken	Jed Graef (USA)	2:10,3	Gary Dilley (USA)	2:10,5	Robert Bennett (USA)	2:13,1
200 m Brust	Ian O'Brien (AUS)	2:27,8	Georgy Prokopenko (URS)	2:28,2	Chester Jastremski (USA)	2:29,6
200 m Schmetterling	Kevin Berry (AUS)	2:06,6	Carl Robie (USA)	2:07,5	Fred Schmidt (USA)	2:09,3
400 m Lagen	Richard Roth (USA)	4:45,4	Roy Saari (USA)	4:47,1	Gerhard Hetz (GER)*	4:51,0
4 x 100 m Kraul	USA	3:33,2	Deutschland*	3:37,2	Australien	3:39,1
4 x 200 m Kraul	USA	7:52,1	Deutschland*	7:59,3	Japan	8:03,8
4 x 100 m Lagen	USA	3:58,4	Deutschland*	4:01,6	Australien	4:02,3
Kunstspringen	Ken Sitzberger (USA)	159,90	Francis Gorman (USA)	157,63	Larry Andreasen (USA)	143,77
Turmspringen	Robert Webster (USA)	148,58	Klaus Dibiasi (ITA)	147,54	Thomas Gompf (USA)	146,57
Wasserball	Ungarn		Jugoslawien		UdSSR	
Frauen						
100 m Kraul	Dawn Fraser (AUS)	59,5	Sharon Stouder (USA)	59,9	Kathleen Ellis (USA)	1:00,8
400 m Kraul	Virginia Duenkel (USA)	4:43,3	Marilyn Ramenofsky (USA)	4:44,6	Terri L. Stickles (USA)	4:47,2
100 m Rücken	Cathy Ferguson (USA)	1:07,7	Christine Caron (FRA)	1:07,9	Virginia Duenkel (USA)	1:08,0
200 m Brust	Galina Prozumentschikowa (URS)	2:46,4	Claudia Kolb (USA)	2:47,6	Swetlana Babanina (URS)	2:48,6
100 m Schmetterling	Sharon Stouder (USA)	1:04,7	Ada Kok (HOL)	1:05,6	Kathleen Ellis (USA)	1:06,0
400 m Lagen	Donna De Varona (USA)	5:18,7	Sharon Finneran (USA)	5:24,1	Martha Randall (USA)	5:24,2
4 x 100 m Kraul	USA	4:03,8	Australien	4:06,9	Niederlande	4:12,0
4 x 100 m Lagen	USA	4:33,9	Niederlande	4:37,0	UdSSR	4:39,2
Kunstspringen	Ingrid Engel-Krämer (GER)*	145,00	Jeanne Collier (USA)	138,36	Mary Willard (USA)	138,18
Turmspringen	Lesley Bush (USA)	99,80	Ingrid Engel-Krämer (GER)*	98,45	Galina Alexejewa (URS)	97,60

DISZIPLIN	GOLD		SILBER		BRONZE	
Boxen						
Fliegengewicht (- 51 kg)	Fernando Atzori (ITA)		Artur Olech (POL)		Stanislav Sorokin (URS)	
					Robert Carmody (USA)	
Bantamgewicht (- 54 kg)	Takao Sakurai (JPN)		Shin-Cho Chung (KOR)		Juan Fabila Mendoza (MEX)	
					Washington Rodriguez (URU)	
Federgewicht (- 57 kg)	Stanislav Stepaschkin (URS)		Anthony Villanueva (PHI)		Heinz Schulz (GER)*	
					Charles Brown (USA)	
Leichtgewicht (- 60 kg)	Józef Grudzien (POL)		Velikton Barannikow (URS)		James McCourt (IRL)	
					Ronald Harris (USA)	
Halbweltergewicht (- 63,5 kg)	Jerzy Kulej (POL)		Jewgenij Frolow (URS)		Eddie Blay (GHA)	
					Habib Galhia (TUN)	
Weltergewicht (- 67 kg)	Marian Kasprzyk (POL)		Ritschardas Tamulis (URS)		Pertti Purhonen (FIN)	
					Silvano Bertini (ITA)	
Halbmittelgewicht (- 71 kg)	Boris Lagutin (URS)		Joseph Gonzales (FRA)		Nojim Maiyegun (NGA)	
					Jozef Grzesiak (POL)	
Mittelgewicht (- 75 kg)	Valerij Popentschenko (URS)		Emil Schulz (GER)*		Francesco Valle (ITA)	
					Tadeusz Walasek (POL)	
Halbschwergewicht (- 81 kg)	Cosimo Pinto (ITA)		Alexej Kisseljow (URS)		Alexandar Nikolov (BUL)	
					Zbiegniew Pietrzykowski (POL)	
Schwergewicht (+ 81 kg)	Joe Frazier (USA)		Hans Huber (GER)*		Guiseppe Ros (ITA)	
					Vadim Jemeljanow (URS)	
Gewichtheben						
Bantamgewicht (- 56 kg)	Alexej Vakhonin (URS)	357,5	Imre Földi (HUN)	355,0	Shiro Ichinoseki (JPN)	347,5
Federgewicht (- 60 kg)	Yoshinobu Miyake (JPN)	397,5	Isaac Berger (USA)	382,5	Mieczyslaw Nowak (POL)	377,5
Leichtgewicht (- 67,5 kg)	Waldemar Baszanowski (POL)	432,5	Vladimir Kaplunow (URS)	432,5	Marian Zielinski (POL)	420,0
Mittelgewicht (- 75 kg)	Hans Zdražila (TCH)	445,0	Viktor Kurentsow (URS)	440,0	Masashi Ouchi (JPN)	437,5
Leichtschwergewicht (- 82,5 kg)	Rudolf Plukfelder (URS)	475,0	Geza Toth (HUN)	467,5	Gyözö Veres (HUN)	467,5
Mittelschwergewicht (- 90 kg)	Vladimir Golovanow (URS)	487,5	Louis Martin (GBR)	475,0	Ireneusz Palinski (POL)	467,5
Schwergewicht (+ 90 kg)	Leonid Tschabotinsky (URS)	572,5	Juri Wlassow (URS)	570,0	Norbert Schemansky (USA)	537,5
Ringen, griechisch-römisch						
Fliegengewicht (- 52 kg)	Tsutomu Hanahara (JPN)		Angel Kerezov (BUL)		Dumitru Pirvulescu (ROM)	
Bantamgewicht (- 57 kg)	Masamitsu Ichiguchi (JPN)		Vladien Trostyansky (URS)		Ion Cornea (ROM)	
Federgewicht (- 63 kg)	Imre Polyák (HUN)		Roman Rurua (URS)		Branislav Matinovic (YUG)	
Leichtgewicht (- 70 kg)	Kazim Ayvaz (TUR)		Valeriu Bularca (ROM)		David Gvantseladze (URS)	
Weltergewlcht (- 78 kg)	Anatoly Kolessow (URS)		Cyril Todorov (BUL)		Bertil Nyström (SWE)	
Mittelgewicht (- 87 kg)	Branislav Simič (YUG)		Jiri Kormanik (TCH)		Lothar Metz (GER)*	
Halbschwergewicht (- 97 kg)	Boyan Radev (BUL)		Per Svensson (SWE)		Heinz Kiehl (GER)*	
Schwergewicht (+ 97 kg)	Istvan Kozma (HUN)		Anatoli Roschtschin (URS)		Wilfried Dietrich (GER)*	
Ringen, freier Stil						
Fliegengewicht (- 52 kg)	Yoshikatsu Yoshida (JPN)		Chang-Sun Chang (KOR)		Said Aliaakbar Haydari (IRN)	
Bantamgewicht (- 57 kg)	Yojiro Uetake (JPN)		Hüseyn Akbas (TUR)		Aydyn Ibragimow (URS)	
Federgewicht (- 63 kg)	Osamu Watanabe (JPN)		Stantscho Ivanov (BUL)		Nodar Kokaschwili (URS)	
Leichtgewicht (- 70 kg)	Enyu Valtschev (BUL)		Klaus Jürgen Rost (GER)*		Iwao Horiuchi (JPN)	
Weltergewicht (- 78 kg)	Ismail Ogan (TUR)		Guliko Sagaradze (URS)		Mohamad-Ali Sanatkaran (IRN)	
Mittelgewicht (-87 kg)	Prodan Gardschev (BUL)		Hasan Güngör (TUR)		Daniel Brand (USA)	
Halbschwergewicht (- 97 kg)	Alexsandr Medved (URS)		Ahmet Ayik (TUR)		Said Mustafov (BUL)	
Schwergewicht (+ 97 kg)	Alexsandr Ivanitsky (URS)		Lyutvi Dschiber (BUL)		Hamit Kaplan (TUR)	
Judo						
Leichtgewicht (- 68 kg)	Takehide Nakatami (JPN)		Eric Hänni (SUI)		Oleg Stepanow (URS)	
					Aron Bogoljubow (URS)	
Mittelgewicht (- 80 kg)	Isao Okano (JPN)		Wolfgang Hofmann (GER)*		James Bregman (USA)	
					Eui-Tae Kim (KOR)	
Schwergewicht (+ 80 kg)	Isao Inokuma (JPN)		Al Harold Rogers (USA)		Anzow Kiknadze (URS)	
					Parnaoz Tschikviladze (URS)	
Offene Klasse	Antonius Geesink (HOL)		Akio Kaminaga (JPN)		Klaus Glahn (GER)*	
					Theodore Boronovskis (AUS)	
Fechten						
Florett - Einzel, *Herren*	Egon Franke (POL)	3	Jean-Claude Magnan (FRA)	2	Daniel Revenu (FRA)	1
Florett - Mannschaft, *Herren*	UdSSR		Polen		Frankreich	
Degen - Einzel	Grigory Kriss (URS)	2+1	Henry Hoskyns (GBR)	2	Guram Kostowa (URS)	1
Degen - Mannschaft	Ungarn		Italien		Frankreich	
Säbel - Einzel	Tibor Pézsa (HUN)	2+1	Claude Arabo (FRA)	2	Umar Mavlichanow (URS)	1

DISZIPLIN	GOLD		SILBER		BRONZE	
Säbel - Mannschaft	UdSSR		Italien		Polen	
Florett-Einzel, *Damen*	Ildiko Ujlaki-Rejto (HUN)	2+2	Helga Mees (GER)*	2+1	Antonella Ragno (ITA)	2
Florett- Mannschaft, *Damen*	Ungarn		UdSSR		Deutschland*	
Moderner Fünkampf						
Einzel	Ferenc Török (HUN)	5516	Igor Novikow (URS)	5067	Albert Mokejew (URS)	5039
Mannschaft	UdSSR	14961	USA	14189	Ungarn	14173
Kanu						
Männer						
1000 m K1	Rolf Peterson (SWE)	3:57,13	Mihaly Hesz (HUN)	3:57,28	Aurel Vernescu (ROM)	4:00,77
1000 m K2	Schweden	3:38,54	Niederlande	3:39,30	Deutschland*	3:40,69
1000 m K4	UdSSR	3:14,67	Deutschland*	3:15,39	Rumänien	3:15,51
1000 m C1	Jürgen Eschert (GER)*	4:35,14	Andrei Igorov (ROM)	4:37,89	Jevgenij Penjajew (URS)	4:38,31
1000 m C2	UdSSR	4:04,64	Frankreich	4:06,52	Dänemark	4:07,48
Frauen						
500 m K1	Ljudmilla Kvedosjuk (URS)	2:12,87	Hilde Lauer (ROM)	2:15,35	Marcia Jones (USA)	2:15,68
500 m K2	Deutschland*	1:56,95	USA	1:59,16	Rumänien	2:00,25
Rudern						
Einer	Wjatscheslaw Iwanow (URS)	8:22,51	Achim Hill (GER)*	8:26,24	Gottfried Kottmann (SUI)	8:29,68
Doppelzweier	UdSSR	7:10,66	USA	7:13,16	Tschechoslowakei	7:14,23
Zweier ohne Steuermann	Kanada	7:32,94	Niederlande	7:33,40	Deutschland*	7:38,63
Zweier mlt Steuermann	USA	8:21,23	Frankreich	8:23,15	Niederlande	8:23,42
Vierer ohne Steuermann	Dänemark	6:59,30	Großbritannien	7:00,47	USA	7:01,37
Vierer mit Steuermann	Deutschland*	7:00,44	Italien	7:02,84	Niederlande	7:06,46
Achter	USA	6:18,23	Deutschland*	6:23,29	Tschechoslowakei	6:25,11
Segeln						
Ein-Mann-Boot	Willi Kuhweide (GER)*	7638	Peter Barrett (USA)	6373	Henning Wind (DEN)	6190
Star	Bahamas	5664	USA	5585	Schweden	5527
Flying Dutchman	Neuseeland	6255	Großbritannien	5556	USA	5158
Drachen	Dänemark	5854	Deutschland*	5826	USA	5523
5,5-m-Klasse	Australien	5981	Schweden	5254	USA	5106
Radsport						
Straßenrennen (194,83 km)	Mario Zanin (ITA)	4:39:51,63	Kjell A. Rodian (DEN)	4:39:51,65	Walter Godefroot (BEL)	4:39:51:74
Mannschaftszeitfahren	Niederlande	2:26:31,19	Italien	2:26:55,39	Schweden	2:27:11,52
1000-m-Zeitfahren	Patrick Sercu (BEL)	1:09,59	Giovanni Pettenella (ITA)	1:10,09	PierreTrentin (FRA)	1:10,42
1000-m-Sprint	Giovanni Pettenella (ITA)		Sergio Bianchetto (ITA)		Daniel Morelon (FRA)	
2000-m-Tandemfahren	Italien		UdSSR		Deutschland*	
4000-m-Einzelverfolgung	Jiři Daler (TCH)	5:04,75	Giorgio Ursi (ITA)	5:05,96	Preben Isaksson (DEN)	5:01,90
4000-m-Mannschaftsverfolgung	Deutschland*	4:35,67	Italien	4:35,74	Niederlande	4:38,99
Reitsport						
Military, Einzel	Mauro Checcoli (ITA)	64,40	Carlos Moratorio (ARG)	56,40	Fritz Ligges (GER)*	49,20
Military, Mannschaft	Italien	85,80	USA	65,86	Deutschland	56,73
Dressur, Einzel	Henri Chammartin (SUI)	1504	Harry Boldt (GER)*	1503	Sergej Filatow (URS)	1486
Dressur, Mannschaft	Deutschland*	2558,0	Schweiz	2526,0	UdSSR	2311,0
Jagdspringen, Einzel	Pierre d'Oriola (FRA)	-9	Hermann Schridde (GER)*	-13,75	Peter Robeson (GBR)	-16,00
Jagdspringen, Mannschaft	BR Deutschland*	-68,50	Frankreich	-77,75	Italien	-88,50
Schießen						
Freies Gewehr	Gary Anderson (USA)	1153	Schota Kveliaschwili (URS)	1144	Martin Gunnarsson (USA)	1136
Kleinkaliber (KK) liegend	Laszló Hammerl (HUN)	597	Lones Wigger (USA)	597	Tommy Pool (USA)	596
Kleinkaliber, Dreistellungskampf	Lones Wigger (USA)	1164	Velitschko Kristov (BUL)	1152	Laszló Hammerl (HUN)	1151
Schnellfeuer-Pistole	Pentti Linnosvuo (FIN)	592	Ion Tripsa (ROM)	591	Lubomir Nacovsky (TCH)	590
Beliebige Scheibenpistole	Väino Markkanen (FIN)	560	Franklin Green (USA)	557	Yoshihisa Yoshikawa (JPN)	554
Tontaubenschießen	Ennio Mattarelli (ITA)	198	Pavel Senitschew (URS)	194/25	William Morris (USA)	194/24
Turnen						
Männer						
Mehrkampf, Einzelwertung	Yukio Endo (JPN)	115,95	Shuji Tsurumi (JPN)	115,40		
			Viktor Lisitzky (URS)	115,40		
			Boris Schaklin (URS)	115,40		
Mehrkampf, Mannschaft	Japan	577,95	UdSSR	575,45	Deutschland*	565,10
Barren	Yukio Endo (JPN)	19,675	Shuji Tsurumi (JPN)	19,450	Franco Menichelli (ITA)	19,35

DISZIPLIN	GOLD		SILBER		BRONZE	
Boden	Franco Menichelli (ITA)	19,450	Viktor Lisitsky (URS)	19,350		
			Yukio Endo (JPN)	19,350		
Pferdsprung	Haruhiro Yamashita (JPN)	19,600	Viktor Lisitsky (URS)	19,325	Hannu Rautakari (FIN)	19,300
Reck	Boris Schaklin (URS)	19,625	Juri Titow (URS)	19,550	Miroslav Cerar (YUG)	19,500
Ringe	Takuji Hayata (JPN)	19,475	Franco Menichelli (ITA)	19,425	Boris Schaklin (URS)	19,400
Seitpferd	Miroslav Cerar (YUG)	19,525	Shuji Tsurumi (JPN)	19,325	Juri Tsapenko (URS)	19,200
Frauen						
Mehrkampf, Einzelwertung	Vera Cáslavská (TCH)	77,564	Larissa Latynina (URS)	76,998	Polina Astakowa (URS)	76,965
Mehrkampf, Mannschaft	UdSSR	380,890	Tschechoslowakei	379,989	Japan	377,889
Boden	Larissa Latynina (URS)	19,599	Polina Astakowa (URS)	19,500	Amiko Janosí (HUN)	19,300
Pferdsprung	Vera Cáslavská (TCH)	19,483	Larissa Latynina (URS)	19,283		
			Birgit Radochla (GER)*	19,283		
Schwebebalken	Vera Cáslavská (TCH)	19,449	Tamara Manina (URS)	19,399	Larissa Latynina (URS)	19,382
Stufenbarren	Polina Astakowa (URS)	19,332	Katalin Makray (HUN)	19,216	Larissa Latynina (URS)	19,199
Basketball						
	USA		UdSSR		Brasilien	
Fußball						
	Ungarn		Tschechoslowakei		Deutschland*	
Hockey						
	Indien		Pakistan		Australien	
Volleyball						
Männer	UdSSR		Tschechoslowakei		Japan	
Frauen	Japan		UdSSR		Polen	

* im Rahmen einer gesamtdeutschen Mannschaft

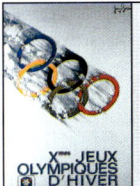

Grenoble 1968

4. Februar – 18. Februar
(offizielle Eröffnung 6. Februar)

Teilnehmer: ca. 1160 / **Männer:** ca. 950, **Frauen:** ca. 210, **Länder:** 37,
Sportarten: 8, **Entscheidungen:** 35
Letzter Fackelträger: Alain Calmat

Medaillenspiegel

RANG	LAND	GOLD	SILBER	BRONZE
1	Norwegen	6	6	2
2	UdSSR	5	5	3
3	Frankreich	4	3	2
4	Italien	4	–	–
5	Österreich	3	4	4

Erfolgreichste Athleten

RANG	NAME (NATIONALITÄT)	DISZIPLIN	G	S	B
1	Jean-Claude Killy (FRA)	Ski alpin	3	–	–
2	Toini Gustafsson (SWE)	Ski nordisch	2	1	–
3	Ole Ellefsæter (NOR)	Ski nordisch	2	–	–
	Harald Grønningen (NOR)	Ski nordisch	2	–	–
	Eugenio Monti (ITA)	Bobsport	2	–	–
	Luciano de Paolis (ITA)	Bobsport	2	–	–

DISZIPLIN	GOLD		SILBER		BRONZE	
Ski alpin						
Männer						
Abfahrt	Jean-Claude Killy (FRA)	1:59,85	Guy Périllat (FRA)	1:59,93	Jean-Daniel Dätwyler (SUI)	2:00,32
Slalom	Jean-Claude Killy (FRA)	1:39,73	Herbert Huber (AUT)	1:39,82	Alfred Matt (AUT)	1:40,09
Riesenslalom	Jean-Claude Killy (FRA)	3:29,28	Willy Favre (SUI)	3:31,50	Heinrich Messner (AUT)	3:31,83
Frauen						
Abfahrt	Olga Pall (AUT)	1:40,87	Isabelle Mir (FRA)	1:41,33	Christl Haas (AUT)	1:41,41
Slalom	Marielle Goitschel (FRA)	1:25,86	Nancy Greene (CAN)	1:26,15	Annie Famose (FRA)	1:27,89
Riesenslalom	Nancy Greene (CAN)	1:51,97	Annie Famose (FRA)	1:54,61	Fernande Bochatay (SUI)	1:54,74
Ski nordisch						
Männer						
15-km-Langlauf	Harald Grønningen (NOR)	47:54,2	Eero Mäntyranta (FIN)	47:56,1	Gunnar Larsson (SWE)	48:33,7
30-km-Langlauf	Franco Nones (ITA)	1:35:39,2	Odd Martinsen (NOR)	1:36:28,9	Eero Mäntyranta (FIN)	1:36:55,3

GRENOBLE 1968

DISZIPLIN	GOLD		SILBER		BRONZE	
50-km-Langlauf	Ole Ellefsæter(NOR)	2:28:45,8	Watscheslaw Wedenin (URS)	2:29:02,5	Josef Haas (SUI)	2:29,14,8
4 x 10 km	Norwegen	2:08:33,5	Schweden	2:10:13,2	Finnland	2:10:56,7
Skispringen Normalschanze	Jiři Raška (TCH)	216,5	Reinhold Bachler (AUT)	214,2	Baldur Preiml (AUT)	212,6
Skispringen Großschanze	Wladimir Bjelussow (URS)	231,3	Jiři Raška (TCH)	229,4	Lars Grini (NOR)	214,3
Nordische Kombination	Franz Keller (FRG)	449,04	Alois Kälin (SUI)	447,99	Andreas Kunz (GDR)	444,10
Frauen						
5-km-Langlauf	Toini Gustafsson (SWE)	16:45,2	Galina Kulakowa (URS)	16:48,4	Alevtina Koltschina (URS)	16:51,6
10-km-Langlauf	Toini Gustafsson (SWE)	36:46,5	Berit Mørdre (NOR)	37:54,6	Inger Aufles (NOR)	37:59,9
3 x 5 km	Norwegen	57:30,0	Schweden	57:51,0	UdSSR	58:13,6
Biathlon						
20 km	Magnar Solberg (NOR)	1:13:45,9	Alexander Tichonow (URS)	1:14:40,4	Vladimir Gundartsew (URS)	1:18:27,4
4 x 7,5 km	UdSSR	2:13:02,4	Norwegen	2:14:50,2	Schweden	2:17:26,3
Eiskunstlauf						
Damen	Peggy Fleming (USA)		Gaby Seyfert (GDR)		Hana Masková (TCH)	
Herren	Wolfgang Schwarz (AUT)		Timothy Wood (USA)		Patrick Péra (FRA)	
Paare	Ludmilla Belousowa/ Oleg Protopopow (URS)		Tatjana Schuk/ Aleksander Gorelik (URS)		Margot Glockshuber/ Wolfgang Danne (FRG)	
Eisschnellauf						
Männer						
500 m	Erhard Keller (FRG)	40,3	Magne Thomassen (NOR)	40,5		
			Richard McDermott (USA)	40,5		
1500 m	Cornelis Verkerk (HOL)	2:03,4	Ard Schenk (HOL)	2:05,0		
			Ivar Eriksen (NOR)	2:05,0		
5000 m	Fred Anton Maier (NOR)	7:22,4	Cornelis Verkerk (HOL)	7:23,2	Petrus Nottet (HOL)	7:25,5
10 000 m	Johnny Höglin (SWE)	15:23,6	Fred Anton Maier (NOR)	15:23,9	Örjan Sandler (SWE)	15:31,8
Frauen						
500 m	Ludmila Titowa (URS)	46,1	Mary Meyers (USA)	46,3		
			Dianne Holum (USA)	46,3		
			Jennifer Fish (USA)	46,3		
1000 m	Carolina Geijssen (HOL)	1:32,6	Ludmila Titowa (URS)	1:32,9	Dianne Holum (USA)	1:33,4
1500 m	Kaija Mustonen (FIN)	2:22,4	Carolina Geijssen (HOL)	2:22,7	Christina Kaiser (HOL)	2:24,5
3000 m	Johanna Schut (HOL)	4:56,2	Kaija Mustonen (FIN)	5:01,0	Christina Kaiser (HOL)	5:01,3
Bob						
Zweierbob	Italien I	4:41,54	BR Deutschland I	4:41,54	Rumänien I	4:44,46
Viererbob	Italien I	2:17,39	Österreich I	2:17,48	Schweiz I	2:18,04
Rennrodeln						
Einer *Herren*	Manfred Schmid (AUT)	2:52,48	Thomas Köhler (GDR)	2:52,66	Klaus-Michael Bonsack (GDR)	2:53,33
Einer *Damen*	Erica Lechner (ITA)	2:28,66	Christa Schmuck (FRG)	2:29,37	Angelika Dünhaupt (FRG)	2:29,56
Doppel *Herren*	Klaus-Michael Bonsack/ Thomas Köhler (GDR)	1:35,85	Manfred Schmid/ Ewald Walch (AUT)	1:36,34	Wolfgang Winkler/ Fritz Nachmann (FRG)	1:37,29
Eishockey	UdSSR		Tschechoslowakei		Kanada	

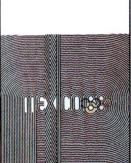

Mexico City 1968

12. Oktober – 27. Oktober

Teilnehmer: ca. 5530 / **Männer:** ca. 4750, **Frauen:** ca. 780, **Länder:** 112,
Sportarten: 18, **Entscheidungen:** 172
Letzter Fackelträger: Norma Enriqueta Basilio de Sotelo

Medaillenspiegel

RANG	LAND	GOLD	SILBER	BRONZE
1	USA	45	28	34
2	UdSSR	29	32	30
3	Japan	11	7	7
4	Ungarn	10	10	12
5	DDR	9	9	7

Erfolgreichste Athleten

RANG	NAME (NATIONALITÄT)	DISZIPLIN	G	S	B
1	Vera Cáslavská (TCH)	Turnen	4	2	–
2	Akinori Nakayama (JPN)	Turnen	4	1	1
3	Charles Hickcox (USA)	Schwimmen	3	1	–
4	Sawao Kato (JPN)	Turnen	3	–	1
5	Debbie Meyer (USA)	Schwimmen	3	–	–

DISZIPLIN	GOLD		SILBER		BRONZE	
Leichtathletik						
Männer						
100 m	Jim Hines (USA)	9,9	Lennox Miller (JAM)	10,0	Charlie Greene (USA)	10,0
200 m	Tommie Smith (USA)	19,8	Peter Norman (AUS)	20,0	John Carlos (USA)	20,0
400 m	Lee Evans (USA)	43,8	Larry James (USA)	43,9	Ronald Freeman (USA)	44,4
800 m	Ralph Doubell (AUS)	1:44,3	Wilson Kiprugut (KEN)	1:44,5	Thomas Farrell (USA)	1:45,4
1500 m	Kipchoge Keino (KEN)	3:34,9	Jim Ryun (USA)	3:37,8	Bodo Tümmler (FRG)	3:39,0
5000 m	Mohamed Gammoudi (TUN)	14:05,0	Kipchoge Keino (KEN)	14:05,2	Naftali Temu (KEN)	14:06,4
10000m	Naftali Temu (KEN)	29:27,4	»Mamo« Wolde (ETH)	29:28,0	Mohamed Gammoudi (TUN)	29:34,2
Marathon	»Mamo« Wolde (ETH)	2:20:26,4	Kenji Kimihara (JPN)	2:23:31,0	Michael Ryan (NZL)	2:23:45,0
110 m Hürden	Willie Davenport (USA)	13,3	Ervin Hall (USA)	13,4	Eddy Ottoz (ITA)	13,4
400 m Hürden	David Hemery (USA)	48,1	Gerhard Hennige (FRG)	49,0	John Sherwood (GBR)	49,0
3000 m Hindernis	Amos Biwott (KEN)	8:51,0	Benjamin Kogo (KEN)	8:51,6	George Young (USA)	8:51,8
4 x 100 m	USA	38,2	Kuba	38,3	Frankreich	38,4
4 x 400 m	USA	2:56,1	Kenia	2:59,6	BR Deutschland	3:00,5
20 km Gehen	Wladimir Golubnitschy (URS)	1:33:58,4	José Pedraza (MEX)	1:34:00,0	Nikolai Smaga (URS)	1:34:03,0
50 km Gehen	Christoph Höhne (GDR)	4:20:13,6	Antal Kiss (HUN)	4:30:17,0	Larry Young (USA)	4:31:55,4
Hochsprung	Dick Fosbury (USA)	2,24	Edward Caruthers (USA)	2,22	Valentin Gawrilow (URS)	2,20
Stabhochsprung	Robert Seagren (USA)	5,40	Claus Schiprowski (FRG)	5,40	Wolfgang Nordwig (GDR)	5,40
Weitsprung	Bob Beamon (USA)	8,90	Klaus Beer (GDR)	8,19	Ralph Boston (USA)	8,16
Dreisprung	Viktor Sanejew (URS)	17,39	Nelson Prudencio (BRA)	17,27	Giuseppe Gentile (ITA)	17,22
Kugelstoßen	Randy Matson (USA)	20,54	George Woods (USA)	20,12	Eduard Guschtschin (URS)	20,09
Diskuswurf	Al Oerter (USA)	64,78	Lothar Milde (GDR)	63,08	Ludvik Danek (TCH)	62,92
Hammerwurf	Gyula Zsivótzky (HUN)	73,36	Romuald Klim (URS)	73,28	Lázár Lovász (HUN)	69,78
Speerwurf	Janis Lusis (URS)	90,10	Jorma Kinnunen (FIN)	88,58	Gergely Kulcsar (HUN)	87,06
Zehnkampf	William Toomey (USA)	8193	Hans- Joachim Walde (FRG)	8111	Kurt Bendlin (FRG)	8064
Frauen						
100 m	Wyomia Tyus (USA)	11,0	Barbara Ferrell (USA)	11,1	Irena Szewinska-Kirszenstein (POL)	11,1
200 m	Irena Szewinska-Kirszenstein (POL)	22,5	Raelene Boyle (AUS)	22,7	Jennifer Lamy (AUS)	22,8
400 m	Colette Besson (FRA)	52,0	Lillian Board (GBR)	52,1	Natalia Petschenkina (URS)	52,2
800 m	Madeline Manning (USA)	2:00,9	Ileana Silai (ROM)	2:02,5	Maria Gommers (HOL)	2:02,6
80 m Hürden	Maureen Caird (AUS)	10,3	Pam Kilborn (AUS)	10,4	Chi Cheng (TAI)	10,4
4 x 100 m	USA	42,8	Kuba	43,3	UdSSR	43,4
Hochsprung	Miloslava Rezková (TCH)	1,82	Antonina Okorokowa (URS)	1,80	Valentina Kozyr (URS)	1,80
Weitsprung	Viorica Viscopoleanu (ROM)	6,82	Sheila Sherwood (GBR)	6,68	Tatjana Talyschewa (URS)	6,66
Kugelstoßen	Margitta Helmboldt (GDR)	19,61	Marita Lange (GDR)	18,78	Nadeschda Tschischowa (URS)	18,19
Diskuswurf	Lia Manoliu (ROM)	58,28	Liesel Westermann (FRG)	57,76	Jolán Kleiber (HUN)	54,90
Speerwurf	Angéla Németh (HUN)	60,36	Mihaela Penes (ROM)	59,92	Eva Janko (HUN)	58,04
Fünfkampf	Ingrid Becker (FRG)	5098	Elisabeth Prokop (AUT)	4966	Annamária Tóth (HUN)	4959
Schwimmen						
Männer						
100 m Freistil	Michael Wenden (AUS)	52,2	Ken Walsh (USA)	52,8	Mark Spitz (USA)	53,0
200 m Freistil	Michael Wenden (AUS)	1:55,2	Don Schollander (USA)	1:55,8	John Nelson (USA)	1:58,1
400 m Freistil	Michael Burton (USA)	4:09,0	Ralph Hutton (CAN)	4:11,7	Alain Mosconi (FRA)	4:13,3
1500 m Freistil	Michael Burton (USA)	16:38,9	John Kinsella (USA)	16:57,3	Gregory Brough (AUS)	17:04,7
100 m Rücken	Roland Matthes (GDR)	58,7	Charles Hickcox (USA)	1:00,2	Ron Mills (AUS)	1:00,5
200 m Rücken	Roland Matthes (GDR)	2:09,6	Mitchel Ivey (USA)	2:10,6	Jack Horsley (USA)	2:10,9
100 m Brust	Don McKenzie (USA)	1:07,7	Vladimir Kossinsky (URS)	1:08,0	Nikolay Pankin (URS)	1:08,0
200 m Brust	Felipe Muñoz (MEX)	2:28,7	Vladimir Kossinsky (URS)	2:29,2	Brian Job (USA)	2:29,9

DISZIPLIN	GOLD		SILBER		BRONZE	
100 m Schmetterling	Douglas Russell (USA)	55,9	Mark Spitz (USA)	56,4	Ross Wales (USA)	57,2
200 m Schmetterling	Carl Robie (USA)	2:08,7	Martin Woodroffe (GBR)	2:09,0	John Ferris (USA)	2:09,3
200 m Lagen	Charles Hickcox (USA)	2:12,0	Gregory Buckingham (USA)	2:13,0	John Ferris (USA)	2:13,3
400 m Lagen	Charles Hickcox (USA)	4:48,4	Gary Hall (USA)	4:48,7	Michael Holthaus (FRG)	4:51,4
4 x 100 m Freistil	USA	3:31,7	UdSSR	3:34,2	Australien	3:34,7
4 x 200 m Freistil	USA	7:52,3	Australien	7:53,7	UdSSR	8:01,6
4 x 100 m Lagen	USA	3:54,9	DDR	3:57,5	UdSSR	4:00,7
Kunstspringen	Bernhard Wrightson (USA)	170,15	Klaus Dibiasi (ITA)	159,74	James Henry (USA)	158,09
Turmspringen	Klaus Dibiasi (ITA)	164,18	Alvaro Gaxiola (MEX)	154,49	Edwin Young (USA)	153,93
Wasserball	Jugoslawien		UdSSR		Ungarn	
Frauen						
100 m Freistil	Jan Henne (USA)	1:00,0	Susan Pedersen (USA)	1:00,3	Linda Gustavson (USA)	1:00,3
200 m Freistil	Debbie Meyer (USA)	2:10,5	Jan Henne (USA)	2:11,0	Jane Barkman (USA)	2:11,2
400 m Freistil	Debbie Meyer (USA)	4:31,8	Linda Gustavson (USA)	4:35,5	Karen Moras (AUS)	4:37,0
800 m Freistil	Debbie Meyer (USA)	9:24,0	Pamela Kruse (USA)	9:35,7	Maria-Teresa Ramirez (MEX)	9:38,5
100 m Rücken	Kaye Hall (USA)	1:06,2	Elaine Tanner (CAN)	1:06,7	Jane Swagerty (USA)	1:08,1
200 m Rücken	»Pokey« Watson (USA)	2:24,8	Elaine Tanner (CAN)	2:27,4	Kaye Hall (USA)	2:28,9
100 m Brust	Djurdjica Bjedov (YUG)	1:15,8	Galina Prozumentschikowa (URS)	1:15,9	Sharon Wichman (USA)	1:16,1
200 m Brust	Sharon Wichman (USA)	2:44,4	Djurdjica Bjedov (YUG)	2:46,4	Galina Prozumentschikowa (URS)	2:47,0
100 m Schmetterling	Lynette McClements (AUS)	1:05,5	Ellie Daniel (USA)	1:05,8	Susan Shields (USA)	1:06,2
200 m Schmetterling	Ada Kok (HOL)	2:24,7	Helga Lindner (GDR)	2:24,8	Ellie Daniel (USA)	2:25,9
200 m Lagen	Claudia Kolb (USA)	2:24,7	Susan Pedersen (USA)	2:28,8	Jan Henne (USA)	2:31,4
400 m Lagen	Claudia Kolb (USA)	5:08,5	Lynn Vidali (USA)	5:22,2	Sabine Steinbach (GDR)	5:25,3
4 x 100 m Freistil	USA	4:02,5	DDR	4:05,7	Kanada	4:07,2
4 x 100 m Lagen	USA	4:28,3	Australien	4:30,0	BR Deutschland	4:36,4
Kunstspringen	Sue Gossick (USA)	150,77	Tamara Pogoschewa (URS)	145,30	Keala O'Sullivan (USA)	145,23
Turmspringen	Milena Duchková (TCH)	109,59	Natalja Lobanowa (URS)	105,14	Ann Peterson (USA)	101,11
Boxen						
Halbfliegengewicht (- 48 kg)	Francisco Rodriguez (VEN)		Yong-Ju Jee (KOR)		Harlan Marbley (USA)	
					Hubert Skrzypczak (POL)	
Fliegengewicht (- 51 kg)	Ricardo Delgado (MEX)		Artur Olech (POL)		Servillo Oliveira (BRA)	
					Leo Rwabwogo (UGA)	
Bantamgewicht (- 54 kg)	Valeri Sokolow (URS)		Eridari Mukwanga (UGA)		Eiji Morioka (JPN)	
					Kyou-Chull Chang (KOR)	
Federgewicht (- 57 kg)	Antonio Roldan (MEX)		Albert Robinson (USA)		Philipp Waruingi (KEN)	
					Ivan Michailov (BUL)	
Leichtgewicht (- 60 kg)	Ronald Harris (USA)		Józef Grudzien (POL)		Calistrat Cutov (ROM)	
					Zvonimi Vujin (YUG)	
Halbweltergewicht (- 63,5 kg)	Jerzy Kulej (POL)		Enrique Regueiferos (CUB)		Arto Nilsson (FIN)	
					James Wallington (USA)	
Weltergewicht (- 67 kg)	Manfred Wolke (GDR)		Joseph Bessala (CMR)		Vladimir Mussalimow (URS)	
					Mario Guilloti (ARG)	
Halbmittelgewicht (- 71 kg)	Boris Lagutin (URS)		Rolando Garbey (CUB)		John Baldwin (USA)	
					Günther Meier (FRG)	
Mittelgewicht (- 75 kg)	Christopher Finnegan (GBR)		Alexej Kisseljow (URS)		Agustin Zaragoza (MEX)	
					Alfred Jones (USA)	
Halbschwergewicht (- 81 kg)	Dan Poznjak (URS)		Ion Monea (ROM)		Georgy Stankov (BUL)	
					Stanislav Dragan (POL)	
Schwergewicht (+ 81 kg)	George Foreman (USA)		Ionas Tschepulis (URS)		Giorgio Bambini (ITA)	
					Joaquin Rocha (MEX)	
Gewichtheben						
Bantamgewicht (- 56 kg)	Mohammad Nassiri (IRN)	367,5	Imre Földi (HUN)	367,5	Henry Trebicki (POL)	357,5
Federgewicht (- 60 kg)	Yoshinobu Miyake (JPN)	392,5	Dito Schanidse (URS)	387,5	Yoshiyuki Miyake (JPN)	385,0
Leichtgewicht (- 67,5 kg)	Waldemar Baszanowski (POL)	437,5	Parviz Jalayer (IRN)	422,5	Marian Zielinski (POL)	420,0
Mittelgewicht (- 75 kg)	Viktor Kurentsow (URS)	475,0	Masashi Ouchi (JPN)	455,0	Károly Bakos (HUN)	440,0
Leichtschwergewicht (- 82,5 kg)	Boris Selitsky (URS)	485,0	Viktor Beljajew (URS)	485,0	Norbert Ozimek (POL)	472,5
Mittelschwergewicht (- 90 kg)	Kaarlo Kangasniemi (FIN)	517,5	Jan Talts (URS)	507,5	Marek Golab (POL)	495,0
Schwergewicht (+ 90 kg)	Leonid Tschabotinski (URS)	572,5	Serge Reding (BEL)	555,0	Joe Dube (USA)	555,0
Ringen, griechisch-römisch						
Fliegengewicht (- 52 kg)	Ptar Kirov (BUL)		Vladimir Bakulin (URS)		Miroslav Zeman (TCH)	
Bantamgewicht (- 57 kg)	János Varga (HUN)		Ion Baciu (ROM)		Ivan Kotschergin (URS)	
Federgewicht (- 63 kg)	Roman Rurua (URS)		Hideo Fujimoto (JPN)		Simeon Popescu (ROM)	
Leichtgewicht (- 70 kg)	Munji Munemura (JPN)		Stefan Horvat (YUG)		Petros Galaktopulos (GRE)	
Weltergewicht (- 78 kg)	Rudolf Vesper (GDR)		Daniel Robin (FRA)		Károly Bajkó (HUN)	

DISZIPLIN	GOLD		SILBER		BRONZE	
Mittelgewicht (- 87 kg)	Lothar Metz (GDR)		Valentin Olenik (URS)		Branislav Simič (YUG)	
Halbschwergewicht (- 97 kg)	Boyan Radev (BUL)		Nikolaj Jakovenko (URS)		Nicolae Martinescu (ROM)	
Schwergewicht (+ 97 kg)	István Kozma (HUN)		Anatoly Roschtschin (URS)		Petr Kment (TCH)	
Ringen, freier Stil						
Fliegengewicht (- 52 kg)	Shigeo Nakata (JPN)		Richard Sanders (USA)		Surenjav Sukhbaatar (MVR)	
Bantamgewicht (- 57 kg)	Yojiro Uetake (JPN)		Donald Behm (USA)		Abutaleb Gorgori (IRN)	
Federgewicht (- 63 kg)	Masaaki Kaneko (JPN)		Enyu Todorov (BUL)		Shamseddin Seyed-Abassy (IRN)	
Leichtgewicht (- 70 kg)	Abdollah M. Ardabii (IRN)		Enyu Valtschev (BUL)		Sereeter Danzandarjaa (MVR)	
Weltergewicht (- 78 kg)	Mahmut Atalay (TUR)		Daniel Robin (FRA)		Dagvasuren Purev (MVR)	
Mittelgewicht (- 87 kg)	Boris Gurevitsch (URS)		Munkbat Jigjid (MVR)		Prodan Gardschev (BUL)	
Halbschwergewicht (- 97 kg)	Ahmet Ayik (TUR)		Schota Lomidze (URS)		József Csatári (HUN)	
Schwergewicht (+ 97 kg)	Alexander Medved (URS)		Osman Duraliev (BUL)		Wilfried Dietrich (FRG)	
Fechten						
Florett - Einzel, *Herren*	Ion Drimba (ROM)	4	Jenö Kamuti (HUN)	3	Daniel Revenu (FRA)	3
Florett - Mannschaft, *Herren*	Frankreich		UdSSR		Polen	
Degen - Einzel	Gyözö Kulcsár (HUN)	4+2	Grigory Kriss (URS)	4/10/8	Gianluigi Saccaro (ITA)	4/10/7
Degen - Mannschaft	Ungarn		UdSSR		Polen	
Säbel - Einzel	Jerzy Pawlowski (POL)	4+1	Mark Rakita (URS)	4	Tibor Pézsa (HUN)	3
Säbel - Mannschaft	UdSSR		Italien		Ungarn	
Florett- Einzel, *Damen*	Yelena Novikowa (URS)	4	Pilar Roldan (MEX)	3/14	Ildiko Ujlaki-Rejtö (HUN)	3/16
Florett- Mannschaft, *Damen*	UdSSR		Ungarn		Rumänien	
Moderner Fünfkampf						
Einzel	Björn Ferm (SWE)	4964	András Balczó (HUN)	4953	Pavel Lednew (URS)	4795
Mannschaft	Ungarn	14325	UdSSR	14248	Frankreich	13289
Kanu						
Männer						
1000 m K1	Mihály Hesz (HUN)	4:02,63	Alexander Schaparenko (URS)	4:03,58	Erik Hansen (DEN)	4:04,39
1000 m K2	UdSSR	3:37,54	Ungarn	3:38,44	Österreich	3:40,71
1000 m K4	Norwegen	3:14,38	Rumänien	3:14,81	Ungarn	3:15,10
1000 m C1	Tibor Tatai (HUN)	4:36,14	Detlef Lewe (FRG)	4:38,31	Vitaly Galkow (URS)	4:40,42
1000 m C2	Rumänien	4:07,18	Ungarn	4:08,77	UdSSR	4:11,30
Frauen						
500 m K1	Ljudmila Pinayewa-Kwedosjuk (URS)	2:11,09	Renate Breuer (FRG)	2:12,71	Viorica Dumitru (ROM)	2:13,22
500 m K2	BR Deutschland	1:56,44	Ungarn	1:58,60	UdSSR	1:58,61
Rudern						
Einer	Henri Jan Wienese (HOL)	7:47,80	Jochen Meissner (FRG)	7:52,00	Alberto Demiddi (ARG)	7:57,19
Doppelzweier	UdSSR	6:51,82	Niederlande	6:52,80	USA	6:54,21
Zweier ohne Steuermann	DDR	7:26,56	USA	7:26,71	Dänemark	7:31,84
Zweier mit Steuermann	Italien	8:04,81	Niederlande	8:06,80	Dänemark	8:08,07
Vierer ohne Steuermann	DDR	6:39,18	Ungarn	6:41,64	Italien	6:44,01
Vierer mit Steuermann	Neuseeland	6:45,62	DDR	6:48,20	Schweiz	6:49,04
Achter	BR Deutschland	6:07,00	Australien	6:07,98	UdSSR	6:09,11
Segeln						
Ein-Mann-Boot	Valentin Manik (URS)	11,7	Hubert Raudaschl (AUT)	53,4	Fabio Albarelli (ITA)	55,1
Star	USA	14,4	Norwegen	43,7	Italien	44,7
Flying Dutchman	Großbritannien	3,0	BR Deutschland	43,7	Brasilien	48,4
Drachen	USA	6,0	Dänemark	26,4	DDR	32,7
5,5-m-Klasse	Schweden	8,0	Schweiz	32,0	Großbritannien	39,8
Radsport						
Straßenrennen (196,2 km)	Pierfranco Vianelli (ITA)	4:41:25,24	Leif Mortenson (DEN)	4:42:49,71	Gösta Pettersson (SWE)	4:43:15,24
100-km-Mannschaftszeitfahren	Niederlande	2:07:49,06	Schweden	2:09:26,60	Italien	2:10:18,74
1000-m-Zeitfahren	Pierre Trentin (FRA)	1:03,91	Niels-Christian Fredborg (DEN)	1:04,61	Janusz Kierzkowski (POL)	1:04,63
1000-m-Sprint	Daniel Morelon (FRA)		Giordano Turrini (ITA)		Pierre Trentin (FRA)	
2000-m-Tandemfahren	Frankreich		Niederlande		Belgien	
4000-m-Einzelverfolgung	Daniel Rebillard (FRA)	4:41,71	Mogens Frey Jensen (DEN)	4:42,43	Xaver Kurmann (SUI)	4:39,42
4000-m-Mannschaftsverfolgung	Dänemark	4:22,44	BR Deutschland*	4:18,94	Italien	

*Die im Finale siegreiche deutsche Mannschaft wurde wegen unerlaubten Anschiebens auf den 2. Platz zurückgestuft.

DISZIPLIN	GOLD		SILBER		BRONZE	
Reitsport						
Military, Einzel	Jean-Jacques Guyon (FRA)	-38,86	Derek Allhusen (GBR)	-41,61	Michael Page (USA)	-52,31
Military, Mannschaft	Großbritannien	-175,93	USA	-245,87	Australien	-331,26
Dressur, Einzel	Ivan Kissimow (URS)	1572	Josef Neckermann (FRG)	1546	Reiner Klimke (FRG)	1537
Dressur, Mannschaft	BR Deutschland	2699	UdSSR	2657	Schweiz	2547
Jagdspringen, Einzel	William Steinkraus (USA)	-4	Marion Coakes (GBR)	-8	David Broome (GBR)	-12
Jagdspringen, Mannschaft	Kanada	-102,75	Frankreich	-110,50	BR Deutschland	-117,25
Schießen						
Freies Gewehr	Gary Anderson (USA)	1157	Vladimir Kornew (URS)	1151	Kurt Müller (SUI)	1148
Kleinkaliber (KK) liegend	Jan Kurka (TCH)	598	László Hammerl (HUN)	598	Ian Ballinger (NZL)	597
Kleinkaliber, Dreistellungskampf	Bernd Klingner (FRG)	1157	John Writer (USA)	1156	Vitaly Parkimowitsch (URS)	1154
Schnellfeuer-Pistole	Josef Zapedzki (POL)	593	Marcel Rosca (ROM)	591/147	Renart Suleimanow (URS)	591/146
Beliebige Scheibenpistole	Grigory Kossykh (URS)	562/30	Heinz Mertel (FRG)	562/26	Harald Vollmar (GDR)	560
Tontaubenschießen Skeet	Jewgeni Petrow (URS)	198/25	Romano Garagnani (ITA)	198/24/25	Konrad Wirnhier (FRG)	198/24/23
Tontaubenschießen Trap	John Braithwaite (GBR)	198	Thomas Garrigus (USA)	196/25/25	Kurt Czekalla (GDR)	198/25/23
Turnen						
Männer						
Mehrkampf, Einzelwertung	Sawao Kato (JPN)	115,90	Mikhail Woronin (URS)	115,85	Akinori Nakayama (JPN)	115,65
Mehrkampf, Mannschaft	Japan	575,90	UdSSR	571,10	DDR	557,15
Barren	Akinori Nakayama (JPN)	19,475	Mikhail Woronin (URS)	19,425	Viktor Klimenko (URS)	19,225
Boden	Sawao Kato (JPN)	19,475	Akinori Nakayama (JPN)	19,400	Takashi Kato (JPN)	19,275
Pferdsprung	Mikhail Woronin (URS)	19,000	Yukio Endo (JPN)	18,950	Sergej Dimidow (URS)	18,925
Reck	Mikhail Woronin (URS)	19,550	Eizo Kenmotsu (JPN)	19,375		
	Akinori Nakayama (JPN)	19,550				
Ringe	Akinori Nakayama (JPN)	19,450	Mikhail Woronin (URS)	19,325	Sawao Kato (JPN)	19,225
Seitpferd	Miroslav Cerar (YUG)	19,325	Olli Eino Laiho (FIN)	19,225	Mikhail Woronin (URS)	19,200
Frauen						
Mehrkampf, Einzel	Vera Cáslavská (TCH)	78,25	Zinaida Woronina (URS)	76,85	Natalya Kutschinskaya (URS)	76,75
Mehrkampf, Mannschaft	UdSSR	382,85	Tschechoslowakei	382,20	DDR	379,10
Boden	Larissa Petrik (URS)	19,599	Natalya Kutschinskaya (URS)	19650		
			Vera Cáslavská (TCH)			
Pferdsprung	Vera Cáslavská (TCH)	19,775	Erika Zuchold (GDR)	19,625	Zinaida Woronina (URS)	19,500
Schwebebalken	Natalya Kutschinskaya (URS)	19,650	Vera Cáslavská (TCH)	19,575	Larissa Petrik (URS)	19,250
Stufenbarren	Vera Cáslavská (TCH)	19,650	Karin Janz (GDR)	19,500	Zinaida Woronina (URS)	19,425
Basketball						
	USA		Jugoslawien		UdSSR	
Fußball						
	Ungarn		Bulgarien		Japan	
Hockey						
	Pakistan		Australien		Indien	
Volleyball						
Männer	UdSSR		Japan		Tschechoslowakei	
Frauen	UdSSR		Japan		Polen	

Sapporo 1972

3. Februar – 13. Februar

Teilnehmer: ca. 1220 / **Männer:** ca. 1000, **Frauen:** ca. 220, **Länder:** 35,
Sportarten: 8, **Entscheidungen:** 35
Letzter Fackelträger: Hideki Takada

Medaillenspiegel

RANG	LAND	GOLD	SILBER	BRONZE
1	UdSSR	8	5	3
2	DDR	4	3	7
3	Schweiz	4	3	3
4	Niederlande	4	3	2
5	USA	3	2	3

Erfolgreichste Athleten

RANG	NAME (NATIONALITÄT)	DISZIPLIN	G	S	B
1	Galina Kulakowa (URS)	Ski nordisch	3	–	–
	»Ard« Schenk (HOL)	Eisschnellauf	3	–	–
3	Wjatscheslaw Wedenin (URS)	Ski nordisch	2	0	1
4	Marie-Theres Nadig (SUI)	Ski alpin	2	–	–
5	Pål Tyldum (NOR)	Ski nordisch	1	2	–

DISZIPLIN	GOLD		SILBER		BRONZE	
Ski alpin						
Männer						
Abfahrt	Bernhard Russi (SUI)	1:49,72	Roland Collombin (SUI)	1:52,07	Heinrich Messner (AUT)	1:52,40
Slalom	Francisco F. Ochoa (ESP)	109,27	Gustav Thöni (ITA)	1:50,28	Roland Thöni (ITA)	1:50,30
Riesenslalom	Gustav Thöni (ITA)	3:09,62	Edmund Bruggmann (SUI)	3:10,75	Werner Mattle (SUI)	3:10,99
Frauen						
Abfahrt	Marie-Theres Nadig (SUI)	1:36,68	Annemarie Pröll (AUT)	1:37,00	Susan Corrock (USA)	1:37,68
Slalom	Barbara Cochran (USA)	1:31,24	Daniele Debernard (FRA)	1:31,26	Florence Steurer (FRA)	1:32,96
Riesenslalom	Marie-Theres Nadig (SUI)	1:29,90	Annemarie Pröll (AUT)	1:30,75	Wiltrud Drexel (AUT)	1:32,35
Ski nordisch						
Männer						
15-km-Langlauf	Sven-Ake Lundbäck (SWE)	45:28,24	Fjedor Simaschew (URS)	46:,00,84	Ivar Formo (NOR)	46:02,68
30-km-Langlauf	Watscheslaw Wedenin (URS)	1:36:31,15	Pål Tyldum (NOR)	1:37:25,30	Johannes Harviken (NOR)	1:37:32,44
50-km-Langlauf	Pål Tyldum (NOR)	2:43:14,75	Magne Myrmo (NOR)	2:43:29,45	Watscheslaw Wedenin (URS)	2:44:00,19
4 x 10 km	UdSSR	2:04:47,94	Norwegen	2:04:57,06	Schweiz	2:07:00,06
Skispringen Normalschanze	Yukio Kasaya (JPN)	244,2	Akitsugu Konno (JPN)	234,8	Seiji Aochi (JPN)	229,5
Skispringen Großschanze	Wojciech Fortuna (POL)	219,9	Walter Steiner (SUI)	219,8	Rainer Schmidt (GDR)	219,3
Nordische Kombination	Ulrich Wehling (GDR)	413,340	Rauno Miettinen (FIN)	405,505	Karl-Heinz Luck (GDR)	398,800
Frauen						
5-km-Langlauf	Galina Kulakowa (URS)	17:00,50	Marjatta Kajosmaa (FIN)	17:05,50	Helena Sikolová (TCH)	17:07,32
10-km-Langlauf	Galina Kulakowa (URS)	34:17,82	Alewtina Oljunina (URS)	34:54,11	Marjatta Kajosmaa (FIN)	34:56,45
3 x 5 km	UdSSR	48:46,15	Finnland	49:19,37	Norwegen	49:51,49
Biathlon						
20 km	Magnar Solberg (NOR)	1:15:55,50	Hansjörg Knauthe (GDR)	1:16:07,60	Lars Arwidson (SWE)	1:16:27,03
4 x 7,5 km	UdSSR	1:51:44,92	Finnland	1:54:37,25	DDR	1:54:57,67
Eiskunstlauf						
Damen	Beatrix Schuba (AUT)		Karen Magnussen (CAN)		Janet Lynn (USA)	
Herren	Ondrej Nepela (TCH)		Sergej Tschetweruschin (URS)		Patrick Péra (FRA)	
Paare	Irina Rodnina/ Alexej Ulanow (URS)		Ludmilla Smirnowa/ Andrej Suraikin (URS)		Manuela Gross/ Uwe Kagelmann (GDR)	
Eisschnellauf						
Männer						
500 m	Erhard Keller (FRG)	39,44	Hasse Borges (SWE)	39,69	Waleri Muratow (URS)	39,80
1500 m	»Ard« Schenk (HOL)	2:02,96	Roar Grönvold (NOR)	2:04,26	Göran Claeson (SWE)	2:05,89
5000 m	»Ard« Schenk (HOL)	7:23,61	Roar Grönvold (NOR)	7:28,18	Sten Stensen (NOR)	7:33,39
10 000 m	»Ard« Schenk (HOL)	15:01,35	Cornelis Verkerk (HOL)	15:04,70	Sten Stensen (NOR)	15:07,08
Frauen						
500 m	Anne Henning (USA)	43,33	Vera Krasnowa (URS)	44,01	Ludmilla Titowa (URS)	44,45
1000 m	Monika Pflug (FRG)	1:31,40	Atje Keulen-Deelstra (HOL)	1:31,61	Anne Henning (USA)	1:31,62
1500 m	Dianne Holum (USA)	2:20,85	Christina Baas-Kaiser (HOL)	2:21,05	Atje Keulen-Deelstra (HOL)	2:22,05
3000 m	Christina Baas-Kaiser (HOL)	4:52,14	Dianne Holum (USA)	4:58,67	Atje Keulen-Deelstra (HOL)	4:59,91

DISZIPLIN	GOLD		SILBER		BRONZE	
Bob						
Zweierbob	BR Deutschland II	4:57,07	BR Deutschland I	4:58,84	Schweiz I	4:59,33
Viererbob	Schweiz I	4:43,07	Italien I	4:43,83	BR Deutschland I	4:43,92
Rennrodeln						
Einer *Männer*	Wolfgang Scheidel (GDR)	3:27,58	Harald Ehrig (GDR)	3:28,39	Wolfram Fiedler (GDR)	3:28,73
Einer *Frauen*	Anna Maria Müller (GDR)	2:59,18	Ute Rührold (GDR)	2:59,49	Margit Schumann (GDR)	2:59,54
Doppel	Paul Hildgartner/		Klaus Bonsack/		Horst Hörnlein/	
	Walter Plaikner (ITA)	1:28,35	Wolfram Fiedler (GDR)	1:29,16	Reinhard Bredow (GDR)	1:28,35
Eishockey						
	UdSSR		USA		Tschechoslowakei	

München 1972

26. August – 11. September

Teilnehmer: ca. 7100 / **Männer:** ca. 6050, **Frauen:** ca. 1050, **Länder:** 121,
Sportarten: 21, **Entscheidungen:** 195
Letzter Fackelträger: Günter Zahn

Medaillenspiegel

RANG	LAND	GOLD	SILBER	BRONZE
1	UdSSR	50	27	22
2	USA	33	31	30
3	DDR	20	23	23
4	BR Deutschland	13	11	16
5	Japan	13	8	8

Erfolgreichste Athleten

RANG	NAME (NATIONALITÄT)	DISZIPLIN	G	S	B
1	Mark Spitz (USA)	Schwimmen	7	–	–
2	Sawao Kato (JPN)	Turnen	3	2	–
3	Shane Gould (AUS)	Schwimmen	3	1	1
4	Olga Korbut (URS)	Turnen	3	1	–
5	Melissa Belote (USA)	Schwimmen	3	–	–
	Sandra Neilson (USA)	Schwimmen	3	–	–

DISZIPLIN	GOLD		SILBER		BRONZE	
Leichtathletik						
Männer						
100 m	Valeri Borsow (URS)	10,14	Robert Taylor (USA)	10,24	Lennox Miller (JAM)	10,33
200 m	Valeri Borsow (URS)	20,00	Larry Black (USA)	20,19	Pietro Mennea (ITA)	20,30
400 m	Vincent Matthews (USA)	44,66	Wayne Collett (USA)	44,80	Julien Sang (KEN)	44,92
800 m	Dave Wottle (USA)	1:45,9	Jewgeni Arshanow (URS)	1:45,9	Mike Boit (KEN)	1:46,0
1500 m	Pekka Vasala (FIN)	3:36,3	Kipchoge Keino (KEN)	3:36,8	Rodney Dixon (NZL)	3:37,5
5000 m	Lasse Viren (FIN)	13:26,4	Mohamed Gammoudi (TUN)	13:27,4	Ian Stewart (GBR)	13:27,6
10 000 m	Lasse Viren (FIN)	27:38,4	Emiel Puttemans (BEL)	27:39,6	Miruts Yifter (ETH)	27:41,0
Marathon	Frank Shorter (USA)	2:12:19,8	Karel Lismont (BEL)	2:14:31,8	»Mamo« Wolde (ETH)	2:15:08,4
110 m Hürden	Rodney Milburn (USA)	13,24	Guy Drut (FRA)	13,24	Thomas Hill (USA)	13,48
400 m Hürden	John Akii-Bua (UGA)	47,82	Ralph Mann (USA)	48,51	Dave Hemery (GBR)	48,52
3000 m Hindernis	Kipchoge Keino (KEN)	8:23,6	Benjamin Jipcho (KEN)	8:24,6	Tapio Kantanen (FIN)	8:24,8
4 x 100 m	USA	38,19	UdSSR	38,50	BR Deutschland	38,79
4 x 400 m	Kenia	2:59,8	Goßbritannien	3:00,5	Frankreich	3:00,7
20 km Gehen	Peter Frenkel (GDR)	1:26:42,4	Wladimir Golubnitschy (URS)	1:26:55,2	Hans Reimann (GDR)	1:27:16,6
50 km Gehen	Bernd Kannenberg (FRG)	3:56:11,6	Wenjamin Soldatenko (URS)	3:58:24,0	Larry Young (USA)	4:00:46,0
Hochsprung	Juri Tarmak (URS)	2,23	Stefan Junge (GDR)	2,21	Dwight Stones (USA)	2,21
Stabhochsprung	Wolfgang Nordwig (GDR)	5,50	Robert Seagren (USA)	5,40	Jan Johnson (USA)	5,35
Weitsprung	Randy Williams (USA)	8,24	Hans Baumgartner (FRG)	8,18	Arnie Robinson (USA)	8,03
Dreisprung	Viktor Sanejew (URS)	17,35	Jörg Drehmel (GDR)	17,31	Nelson Prudencio (BRA)	17,05
Kugelstoßen	Wladyslaw Komar (POL)	21,18	George Woods (USA)	21,17	Hartmut Briesenick (GDR)	21,14
Diskuswurf	Ludvik Danek (TCH)	64,40	Jay Silvester (USA)	63,50	Rickard Bruch (SWE)	63,40
Hammerwurf	Anatoli Bondartschuk (URS)	75,50	Jochen Sachse (GDR)	74,96	Wassili Schmelewski (URS)	74,04
Speerwurf	Klaus Wolfermann (FRG)	90,48	Janis Lusis (URS)	90,46	William Schmidt (USA)	84,42
Zehnkampf	Nikolai Awilow (URS)	8454	Leonid Litwinenko (URS)	8035	Ryszard Katus (POL)	7984

DISZIPLIN	GOLD		SILBER		BRONZE	
Frauen						
100 m	Renate Stecher (GDR)	11,07	Raelene Boyle (AUS)	11,23	Silvia Chivas (CUB)	11,24
200 m	Renate Stecher (GDR)	22,40	Raelene Boyle (AUS)	22,45	Irena Szewinska-Kirszenskin (POL)	22,74
400 m	Monika Zehrt (GDR)	51,08	Rita Wilden (FRG)	51,21	Kathy Hammond (USA)	51,64
800 m	Hildegard Falck (FRG)	1:58,6	Niole Sabaite (URS)	1:58,7	Gunhild Hoffmeister (GDR)	1:59,2
1500 m	Ludmilla Bragina (URS)	4:01,4	Gunhild Hoffmeister (GDR)	4:02,8	Paola Cacchi (ITA)	4:02,9
100 m Hürden	Annelie Ehrhardt (GDR)	12,59	Valerie Bufanu (ROM)	12,84	Karin Balzer (GDR)	12,90
4 x 100 m	BR Deutschland	42,81	DDR	42,95	Kuba	43,36
4 x 400 m	DDR	3:23,0	USA	3:25,2	BR Deutschland	3:26,5
Hochsprung	Ulrike Meyfarth (FRG)	1,92	Jordanka Blagova (BUL)	1,88	Ilona Gusenbauer (AUT)	1,88
Weitsprung	Heide Rosendahl (FRG)	6,78	Diana Jorgowa (BUL)	6,77	Eva Suranova (TCH)	6,67
Kugelstoßen	Nadeschda Tschischowa (URS)	21,03	Margitta Gummel (GDR)	20,22	Ivanka Christova (BUL)	19,35
Diskuswurf	Faina Melnik (URS)	66,62	Argentina Menis (ROM)	65,06	Vassilka Stoeva (BUL)	64,34
Speerwurf	Ruth Fuchs (GDR)	63,88	Jaqueline Todten (GDR)	62,54	Kathy Schmidt (USA)	59,94
Fünfkampf	Mary Peters (GBR)	4801	Heide Rosendahl (FRG)	4791	Burglinde Pollak (GDR)	4768
Schwimmen						
Männer						
100 m Freistil	Mark Spitz (USA)	51,22	Jerry Heidenreich (USA)	51,65	Wladimir Bure (URS)	51,77
200 m Freistil	Mark Spitz (USA)	1:52,78	Steven Genter (USA)	1:53,73	Werner Lampe (FRG)	1:53,99
400 m Freistil	Bradford Cooper (AUS)	4:00,27	Steven Genter (USA)	4:01,94	Tom McBreen (USA)	4:02,64
1500 m Freistil	Michael Burton (USA)	15:52,58	Graham Windeatt (AUS)	15:58,48	Douglas Northway (USA)	16:09,25
100 m Rücken	Roland Matthes (GDR)	56,58	Mike Stamm (USA)	57,70	John Murphy (USA)	58,35
200 m Rücken	Roland Matthes (USA)	2:02,82	Mike Stamm (USA)	2:04,09	Mitchell Ivey (USA)	2:04,33
100 m Brust	Nobutaka Taguchi (JPN)	1:04,94	Tom Bruce (USA)	1:05,43	John Hencken (USA)	1:05,61
200 m Brust	Jonn Hencken (USA)	2:21,55	David Wilkie (GBR)	2:23,67	Nobutaka Taguchi (JPN)	2:23,88
100 m Schmetterling	Mark Spitz (USA)	54,27	Bruce Robertson (CAN)	55,56	Jerry Heidenreich (USA)	55,74
200 m Schmetterling	Mark Spitz (USA)	2:00,70	Gary Hall (USA)	2:02,86	Robin Backhaus (USA)	2:03,23
200 m Lagen	Gunnar Larsson (SWE)	2:07,17	Alexander McKee (USA)	2:08,37	Steven Furniss (USA)	2:08,45
400 m Lagen	Gunnar Larsson (SWE)	4:31,981	Alexander McKee (USA)	4:31,983	Andras Hargitay (HUN)	4:32,700
4 x 100 m Freistil	USA	3:26,42	UdSSR	3:29,72	DDR	3:32,42
4 x 200 m Freistil	USA	7:35,78	BR Deutschland	7:41,69	UdSSR	7:45,76
4 x 100 m Lagen	USA	3:48,16	DDR	3:52,12	Kanada	3:52,26
Kunstspringen	Wladimir Wasin (URS)	594,06	Franco Cagnotto (ITA)	591,63	Craig Lincoln (USA)	577,29
Turmspringen	Klaus Dibiasi (ITA)	504,12	Richard Rydze (USA)	480,75	Franco Cagnotto (ITA)	475,83
Wasserball	UdSSR		Ungarn		USA	
Frauen						
100 m Freistil	Sandra Neilson (USA)	58,59	Shirley Babashoff (USA)	59,02	Shane Gould (AUS)	59,06
200 m Freistil	Shane Gould (AUS)	2:03,56	Shirley Babashoff (USA)	2:04,33	Keena Rothhammer (USA)	2:04,92
400 m Freistil	Shane Gould (AUS)	4:19,04	Novella Calligaris (ITA)	4:22,44	Gudrun Wegner (GDR)	4:23,11
800 m Freistil	Keena Rothhammer (USA)	8:53,68	Shane Gould (AUS)	8:56,39	Novella Calligaris (ITA)	8:57,46
100 m Rücken	Melissa Belote (USA)	1:05,78	Andrea Gyarmati (HUN)	1:06,26	Susan Atwood (USA)	1:06,34
200 m Rücken	Melissa Belote (USA)	2:19,19	Susan Atwood (USA)	2:20,38	Donna Marie Gurr (CAN)	2:23,22
100 m Brust	Catherine Carr (USA)	1:13,58	Galina Stepanowa (URS)	1:14,99	Beverley Whitfield (AUS)	1:15,73
200 m Brust	Beverley Whitfield (AUS)	2:41,71	Dana Schoenfield (USA)	2:42,05	Galina Stepanowa (URS)	2:42,36
100 m Schmetterling	Mayumi Aoki (JPN)	1:03,34	Roswitha Beier (GDR)	1:30,61	Andrea Gyarmati (HUN)	1:03,73
200 m Schmetterling	Karen Moe (USA)	2:15,57	Lynn Colella (USA)	2:16,34	Ellie Daniel (USA)	2:16,74
200 m Lagen	Shane Gould (AUS)	2:23,07	Kornelia Ender (GDR)	2:23,59	Lynn Vidali (USA)	2:24,06
400 m Lagen	Gail Neall (AUS)	5:02,97	Leslie Cliff (CAN)	5:03,57	Novella Calligaris (ITA)	5:03,99
4 x 100 m Freistil	USA	3:55,19	DDR	3:55,55	BR Deutschland	3:57,93
4 x 100 m Lagen	USA	4:20,75	DDR	4:24,91	BR Deutschland	4:26,46
Kunstspringen	Maxine King (USA)	450,03	Ulrika Knape (SWE)	434,19	Marina Janicke (GDR)	430,92
Turmspringen	Ulrika Knape (SWE)	390,00	Milena Duchková (TCH)	370,92	Marina Janicke (GDR)	360,54
Boxen						
Halbfliegengewicht (- 48 kg)	György Gedo (HUN)		U Gil Kim (PRK)		Enrique Rodriguez (ESP)	
					Ralph Evans (GBR)	
Fliegengewicht (- 51 kg)	Gheorgi Kostadinov (BUL)		Leo Rwabwogo (UGA)		Douglas Rodriguez (CUB)	
					Leszek Blazynski (POL)	
Bantamgewicht (- 54 kg)	Orlando Martinez (CUB)		Alfonso Zamora (MEX)		George Turpin (GBR)	
					Ricardo Carreras (USA)	
Federgewicht (- 57 kg)	Boris Kusnezow (URS)		Philip Waruinge (KEN)		Clemente Rojas (COL)	
					Andras Botos (HUN)	
Leichtgewicht (- 60 kg)	Jan Szczepanski (POL)		Laszlo Orban (HUN)		Alfonso Perez (COL)	
					Samuel Mbugua (KEN)	

DISZIPLIN	GOLD		SILBER		BRONZE	
Halbweltergewicht (- 63,5 kg)	Ray Seales (USA)		Anghel Angelov (BUL)		Zvonimir Vujin (YUG)	
					Issak Daborg (NIG)	
Weltergewicht (- 67 kg)	Emilio Correa (CUB)		János Kajdi (HUN)		Dick Tiger Murunga (KEN)	
					Jesse Valdez (USA)	
Halbmittelgewicht (- 71 kg)	Dieter Kottysch (FRG)		Wieslaw Rudkowski (POL)		Alan Minter (GBR)	
					Peter Tiepold (GDR)	
Mittelgewicht (- 75 kg)	Wjatscheslaw Lemeschew (URS)		Reima Virtanen (FIN)		Marvin Johnson (USA)	
					Prince Amartey (GHA)	
Halbschwergewicht (- 81 kg)	Mate Parlov (YUG)		Gilberto Carillo (CUB)		Janusz Gortat (POL)	
					Isaak Ikhouria (NGR)	
Schwergewicht (+ 81 kg)	Teofilo Stevenson (CUB)		Ion Alexe (ROM)		Peter Hussing (FRG)	
					Hasse Thomsen (SWE)	

Gewichtheben

DISZIPLIN	GOLD		SILBER		BRONZE	
Fliegengewicht (- 52 kg)	Zymunt Smalcerz (POL)	337,5	Lajos Szucs (HUN)	330,0	Sandor Holczreiter (HUN)	327,5
Bantamgewicht (- 56 kg)	Imre Földi (HUN)	377,5	Mohammed Nassiri (IRN)	370,0	Gennadi Schetin (URS)	367,5
Federgewicht (- 60 kg)	Norair Nourikijan (BUL)	402,5	Dito Schanidse (URS)	400,0	Janos Benedek (HUN)	390,0
Leichtgewicht (- 67,5 kg)	Mukherbi Kirschinow (URS)	460,0	Mladen Kutschev (BUL)	450,0	Zbigniew Kaczmarek (POL)	437,5
Mittelgewicht (- 75 kg)	Jordan Bikov (BUL)	485,0	Mohammed Trabulsi (LIB)	472,5	Anselmo Silvino (ITA)	470,0
Leichtschwergewicht (- 82,5 kg)	Leif Jensen (NOR)	507,5	Norbert Ozimek (POL)	497,5	György Horvath (HUN)	495,0
Mittelschwergewicht (- 90 kg)	Andon Nikolov (BUL)	525,0	Atanas Schopov (BUL)	517,5	Hans Bettembourg (SWE)	512,5
Schwergewicht (- 110 kg)	Jan Talts (URS)	580,0	Alexander Kraitchev (BUL)	562,5	Stefan Grützner (GDR)	555,0
Superschwergewicht (+ 110 kg)	Wassili Alexejew (URS)	640,0	Rudolf Mang (FRG)	610,0	Gerd Bonk (GDR)	572,5

Ringen, griechisch-römisch

DISZIPLIN	GOLD	SILBER	BRONZE
Papiergewicht (- 48 kg)	Gheorge Berceanu (ROM)	Rahin Aliabadi (IRN)	Stefan Angelov (BUL)
Fliegengewicht (- 52 kg)	Petar Kirov (BUL)	Koichiro Hirayama (JPN)	Giuseppe Bognanni (ITA)
Bantamgewicht (- 57 kg)	Rustem Kasakow (URS)	Hans-Jürgen Veil (FRG)	Risto Björlin (FIN)
Federgewicht (- 62 kg)	Georgi Markov (BUL)	Heinz-Helmut Wehling (GDR)	Kazimierz Lipien (POL)
Leichtgewicht (- 68 kg)	Schamil Chisamutdinow (URS)	Stoyan Apostolov (BUL)	Gian Matteo Ranzi (ITA)
Weltergewicht (- 74 kg)	Vitezslav Macha (TCH)	Petros Galaktopoulos (GRE)	Jan Karlsson (SWE)
Mittelgewicht (- 82 kg)	Csaba Hegedus (HUN)	Anatoli Nasarenko (URS)	Milan Nenadič (YUG)
Halbschwergewicht (- 90 kg)	Valeri Resanzew (URS)	Josip Corak (YUG)	Czeslaw Kwiecinski (POL)
Schwergewicht (- 100 kg)	Nicolae Martinescu (ROM)	Nikolai Jakowenko (URS)	Ferenc Kiss (HUN)
Superschwergewicht (+ 100 kg)	Anatoli Rostschin (URS)	Alexander Tomov (BUL)	Victor Dolipschi (ROM)

Ringen, freier Stil

DISZIPLIN	GOLD	SILBER	BRONZE
Papiergewicht (- 48 kg)	Roman Dimitrijew (URS)	Ognian Nikolov (BUL)	Ebrahim Javadpour (IRN)
Fliegengewicht (- 52 kg)	Kiyomi Kato (JPN)	Arsen Alachwerschiew (URS)	Hyong Kim Gwong (PRK)
Bantamgewicht (- 57 kg)	Hideaki Yanagida (JPN)	Richard Sanders (USA)	László Klinga (HUN)
Federgewicht (- 62 kg)	Sagalaw Abdulbekow (URS)	Vehbi Akdag (TUR)	Ivan Krastev (BUL)
Leichtgewicht (- 68 kg)	Dan Gable (USA)	Kikuo Wada (JPN)	Ruslan Achuraljew (URS)
Weltergewicht (- 74 kg)	Wayne Wells (USA)	Jan Karlsson (SWE)	Adolf Seeger (FRG)
Mittelgewicht (- 82 kg)	Lewan Tediaschwili (URS)	John Peterson (USA)	Vasile Jorga (ROM)
Halbschwergewicht (- 90 kg)	Ben Peterson (USA)	Gennadi Strachow (URS)	Karoly Bajko (HUN)
Schwergewicht (- 100 kg)	Iwan Jarygin (URS)	Khorloo Baianmunkh (MVR)	Jószef Csatári (HUN)
Superschwergewicht (+ 100 kg)	Alexander Medwed (URS)	Osman Douraliev (BUL)	Chris Taylor (USA)

Judo

DISZIPLIN	GOLD	SILBER	BRONZE
Leichtgewicht (- 63 kg)	Takao Kawaguchi (JPN)	(Baghaava Buidaa disqualifiziert) nicht vergeben	Yong Ik Kim (PRK)
			Jean-Jacques Monuier (FRA)
Weltergewicht (- 70 kg)	Toyokazu Nomura (JPN)	Anton Zajkowski (POL)	Anatoli Nowikow (URS)
			Dietmar Höttger (GDR)
Mittelgewicht (- 80 kg)	Shinodu Sekine (JPN)	Seung-Lip Oh (KOR)	Brian Jacks (GBR)
			Jean Paul Coché (FRA)
Halbschwergewicht (- 93 kg)	Schota Tochotschaschwili (URS)	David Starbrook (GBR)	Paul Barth (FRG)
			Chiaki Ishii (BRA)
Schwergewicht (+ 93 kg)	Wim Ruska (HOL)	Klaus Glahn (FRG)	Giwi Onaschwili (URS)
			Motoki Nishimura (JPN)
Offene Klasse	Wim Ruska (HOL)	Witali Kusnezow (URS)	Jean-Claude Brondani (FRA)
			Angelo Parisi (GBR)

Fechten

DISZIPLIN	GOLD		SILBER		BRONZE	
Florett-Einzel, *Herren*	Witold Woyda (POL)	5	Jenö Kamuti (HUN)	4	Christian Noël (FRA)	2
Florett-Mannschaft, *Herren*	Polen		UdSSR		Frankreich	
Degen-Einzel	Csaba Fenyresi (HUN)	4	Jacques La Dagaillerie (FRA)	3	Gyözö Kulcsár (HUN)	3
Degen-Mannschaft	Ungarn		Schweiz		UdSSR	
Säbel-Einzel	Viktor Sidjak (URS)	4	Peter Maroth (HUN)	3	Wladimir Naslymow (URS)	3

DISZIPLIN	GOLD		SILBER		BRONZE	
Säbel-Mannschaft	Italien		UdSSR		Ungarn	
Florett-Einzel, *Damen*	Antonella Ragno-Lonzi (ITA)	4	Ildiko Bobis (HUN)	3	Galina Goroschowa (URS)	3
Florett-Mannschaft, *Damen*	UdSSR		Ungarn		Rumänien	
Moderner Fünkampf						
Einzel	András Balczó (HUN)	5412	Boris Onistschenko (URS)	5335	Pawel Lednjew (URS)	5328
Mannschaft	UdSSR	15968	Ungarn	15348	Finnland	14812
Kanu						
Männer						
1000 m K 1	Alexander Schaparenko (URS)	3:48,06	Rolf Peterson (SWE)	3:48,35	Geza Csapó (HUN)	3:49,38
1000 m K 2	UdSSR	3:31,23	Ungarn	3:32,00	Polen	3:33,83
1000 m K 4	UdSSR	3:14,02	Rumänien	3:15,07	Norwegen	3:15,27
1000 m C 1	Ivan Patzaichin (ROM)	4:08,94	Tamas Wichmann (HUN)	4:12,42	Detlef Lewe (FRG)	4:13,63
1000 m C2	UdSSR	3:52,60	Rumänien	3:52,63	Bulgarien	3:58,10
Frauen						
500 m K 1	Julia Rjabtschinskaja (URS)	2:03,17	Mieke Jaapies (HOL)	2:04,03	Anna Pfeffer (HUN)	2:05,50
500 m K 2	UdSSR	1:53,50	DDR	1:54,30	Rumänien	1:55,01
Kanuslalom						
Kajak	Siegbert Horn (GDR)	268,56	Norbert Sattler (AUT)	270,76	Harald Gimpel (GDR)	277,95
Einer-Canadier	Reinhard Eiben (GDR)	315,84	Reinhold Kauder (FRG)	327,89	Jamie McEwan (USA)	335,95
Zweier-Canadier	DDR	310,68	BR Deutschland	311,90	Frankreich	315,10
Kajak, *Damen*	Angelika Bahmann (GDR)	364,50	Gisela Grothaus (FRG)	398,15	Magdalena Wunderlich (FRG)	400,50
Rudern						
Einer	Juri Malischew (URS)	7:10,12	Alberto Demiddi (ARG)	7:11,53	Wolfgang Güldenpfennig (GDR)	7:14,45
Doppelzweier	UdSSR	7:01,77	Norwegen	7:02,58	DDR	7:05,55
Zweier ohne Steuermann	DDR	6:53,16	Schweiz	6:57,06	Niederlande	6:58,70
Zweier mit Steuermann	DDR	7:17,25	Tschechoslowakei	7:19,57	Rumänien	7:21,36
Vierer ohne Steuermann	DDR	6:24,27	Neuseeland	6:25,64	BR Deutschland	6:28,41
Vierer mit Steuermann	BR Deutschland	6:31,85	DDR	6:33,30	Tschechoslowakei	6:35,64
Achter	Neuseeland	6:08,94	USA	6:11,61	DDR	6:11,67
Segeln						
Finn-Dingi	Serge Maury (FRA)	58,0	Ilias Hatzipavlis (GRE)	71,0	Viktor Potapow (URS)	74,7
Star	Australien	28,1	Schweden	44,0	BR Deutschland	44,4
Flying Dutchman	Großbritannien	22,7	Frankreich	40,7	BR Deutschland	51,1
Tempest	UdSSR	28,1	Großbritannien	34,4	USA	47,7
Drachen	Australien	13,7	DDR	41,7	USA	47,7
Soling	USA	8,7	Schweden	31,7	Kanada	47,1
Radsport						
Straßenrennen (182,4 km)	Hennie Kuiper (HOL)	4:14:37,0	Kevin Sefton (AUS)	4:15:04,0	nicht vergeben (Jaime Huelamo ,ESP, disqualifiziert)	
100-km-Mannschaftszeitfahren	UdSSR	2:11:17,8	Polen	2:11:47,5	nicht vergeben (HOL disqualifiziert)	
1000-m-Zeitfahren	Niels Fredborg (DEN)	1:06,44	Danny Clark (AUS)	1:06,87	Jürgen Schütze (GDR)	1:07,02
1000-m-Sprint	Daniel Morelon (FRA)		John Michael Nicholson (AUS)		Omar Pchakadse (URS)	
2000-m-Tandem	UdSSR		DDR		Polen	
4000-m-Einzelverfolgung	Knut Knudsen (NOR)	4:45,74	Xaver Kurmann (SUI)	4:51,96	Hans Lutz (FRG)	4:50,80
4000-m-Mannschaftsverfolgung	BR Deutschland	4:22,14	DDR	4:25,25	Großbritannien	4:23,78
Reitsport						
Military, Einzel	Richard Meade (GBR)	57,73	Alessandro Argenton (ITA)	43,33	Jan Jonsson (SWE)	39,67
Military, Mannschaft	Großbritannien	95,53	USA	10,81	BR Deutschland	18,00
Dressur, Einzel	Liselott Linsenhoff (FRG)	1229	Elena Petruschkowa (URS)	1185	Josef Neckermann (FRG)	1177
Dressur, Mannschaft	UdSSR	5095	BR Deutschland	5083	Schweden	4849
Jagdspringen, Einzel	Graziano Mancinelli (ITA)	8/0	Ann Moore (GBR)	8/3	Neal Shapiro (USA)	8/8
Jagdspringen, Mannschaft	BR Deutschland	32,00	USA	32,25	Italien	48,00
Schießen						
Freies Gewehr	Lones Wigger (USA)	1155	Boris Melnik (URS)	1155	Lajos Papp (HUN)	1149
Kleinkaliber (KK) liegend	Ho Jun Li (PRK)	599	Viktor Auer (USA)	598	Nicolae Rotaru (ROM)	598
Kleinkaliber, Dreistellungskampf	John Writer (USA)	1166	Lanny Bassham (USA)	1157	Werner Lippoldt (GDR)	1153
Schnellfeuer-Pistole	Jósef Zapedszki (POL)	595	Ladislav Faita (TCH)	594	Viktor Torschin (URS)	593
Scheibenpistole	Ragnar Shanaker (SWE)	567	Dan Juga (ROM)	562	Rudolf Dollinger (AUT)	560
Laufende Scheibe	Jakow Shelesnjak (URS)	569	Helmut Bellingrodt (COL)	565	John Kynoch (GBR)	562

DISZIPLIN	GOLD		SILBER		BRONZE	
Wurftauben-Skeet	Konrad Wirnhier (FRG)	195/25	Jewgeni Petrow (URS)	195/24	Michael Buchheim (GDR)	195/23
Wurftauben-Trap	Angelo Scalzone (ITA)	199	Michel Carrega (FRA)	198	Silvano Basagni (ITA)	195
Bogenschießen						
Männer	John William (USA)	2528	Gunnar Jarvil (SWE)	2481	Kyösti Laasonen (FIN)	2467
Frauen	Doreen Wilber (USA)	2424	Irena Szydlowska (POL)	2407	Emma Gaptschenko (URS)	2403
Turnen						
Männer						
Mehrkampf, Einzelwertung	Sawao Kato (JPN)	114,650	Eizo Kenmotsu (JPN)	114,575	Akinori Nakayama (JPN)	114,325
Mehrkampf, Mannschaft	Japan	571,25	UdSSR	564,05	DDR	559,70
Barren	Sawao Kato (JPN)	19,475	Shigeru Kasamatsu (JPN)	19,375	Eizo Kenmotsu (JPN)	19,250
Boden	Nikolai Andrianow (URS)	19,175	Akinori Nakayama (JPN)	19,125	Shigeru Kasamatsu (JPN)	19,025
Pferdsprung	Klaus Köste (GDR)	18,850	Viktor Klimenko (URS)	18,825	Nikolai Andrianow (URS)	18,800
Reck	Mitsuo Tsukahara (JPN)	19,725	Sawao Kato (JPN)	19,525	Shigeru Kasamatsu (JPN)	19,450
Ringe	Akinori Nakayama (JPN)	19,350	Mikail Woronin (URS)	19,275	Mitsuo Tsukahara (JPN)	19,225
Seitpferd	Viktor Klimenko (URS)	19,125	Sawao Kato (JPN)	19,000	Eizo Kenmotsu (JPN)	18,950
Frauen						
Mehrkampf, Einzel	Ludmilla Turistschewa (URS)	77,025	Karin Janz (GDR)	76,875	Tamara Lasakowitsch (URS)	76,850
Mehrkampf, Mannschaft	UdSSR	380,50	DDR	376,55	Ungarn	368,25
Boden	Olga Korbut (URS)	19,575	Ludmilla Turistschewa (URS)	19,550	Tamara Lasakowitsch (URS)	19,450
Pferdsprung	Karin Janz (GDR)	19,525	Erika Zuchold (GDR)	19,275	Ludmilla Turistschewa (URS)	19,250
Schwebebalken	Olga Korbut (URS)	19,400	Tamara Lasakowitsch (URS)	19,375	Karin Janz (GDR)	18,975
Stufenbarren	Karin Janz (GDR)	19,675	Olga Korbut (URS)	19,450		
			Erika Zuchold (GDR)	19,450		
Basketball	UdSSR		USA		Kuba	
Fußball	Polen		Ungarn			
					UDSSR	
Handball	Jugoslawien		Tschechoslowakei		Rumänien	
Hockey	BR Deutschland		Pakistan		Indien	
Volleyball						
Herren	Japan		DDR		UdSSR	
Damen	UdSSR		Japan		Nordkorea	

Innsbruck 1976

4. Februar – 15. Februar

Teilnehmer: ca. 1130 / **Männer:** ca. 900, **Frauen:** ca. 230, **Länder:** 37,
Sportarten: 8, **Entscheidungen:** 37
Letzte Fackelträger: Christl Haas und Josef Feistmantl

Medaillenspiegel

RANG	LAND	GOLD	SILBER	BRONZE
1	UdSSR	13	6	8
2	DDR	7	5	7
3	USA	3	3	4
4	Norwegen	3	3	1
5	BR Deutschland	2	5	3

Erfolgreichste Athleten

RANG	NAME (NATIONALITÄT)	DISZIPLIN	G	S	B
1	Rosi Mittermaier (FRG)	Ski alpin	2	1	–
	Raissa Smetanina (URS)	Ski nordisch	2	1	–
3	Tatjana Awerina (URS)	Eisschnellauf	2	–	2
4	Nikolai Kruglow (URS)	Biathlon	2	–	–
	Meinhard Nehmer (GDR)	Bobsport	2	–	–
	Bernhard Germedshausen (GDR)	Bobsport	2	–	–

DISZIPLIN	GOLD		SILBER		BRONZE	
Ski alpin						
Männer						
Abfahrt	Franz Klammer (AUT)	1:45,73	Bernhard Russi (SUI)	1:46,06	Herbert Plank (ITA)	1:46,59
Slalom	Piero Gros (ITA)	2:03,29	Gustav Thöni (ITA)	2:03,73	Willy Frommelt (LIE)	2:04,28
Riesenslalom	Heini Hemmi (SUI)	3:26,97	Ernst Good (SUI)	3:27,17	Ingemar Stenmark (SWE)	3:27,41
Frauen						
Abfahrt	Rosi Mittermaier (FRG)	1:46,16	Brigitte Toschnig (AUT)	1:46,68	Cynthia Nelson (USA)	1:47,50
Slalom	Rosi Mittermaier (FRG)	1:30,54	Claudia Giordani (ITA)	1:30,87	Hanni Wenzel (LIE)	1:32,20
Riesenslalom	Kathy Kreiner (CAN)	1:29,13	Rosi Mittermaier (FRG)	1:29,25	Danielle Debernard (FRA)	1:29,95
Ski nordisch						
Männer						
15-km-Langlauf	Nikolai Bajukow (URS)	43:58,47	Jewgenij Beljajew (URS)	44:01,10	Arto Koivisto (FIN)	44:19,25
30-km-Langlauf	Sergej Saweljew (URS)	1:30:29,38	Bill Koch (USA)	1:30:57,84	Iwan Garanin (URS)	1:31:09,29
50 km	Ivar Formo (NOR)	2:37:30,05	Gert-Dietmar Klause (GDR)	2:38:13,21	Benny Södergren (SWE)	2:39:39,21
4 x 10 km	Finnland	2:07:59,72	Norwegen	2:09:58,36	UdSSR	2:10:51,46
Skispringen, Normalschanze	Hans-Georg Aschenbach (GDR)	252,0	Jochen Danneberg (GDR)	246,2	Karl Schnabl (AUT)	242,0
Skispringen, Großschanze	Karl Schnabl (AUT)	234,8	Toni Innauer (AUT)	232,9	Henry Glaß (GDR)	221,7
Nordische Kombination	Ulrich Wehling (GDR)	423,39	Urban Hettich (FRG)	418,90	Konrad Winkler (GDR)	417,47
Frauen						
5-km-Langlauf	Helena Takalo (FIN)	15:48,69	Raissa Smetanina (URS)	15:49,73	Nina Baldischewa (URS)	16:12,82
10-km-Langlauf	Raissa Smetanina (URS)	30:13,41	Helena Takalo (FIN)	30:14,28	Galina Kulakowa (URS)	30:38,61
4 x 5 km	UdSSR	1:07:49,76	Finnland	1:08:36,57	DDR	1:09:57,95
Biathlon						
20 km	Nikolai Kruglow (URS)	1:14:12,26	Heikki Ikola (FIN)	1:15:54,10	Alexander Jelisarow (URS)	1:16:05,57
4 x 7,5 km	UdSSR	1:57:55,64	Finnland	2:01:45,58	DDR	2:04:08,61
Eiskunstlauf						
Damen	Dorothy Hamill (USA)		Dianna de Leeuw (HOL)		Christine Errath (GDR)	
Herren	John Curry (GBR)		Wladimir Kowalew (URS)		Toller Cranston (CAN)	
Paare	Irina Rodnina/Alexander Saizew (URS)		Romy Kerner/Rolf Österreich (GDR)		Manuela Gross/Uwe Kagelmann (GDR)	
Eistanz	Ludmilla Pachomowa/ Alexander Gorschkow (URS)		Irina Moisejewa/ Andrej Minenko (URS)		Collen O'Connor/James Millns (USA)	
Eisschnellauf						
Männer						
500 m	Jewgeni Kulikow (URS)	39,17	Waleri Muratow (URS)	39,25	Daniel Immerfall (USA)	39,54
1000 m	Peter Mueller (USA)	1:19,32	Jörn Didriksen (NOR)	1:20,45	Waleri Muratow (URS)	1:20,57
1500 m	Jan Egil Storholt (NOR)	1:59,38	Juri Kondakow (URS)	1:59,97	Hans van Helden (HOL)	2:00,87
5000 m	Sten Stensen (NOR)	7:24,28	Piet Kleine (HOL)	7:26,47	Hans van Helden (HOL)	7:26,54
10 000 m	Piet Kleine (HOL)	14:50,59	Sten Stensen (NOR)	14:53,30	Hans van Helden (HOL)	15:02,02
Frauen						
500 m	Sheila Young (USA)	42,76	Cathy Priestner (CAN)	43,12	Tatjana Awerina (URS)	43,17
1000 m	Tatjana Awerina (URS)	1:28,43	Leah Poulos (USA)	1:28,57	Sheila Young (USA)	1:29,14
1500 m	Galina Stepanskaja (URS)	2:16,58	Sheila Young (USA)	2:17,06	Tatjana Awerina (URS)	2:17,96
3000 m	Tatjana Awerina (URS)	4:45,19	Andrea Mitscherlich (GDR)	4:45,23	Lisbeth Korsmo (NOR)	4:45,24
Bob						
Zweierbob	DDR I	3:44,42	BR Deutschland I	3:44,99	Schweiz I	3:45,70
Viererbob	DDR I	3:40,43	Schweiz II	3:40,89	BR Deutschland I	3:41,37
Rennrodeln						
Einer *Herren*	Detlef Günther (GDR)	3:27,688	Josef Fendt (FRG)	3:28,196	Hans Rinn (GDR)	3:28,574
Einer *Damen*	Margit Schumann (GDR)	2:50,621	Ute Rührold (GDR)	2:50,846	Elisabeth Demleitner (FRG)	2:51,056
Doppel	Hans Rinn/ Norbert Hahn (GDR)	1:25,604	Hans Brandner/ Balthasar Schwarm (FRG)	1:25,889	Rudolf Schmid/ Franz Schachner (AUT)	1:25,919
Eishockey						
	UdSSR		Tschechoslowakei		BR Deutschland	

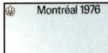

Montreal 1976

17. Juli – 1. August

Teilnehmer: ca. 6030 / **Männer:** ca. 4780, **Frauen:** ca. 1250, **Länder:** 92,
Sportarten: 21, **Entscheidungen:** 198
Letzte Fackelträger: Sandra Henderson und Stépane Prefontaine

Medaillenspiegel

RANG	LAND	GOLD	SILBER	BRONZE
1	UdSSR	49	41	35
2	DDR	40	25	25
3	USA	34	35	25
4	BR Deutschland	10	12	17
5	Japan	9	6	10

Erfolgreichste Athleten

RANG	NAME (NATIONALITÄT)	DISZIPLIN	G	S	B
1	Nikolai Andrianow (URS)	Turnen	4	2	1
2	Kornelia Ender (GDR)	Schwimmen	4	1	–
	John Naber (USA)	Schwimmen	4	1	–
4	Nadia Comaneci (ROM)	Turnen	3	1	1
5	Nelli Kim (URS)	Turnen	3	1	–

DISZIPLIN	GOLD		SILBER		BRONZE	
Leichtathletik						
Männer						
100 m	Hasely Crawford (TRI)	10,06	Donald Quarrie (JAM)	10,08	Waleri Borsow (URS)	10,14
200 m	Donald Quarrie (JAM)	20,23	Millard Hampton (USA)	20,29	Dwayne Evans (USA)	20,43
400 m	Alberto Juantorena (CUB)	44,26	Fred Newhouse (USA)	44,40	Herman Frazier (USA)	44,95
800 m	Alberto Juantorena (CUB)	1:43,5	Ivo van Damme (BEL)	1:43,9	Richard Wohlhuter (USA)	1:44,1
1500 m	John Walker (NZL)	3:39,2	Ivo van Damme (BEL)	3:39,3	Paul-Heinz Wellmann (FRG)	3:39,3
5000 m	Lasse Viren (FIN)	13:24,8	Dick Quax (NZL)	13:25,2	Klaus-P. Hildenbrand (FRG)	13:25,4
10 000 m	Lasse Viren (FIN)	27:40,4	Carlos Lopez (POR)	27:45,2	Brendan Foster (GBR)	27:54,9
Marathon	Waldemar Cierpinski (GDR)	2:09:55,0	Frank Shorter (USA)	2:10:45,8	Karel Lismont (BEL)	2:11:12,6
110 m Hürden	Guy Drut (FRA)	13,30	Alejandro Casanas (CUB)	13,33	Willie Davenport (USA)	13,38
400 m Hürden	Edwin Moses (USA)	47,64	Michael Shine (USA)	48,69	Jewgeni Gawrilenkow (URS)	49,45
3000 m Hindernis	Anders Gärderud (SWE)	8:08,0	Bronislaw Malinowski (POL)	8:09,1	Frank Baumgartl (GDR)	8:10,4
4 x 100 m	USA	38,33	DDR	38,66	UdSSR	38,78
4 x 400 m	USA	2:58,65	Polen	3:01,43	BR Deutschland	3:01,98
20 km Gehen	Daniel Bautista (MEX)	1:24:40,6	Hans-Peter Reimann (GDR)	1:25:13,8	Peter Frenkel (GDR)	1:25:29,4
Hochsprung	Jacek Wszola (POL)	2,25	Gregory Joy (CAN)	2,23	Dwight Stones (USA)	2,21
Stabhochsprung	Tadeusz Slusarski (POL)	5,50	Antti Kalliomäki (FIN)	5,50	David Roberts (USA)	5,50
Weitsprung	Arnie Robinson (USA)	8,35	Randy Williams (USA)	8,11	Frank Wartenberg (GDR)	8,02
Dreisprung	Viktor Sanejew (URS)	17,29	James Butts (USA)	17,18	Joao de Oliveira (BRA)	16,90
Kugelstoßen	Udo Beyer (GDR)	21,05	Jewgeni Mironow (URS)	21,03	Alexander Baryschnikow (URS)	21,00
Diskuswurf	Mac Wilkins (USA)	67,50	Wolfgang Schmidt (GDR)	66,22	John Powell (USA)	65,70
Hammerwurf	Juriy Sedych (URS)	77,52	Alexej Spiridonow (URS)	76,08	Anatoli Bondartschuk (URS)	75,48
Speerwurf	Miklos Nemeth (HUN)	94,58	Hannu Siitonen (FIN)	87,92	Gheorghe Megelea (ROM)	87,16
Zehnkampf	Bruce Jenner (USA)	8618	Guido Kratschmer (FRG)	8411	Nikolai Awilow (URS)	8369
Frauen						
100 m	Annegret Richter (FRG)	11,08	Renate Stecher (GDR)	11,13	Inge Helten (FRG)	11,17
200 m	Bärbel Eckert (GDR)	22,37	Annegret Richter (FRG)	22,39	Renate Stecher (GDR)	22,47
400 m	Irena Szewinska (POL)	49,29	Christina Brehmer (GDR)	50,51	Ellen Streidt (GDR)	50,55
800 m	Tatjana Kasankina (URS)	1:54,9	Nikolina Schtereva (BUL)	1:55,4	Elfie Zinn (GDR)	1:55,6
1500 m	Tatjana Kasankina (URS)	4:05,5	Gunhild Hoffmeister (GDR)	4:06,0	Ulrike Klapezynski (GDR)	4:06,1
100 m Hürden	Johanna Schaller (GDR)	12,77	Tatjana Anissimowa (URS)	12,78	Natalia Lebedewa (URS)	12,80
4 x 100 m	DDR	42,55	BR Deutschland	42,59	UdSSR	43,09
4 x 400 m	DDR	3:19,2	USA	3:22,8	UdSSR	3:24,2
Hochsprung	Rosemarie Ackermann (GDR)	1,93	Sara Simeoni (ITA)	1,91	Jordanka Blagojeva (BUL)	1,91
Weitsprung	Angela Voigt (GDR)	6,72	Kathy McMillan (USA)	6,66	Lidia Alfejewa (USR)	6,60
Kugelstoßen	Ivanka Christova (BUL)	21,16	Nadeschda Tschischowa (URS)	20,96	Helena Fibingerová (TCH)	20,67
Diskuswurf	Evelin Schlaak (GDR)	69,00	Maria Vergova (BUL)	67,30	Gabriele Hinzmann (GDR)	66,84
Speerwurf	Ruth Fuchs (GDR)	65,94	Marion Becker (FRG)	64,70	Kathy Schmidt (USA)	63,96
Fünfkampf	Siegrun Siegl (GDR)	4745	Christine Laser (GDR)	4745	Burglinde Pollak (GDR)	4740
Schwimmen						
Männer						
100 m Freistil	Jim Montgomery (USA)	49,99	Jack Babashoff (USA)	50,81	Peter Nocke (FRG)	51,31
200 m Freistil	Bruce Furniss (USA)	1:50,29	John Naber (USA)	1:50,50	Jim Montgomery (USA)	1:50,58
400 m Freistil	Brian Goodell (USA)	3:51,93	Tim Shaw (USA)	3:52,54	Wladimir Raskatow (URS)	3:55,76
1500 m Freistil	Brian Goodell (USA)	15:02,40	Bobby Hackett (USA)	15:03,91	Stephen Holland (AUS)	15:04,66
100 m Rücken	John Naber (USA)	55,49	Peter Rocca (USA)	56,34	Roland Matthes (GDR)	57,22
200 m Rücken	John Naber (USA)	1:59,19	Peter Rocca (USA)	2:00,55	Dan Harrigan (USA)	2:01,35
100 m Brust	John Hencken (USA)	1:03,11	David Wilkie (GBR)	1:03,43	Avidas Juzaitis (URS)	1:04,23

DISZIPLIN	GOLD		SILBER		BRONZE	
200 m Brust	David Wilkie (GBR)	2:15,11	John Hencken (USA)	2:17,26	Richard Colella (USA)	2:19,20
100 m Schmetterling	Matt Vogel (USA)	54,35	Joe Bottom (USA)	54,50	Gary Hall (USA)	54,65
200 m Schmetterling	Mike Bruner (USA)	1:59,23	Steven Gregg (USA)	1:59,54	Bill Forrester (USA)	1:59,96
400 m Lagen	Rod Strachan (USA)	4:23,68	Alexander McKee (USA)	4:24,62	Andrej Smirnow (URS)	4:26,90
4 x 200 m Freistil	USA	7:23,22	UdSSR	7:27,97	Großbritannien	7:32,11
4 x 100 m Lagen	USA	3:42,22	Kanada	3:45,94	BR Deutschland	3:47,29
Kunstspringen	Phil Boggs (USA)	619,05	Franco Cagnotto (ITA)	570,48	Alexander Kosenkow (URS)	567,24
Turmspringen	Klaus Dibiasi (ITA)	600,51	Greg Louganis (USA)	576,99	Wladimir Alejnik (URS)	548,61
Wasserball	Ungarn		Italien		Niederlande	
Frauen						
100 m Freistil	Kornelia Ender (GDR)	55,65	Petra Priemer (GDR)	56,49	Enith Brigitha (HOL)	56,65
200 m Freistil	Kornelia Ender (GDR)	1:59,26	Shirley Babashoff (USA)	2:01,22	Enith Brigitha (HOL)	2:01,40
400 m Freistil	Petra Thümer (GDR)	4:09,89	Shirley Babashoff (USA)	4:10,46	Shannon Smith (CAN)	4:14,60
800 m Freistil	Petra Thümer (GDR)	8:37,14	Shirley Babashoff (USA)	8:37,59	Wendy Weinberg (USA)	8:42,60
100 m Rücken	Ulrike Richter (GDR)	1:01,83	Birgit Treiber (GDR)	1:03,41	Nancy Garapick (CAN)	1:03,71
200 m Rücken	Ulrike Richter (GDR)	2:13,43	Birgit Treiber (GDR)	2:14,97	Nancy Garapick (CAN)	2:15,60
100 m Brust	Hannelore Anke (GDR)	1:11,16	Ljubow Rusanowa (URS)	1:13,04	Marina Koschewaja (URS)	1:13,30
200 m Brust	Marina Koschewaja (URS)	2:33,35	Marina Jurchenia (URS)	2:36,08	Ljubow Rusanowa (URS)	2:36,22
100 m Schmetterling	Kornelia Ender (GDR)	1:00,13	Andrea Pollack (GDR)	1:00,98	Wendy Boglioli (USA)	1:01,17
200 m Schmetterling	Andrea Pollack (GDR)	2:11,41	Ulrike Tauber (GDR)	2:12,50	Rosemarie Gabriel (GDR)	2:12,86
400 m Lagen	Ulrike Tauber (GDR)	4:42,77	Cheryl Gibson (CAN)	4:48,10	Becky Smith (CAN)	4:50,48
4 x 100 m Freistil	USA	3:44,82	DDR	3:45,50	Kanada	3:48,81
4 x 100 m Lagen	DDR	4:07,95	USA	4:14,55	Kanada	4:15,22
Kunstspringen	Jennifer Chandler (USA)	506,19	Christa Köhler (GDR)	469,41	Cynthia McIngvale (USA)	466,83
Turmspringen	Elena Waitschekowskaja (URS)	406,59	Ulrika Knape (SWE)	402,60	Deborah Wilson (USA)	401,07

Boxen

	GOLD	SILBER	BRONZE
Halbfliegengewicht (- 48 kg)	Jorge Hernandez (CUB)	Byong Uk Li (PRK)	Payao Pooltarat (THA)
			Orlando Maldonado (PUR)
Fliegengewicht (- 51 kg)	Leo Randolph (USA)	Ramon Duvalon (CUB)	David Torosjan (URS)
			Leszek Blazynski (POL)
Bantamgewicht (- 54 kg)	Yong Jo Gu (PRK)	Charles Mooney (USA)	Patrick Cowdell (GBR)
			Wiktor Rybakow
Federgewicht (- 57 kg)	Angel Herrera (CUB)	Richard Nowakowski (GDR)	Leszek Kosadowski (POL)
			Juan Paredez (MEX)
Leichtgewicht (- 60 kg)	Howard Davis (USA)	Simion Cutov (ROM)	Wassili Solomin (URS)
			Ace Russewski (YUG)
Halbweltergewicht (- 63,5 kg)	Sugar Ray Leonard (USA)	Andres Aldama (CUB)	Wladimir Kolev (BUL)
			Kacimierz Szcerba (POL)
Weltergewicht (- 67 kg)	Jochen Bachfeld (GDR)	Pedro Gamarro (VEN)	Reinhard Skricek (FRG)
			Victor Zilbermann (ROM)
Halbmittelgewicht (- 71 kg)	Jerzy Rybicki (POL)	Tadija Kazar (YUG)	Victor Sawtschenkow (URS)
			Rolando Garbey (CUB)
Mittelgewicht (- 75 kg)	Michael Spinks (USA)	Rufat Riskijew (URS)	Alex Nastac (ROM)
			Luis Martinez (CUB)
Halbschwergewicht (- 81 kg)	Leon Spinks (USA)	Sixto Soria (CUB)	Costica Dafinoiu (ROM)
			Janusz Gortat (POL)
Schwergewicht (+ 81 kg)	Teofilo Stevenson (CUB)	Mircea Simon (ROM)	Johnny Tate (USA)
			Clarence Hill (BER)

Gewichtheben

	GOLD		SILBER		BRONZE	
Fliegengewicht (- 52 kg)	Alexander Woronin (URS)	242,5	György Koszegi (HUN)	237,5	Mohammed Nassiri (IRN)	235,0
Bantamgewicht (- 56 kg)	Norair Nourikian (BUL)	262,5	Grzegorz Cziura (POL)	252,5	Kenkichi Ando (JPN)	250,0
Federgewicht (- 60 kg)	Nikolai Kolesnikow (URS)	285,0	Georgi Todorov (BUL)	280,0	Kazumasa Hirai (JPN)	275,0
Leichtgewicht (- 67,5 kg)	Pjotr Korol (URS)	305,0	Daniel Senet (FRA)	300,0	Kazimierz Czarnicki (POL)	295,0
Mittelgewicht (- 75 kg)	Jordan Mitkov (BUL)	335,0	Vartan Militosjan (URS)	330,0	Peter Wenzel (GDR)	327,5
Leichtschwergewicht (- 82,5 kg)	Waleri Schari (URS)	365,0	Trendafil Stoitchef (BUL)	360,0	Peter Baczako (HUN)	345,0
Mittelschwergewicht (- 90 kg)	David Rigert (URS)	382,5	Lee James (USA)	362,5	Atanas Schopov (BUL)	360,0
Schwergewicht (+ 90 kg)	Juri Saizew (URS)	385,0	Krastu Semerdiev (BUL)	385,0	Tadeusz Rutkowski (POL)	377,5
Superschwergewicht (+ 110 kg)	Wassili Alexejew (URS)	440,0	Gerd Bonk (GDR)	405,0	Helmut Losch (GDR)	387,5

Ringen, griechisch-römisch

	GOLD	SILBER	BRONZE
Papiergewicht (- 48 kg)	Alexej Schumakow (URS)	Gheorge Berceanu (ROM)	Stefan Angelov (BUL)
Fliegengewicht (- 52 kg)	Witali Konstantinow (URS)	Nicu Ginga (ROM)	Koichiro Hirayama (JPN)
Bantamgewicht (- 57 kg)	Pertti Ukkola (FIN)	Ivan Frgič (YUG)	Farhat Mustafin (URS)
Federgewicht (- 62 kg)	Kazimierz Lipien (POL)	Nelson Dawidjan (URS)	Laszlo Reczi (HUN)
Leichtgewicht (- 68 kg)	Suren Nalbandjan (URS)	Stefan Rusu (ROM)	Heinz-Helmut Wehling (GDR)

DISZIPLIN	GOLD		SILBER		BRONZE	
Weltergewicht (- 74 kg)	Anatoli Bykow (URS)		Vitezslav Macha (TCH)		Karl-Heinz Helbing (FRG)	
Mittelgewicht (- 82 kg)	Momir Petkovič (YUG)		Wladimir Scheboksarow (URS)		Ivan Kolev (BUL)	
Halbschwergewicht (- 90 kg)	Waleri Resanzew (URS)		Stoyan Nikolov (BUL)		Czeslaw Kwiecinski (POL)	
Schwergewicht (- 100 kg)	Nikolai Bolboschin (URS)		Kamen Goranov (BUL)		Andrzej Skrzylewski (POL)	
Superschwergewicht (+ 100 kg)	Alexander Kolschinski (URS)		Alexander Tomov (BUL)		Roman Codreanu (ROM)	
Ringen, freier Stil						
Papiergewicht (- 48 kg)	Hassan Issajev (BUL)		Roman Dmitrijew (URS)		Akira Kudo (JPN)	
Fliegengewicht (- 52 kg)	Yuji Takada (JPN)		Alexander Iwanow (URS)		Hae Sup Jeon (KOR)	
Bantamgewicht (- 57 kg)	Wladimir W. Umin (URS)		Hans-Dieter Bruchert (GDR)		Masao Arai (JPN)	
Federgewicht (- 62 kg)	Jung Mo Yang (KOR)		Zeveg Oidov (MVR)		Gene Davis (USA)	
Leichtgewicht (- 68 kg)	Pawel Pinigin (URS)		Lloyd Keaser (USA)		Yasaburo Sugawara (JPN)	
Weltergewicht (- 74 kg)	Jiichiro Date (JPN)		Mansour Barzegar (IRN)		Stanley Dziedzic (USA)	
Mittelgewicht (- 82 kg)	John Peterson (USA)		Viktor Nowoschilow (URS)		Adolf Seger (FRG)	
Halbschwergewicht (- 90 kg)	Lewan Tediaschwili (URS)		Benjamin Peterson (USA)		Stelica Morcov (ROM)	
Schwergewicht (- 100 kg)	Iwan Yarygin (URS)		Russel Hellickson (USA)		Dimo Kostov (BUL)	
Superschwergewicht (+ 100 kg)	Soslan Andjew (URS)		Jószef Balla (HUN)		Ladislav Simon (ROM)	
Judo						
Leichtgewicht (- 63 kg)	Hector Rodriguez (CUB)		Eun-Kyung Chang (KOR)		Jozsef Tuncsik (HUN)	
					Felice Mariani (ITA)	
Weltergewicht (- 70 kg)	Wladimir Newzorow (URS)		Koji Kuramoto (JPN)		Patrick Vial (FRA)	
					Marian Talaj (POL)	
Mittelgewicht (- 80 kg)	Isamu Sonoda (JPN)		Valerij Dvonikow (URS)		Slavko Obadov (YUG)	
					Yung-Chul Park (KOR)	
Halbschwergewicht (- 93 kg)	Kazuhiro Ninomiya (JPN)		Ramaz Harschiladse (URS)		David Starbrook (GBR)	
					Jörg Röthlisberger (SUI)	
Schwergewicht (+ 93 kg)	Sergej Nowikow (URS)		Günther Neureuther (FRG)		Allan Coage (USA)	
					Sumio Endo (JPN)	
Offene Klasse	Haruji Uemara (JPN)		Keith Remfry (GBR)		Jeaki Cho (KOR)	
					Tschota Schoschowili (URS)	
Fechten						
Florett-Einzel, *Herren*	Fabio dal Zotto (ITA)	4	Alexander Romankow (URS)	4	Bernard Talvard (FRA)	3
Florett-Mannschaft, *Herren*	BR Deutschland		Italien		Frankreich	
Degen-Einzel	Alexander Pusch (FRG)	3/2	Jürgen Hehn (FRG)	3/1	Gyözö Kulcsár (HUN)	3/0
Degen-Mannschaft	Schweden		BR Deutschland		Schweiz	
Säbel-Einzel	Viktor Krowupuskow (URS)	5	Wladimir Naslimow (URS)	4	Viktor Sidjak (URS)	3
Säbel-Mannschaft	UdSSR		Italien		Rumänien	
Florett-Einzel, *Damen*	Ildiko Schwarczenberger (HUN)	4/1	Maria Consolata Collino (ITA)	4/0	Elena Belowa (URS)	3
Florett-Mannschaft, *Damen*	UdSSR		Frankreich		Ungarn	
Moderner Fünfkampf						
Einzel	Janusz Pyciak-Peciak (POL)	5520	Pawel Lednew (URS)	5485	Jan Bartu (TCH)	5466
Mannschaft	Großbritannien	15559	Tschechoslowakei	15451	Ungarn	15395
Kanu						
Männer						
500 m K 1	Vasile Diba (ROM)	1:46,11	Zoltan Sztanity (HUN)	1:46,95	Rüdiger Helm (GDR)	1:48,30
1000 m K 1	Rüdiger Helm (GDR)	3:48,20	Geza Csapó (HUN)	3:48,34	Vasile Diba (ROM)	3:49,65
500 m K 2	DDR	1:35,87	UdSSR	1:36,81	Rumänien	1:37,43
1000 m K 2	UdSSR	3:29,01	DDR	3:29,33	Ungarn	3:30,36
1000 m K 4	UdSSR	3:08,69	Spanien	3:08,95	DDR	3:10,76
500 m C 1	Alexander Rogow (URS)	1:59,23	John Wood (CAN)	1:59,58	Matja Ljubek (YUG)	1:59,60
1000 m C 1	Matja Ljubek (YUG)	4:09,51	Wassilij Urschenko (URS)	4:12,57	Tamás Wichmann (HUN)	4:14,11
500 m C 2	UdSSR	1:45,81	Polen	1:47,77	Ungarn	1:48,35
1000 m C 2	UdSSR	3:52,76	Rumänien	3:54,28	Ungarn	3:55,66
Frauen						
500 m K 1	Carola Zirzow (GDR)	2:01,05	Tatjana Korschunowa (URS)	2:03,07	Klara Rajnai (HUN)	2:05,01
500m K2	UdSSR	1:51,15	Ungarn	1:51,69	DDR	1:51,81
Rudern						
Männer						
Einer	Pertti Karppinen (FIN)	7:29,03	Peter-Michael Kolbe (FRG)	7:31,67	Joachim Dreifke (GDR)	7:38,03
Doppelzweier	Norwegen	7:13,20	Großbritannien	7:15,25	DDR	7:17,45
Zweier ohne Steuermann	DDR	7:23,31	USA	7:26,73	BR Deutschland	7:30,03

DISZIPLIN	GOLD		SILBER		BRONZE	
Zweier mit Steuermann	DDR	7:58,99	UdSSR	8:01,82	Tschechoslowakei	8:03,28
Doppelvierer	DDR	6:18,65	UdSSR	6:19,89	Tschechoslowakei	6:21,77
Vierer ohne Steuermann	DDR	6:37,42	Norwegen	6:41,22	UdSSR	6:42,52
Vierer mit Steuermann	UdSSR	6:40,22	DDR	6:42,70	BR Deutschland	6:46,96
Achter	DDR	5:58,29	Großbritannien	6:00,82	Neuseeland	6:03,51
Frauen						
Einer	Christina Scheiblich (GDR)	4:05,56	Joan Lind (USA)	4:06,21	Elena Antonowa (URS)	4:10,24
Doppelzweier	Bulgarien	3:44,36	DDR	3:47,86	UdSSR	3:49,93
Zweier ohne Steuerfrau	Bulgarien	4:01,22	DDR	4:01,61	BR Deutschland	4:02,35
Doppelvierer	DDR	3:29,99	UdSSR	3:32,49	Rumänien	3:32,76
Vierer mit Steuerfrau	DDR	3:45,08	Bulgarien	3:48,24	UdSSR	3:49,38
Achter	DDR	3:33,32	UdSSR	3:36,17	USA	3:38,68

Segeln

Finn-Dingi	Jochen Schürmann (GDR)	35,4	Andrej Balaschow (URS)	39,7	John Bertrand (AUS)	46,4
Tempest	Schweden	14,0	UdSSR	30,4	USA	32,7
Flying Dutchman	BR Deutschland	34,7	Großbritannien	51,7	Brasilien	52,1
Tornado	Großbritannien	18,0	USA	36,0	BR Deutschland	37,7
470er Klasse	BR Deutschland	42,4	Spanien	49,7	Australien	57,0
Soling	Dänemark	46,7	USA	47,4	DDR	47,4

Radsport

Straßenrennen, Einzel (175 km)	Bernt Johansson (SWE)	4:46:52	Giuseppe Martinelli (ITA)	4:47:23	Mieczyl Nowicki (POL)	4:47:23
100-km-Mannschaftszeitfahren	UdSSR	2:08:53	Polen	2:09:13	Dänemark	2:12:20
1000-m-Zeitfahren	Klaus-Jürgen Grünke (GDR)	1:05,927	Michel Vaarten (BEL)	1:07,516	Niels Fredborg (DEN)	1:07,617
1000-m-Sprint	Anton Tkač (TCH)		Daniel Morelon (FRA)		Hans-Jürgen Geschke (GDR)	
4000-m-Einzelverfolgung	Gregor Braun (FRG)	4:47,61	Herman Ponsteen (HOL)	4:49,72	Thomas Huschke (GDR)	4:52,71
4000-m-Mannschaftsverfolgung	BR Deutschland	4:21,06	UdSSR	4:27,15	Großbritannien	4:22,41

Reitsport

Military, Einzel	Edmund Coffin (USA)	114,99	John Plumb (USA)	125,85	Karl Schultz (FRG)	129,45
Military, Mannschaft	USA	441,00	BR Deutschland	584,60	Australien	599,54
Dressur, Einzel	Christine Stückelberger (SUI)	1486	Harry Boldt (FRG)	1435	Reiner Klimke (FRG)	1395
Dressur, Mannschaft	BR Deutschland	5155	Schweiz	4684	USA	4647
Jagdspringen, Einzel	Alwin Schockemöhle (FRG)	0	Michel Vaillancourt (CAN)	12/4	François Mathy (BEL)	12/8
Jagdspringen, Mannschaft	Frankreich	40	BR Deutschland	44	Belgien	63

Schießen

Kleinkaliber (KK) liegend	Karlheinz Smieszek (FRG)	599	Ulrich Lind (FRG)	597	Gennadij Lutschikow (URS)	595
Kleinkaliber, Dreistellungskampf	Lanny Bassham (USA)	1162	Margaret Murdock (USA)	1162	Werner Seibold (FRG)	1160
Schnellfeuer-Pistole	Norbert Klaar (GDR)	597	Jürgen Wiefel (GDR)	596	Roberto Ferraris (ITA)	595
Freie Pistole	Uwe Potteck (GDR)	573	Harald Vollmar (GDR)	567	Rudolf Dollinger (AUT)	562
Laufende Scheibe	Alexander Gasow (URS)	579	Alexander Kejarow (URS)	576	Jerzy Greszkiewicz (POL)	571
Wurftauben-Skeet	Josef Panaček (TCH)	198	Eric Swinkels (HOL)	198	Wieslaw Gawlikowski (POL)	196
Wurftauben-Trap	Donald Haldeman (USA)	190	Armando Silva Marques (POR)	189	Ubaldesco Baldi (ITA)	189

Bogenschießen

Frauen	Luann Ryan (USA)	2499	Valentina Kowpan (URS)	2460	Sebiniso Rustamowa (URS)	2424
Männer	Darell Pace (USA)	2571	Hiroshi Michinaga (JPN)	2502	Giancarlo Ferrari (ITA)	2495

Turnen

Männer

Mehrkampf, Einzelwertung	Nikolai Andrianow (URS)	116,650	Sawao Kato (JPN)	115,650	Mitsuo Tsukahara (JPN)	115,575
Mehrkampf, Mannschaft	Japan	576,85	UdSSR	576,45	DDR	564,65
Barren	Sawao Kato (JPN)	19,675	Nikolai Andrianow (URS)	19,500	Mitsuo Tsukahara (JPN)	19,475
Boden	Nikolai Andrianow (URS)	19,450	Vladimir Marschenko (URS)	19,425	Peter Korman (USA)	19,300
Pferdsprung	Nikolai Andrianow (URS)	19,450	Mitsuo Tsukahara (JPN)	19,375	Hiroshi Kajiyama (JPN)	19,275
Reck	Mitsuo Tsukahara (JPN)	19,675	Eizo Kenmotsu (JPN)	19,500	Henri Boerio (FRA)	19,475
					Eberhard Gienger (FRG)	19,475
Ringe	Nikolai Andrianow (URS)	19,650	Alexander Ditjatin (URS)	19,550	Dan Grecu (ROM)	19,500
Seitpferd	Zoltan Magyar (HUN)	19,700	Eizo Kenmotsu (JPN)	19,575	Nikolai Andrianow (URS)	19,525
Frauen						
Mehrkampf, Einzelwertung	Nadia Comaneci (ROM)	79,275	Nelli Kim (URS)	78,675	Ludmilla Turistschewa (URS)	78,625
Mehrkampf, Mannschaft	UdSSR	390,35	Rumänien	387,15	DDR	385,10
Boden	Nelli Kim (URS)	19,850	Ludmilla Turistschewa (URS)	19,825	Nadia Comaneci (ROM)	19,750
Pferdsprung	Nelli Kim (URS)	19,800	Carola Dombeck (GDR)	19,650		
			Ludmilla Turistschewa (URS)	19,650		
Schwebebalken	Nadia Comaneci (ROM)	19,950	Olga Korbut (URS)	19,725	Teodora Ungureanu (ROM)	19,700

DISZIPLIN	GOLD		SILBER		BRONZE	
Stufenbarren	Nadia Comaneci (ROM)	20,000	Teodora Ungureanu (ROM)	19,800	Marta Egervari (HUN)	19,775
Gruppen-Gymnastik	Schweden	74,20	UdSSR	73,00	Polen	74,00
Basketball						
Männer	USA		Jugoslawien		UdSSR	
Frauen	UdSSR		USA		Bulgarien	
Fußball						
	DDR		Polen		UdSSR	
Handball						
Herren	UdSSR		Rumänien		Polen	
Damen	UdSSR		DDR		Ungarn	
Hockey						
	Neuseeland		Australien		Pakistan	
Volleyball						
Herren	Polen		UdSSR		Kuba	
Damen	Japan		UdSSR		Südkorea	

Lake Placid 1980

Teilnehmer: ca. 1070 / **Männer:** ca. 840, **Frauen:** ca. 230, **Länder:** 37,
Sportarten: 8, **Entscheidungen:** 38
Letzter Fackelträger: Charles Morgan Kerr

12. Februar – 24. Februar
(offizielle Eröffnung 13. Februar)

Medaillenspiegel

RANG	LAND	GOLD	SILBER	BRONZE
1	UdSSR	10	6	6
2	DDR	9	7	7
3	USA	6	4	2
4	Österreich	3	2	2
5	Schweden	3	–	1

Erfolgreichste Athleten

RANG	NAME (NATIONALITÄT)	DISZIPLIN	G	S	B
1	Eric Heiden (USA)	Eisschnellauf	5	–	–
2	Nikolai Simjatow (URS)	Ski nordisch	3	–	–
3	Hanni Wenzel (LIE)	Ski alpin	2	1	–
4	Anatoli Aljabjew (URS)	Biathlon	2	–	1
5	Barbara Petzold (GDR)	Ski nordisch	2	–	–
	Ingemar Stenmark (SWE)	Ski alpin	2	–	–

DISZIPLIN	GOLD		SILBER		BRONZE	
Ski alpin						
Männer						
Abfahrt	Leonhard Stock (AUT)	1:45,50	Peter Wirnsberger (AUT)	1:46,12	Steve Podborski (CAN)	1:46,62
Slalom	Ingemar Stenmark (SWE)	2:40,74	Andreas Wenzel (LIE)	2:41,49	Hans Enn (AUT)	2:42,51
Riesenslalom	Ingemar Stenmark (SWE)	1:44,26	Phil Mahre (USA)	1:44,76	Jacques Luthy (SUI)	1:45,06
Frauen						
Abfahrt	Annemarie Moser-Pröll (AUT)	1:37,52	Hanni Wenzel (LIE)	1:38,22	Marie-Theres Nadig (SUI)	1:38,36
Slalom	Hanni Wenzel (LIE)	2:41,66	Irene Epple (FRG)	2:42,12	Perrine Pelen (FRA)	2:42,41
Riesenslalom	Hanni Wenzel (LIE)	1:25,09	Christa Kinshofer (FRG)	1:26,50	Erika Hess (SUI)	1:27,89
Ski nordisch						
Männer						
15-km-Langlauf	Thomas Wassberg (NOR)	41:57,63	Juha Mieto (FIN)	41:57,64	Ove Aunli (NOR)	42:28,62
30-km-Langlauf	Nikolai Simjatow (URS)	1:27:02,80	Wassili Rotschew (URS)	1:27:34,22	Iwan Lebanov (BUL)	1:28:03,87
50 km-Langlauf	Nikolai Simjatow (URS)	2:27:24,60	Juha Mieto (FIN)	2:30:20,52	Alexander Sawjalow (URS)	2:30:51,52
4 x 10 km	UdSSR	1:57:03,46	Norwegen	1:58:45,77	Finnland	2:00:00,18
Skispringen, Normalschanze	Toni Innauer (AUT)	266,3	Manfred Deckert (GDR)	249,2		
			Hirokazu Yagi (JPN)	249,2		
Skispringen, Großschanze	Jouko Törmänen (FIN)	271,0	Hubert Neuper (AUT)	262,4	Jari Puikkonen (FIN)	248,5
Nordische Kombination	Ulrich Wehling (GDR)	432,20	Jukko Karjalainen (FIN)	429,50	Konrad Winkler (GDR)	425,32

DISZIPLIN	GOLD		SILBER		BRONZE	
Frauen						
5-km-Langlauf	Raissia Smetanina (URS)	15:06,92	Hikka Riihivuori (FIN)	15:11,96	Kvéta Jeriová (TCH)	15:23,44
10-km-Langlauf	Barbara Petzold (GDR)	30:31,54	Hikka Riihivuori (FIN)	30:35,06	Helena Takalo (FIN)	30:45,25
4 x 5 km	DDR	1:02:11,10	UdSSR	1:03:18,30	Norwegen	1:04:13,50
Biathlon						
10 km	Frank Ullrich (GDR)	32:10,69	Wladimir Alikin (URS)	32:53,10	Anatoli Aljabjew (URS)	33:09,16
20 km	Anatoli Aljabjew (URS)	1:08:16,31	Frank Ullrich (GDR)	1:08:27,79	Eberhard Rösch (GDR)	1:11:11,23
4 x 7,5 km	UdSSR	1:34:03,27	DDR	1:34:56,99	BR Deutschland	1:37:30,26
Eiskunstlauf						
Damen	Anett Pötzsch (GDR)		Linda Fratianne (USA)		Dagmar Lurz (FRG)	
Herren	Robin Cousins (GBR)		Jan Hoffmann (GDR)		Charles Tickner (USA)	
Paare	Irina Rodnina/		Marina Tscherkassowa/		Manuela Mager/	
	Alexander Saizew (URS)		Sergei Schachrai (URS)		Uwe Bewersdorff (GDR)	
Eistanz	Natalja Linitschuk/		Krisztina Regoczy/		Irina Moissejewa/	
	Gennadi Karponosow (URS)		András Sallay (HUN)		Andrej Minenkow (URS)	
Eisschnellauf						
Männer						
500 m	Eric Heiden (USA)	38,03	Jewgeni Kulikow (URS)	38,37	Lieuwe de Boer (HOL)	38,48
1000 m	Eric Heiden (USA)	1:15,18	Gaetan Boucher (CAN)	1:16,68	Frode Ronning (NOR)	1:16,91
					Wladimir Lobanow (URS)	1:16,91
1500 m	Eric Heiden (USA)	1:55,44	Kai Arne Stenshjemmet (NOR)	1:56,81	Terje Andersen (NOR)	1:56,92
5000 m	Eric Heiden (USA)	7:02,29	Kai Arne Stenshjemmet (NOR)	7:03,28	Tom Erik Oxholm (NOR)	7:05,59
10 000 m	Eric Heiden (USA)	14:28,13	Piet Kleine (HOL)	14:36,03	Tom Erik Oxholm (NOR)	14:36,60
Frauen						
500 m	Karin Enke (GDR)	41,78	Leah Mueller-Poulos (USA)	42,26	Natalia Petrussewa (URS)	42,42
1000 m	Natalia Petrussewa (URS)	1:24,10	Leah Mueller-Poulos (USA)	1:25,41	Silvia Albrecht (GDR)	1:26,46
1500 m	Annie Borckink (HOL)	2:10,95	Ria Visser (HOL)	2:12,35	Sabine Becker (GDR)	2:12,38
3000 m	Björg Eva Jensen (NOR)	4:32,13	Sabine Becker (GDR)	4:32,79	Elisabeth Heiden (USA)	4:33,77
Bob						
Zweierbob	Schweiz II	4:09,36	DDR II	4:10,89	DDR I	4:11,08
Viererbob	DDR I	3:59,92	Schweiz I	4:00,87	DDR II	4:00,97
Rennrodeln						
Einer *Herren*	Bernhard Glass (GDR)	2:54,796	Paul Hildgartner (ITA)	2:55,372	Anton Winkler (FRG)	2:56,545
Einer *Damen*	Vera Sosulja (URS)	2:36,537	Melitta Sollmann (GDR)	2:37,657	Ingrida Amantowa (URS)	2:37,817
Doppel	Hans Rinn/		Peter Gschnitzer/		Georg Fluckinger/	
	Norbert Hahn (GDR)	1:19,331	Karl Brunner (ITA)	1:19,606	Karl Schrott (AUT)	1:19,795
Eishockey						
	USA		UdSSR		Schweden	

Moskau 1980

19. Juli – 3. August

Teilnehmer: ca. 5220 / **Männer:** ca. 4100, **Frauen:** ca. 1120, **Länder:** 80,
Sportarten: 21, **Entscheidungen:** 204
Letzter Fackelträger: Sergey Below

Medaillenspiegel

RANG	LAND	GOLD	SILBER	BRONZE
1	UdSSR	80	69	46
2	DDR	47	37	42
3	Bulgarien	8	16	17
4	Kuba	8	7	5
5	Italien	8	3	4

Erfolgreichste Athleten

RANG	NAME (NATIONALITÄT)	DISZIPLIN	G	S	B
1	Alexander Ditjatin (URS)	Turnen	3	4	1
2	Caren Metschuk (GDR)	Schwimmen	3	1	–
3	Barbara Krause (GDR)	Schwimmen	3	–	–
	Rica Reinisch (GDR)	Schwimmen	3	–	–
	Wladimir Salnikow (URS)	Schwimmen	3	–	–
	Wladimir Parwenowitsch (URS)	Kanusport	3	–	–

DISZIPLIN	GOLD		SILBER		BRONZE	
Leichtathletik						
Männer						
100 m	Allan Wells (GBR)	10,25	Silvio Leonard (CUB)	10,25	Petar Petrov (BUL)	10,39
200 m	Pietro Mennea (ITA)	20,19	Allan Wells (GBR)	20,21	Donald Quarrie (JAM)	20,29
400 m	Victor Markin (URS)	44,60	Richard Mitchell (AUS)	44,84	Frank Schaffer (GDR)	44,87
800 m	Steve Ovett (GBR)	1:45,4	Sebastian Coe (GBR)	1:45,9	Nikolai Kirow (URS)	1:46,0
1500 m	Sebastian Coe (GBR)	3:38,4	Jürgen Straub (GDR)	3:38,8	Steven Ovett (GBR)	3:39,0
5000 m	Miruts Yifter (ETH)	13:21,0	Suleiman Nyambui (TAN)	13:21,6	Kaarlo Maaninka (FIN)	13:22,0
10 000 m	Miruts Yifter (ETH)	27:42,7	Kaarlo Maaninka (FIN)	27:44,3	Mohammed Kedir (ETH)	27:44,7
Marathon	Waldemar Cierpinski (GDR)	2:11:03	Gerard Nijboer (HOL)	2:11:20	Sat. Dschumanasarow (URS)	2:11:35
110 m Hürden	Thomas Munkelt (GDR)	13,39	Alejandro Casanas (CUB)	13,40	Alexander Putschkow (URS)	13,44
400 m Hürden	Volker Beck (GDR)	48,70	Wassili Archipenko (URS)	48,86	Gary Oakes (GBR)	49,11
3000 m Hindernis	Bronislaw Malinowski (POL)	8:09,7	Filbert Bayi (TAN)	8:12,5	Erhetu Tura (ETH)	8:13,6
4 x 100 m	UdSSR	38,26	Polen	38,33	Frankreich	38,53
4 x 400 m	UdSSR	3:01,1	DDR	3:01,3	Italien	3:04,3
20 km Gehen	Maurizio Damilano (ITA)	1:23:35,5	Pjotr Potschentschuk (URS)	1:24:45,4	Roland Wieser (GDR)	1:25:58,2
50 km Gehen	Hartwig Gander (GDR)	3:49:24	Jorge Llopart (ESP)	3:51:25	Jewgeni Iwtschenko (URS)	3:56:32
Hochsprung	Gerd Wessig (GDR)	2,36	Jacek Wszola (POL)	2,31	Jörg Freimuth (GDR)	2,31
Stabhochsprung	Wladyslaw Kozakiewicz (POL)	5,78	Konstantin Wolkow (URS)	5,65	Tadeusz Slusarski (POL)	5,65
Weitsprung	Lutz Dombrowski (GDR)	8,54	Frank Paschek (GDR)	8,21	Waleri Podluschni (URS)	8,18
Dreisprung	Jack Vudmae (URS)	17,35	Wictor Sanejew (URS)	17,24	Joao de Oliveira (BRA)	17,22
Kugelstoßen	Wladimir Kisseljow (URS)	21,35	Alexander Baryschnikow (URS)	21,08	Udo Beyer (GDR)	21,06
Diskuswurf	Wiktor Raschtschupkin (URS)	66,64	Imrich Bugar (TCH)	66,38	Luis Delis (CUB)	66,32
Hammerwurf	Juri Sedych (URS)	81,80	Sergej Litwinow (URS)	80,64	Juri Tamm (URS)	78,96
Speerwurf	Dainis Kula (URS)	91,20	Alexander Makarow (URS)	89,64	Wolfgang Hanisch (GDR)	86,72
Zehnkampf	Daley Thompson (GBR)	8495	Juri Kuzenko (URS)	8331	Sergej Scheljanow (URS)	8135
Frauen						
100 m	Ludmilla Kondrajewa (URS)	11,06	Marlies Göhr (GDR)	11,07	Ingrid Auerswald (GDR)	11,14
200 m	Bärbel Wöckel (GDR)	22,03	Natalja Botschina (URS)	22,19	Merlene Ottey (JAM)	22,20
400 m	Marita Koch (GDR)	48,88	Jarmila Kratochvilova (TCH)	49,46	Christina Lathan (GDR)	49,66
800 m	Nadeschda Olisarenko (URS)	1:53,5	Olga Minejewa (URS)	1:54,9	Tatjana Prowidochina (URS)	1:55,5
1500 m	Tatjana Kasankina (URS)	3:56,6	Christiane Wartenberg (GDR)	3:57,8	Nadeschda Olisarenko (URS)	3:59,6
100 m Hürden	Wera Kommissowa (URS)	12,56	Johanna Klier (GDR)	12,63	Lucyna Langer (POL)	12,65
4 x 100-m-Staffel	DDR	41,60	UdSSR	42,10	Großbritannien	42,43
4 x 400-m-Staffel	UdSSR	3:20,2	DDR	3:20,4	Großbritannien	3:27,5
Hochsprung	Sara Simeoni (ITA)	1,97	Urszula Kielan (POL)	1,94	Jutta Kirst (GDR)	1,94
Weitsprung	Tatjana Kolpakowa (URS)	7,06	Brigitte Wujak (GDR)	7,04	Tatjana Skatschko (URS)	7,01
Kugelstoßen	Ilona Slupianek (GDR)	22,41	Swetlana Kratschewskaja (URS)	21,42	Margitta Pufe (GDR)	21,20
Diskuswurf	Evelin Jahl (GDR)	69,96	Maria Petkova-Vergova (BUL)	67,90	Tatjana Lessowaja (URS)	67,40
Speerwurf	Maria Caridad-Colon (CUB)	68,40	Saida Gunba (URS)	67,76	Ute Hommola (GDR)	66,65
Fünfkampf	Nadeschda Tkatschenko (URS)	5083	Olga Rukawitschnikowa (URS)	4937	Olga Kuragina (URS)	4875
Schwimmen						
Herren						
100 m Freistil	Jörg Woithe (GDR)	50,40	Per-Alvar Holmertz (SWE)	50,91	Per Johansson (SWE)	51,29
200 m Freistil	Sergej Kopljakow (URS)	1:49,81	Andrej Krylow (URS)	1:50,76	Graeme Brewer (AUS)	1:51,60
400 m Freistil	Wladimir Salnikow (URS)	3:51,31	Andrej Krylow (URS)	3:53,24	Iwar Stukolkin (URS)	3:53,95
1500 m Freistil	Wladimir Salnikow (URS)	14:58,27	Alexander Tschajew (URS)	15:14,30	Max Metzker (AUS)	15:14,49
100 m Rücken	Bengt Baron (SWE)	56,63	Wiktor Kusnezow (URS)	56,99	Wladimir Dolgow (URS)	57,63

DISZIPLIN	GOLD		SILBER		BRONZE	
200 m Rücken	Sandor Wladar (HUN)	2:01,93	Zoltan Verraszto (HUN)	2:02,40	Mark Kerry (AUS)	2:03,14
100 m Brust	Duncan Goodhew (GBR)	1:03,34	Arsen Miskarow (URS)	1:03,82	Peter Evans (AUS)	1:03,96
200 m Brust	Robertas Schulpa (URS)	2:15,85	Alban Vermes (HUN)	2:16,93	Arsen Miskarow (URS)	2:17,28
100 m Schmetterling	Paer Arvidsson (SWE)	54,92	Roger Pyttel (GDR)	54,94	David Lopez (ESP)	55,13
200 m Schmetterling	Sergei Fessenko (URS)	1:59,76	Philip Hubble (GBR)	2:01,20	Roger Pyttel (GDR)	2:01,39
400 m Lagen	Alexander Sidorenko (URS)	4:22,89	Sergei Fessenko (URS)	4:23,43	Zoltan Verraszto (HUN)	4:24,24
4 x 200 m Freistil	UdSSR	7:23,50	DDR	7:28,60	Brasilien	7:29,30
4 x 100 m Lagen	Australien	3:45,70	UdSSR	3:45,92	Großbritannien	3:47,71
Kunstspringen	Alexander Portnow (URS)	905,025	Carlos Giron (MEX)	892,140	Franco Cagnotto (ITA)	871,500
Turmspringen	Falk Hoffmann (GDR)	835,650	Wladimir Alejnik (URS)	819,705	David Ambarzumjan (URS)	817,440
Wasserball	UdSSR		Jugoslawien		Ungarn	
Frauen						
100 m Freistil	Barbara Krause (GDR)	54,79	Caren Metschuk (GDR)	55,16	Ines Diers (GDR)	55,65
200 m Freistil	Barbara Krause (GDR)	1:58,33	Ines Diers (GDR)	1:59,64	Carmela Schmitt (GDR)	2:01,44
400 m Freistil	Ines Diers (GDR)	4:08,76	Petra Schneider (GDR)	4:09,16	Carmela Schmitt (GDR)	4:10,86
800 m Freistil	Michelle Ford (AUS)	8:28,90	Ines Diers (GDR)	8:32,55	Heike Dähne (GDR)	8:33,48
100 m Rücken	Rica Reinisch (GDR)	1:00,86	Ina Kleber (GDR)	1:02,07	Petra Riedel (GDR)	1:02,64
200 m Rücken	Rica Reinisch (GDR)	2:11,77	Cornelia Polit (GDR)	2:13,75	Birgit Treiber (GDR)	2:14,14
100 m Brust	Ute Geweniger (GDR)	1:10,22	Elwira Wassilkowa (URS)	1:10,41	Susanne Schultz-Nielsson (DEN)	1:11,16
200 m Brust	Lina Kaciusyte (URS)	2:29,54	Swetlana Warganowa (URS)	2:29,61	Julia Bogdanowa (URS)	2:32,39
100 m Schmetterling	Caren Metschuk (GDR)	1:00,42	Andrea Pollack (GDR)	1:00,90	Christiane Knacke (GDR)	1:01,44
200 m Schmetterling	Ines Geissler (GDR)	2:10,44	Sybille Schönrock (GDR)	2:10,45	Michelle Ford (AUS)	2:11,66
400 m Lagen	Petra Schneider (GDR)	4:36,29	Sharon Davies (GBR)	4:46,83	Agnieszka Czopek (POL)	4:48,17
4 x 100 m Freistil	DDR	3:42,71	Schweden	3:48,93	Niederlande	3:49,51
4 x 100 m Lagen	DDR	4:06,67	Großbritannien	4:12,24	UdSSR	4:13,61
Kunstspringen	Irina Kalinina (URS)	725,910	Martina Proeber (GDR)	698,895	Karin Guthke (GDR)	685,245
Turmspringen	Martina Jäschke (GDR)	595,250	Serward Emirsjan (URS)	576,466	Liana Zokedse (URS)	575,925

Boxen

DISZIPLIN	GOLD	SILBER	BRONZE
Halbfliegengewicht (- 48 kg)	Schamil Sabirow (URS)	Hipolito Ramos (CUB)	Ismail Mustafov (BUL)
			Byong Uk Li (PRK)
Fliegengewicht (- 51 kg)	Petar Lessov (BUL)	Wiktor Miroschnitschenko (URS)	Janos Varadi (HUN)
			Hugh Russell (IRL)
Bantamgewicht (- 54 kg)	Juan Bautista Hernandez (CUB)	Bernardo José Pinango (VEN)	Michael Anthony (GUY)
			Dimitru Cipere (ROM)
Federgewicht (- 57 kg)	Rudi Fink (GDR)	Adolfo Horta (CUB)	Krzysztof Kasedowski (POL)
			Wiktor Rybakow (URS)
Leichtgewicht (- 60 kg)	Angel Herrera (CUB)	Wiktor Demjanenko (URS)	Richard Nowakowski (GDR)
			Kazimierz Adach (POL)
Halbweltergewicht (- 63,5 kg)	Patrizio Oliva (ITA)	Serik Konakbajew (URS)	Anthony Willis (GBR)
			José Aguilar (CUB)
Weltergewicht (- 67 kg)	Andres Aldama (CUB)	John Mugabi (UGA)	Karl-Heinz Krüger (GDR)
			Kazimierz Szczerba (POL)
Halbmittelgewicht (- 71 kg)	Armando Martinez (CUB)	Alexander Koschkin (URS)	Detlef Kästner (GDR)
			Jan Franek (TCH)
Mittelgewicht (- 75 kg)	José Gomez (CUB)	Viktor Sawtschenko (URS)	Valentin Silaghi (ROM)
			Jerzy Rybicki (POL)
Halbschwergewicht (- 81 kg)	Slobodan Kacar (YUG)	Pawel Skrzecz (POL)	Herbert Bauch (GDR)
			Ricardo Rojas (CUB)
Schwergewicht (+ 81 kg)	Teofilo Stevenson (CUB)	Pjotr Sajew (URS)	Istvan Levai (HUN)
			Jürgen Fanghänel (GDR)

Gewichtheben

DISZIPLIN	GOLD		SILBER		BRONZE	
Fliegengewicht (- 52 kg)	Kanybek Osmonalijew (URS)	245,0	Ho Bong Zol (PRK)	245,0	Han Gyong Si (PRK)	245,0
Bantamgewicht (- 56 kg)	Daniel Nunez (CUB)	275,0	Jurik Sarkisjan (URS)	270,0	Tadeusz Dembonczyk (POL)	265,0
Federgewicht (- 60 kg)	Viktor Masin (URS)	290,0	Stefan Dimitrov (BUL)	287,5	Marek Seweryn (POL)	282,5
Leichtgewicht (- 67,5 kg)	Yanko Rusev (BUL)	342,5	Joachim Kunz (GDR)	335,0	Mintscho Pachov (BUL)	325,0
Mittelgewicht (- 75 kg)	Assen Zlatev (BUL)	360,0	Alexander Perwi (URS)	357,5	Nedeltscho Kolev (BUL)	345,0
Leichtschwergewicht (- 82,5 kg)	Jurik Wardanjan (URS)	400,0	Blagoi Blagojev (BUL)	372,5	Dušan Poliačik (TCH)	367,5
Mittelschwergewicht (- 90 kg)	Peter Baczako (HUN)	377,5	Rumen Alexandrov (BUL)	375,0	Frank Mantek (GDR)	370,0
Erstes Schwergewicht (- 110 kg)	Ota Zaremba (CSR)	395,0	Igor Nikitin (URS)	392,5	Alberto Blanco (CUB)	385,0
Zweites Schwergewicht (- 110 kg)	Leonid Taranenko (URS)	422,5	Valentin Christov (BUL)	405,0	György Szalai (HUN)	390,0
Superschwergewicht (+ 110 kg)	Sultan Rachmanow (URS)	440,5	Jürgen Heuser (GDR)	410,0	Tadeusz Rutkowski (POL)	407,5

Ringen, griechisch-römisch

DISZIPLIN	GOLD	SILBER	BRONZE
Papiergewicht (-48 kg)	Saksylik Uschkempirow (URS)	Constantin Alexandru (ROM)	Ferenc Seres (HUN)
Fliegengewicht (- 52 kg)	Wachtang Blagidse (URS)	Lajos Racs (HUN)	Mladen Mladenov (BUL)
Bantamgewicht (- 57 kg)	Chamil Serikow (URS)	Jozef Lipien (POL)	Benni Ljungbeck (SWE)

DISZIPLIN	GOLD		SILBER		BRONZE	
Federgewicht (- 62 kg)	Stylianos Mygiakis (GRE)		István Tóth (HUN)		Boris Kramorenko (URS)	
Leichtgewicht (- 68 kg)	Stefan Rusu (ROM)		Andrzej Supron (POL)		Lars-Erik Skjöld (SWE)	
Weltergewicht (- 74 kg)	Ferenc Kocsis (HUN)		Anatoli Bykow (URS)		Mikko Huhtala (FIN)	
Mittelgewicht (- 82 kg)	Gennadi Korban (URS)		Jan Dolgowicz (POL)		Pavel Pavlov (BUL)	
Halbschwergewicht (- 90 kg)	Norbert Novenyi (HUN)		Igor Kanygin (URS)		Petre Dicu (ROM)	
Schwergewicht (- 100 kg)	Georgi Raikov (BUL)		Roman Bierla (POL)		Vasile Andrei (ROM)	
Superschwergewicht (+ 100 kg)	Alexander Kolschinski (URS)		Alexander Tomov (BUL)		Hassan Bschara (LIB)	
Ringen, freier Stil						
Papiergewicht (- 48 kg)	Claudio Pollio (ITA)		Se Hong Jang (PRK)		Sergej Kornilajew (URS)	
Fliegengewicht (- 52 kg)	Anatoli Beloglasow (URS)		Wladyslow Stecyk (POL)		Nermedin Selimov (BUL)	
Bantamgewicht (- 57 kg)	Sergej Beloglasow (URS)		Ho Hyong Li (PRK)		Dugassuren Quinbold (MVR)	
Federgewicht (- 62 kg)	Magmomedkasen Abuschew (URS)		Mischo Dukov (BUL)		Georges Hazionides (GRE)	
Leichtgewicht (- 68 kg)	Saipullah Absaidow (URS)		Ivan Jankov (BUL)		Saban Sejdi (YUG)	
Weltergewicht (- 74 kg)	Valentin Raitschev (BUL)		Jamtsying Dawaajaw (MVR)		Dan Karabin (TCH)	
Mittelgewicht (- 82 kg)	Ismail Abilov (BUL)		Mahomet Arazilow (URS)		István Kovács (HUN)	
Halbschwergewicht (- 90 kg)	Sanagar Oganesjan (URS)		Uwe Neupert (GDR)		Alexander Cichon (POL)	
Schwergewicht (- 100 kg)	Ilja Mate (URS)		Slavtscho Tschervenkov (BUL)		Julius Strnisko (TCH)	
Superschwergewicht (+100 kg)	Soslan Andijew (URS)		Jószef Balla (HUN)		Adam Sandurski (POL)	
Judo						
Superleichtgewicht (- 60 kg)	Thierry Rey (FRA)		José Rodrigez (CUB)		Tibor Kincses (HUN) Arambu Emisch (URS)	
Halbleichtgewicht (- 65 kg)	Nikolai Saladuchin (URS)		Zendjing Damdin (MVR)		Iljian Nedkov (BUL) Janusz Pawlowski (POL)	
Leichtgewicht (- 68 kg)	Enzio Gamba (ITA)		Neil Adams (GBR)		Karl Heinz Lehmann (GDR) Ravdan Davaadalai (MVR)	
Halbmittelgewicht (- 78 kg)	Shota Schabareli (URS)		Juan Ferrer (CUB)		Bernard Tchoullouyan (FRA) Harald Heinke (GDR)	
Mittelgewicht (- 86 kg)	Jörg Röthlisberger (SUI)		Isaac Azcuy (CUB)		Detlev Ultsch (GDR) Alexander Jazkewitsch (URS)	
Halbschwergewicht (- 95 kg)	Robert van de Walle (BEL)		Tengis Schubuluri (URS)		Dietmar Lorenz (GDR) Henk Numann (HOL)	
Schwergewicht (+ 95 kg)	Angelo Parisi (FRA)		Dimitar Zaprianov (BUL)		Vladimir Kocman (TCH) Radomir Kovacevic (YUG)	
Offene Klasse	Dietmar Lorenz (GDR)		Angelo Parisi (FRA)		Andras Ozsvar (HUN) Arthur Mapp (GBR)	
Fechten						
Florett-Einzel, *Herren*	Wladimir Smirnow (URS)	4	Pascal Jolyot (FRA)	4	Alexander Romankow (URS)	3
Florett-Mannschaft, *Herren*	Frankreich		UdSSR		Polen	
Degen-Einzel	Johan Harmenberg (SWE)	4	Ernö Kolczonay (HUN)	3	Philippe Riboud (FRA)	3
Degen-Mannschaft	Frankreich		Polen		UdSSR	
Säbel-Einzel	Viktor Krowupuskow (URS)	4	Michail Burzew (URS)	4	Imre Gedovari (HUN)	3
Säbel-Mannschaft	UdSSR		Italien		Ungarn	
Florett-Einzel, *Damen*	Pascal Tringuet (FRA)	4	Magda Maros (HUN)	3	Barbara Wysoczanska (POL)	
Florett-Mannschaft, *Damen*	Frankreich		UdSSR		Ungarn	
Moderner Fünfkampf						
Einzel	Anatoli Starostin (URS)	5568	Tamás Szombathelyi (HUN)	5502	Pawel Lednew (URS)	5382
Mannschaft	UdSSR	16126	Ungarn	15912	Schweden	15845
Kanu						
Männer						
500 m K1	Wladimir Parfenowitsch (URS)	1:43,43	John Sumegi (AUS)	1:44,12	Vasile Diba (ROM)	1:44,90
1000 m K1	Rüdiger Helm (GDR)	3:48,77	Alain Lebas (FRA)	3:50,20	Ion Birladeanu (ROM)	3:50,49
500 m K2	UdSSR	1:32,38	Spanien	1:33,65	DDR	1:34,00
1000 m K2	UdSSR	3:26,72	Ungarn	3:28,49	Spanien	3:28,66
1000 m K4	DDR	3:13,76	Rumänien	3:15,35	Bulgarien	3:15,46
500 m C1	Sergej Postrechin (URS)	1:53,37	Lubomir Lubenov (BUL)	1:53,49	Olaf Heukrodt (GDR)	1:54,38
1000 m C1	Lubomir Lubenov (BUL)	4:12,38	Sergej Postrechin (URS)	4:13,53	Eckhard Leue (GDR)	4:15,02
500 m C2	Ungarn	1:43,39	Rumänien	1:44,12	Bulgarien	1:44,83
1000 m C2	Rumänien	3:47,65	DDR	3:49,93	UdSSR	3:51,28
Frauen						
500 m K1	Birgit Fischer (GDR)	1:57,96	Vanja Gecheva (BUL)	1:59,48	Antonina Melnikowa (URS)	1:59,66
500 m K2	DDR	1:43,88	UdSSR	1:46,91	Ungarn	1:47,95

DISZIPLIN	GOLD		SILBER		BRONZE	
Rudern						
Männer						
Einer	Pertti Karppinen (FIN)	7:09:61	Wassili Jakuscha (URS)	7:11,66	Peter Kersten (GDR)	7:14,88
Doppelzweier	DDR	6:24,33	Jugoslawien	6:26,34	Tschechoslowakei	6:29,07
Zweier ohne Steuermann	DDR	6:48,01	UdSSR	6:50,50	Großbritannien	6:51,47
Zweier mit Steuermann	DDR	7:02,54	UdSSR	7:03,35	Jugoslawien	7:04,92
Doppelvierer	DDR	5:49,81	UdSSR	5:51,47	Bulgarien	5:52,38
Vierer ohne Steuermann	DDR	6:08,17	UdSSR	6:11,81	Großbritannien	6:16,58
Vierer mit Steuermann	DDR	6:14,51	UdSSR	6:19,05	Polen	6:22,52
Achter	DDR	5:49,05	Großbritannien	5:51,92	UdSSR	5:52,66
Frauen						
Einer	Sanda Toma (ROM)	3:40:69	Antonina Machina (URS)	3:41,65	Martina Schröter (GDR)	3:43,54
Doppelzweier	UdSSR	3:16,27	DDR	3:17,63	Rumänien	3:18,91
Zweier ohne Steuerfrau	DDR	3:30,49	Polen	3:30,95	Bulgarien	3:32,39
Doppelvierer,	DDR	3:15,32	UdSSR	3:15,73	Bulgarien	3:16,10
Vierer mit Steuerfrau	DDR	3:19,27	Bulgarien	3:20,75	UdSSR	3:20,92
Achter	DDR	3:03,32	UdSSR	3:04,29	Rumänien	3:05,63
Segeln						
Finn-Dingi	Esko Rechardt (FIN)	36,7	Wolfgang Mayrhofer (AUT)	46,7	Andrej Balaschow (URS)	47,4
Star	UdSSR	24,7	Österreich	31,7	Italien	36,1
Flying Dutchman	Spanien	19,0	Irland	30,0	Ungarn	45,7
Tornado	Brasilien	21,4	Dänemark	30,4	Schweden	33,7
470er Klasse	Brasilien	36,4	DDR	38,7	Finnland	39,7
Soling	Dänemark	23,0	UdSSR	30,4	Griechenland	31,1
Radsport						
Straßenrennen (189 km)	Sergej Suchorutschenko (URS)	4:48:28	Czeslaw Lang (POL)	4:51:26	Juri Barinow (URS)	4:51:26
100-km-Mannschaftszeitfahren	UdSSR	2:01:21,7	DDR	2:02:53,2	Tschechoslowakei	2:02:53,9
1000 m-Zeitfahren	Lothar Thoms (GDR)	1:02,955	Alexander Panfilow (URS)	1:04,845	David Weller (JAM)	1:05,241
1000 m-Sprint	Lutz Heßlich (GDR)		Yave Cahard (FRA)		Sergej Kopylow (URS)	
4000 m-Einzelverfolgung	Robert Dill-Bundi (SUI)	4:35,66	Alain Bondue (FRA)	4:42,96	Hans-Henrik Oersted (DEN)	4:36,54
4000 m-Mannschaftsverfolgung	UdSSR	4:15,70	DDR	4:19,67	Tschechoslowakei	
Reitsport						
Military, Einzel	Federico Roman (ITA)	-108,60	Alexander Blinow (URS)	-120,80	Juri Salnikow (URS)	-151,60
Military, Mannschaft	UdSSR	-457,00	Italien	-656,20	Mexiko	-1172,85
Dressur, Einzel	Elisabeth Theurer (AUT)	1370	Juri Kowtschow (URS)	1300	Viktor Ugrjumow (URS)	1234
Dressur, Mannschaft	UdSSR	4383,0	Bulgarien	3580,0	Rumänien	3346,0
Jagdspringen, Einzel	Jan Kowalczyk (POL)	-8	Nikolai Korolkow (URS)	-9,50	Joaquín Perez de las Heras (MEX)	-12
Jagdspringen, Mannschaft	UdSSR	-16,00	Polen	-32,00	Mexiko	-39,25
Schießen						
Kleinkaliber (KK) liegend	Karoly Varga (HUN)	599	Hellfried Heilfort (GDR)	599	Petar Saprianov (BUL)	598
Kleinkaliber, Dreistellungskampf	Wiktor Wlassow (URS)	1173	Bernd Hartstein (GDR)	1166	Sven Johansson (SWE)	1165
Schnellfeuer-Pistole	Corneliu Ion (ROM)	596	Jürgen Wiefel (GDR)	596	Gerhard Petritsch (AUT)	596
Freie Pistole	Alexander Melentjew (URS)	581	Harald Vollmar (GDR)	568	Lubtscho Djakov (BUL)	565
Laufende Scheibe	Igor Sokolow (URS)	589	Thomas Pfeffer (GDR)	589	Alexander Gasow (URS)	587
Tontaubenschießen (Skeet)	Hans Kjeld Rasmussen (DEN)	196	Lars-Göran Carlsson (SWE)	196	Roberto Castrillo (CUB)	196
Tontaubenschießen (Trap)	Luciano Giovanetti (ITA)	198	Rustam Jambulatow (URS)	196	Jörg Damme (GDR)	196
Bogenschießen						
Männer	Tomi Poikalainen (FIN)	2455	Boris Ischtschenko (URS)	2452	Giancarlo Ferrari (ITA)	2449
Frauen	Keto Losaberidse (URS)	2491	Natalja Butusowa (URS)	2477	Paivi Merilouto (FIN)	2449
Turnen						
Männer						
Mehrkampf, Einzelwertung	Alexander Ditjatin (URS)	118,650	Nikolai Andrianow (URS)	118,225	Stojan Deltschev (BUL)	118,000
Mehrkampf, Mannschaft	UdSSR	589,60	DDR	581,15	Ungarn	575,00
Barren	Alexander Tkatschew (URS)	19,775	Alexander Ditjatin (URS)	19,750	Roland Brückner (GDR)	19,650
Boden	Roland Brückner (GDR)	19,750	Nikolai Andrianow (URS)	19,725	Alexander Ditjatin (URS)	19,700
Pferdsprung	Nikolai Andrianow (URS)	19,825	Alexander Ditjatin (URS)	19,800	Roland Brückner (GDR)	19,775
Reck	Stojan Deltschev (BUL)	19,825	Alexander Ditjatin (URS)	19,750	Nikolai Andrianow (URS)	19,675
Ringe	Alexander Ditjatin (URS)	19,875	Alexander Tkatschew (URS)	19,725	Jiri Tabák (TCH)	19,600
Seitpferd	Zoltan Magyar (HUN)	19,925	Alexander Ditjatin (URS)	19,800	Michael Nikolay (GDR)	19,775

DISZIPLIN	GOLD		SILBER		BRONZE	
Frauen						
Mehrkampf, Einzelwertung	Jelena Dawydowa (URS)	79,150	Nadia Comaneci (ROM)	79,075		
			Maxi Gnauck (GDR)	79,075		
Mehrkampf, Mannschaft	UdSSR	394,90	Rumänien	393,50	DDR	392,55
Boden	Nadia Comaneci (ROM)	19,875			Maxi Gnauck (GDR)	19,825
	Nelli Kim (URS)	19,875			Natalja Schaposchnikowa (URS)	19,825
Pferdsprung	Natalja Schaposchnikowa (URS)	19,725	Steffi Kräker (GDR)	19,675	Melita Ruhn (ROM)	19,650
Schwebebalken	Nadia Comaneci (ROM)	19,800	Jelena Dawydowa (URS)	19,750	Natalja Schaposchnikowa (URS)	19,725
Stufenbarren	Maxi Gnauck (GDR)	19,875	Emilia Eberle (ROM)	19,850	Maria Filatowa (URS)	19,775
					Steffi Kräker (GDR)	19,775
					Mehta Ruhn (ROM)	19,775
Basketball						
Herren	Jugoslawien		Italien		UdSSR	
Damen	UdSSR		Bulgarien		Jugoslawien	
Fußball						
	Tschechoslowakei		DDR		UdSSR	
Handball						
Herren	DDR		UdSSR		Rumänien	
Damen	UdSSR		Jugoslawien		DDR	
Hockey						
Herren	Indien		Spanien		UdSSR	
Damen	Zimbabwe		Tschechoslowakei		UdSSR	
Volleyball						
Herren	UdSSR		Bulgarien		Rumänien	
Damen	UdSSR		DDR		Bulgarien	

Sarajevo 1984

Teilnehmer: ca. 1300 / **Männer:** ca. 1000, **Frauen:** ca. 300, **Länder:** 49,
Sportarten: 8, **Entscheidungen:** 39
Letzter Fackelträger: Sandra Dubravčič

7. Februar – 19. Februar
(offizielle Eröffnung 8. Februar)

Medaillenspiegel

RANG	LAND	GOLD	SILBER	BRONZE
1	DDR	9	9	6
2	UdSSR	6	10	9
3	USA	4	4	–
4	Finnland	4	3	6
5	Schweden	4	2	2

Erfolgreichste Athleten

RANG	NAME (NATIONALITÄT)	DISZIPLIN	G	S	B
1	Marja-Lisa Hämäläinen (FIN)	Ski nordisch	3	–	1
2	Karin Enke (GDR)	Eisschnellauf	2	2	–
3	Gunde Svan (SWE)	Ski nordisch	2	1	1
4	Gaetan Boucher (CAN)	Eisschnellauf	2	–	1
5	Wolfgang Hoppe (GDR)	Bobsport	2	–	–
	Dietmar Schauerhammer (GDR)	Bobsport	2	–	–
	Tomas Wassberg (SWE)	Ski nordisch	2	–	–

DISZIPLIN	GOLD		SILBER		BRONZE	
Ski alpin						
Männer						
Abfahrt	Bill Johnson (USA)	1:45,59	Peter Müller (SUI)	1:45,86	Anton Steiner (AUT)	1:45,95
Slalom	Phil Mahre (USA)	1:39,41	Steven Mahre (USA)	1:39,62	Didier Bouvet (FRA)	1:40,20
Riesenslalom	Max Julen (SUI)	2:41,18	Jure Franko (YUG)	2:41,41	Andreas Wenzel (LIE)	2:41,75
Frauen						
Abfahrt	Michaela Figini (SUI)	1:13,36	Maria Walliser (SUI)	1:13,41	Olga Charvatová (TCH)	1:13,53
Slalom	Paoletta Magoni (ITA)	1:36,47	Perrine Pelen (FRA)	1:37,38	Ursula Konzett (LIE)	1:37,50
Riesenslalom	Debbie Armstrong (USA)	2:20,98	Christin Cooper (USA)	2:21,38	Perrine Pelen (FRA)	2:21,40

DISZIPLIN	GOLD		SILBER		BRONZE	
Ski nordisch						
Männer						
15-km-Langlauf	Gunde Svan (SWE)	41:25,6	Aki Karvonen (FIN)	41:34,9	Harri Kirvesniemi (FIN)	41:45,6
30-km-Langlauf	Nikolai Simjatow (URS)	1:28:56,3	Alexander Sawjalow (URS)	1:29:23,3	Gunde Swan (SWE)	1:29:35,7
50-km-Langlauf	Thomas Wassberg (SWE)	2:15:55,8	Gunde Svan (SWE)	2:16:00,7	Aki Karvonen (FIN)	2:17:04,7
4 x 10 km	Schweden	1:55:06,3	UDSSR	1:55:16,5	Finnland	1:56:31,4
Skispringen, Normalschanze	Jens Weißflog (GDR)	215,2	Matti Nykänen (FIN)	214,0	Jari Puikkonen (FIN)	212,8
Skispringen, Großsschanze	Matti Nykänen (FIN)	231,2	Jens Weißflog (GDR)	213,7	Pavel Ploc (TCH)	202,9
Nordische Kombination	Tom Sandberg (NOR)	422,595	Jouko Karjalainen (FIN)	416,900	Rauno Ylipulli (FIN)	410,825
Frauen						
5-km-Langlauf	Marja-Lisa Hämäläinen (FIN)	17:04,0	Berit Aunli (NOR)	17:14,1	Kvetoslava Jeriová (TCH)	17:18,3
10-km-Langlauf	Marja-Lisa Hämäläinen (FIN)	31:44,2	Raissa Smetanina (URS)	32:02,9	Brit Pettersen (NOR)	32:12,7
20-km-Langlauf	Marja-Lisa Hämäläinen (FIN)	1:01:45,0	Raissa Smetanina (URS)	1:02:26,7	Anne Jahren (NOR)	1:03:13,6
4 x 5 km	Norwegen	1:06:49,7	Tschechoslowakei	1:07:34,7	Finnland	1:07:36,7
Biathlon						
10 km	Eirik Kvalfoss (NOR)	30:53,8	Peter Angerer (FRG)	31:02,4	Matthias Jakob (GDR)	31:10,5
20 km	Peter Angerer (FRG)	1:11:52,7	Frank-Peter Rötsch (GDR)	1:13:21,4	Eirik Kvalfoss (NOR)	1:14:02,4
4 x 7,5 km	UDSSR	1:38:51,70	Norwegen	1:39:03,10	BR Deutschland	1:39:05,10
Eiskunstlauf						
Damen	Katarina Witt (GDR)		Rosalyn Summers (USA)		Kira Iwanowa (URS)	
Herren	Scott Hamilton (USA)		Brian Orser (CAN)		Jozef Sabovčik (TCH)	
Paare	Jelena Walowa/ Oleg Wassiljew (URS)		»Kitty« Carruthers/ Peter Carruthers (USA)		Larissa Selesnewa/ Oleg Makarow (URS)	
Eistanz	Jayne Torvill/ Christopher Dean (GBR)		Natalja Bestemianowa/ Andrej Bukin (URS)		Marina Klimowa/ Sergej Ponomarenko (URS)	
Eisschnellauf						
Männer						
500 m	Sergej Fokitschew (URS)	38,19	Yoshihiro Kitazawa (JPN)	38,30	Gaetan Boucher (CAN)	38,39
1000 m	Gaetan Boucher (CAN)	1:15,80	Sergej Chlebnikow (URS)	1:16,63	Kai Arne Engelstad (NOR)	1:16,75
1500 m	Gaetan Boucher (CAN)	1:58,36	Sergej Chlebnikow (URS)	1:58,83	Oleg Bogjew (URS)	1:58,89
5000 m	Tomas Gustafson (SWE)	7:12,28	Igor Malkow (URS)	7:12,30	Rene Schöfisch (GDR)	7:17,49
10 000 m	Igor Malkow (URS)	14:39,90	Tomas Gustafson (SWE)	14:39,95	Rene Schöfisch (GDR)	14:46,91
Frauen						
500 m	Christa Rothenburger (GDR)	41,02	Karin Enke (GDR)	41,28	Natalia Schiwe (URS)	41,50
1000 m	Karin Enke (GDR)	1:21,61	Andrea Schöne (GDR)	1:22,83	Natalia Petrussewa (URS)	1:23,21
1500 m	Karin Enke (GDR)	2:03,42	Andrea Schöne (GDR)	2:05,29	Natalia Petrussewa (URS)	2:05,78
3000 m	Andrea Schöne (GDR)	4:24,79	Karin Enke (GDR)	4:26,33	Gabi Schönbrunn (GDR)	4:33,13
Bob						
Zweierbob	DDR II	3:25,56	DDR I	3:26,04	UdSSR II	3:26,16
Viererbob	DDR I	3:20,22	DDR II	3:20,78	Schweiz I	3:21,39
Rennrodeln						
Einer *Herren*	Paul Hildgartner (ITA)	3:04,258	Sergej Danilin (URS)	3:04,962	Waleri Dudin (URS)	3:05,012
Einer *Damen*	Steffi Martin (GDR)	2:46,570	Bettina Schmidt (GDR)	2:46,873	Ute Weiß (GDR)	2:47,248
Doppelsitzer	Hans Stanggassinger/ Franz Wembacher (FRG)	1:23,620	Jewgeni Belussow/ Alexander Beljakow (URS)	1:23,660	Jörg Hoffmann/ Jochen Pietzsch (GDR)	1:23,887
Eishockey	UDSSR		Tschechoslowakei		Schweden	

Los Angeles 1984

28. Juli – 12. August

Teilnehmer: ca. 6800 / **Männer:** ca. 5230, **Frauen:** ca. 1570, **Länder:** 140,
Sportarten: 21, **Entscheidungen:** 221
Letzter Fackelträger: Rafer Johnson

Medaillenspiegel

RANG	LAND	GOLD	SILBER	BRONZE
1	USA	83	61	30
2	Rumänien	20	16	17
3	BR Deutschland	17	19	23
4	China	15	8	9
5	Italien	14	6	12

Erfolgreichste Athleten

RANG	NAME (NATIONALITÄT)	DISZIPLIN	G	S	B
1	Jecaterina Szabó (ROM)	Turnen	4	1	–
2	Carl Lewis (USA)	Leichtathletik	4	–	–
3	Li Ning (CHN)	Turnen	3	2	1
4	Valerie Brisco-Hooks (USA)	Leichtathletik	3	–	–
	Richard Carey (USA)	Schwimmen	3	–	–
	Ian Ferguson (NZL)	Kanusport	3	–	–

DISZIPLIN	GOLD		SILBER		BRONZE	
Leichtathletik						
Männer						
100 m	Carl Lewis (USA)	9,99	Sam Graddy (USA)	10,19	Ben Johnson (CAN)	10,22
200 m	Carl Lewis (USA)	19,80	Kirk Baptiste (USA)	19,96	Thomas Jefferson (USA)	20,26
400 m	Alonzo Babers (USA)	44,27	Gabriel Tiacoh (CIV)	44,54	Antonio McKay (USA)	44,71
800 m	Joaquim Cruz (BRA)	1:43,00	Sebastian Coe (GBR)	1:43,64	Earl Jones (USA)	1:43,85
1500 m	Sebastian Coe (GBR)	3:32,53	Steve Cram (GBR)	3:33,40	José Abascal (ESP)	3:34,30
5000 m	Said Aouita (MAR)	13:05,59	Markus Ryffel (SUI)	13:07,54	Antoaio Leitao (POR)	13:09,20
10 000 m	Alberto Cova (ITA)	27:47,54	Michael McLeod (GBR)*	28:06,22	Mike Musyoki (KEN)	28:06,46
Marathon	Carlos Lopez (POR)	2:09:21	John Treacey (IRL)	2:09:56	Charles Spedding (GBR)	2:09:58
110 m Hürden	Roger Kingdom (USA)	13,20	Greg Foster (USA)	13,23	Arto Bryggare (FIN)	13,40
400 m Hürden	Edwin Moses (USA)	47,75	Danny Harris (USA)	48,13	Harald Schmid (FRG)	48,19
3000 m Hindernis	Julius Korir (KEN)	8:11,80	Joseph Mahmoud (FRA)	8:13,31	Brian Diemer (USA)	8:14,06
4 x 100 m	USA	37,83	Jamaika	38,62	Kanada	38,70
4 x 400 m	USA	2:57,91	Großbritannien	2:59,13	Nigeria	2:59,32
20 km Gehen	Ernesto Canto (MEX)	1:23:13	Raul Gonzalez (MEX)	1:23:20	Maurizio Damilano (ITA)	1:23:26
50 km Gehen	Raul Gonzalez (MEX)	3:37:26	Bo Gustafsson (SWE)	3:53:19	Sandro Bellucci (ITA)	3:53:45
Weitsprung	Carl Lewis (USA)	8,54	Gary Honey (AUS)	8,24	Giovanni Evangelisti (ITA)	8,24
Hochsprung	Dietmar Mögenburg (FRG)	2,35	Patrik Sjöberg (SWE)	2,33	Jianhua Zhu (CHN)	2,31
Stabhochsprung	Pierre Quinon (FRA)	5,75	Mike Tully (USA)	5,65	Earl Bell (USA)	5,60
Dreisprung	Al Joyner (USA)	17,26	Mike Conley (USA)	17,18	Keith Connor (GBR)	16,87
Kugelstoßen	Alessandro Andrei (ITA)	21,26	Michael Carter (USA)	21,09	Dave Laut (USA)	20,97
Diskuswurf	Rolf Danneberg (FRG)	66,60	Mac Wilkins (USA)	66,30	John Powell (USA)	65,46
Hammerwurf	Juha Tiainen (FIN)	78,08	Karl-Hans Riehm (FRG)	77,98	Klaus Ploghaus (FRG)	76,68
Speerwurf	Aro Härkönen (FIN)	86,76	David Ottley (GBR)	85,74	Kenth Eldebrink (SWE)	83,72
Zehnkampf	Daley Thompson (GBR)	8787	Jürgen Hingsen (FRG)	8673	Sigi Wentz (FRG)	8412
			*(Martti Väiniö (FIN) als Zweiter wegen Dopings disqualifiziert)			
Frauen						
100 m	Evelyn Ashford (USA)	10,97	Alice Brown (USA)	11,13	Merlene Ottey (JAM)	11,16
200 m	Valerie Brisco-Hooks (USA)	21,81	Florence Griffith (USA)	22,04	Merlene Ottey (JAM)	22,09
400 m	Valerie Brisco-Hooks (USA)	48,83	Chandra Cheesebourough (USA)	49,05	Kathryn Cook (GBR)	49,42
800 m	Dorina Melinte (ROM)	1:57,60	Kim Gallagher (USA)	1:58,63	Fita Lovin (ROM)	1:58,83
1500 m	Gabriella Dorio (ITA)	4:03,25	Doina Melinte (ROM)	4:03,76	Maricica Puica (ROM)	4:04,15
3000 m	Maricica Puica (ROM)	8:35,96	Wendy Sly (GBR)	8:39,47	Lynn Williams (CAN)	8:42,14
Marathon	Joan Benoit (USA)	2:24:52	Grete Waitz (NOR)	2:26:18	Rosa Mota (POR)	2:26:57
100 m Hürden	Benita Fitzgerald-Brown (USA)	12,84	Shirley Strong (GBR)	12,88	Kim Turner (USA)	13,06
					Michele Chardonnet (FRA)	13,06
400 m Hürden	Nawal El Moutawakel (MAR)	54,61	Judi Brown (USA)	55,20	Cristina Cojocaru (ROM)	55,41
4 x 100 m	USA	41,65	Kanada	42,77	Großbritannien	43,11
4 x 400 m	USA	3:18,29	Kanada	3:21,21	BR Deutschland	3:22,98
Hochsprung	Ulrike Meyfarth (FRG)	2,02	Sara Simeoni (ITA)	2,00	Joni Huntley (USA)	1,97
Weitsprung	Anis Stanciu-Cusmir (ROM)	6,96	Vali Ionescu (ROM)	6,81	Susan Hearnshaw (GBR)	6,80
Kugelstoßen	Claudia Losch (FRG)	20,48	Michaela Loghin (ROM)	20,47	Gael Martin (AUS)	19,19
Diskuswurf	Ria Stalman (HOL)	65,36	Leslie Deniz (USA)	64,86	Florenta Craeiunescu (ROM)	63,64
Speerwurf	Tessa Sanderson (GBR)	69,56	Tiina Lillak (FIN)	69,00	Fatima Whitbread (GBR)	67,14
Siebenkampf	Glynis Nunn (AUS)	6390	Jackie Joyner	6385	Sabine Everts (FRG)	6363
Schwimmen						
Herren						
100 m Freistil	Ambrose Raudy Gaines (USA)	49,80	Mark Stockwell (AUS)	50,24	Per Johansson (SWE)	50,31

DISZIPLIN	GOLD		SILBER		BRONZE	
200 m Freistil	Michael Groß (FRG)	1:47,44	Michael Heath (USA)	1:49,10	Thomas Fahrner (FRG)	1:49,69
400 m Freistil	George Dicarlo (USA)	3:51,23	John Mykkanen (USA)	3:51,49	Justin Lemberg (AUS)	3:51,79
1500 m Freistil	Michael O'Brien (USA)	15:05,20	George Dicarlo (USA)	15:10,59	Stefan Pfeiffer (FRG)	15:12,11
100 m Rücken	Richard Carey (USA)	55,79	David Wilson (USA)	56,35	Mike West (CAN)	56,49
200 m Rücken	Richard Carey (USA)	2:00,23	Frederic Delcourt (FRA)	2:01,75	Cameron Henning (CAN)	2:02,37
100 m Brust	Steve Lundquist (USA)	1:01,65	Victor Davis (CAN)	1:01,99	Peter Evans (AUS)	1:02,97
200 m Brust	Victor Davis (CAN)	2:13,34	Glenn Beringen (AUS)	2:15,79	Etienne Dagon (SUI)	2:17,41
100 m Schmetterling	Michael Groß (FRG)	53,08	Pablo Morales (USA)	53,23	Glenn Buchanan (AUS)	53,85
200 m Schmetterling	Jon Sieben (AUS)	1:57,04	Michael Groß (FRG)	1:57,40	Rafael Vidal Castro (VEN)	1:57,51
200 m Lagen	Alex Baumann (CAN)	2:01,42	Pablo Morales (USA)	2:03,05	Neil Cochran (GBR)	2:04,38
400 m Lagen	Alex Baumann (CAN)	4:17,41	Ricardo Prado (BRA)	4:18,45	Robert Woodhouse (AUS)	4:20,50
4 x 100 m Freistil	USA	3:19,03	Australien	3:19,68	Schweden	3:22,69
4 x 200 m Freistil	USA	7:15,69	BR Deutschland	7:15,73	Großbritannien	7:24,78
4 x 100 m Lagen	USA	3:39,30	Kanada	3:43,23	Australien	3:43,25
Kunstspringen	Greg Louganis (USA)	754,41	Tan Liangde (CHN)	662,31	Ronald Merriott (USA)	661,32
Turmspringen	Greg Louganis (USA)	710,91	Bruce Kimball (USA)	643,50	Li Kongzhen (CHN)	638,28
Wasserball	Jugoslawien		USA		BR Deutschland	
Frauen						
100 m Freistil	Carrie Steinseifer (USA)	55,92	Annemarie Verstappen (HOL)	56,08		
	Nancy Hogshead (USA)	55,92				
200 m Freistil	Mary Wayte (USA)	1:59,23	Cynthia Woodhead (USA)	1:59,50	Annemarie Verstappen (HOL)	1:59,69
400 m Freistil	Tiffany Cohen (USA)	4:07,10	Sarah Hardcastle (GBR)	4:10,27	June Croft (GBR)	4:11,49
800 m Freistil	Tiffany Cohen (USA)	8:24,95	Michelle Richardson (USA)	8:30,73	Sarah Hardcastle (GBR)	8:32,60
100 m Rücken	Theresa Andrews (USA)	1:02,55	Betsy Mitchell (USA)	1:02,63	Jolanda de Rover (HOL)	1:02,91
200 m Rücken	Jolanda de Rover (HOL)	2:12,38	Amy White (USA)	2:13,04	Aneta Patrascoiu (ROM)	2:13,29
100 m Brust	Petra van Staveren (HOL)	1:09,88	Anne Ottenbrite (CAN)	1:10,69	Catherine Poirot (FRA)	1:10,70
200 m Brust	Anne Ottenbrite (CAN)	2:30,38	Susan Rapp (USA)	2:31,15	Ingrid Lempereur (BEL)	2:31,40
100 m Schmetterling	Mary T. Maegher (USA)	59,26	Jenna Johnson (USA)	1:00,19	Karin Seick (FRG)	1:01,36
200 m Schmetterling	Mary T. Maegher (USA)	2:06,90	Karen Philipps (AUS)	2:10,56	Ina Beyermann (FRG)	2:11,91
200 m Lagen	Tracy Caulkins (USA)	2:12,64	Nancy Hogshead (USA)	2:15,17	Michele Pearson (AUS)	2:15,92
400 m Lagen	Tracy Caulkins (USA)	4:39,24	Suzanne Landells (AUS)	4:48,30	Petra Zindler (FRG)	4:48,57
4 x 400 m Freistil	USA	3:43,43	Niederlande	3:44,40	BR Deutschland	3:45,56
4 x 100 m Lagen	USA	4:08,34	BR Deutschland	4:11,97	Kanada	4:12,98
Kunstspringen	Silvie Bernier (CAN)	530,70	Kelly McCormick (USA)	527,46	Christina Seufert (USA)	517,62
Turmspringen	Jihong Zhou (CHN)	378,81	Michele Mitchell (USA)	367,35	Wendy Wyland (USA)	365,52
Synchronschwimmen						
Einzel	Tracie Ruiz (USA)	198,467	Carolyn Waldo (CAN)	195,300	Miwako Motoyoshi (JPN)	187,050
Duo	USA	99,00	Kanada	98,20	Japan	97,00
Boxen						
Halbfliegengewicht (- 48 kg)	Paul Gonzales (USA)		Salvatore Todisco (ITA)		Keith Mwila (ZAM)	
					José Marcelino Bolivar (VEN)	
Fliegengewicht (- 51 kg)	Steven McCroy (USA)		Redzep Redzepovski (YUG)		Eyup Can (TUR)	
					Ibrahim Bilali (KEN)	
Bantamgewicht (- 54 kg)	Maurizio Stecca (ITA)		Hector Lopez (MEX)		Dale Walters (CAN)	
					Pedro Nolasco (DOM)	
Federgewicht (- 57 kg)	Meldrick Taylor (USA)		Peter Konyegwachie (NGR)		Omar Catari Peraza (VEN)	
					Turgut Aykac (TUR)	
Leichtgewicht (- 60 kg)	Pernell Whitaker (USA)		Luis Ortiz (PUR)		Martin Ndongo Ebanga (CMR)	
					Chil-Sung Cun (KOR)	
Halbweltergewicht (- 63,5 kg)	Jerry Page (USA)		Dhawee Umponmaha (THA)		Mirko Puzovic (YUG)	
					Mirceo Fulger (ROM)	
Weltergewicht (- 67 kg)	Mark Breland (USA)		Young-Su An (KOR)		Joni Nyman (FIN)	
					Luciano Bruno (ITA)	
Halbmittelgewicht (- 71 kg)	Frank Tate (USA)		Shawn O'Sullivan (CAN)		Manfred Zielonka (FRG)	
					Christophe Tiozzo (FRA)	
Mittelgewicht (- 75 kg)	Joon-Sup Shin (KOR)		Virgil Hill (USA)		Mohammed Zaoul (ALG)	
					Aristides Gonzales (PUR)	
Halbschwergewicht (- 81 kg)	Anton Josipović (YUG)		Kevin Barry (NZL)		Mustapha Moussad (ALG)	
					Evander Holyfield (USA)	
Schwergewicht (- 91 kg)	Henry Tillman (USA)		Willie Dewitt (CAN)		Angelo Musone (ITA)	
					Arnold Vanderlijde (HOL)	
Superschwergewicht (+ 91 kg)	Tyrell Biggs (USA)		Francesco Damiani (ITA)		Robert Wells (GBR)	
					Azis Salihu (YUG)	

DISZIPLIN	GOLD		SILBER		BRONZE	
Gewichtheben						
Fliegengewicht (- 52 kg)	Guoqiang Zeng (CHN)	235,0	Peishun Zhou (CHN)	235,0	Kazushito Manabe (JPN)	232,5
Bantamgewicht (- 56 kg)	Shude Wu (CHN)	267,5	Runming Lai (CHN)	265,0	Masahiro Kotaka (JPN)	252,5
Federgewicht (- 60 kg)	Weiqiang Chee (CHN)	282,5	Gelu Radu (ROM)	280,0	Wen-Yee Tsai (KOR)	272,5
Leichtgewicht (- 67,5 kg)	Jingyuan Yao (CHN)	320,0	Andrei Socaci (ROM)	312,5	Jouni Gronman (FIN)	312,5
Mittelgewicht (- 75 kg)	Karl-Heinz Radschinsky (FRG)	340,0	Jacques Demes (FRA)	335,0	Dragomir Cioroslan (ROM)	332,5
Leichtschwergewicht (- 82,5 kg)	Petre Becheru (ROM)	355,0	Robert Kabbas (AUS)	342,5	Ryoji Isaoka (JPN)	340,0
Mittelschwergewicht (- 90 kg)	Nicu Vlad (ROM)	392,5	Petre Dumitru (ROM)	360,0	David Mercer (GBR)	352,5
Erstes Schwergewicht (- 100 kg)	Rolf Milser (FRG)	385,0	Vasile Gropa (ROM)	382,5	Pekka Niemi (FIN)	367,5
Zweites Schwergewicht (- 110 kg)	Norberto Oberburger (ITA)	390,0	Stefan Tasnadi (ROM)	380,0	Guy Carlton (USA)	377,5
Superschwergewicht (+ 110 kg)	Dinko Lukim (AUS)	412,5	Mario Martinez (USA)	410,0	Manfred Nerlinger (FRG)	397,5
Ringen, griechisch-römisch						
Papiergewicht (-48 kg)	Vincenzo Maenza (ITA)		Markus Scherer (FRG)		Ikuzo Saito (JPN)	
Fliegengewicht (- 52 kg)	Atsuji Miyahara (JPN)		Daniel Aceves (MEX)		Dae-Du Bang (KOR)	
Bantamgewicht (- 57 kg)	Pasquale Passarelli (FRG)		Masaki Eto (JPN)		Haralambos Holidis (GRE)	
Federgewicht (-62 kg)	Weon-Kee Kim (KOR)		Kentolle Johansson (SWE)		Hugo Dietsche (SUI)	
Leichtgewicht (- 68 kg)	Vlado Lisjak (YUG)		Tapio Sipila (FIN)		James Martinez (USA)	
Weltergewicht (- 74 kg)	Jouko Saloumäki (FIN)		Roger Tallroth (SWG)		Stefan Rusu (ROM)	
Mittelgewicht (- 82 kg)	Ion Draica (ROM)		Dimitrios Thanopoulos (GRE)		Sören Claeson (SWE)	
Halbschwergewicht (- 90 kg	Steven Fraser (USA)		Illie Matei (ROM)		Frank Andersson (SWE)	
Schwergewicht (- 100 kg)	Vasile Andrei (ROM)		Greg Gibson (USA)		Jozef Tertelje (YUG)	
Superschwergewicht (+ 100 kg=	Jeffrey Blatnick (USA)		Refik Memisevic (YUG)		Victor Dolipschi (ROM)	
Ringen, freier Stil						
Papiergewicht (-48 kg)	Robert Weaver (USA)		Takashi Irie (JPN)		Son-Gab Do (KOR)	
Fliegengewicht (- 52 kg)	Saban Trstena (YUG)		Jong-Kiu Kim (KOR)		Yuji Takada (JPN)	
Bantamgewicht (- 57 kg)	Hideaki Tomiyama (JPN)		Barry Davis (USA)		Eui-Kon Kim (KOR)	
Federgewicht (- 62 kg)	Randy Lewis (USA)		Kosei Akaishi (JPN)		Jung-Keun Lee (KOR)	
Leichtgewicht (- 68 kg)	In-Tak You (KOR)		Andrew Rein (USA)		Jukku Rauhala (FIN)	
Weltergewicht(- 74 kg)	David Shultz (USA)		Martin Knosp (FRG)		Saban Sejdi (YUG)	
Mittelgewicht (- 82 kg)	Mark Shultz (USA)		Hideyoki Nagashima (JPN)		Chris Rinke (CAN)	
Halbschwergewicht (- 90 kg)	Ed Banach (USA)		Akira Ota (JPN)		Noel Loban (GBR)	
Schwergewicht (-100 kg)	Lou Banach (USA)		Joseph Atiych (SYR)		Vasile Puscasu (ROM)	
Superschwergewicht (+100 kg)	Bruce Baumgartner (USA)		Bob Molle (CAN)		Ayhan Taskin (TUR)	
Judo						
Superleichtgewicht (- 60 kg)	Shinji Hosokawa (JPN)		Jae-Jup Kim (KOR)		Edward Liddle (USA)	
					Neil Eckersley (GBR)	
Halbleichtgewicht (- 65 kg)	Yoshiyuki Matsuoka (JPN)		Jung-Oh Hwang (KOR)		Josef Reiter (AUT)	
					Marc Alexandre (FRA)	
Leichtgewicht (-71 kg)	Ahn-Beyong Keun (KOR)		Ezio Gamba (ITA)		Luis Onmura (BRA)	
					Kenneth Brown (GBR)	
Halbmittelgewicht (- 78 kg)	Frank Wieneke (FRG)		Neil Adams (GBR)		Mircea Fratica (ROM)	
					Michel Nowak (FRA)	
Mittelgewicht (- 86 kg)	Peter Seisenbacher (AUT)		Robert Berland (USA)		Walter Carmona (BRA)	
					Seiki Nose (JPN)	
Halbschwergewicht (-95 kg)	Hyoung-Zoo Ha (KOR)		Douglas Vieira (BRA)		Günther Neureuther (FRG)	
					Bjarni Fridriksson (ISL)	
Schwergewicht (+ 95 kg)	Hitoshi Saito (JPN)		Angelo Parisi (FRA)		Mark Berger (CAN)	
					Yong-Chul Cho (KOR)	
offene Klasse	Yasuhiro Yamashita (JPN)		Mohamed Rashwan (EGY)		Arthur Schnabel (FRG)	
					Mihai Cioz (ROM)	
Fechten						
Florett-Einzel, Herren	Mauro Numa (ITA)		Matthias Behr (FRG)		Stefano Cerioni (ITA)	
Florett-Mannschaft, Herren	Italien		BR Deutschland		Frankreich	
Degen-Einzel	Philippe Boisse (FRA)		Björne Vaggo (SWE)		Philippe Riboud (FRA)	
Degen-Mannschaft	BR Deutschland		Frankreich		Italien	
Säbel-Einzel	Jean-François Lamour (FRA)		Marco Marin (ITA)		Peter Westbrook (USA)	
Säbel-Mannschaft	Italien		Frankreich		Rumänien	
Florett Einzel, Damen	Ju Jie Luan (CHN)		Cornelia Hanisch (FRG)		Dorina Vaccaroni (ITA)	
Florett Mannschaft, Damen	BR Deutschland		Rumänien		Frankreich	
Moderner Fünfkampf						
Einzel	Daniele Masala (ITA)	5 469	Svante Rasmusson (SWE)	5 456	Carlo Massullo (ITA)	5 406
Mannschaft	Italien	16 060	USA	15 568	Frankreich	15 565

DISZIPLIN	GOLD		SILBER		BRONZE	
Kanu						
Männer						
500 m K1	Ian Ferguson (NZL)	1:47,84	Lars-Erik Moberg (SWE)	1:48,18	Bernard Bregeon (FRA)	1:48,41
1000 m K1	Alan Thompson (NZL)	3:45,73	Milan Janič (YUG)	3:46,88	Greg Barton (USA)	3:47,38
500 m K2	Neuseeland	1:34,21	Schweden	1:35,26	Kanada	1:35,41
1000 m K2	Kanada	3:24,22	Frankreich	3:25,97	Australien	3:26,80
1000 m K4	Neuseeland	3:02,28	Schweden	3:02,81	Frankreich	3:03,94
500 m C1	Larry Cain (CAN)	1:57,01	Henning Jakobsen (DEN)	1:58,45	Costica Olaru (ROM)	1:59,86
1000 m C1	Ulrich Eicke (FRG)	4:06,32	Larry Cain (CAN)	4:08,67	Henning Jakobsen (DEN)	4:09,50
500 m C2	Jugoslawien	1:43,67	Rumänien	1:45,68	Spanien	1:47,71
1000 m C2	Rumänien	3:40,60	Jugoslawien	3:41,56	Frankreich	3:48,01
Frauen						
500 m K1	Agneta Andersson (SWE)	1:58,72	Barbara Schüttpelz (FRG)	1:59,93	Annemiek Derckx (HOL)	2:00,11
500 m K2	Schweden	1:45,25	Kanada	1:47,13	BR Deutschland	1:47,32
500 m K4	Rumänien	1:38,34	Schweden	1:38,87	Kanada	1:39,40
Rudern						
Männer						
Einer	Pertti Karppinen (FIN)	7:00,24	Peter Michael Kolbe (FRG)	7:02,19	Robert Mills (CAN)	7:10,38
Doppelzweier	USA	6:36,87	Belgien	6:38,19	Yugoslawien	6:39,59
Zweier ohne Steuermann	Rumänien	6:45,39	Spanien	6:48,46	Norwegen	6:51,81
Zweier mit Steuermann	Italien	7:05,99	Rumänien	7:11,21	USA	7:12,81
Doppelvierer	BR Deutschland	5:57,55	Australien	5:57,98	Kanada	5:59,07
Vierer ohne Steuermann	Neuseeland	6:03,48	USA	6:06,10	Dänemark	6:07,71
Vierer mit Steuermann	Großbritannien	6:18,64	USA	6:20,28	Neuseeland	6:23,68
Achter	Kanada	5:41,32	USA	5:41,74	Australien	5:43,40
Frauen						
Einer	Valeria Racila (ROM)	3:40,68	Charlotte Geer (USA)	3:43,89	Ann Haesebrouck (BEL)	3:45,72
Doppelzweier	Rumänien	3:26,77	Niederlande	3:29,13	Kanada	3:29,78
Zweier ohne Steuerfrau	Rumänien	3:32,60	Kanada	3:36,06	BR Deutschland	3:40,50
Doppelvierer	Rumänien	3:14,11	USA	3:15,57	Dänemark	3:16,02
Vierer mit Steuerfrau	Rumänien	3:19,38	Kanada	3:21,55	Australien	3:23,29
Achter	USA	2:59,80	Rumänien	3:00,87	Niederlande	3:02,92
Segeln						
Finn-Dinghy	Russel Coutts (NZL)	34,7	John Bertrand (USA)	37,0	Terry Neilson (CAN)	37,7
Star	USA	29,7	BR Deutschland	41,4	Italien	43,5
Flying Dutchman	USA	19,7	Kanada	22,7	Großbritannien	48,7
Tornado	Neuseeland	14,7	USA	37,0	Australien	50,4
470er	Spanien	33,7	USA	43,0	Frankreich	49,9
Soling	USA	33,7	Brasilien	43,4	Kanada	49,7
Windglider	Stephan van den Berg (HOL)	27,7	Randall Scott (USA)	46,0	Bruce Kendall (NZL)	46,4
Radsport						
Männer						
Straßenrennen (190,2 km)	Alexi Grewal (USA)	4:59,57	Steve Bauer (CAN)		Dag Otto Lauritzen (NOR)	
100-km-Mannschaftszeitfahren	Italien	1:58,28	Schweiz	2:02,38	USA	2:02,46
1000-m-Zeitfahren	Fredy Schmidtke (FRG)	1:06,10	Curtis Harnett (CAN)	1:06,44	Fabrice Colas (FRA)	1:06,65
1000-m-Sprint	Mark Gorski (USA)		Nelson Vails (USA)		Tsutomu Sakamoto (JPN)	
4000-m-Einer-Verfolgung	Steve Hegg (USA)	4:39,35	Rolf Gölz (FRG)	4:43,82	Leonard H. Nitz (USA)	4:44,03
4000-m-Mannschaftsverfolgung	Australien	4:25,99	USA	4:29,85	BR Deutschland	4:25,60
Punktefahren	Roger Ilegems (BEL)		Uwe Messerschmidt (FRG)		José Manuel Youshimetz (MEX)	
Frauen						
Straßenrennen (79,2 km)	Connie Carpenter-Phinney (USA)	2:11,14	Rebecca Twigg (USA)		Sandra Schumacher (FRG)	
Schießen						
Männer						
Kleinkaliber liegend	Edward Etzel (USA)	599	Michel Bury (FRA)	596	Michael Sullivan (GBR)	596
Kleinkaliber (KK) Dreistellungskampf	Malcolm Cooper (GBR)	1173	Daniel Nipkow (SUI)	1163	Allan Allister (GBR)	1162
Schnellfeuerpistole	Takeo Kamachi (JPN)	595	Corneliu Ion (ROM)	593	Rauno Bies (FIN)	591
Freie Pistole	Xu Haifeng (CHN)	566	Ragnar Skanaker (SWE)	565	Yifu Wang (CHN)	564
Laufende Scheibe	Yuwei Li (CHN)	587	Helmut Bellingrodt (COL)	584	Shiping Huang (CHN)	581
Tontaubenschießen Skeet	Matthew Dryke (USA)	198	Ole Riber Rasmussen (DEN)	196/25	Luca Scribani-Rossi (ITA)	196/24
Tontaubenschießen Trap	Luciano Giovanetti (ITA)	192	Francisco Boza (PER)	192	Daniel Carlisle (USA)	192
Luftgewehr	Philippe Heberle (FRA)	589	Andreas Kronthaler (AUT)	581	Barry Dagger (GBR)	587

DISZIPLIN	GOLD		SILBER		BRONZE	
Frauen						
Sportpistole	Linda Thom (CAN)	585	Ruby Fox (USA)	585	Patricia Dench (AUS)	583
Kleinkaliber Dreistellungskampf	Xiaoxuan Wu (CHN)	581	Ulrike Holmer (FRG)	578	Wanda Jewell (USA)	578
Luftgewehr	Pat Spurgin (USA)	393	Edith Gufler (ITA)	391	Xiaoxuan Wu (CHN)	389
Bogenschießen						
Männer	Darrel Pace (USA)	2616	Richard McKinney (USA)	2564	Hiroshi Yamamoto (JPN)	2563
Frauen	Hyang-Soon Seo (KOR)	2568	Lingjuan Li (CHN)	2559	Jin-Ho Kim (KOR)	2555
Reitsport						
Military, Einzel	Mark Todd (NZL)	51,60	Karen Stives (USA)	54,20	Virginia Holgate (GBR)	56,80
Military, Mannschaft	USA	186,00	Großbritannien	189,20	BR Deutschland	234
Dressur, Einzel	Reiner Klimke (FRG)	1504	Anne Grethe Jensen (DEN)	1442	Otto Hofer (SUI)	1364
Dressur, Mannschaft	BR Deutschland	4955	Schweiz	4673	Schweden	4630
Springreiten, Einzel	Joe Fargis (USA)		Conrad Homfeld (USA)		Heidi Robbiani (SUI)	
Springreiten, Mannschaft	USA	12,00	Großbritannien	36,75	BR Deutschland	39,25
Turnen						
Männer						
Mannschafts-Mehrkampf	Koji Gushiken (JPN)	118,700	Peter Vidmar (USA)	118,675	Li Ning (CHN)	118,575
Einzelwertung	USA	591,40	China	590,80	Japan	586,70
Barren	Bart Conner (USA)	19,950	Nobuyuki Kajitani (JPN)	19,925	Mitchell Gaylord (USA)	19,850
Boden	Li Ning (CHN)	19,925	Yun Lou (CHN)	19,775	Koji Sotomura (JPN)	19,700
					Philippe Vatuone (FRA)	19,700
Pferdsprung	Yun Lou (CHN)	19,950	Li Ning (CHN)	19,825		
			Mitchell Gaylord (USA)	19,825		
			Koji Gushiken (JPN)	19,825		
			Shinji Morisue (JPN)	19,825		
Reck	Shinji Morisue (JPN)	20,000	Tong Fei (CHN)	19,975	Koji Gushiken (JPN)	19,950
Ringe	Koji Gushiken (JPN)	19,850	Mitchell Gaylord (USA)	19,825		
	Li Ning (CHN)	19,850				
Seitpferd	Li Ning (CHN)	19,950	Timothy Daggett (USA)	19,825		
	Peter Vidmar (USA)	19,950				
Frauen						
Mehrkampf, Einzelwertung	Mary Lou Retton (USA)	79,175	Jecaterina Szabó (ROM)	79,125	Simona Pauca (ROM)	78,675
Mehrkampf, Mannschaft	Rumänien	392,20	USA	391,05	China	388,60
Boden	Jecaterina Szabó (ROM)	19,975	Julianne McNamara (USA)	19,950	Mary Lou Retton (USA)	19,775
Pferdsprung	Jecaterina Szabó (ROM)	19,875	Mary Lou Retton (USA)	19,850	Lavinia Agache (ROM)	19,750
Schwebebalken	Simona Pauca (ROM)	19,800	Kathy Johnson (USA)	19,650		
	Jecaterina Szabó (ROM)	19,800				
Stufenbarren	Yanhong Ma (CHN)	19,950	Mary Lou Retton (USA)	19,800		
	Julianne Mc Namara (USA)	19,950				
Rhythmische Sportgymnastik						
Mehrkampf	Lori Fung (CAN)	57,950	Doina Staiculescu (ROM)	57,900	Regina Weber (FRG)	57,700
Basketball						
Männer	USA		Spanien		Jugoslawien	
Frauen	USA		Südkorea		China	
Fußball	Frankreich		Brasilien		Jugoslawien	
Handball						
Männer	Jugoslawien		BR Deutschland		Rumänien	
Frauen	Jugoslawien		Südkorea		China	
Hockey						
Männer	Pakistan		BR Deutschland		Großbritannien	
Frauen	Niederlande		BR Deutschland		USA	
Volleyball						
Männer	USA		Brasilien		Italien	
Frauen	China		USA		Japan	

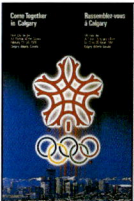

Calgary 1988

13. Februar – 28. Februar

Teilnehmer: ca. 1430 / **Männer:** ca. 1110, **Frauen:** ca. 320, **Länder:** 57,
Sportarten: 8, **Entscheidungen:** 46
Letzter Fackelträger: Robyn Perry

Medaillenspiegel

RANG	LAND	GOLD	SILBER	BRONZE
1	UdSSR	11	9	9
2	DDR	9	10	6
3	Schweiz	5	5	5
4	Finnland	4	1	2
5	Schweden	4	–	2

Erfolgreichste Athleten

RANG	NAME (NATIONALITÄT)	DISZIPLIN	G	S	B
1	Yvonne van Gennip (HOL)	Eisschnelllauf	3	–	–
	Matti Nykänen (FIN)	Ski nordisch	3	–	–
3	Tamara Tichonowa (URS)	Ski nordisch	2	1	–
4	Tomas Gustafson (SWE)	Eisschnelllauf	2	–	–
	Frank-Peter Roetsch (GDR)	Biathlon	2	–	–
	Vreni Schneider (SUI)	Ski alpin	2	–	–
	Gunde Svan (SWE)	Ski nordisch	2	–	–
	Alberto Tomba (ITA)	Ski alpin	2	–	–

DISZIPLIN	GOLD		SILBER		BRONZE	
Ski alpin						
Männer						
Abfahrt	Pirmin Zurbriggen (SUI)	1:59,63	Peter Müller (SUI)	2:00,14	Franck Piccard (FRA)	2:01,24
Slalom	Alberto Tomba (ITA)	1:39,47	Frank Wörndl (FRG)	1:39,53	Paul Frommelt (LIE)	1:39,84
Riesenslalom	Alberto Tomba (ITA)	2:06,37	Hubert Strolz (AUT)	2:07,41	Pirmin Zurbriggen (SUI)	2:08,39
Super G	Franck Piccard (FRA)	1:39,66	Helmut Mayer (AUT)	1:40,96	Lars-Börje Eriksson (SWE)	1:41,08
Kombination	Hubert Strolz (AUT)	36,55	Bernhard Gstrein (AUT)	43,45	Paul Accola (SUI)	48,24
Frauen						
Abfahrt	Marina Kiehl (FRG)	1:25,86	Brigitte Oertli (SUI)	1:26,61	Karen Percy (CAN)	1:26,98
Slalom	Vreni Schneider (SUI)	1:36,69	Mateja Svet (YUG)	1:38,37	Christa Kinshofer-Güthlein (FRG)	1:38,40
Riesenslalom	Vreni Schneider (SUI)	2:06,49	Christa Kinshofer-Güthlein (FRG)	2:07,42	Maria Walliser (SUI)	2:07,72
Super G	Sigrid Wolf (AUT)	1:19,03	Michela Figini (SUI)	1:20,03	Karen Percy (CAN)	1:20,29
Kombination	Anita Wachter (AUT)	29,25	Brigitte Oertli (SUI)	29,48	Maria Walliser (SUI)	51,28
Ski nordisch						
Männer						
15-km-Langlauf (klassisch)	Michail Dewjatarow (URS)	41:18,9	Pal-Gunnar Mikkelsplass (NOR)	41:33,4	Wladimir Smirnow (URS)	41:48,5
30-km-Langlauf (klassisch)	Alexei Prokurorow (URS)	1:24:26,3	Wladimir Smirnow (URS)	1:24:35,1	Vegard Ulvang (NOR)	1:25:11,6
50-km-Langlauf (Freistil)	Gunde Svan (SWE)	2:04:30,9	Maurillo de Zolt (ITA)	2:05:36,4	Andy Grünenfelder (SUI)	2:06:01,9
4 x 10 km	Schweden	1:43:58,6	UdSSR	1:44:11,3	Tschechoslowakei	1:45:22,7
Frauen						
5-km-Langlauf (klassisch)	Marjo Matikainen (FIN)	15:04,0	Tamara Tichonowa (URS)	15:05,3	Wida Wentsene (URS)	15:11,1
10-km-Langlauf (klassisch)	Wida Wentsene (URS)	30:08,3	Raissa Smetanina (URS)	30:17,0	Marjo Matikainen (FIN)	30:20,5
20-km-Langlauf	Tamara Tichonowa (URS)	55:53,6	Anfissa Reszowa (URS)	56:12,8	Raissa Smetanina (URS)	57:22,1
4 x 5 km	UdSSR	59:51,1	Norwegen	1:01:33,0	Finnland	1:01:53,8
Skispringen						
Skispringen, Normalschanze	Matti Nykänen (FIN)	229,1	Pavel Ploc (TCH)	212,1	Jiri Malec (TCH)	211,8
Skispringen, Großschanze	Matti Nykänen (FIN)	224,0	Erik Johnson (NOR)	207,9	Matjaz Debelak (YUG)	207,7
Skispringen, Mannschaft	Finnland	634,4	Jugoslawien	625,5	Nowegen	596,1
Nordische Kombination, Einzel	Hippolyt Kempf (SUI)		Klaus Sulzenbacher (AUT)		Allar Lewandi (URS)	
Nordische Kombination, Mannschaft	BR Deutschland		Schweiz		Österreich	
Biathlon						
10 km	Frank-Peter Roetsch (GDR)	25:08,1	Waleri Medwetsew (URS)	25:23,7	Sergej Tschepikow (URS)	25:29,4
20 km	Frank-Peter Roetsch (GDR)	56:33,3	Waleri Medwetsew (URS)	56:54,6	Johann Passler (ITA)	57:10,1
4 x 7,5 km	UdSSR	1:22:30,0	BR Deutschland	1:23:37,4	Italien	1:23:51,5
Eiskunstlauf						
Damen	Katarina Witt (GDR)		Elizabeth Manley (CAN)		Debra Thomas (USA)	
Herren	Brian Boitano (USA)		Brian Orser (CAN)		Viktor Petrenko (URS)	
Paar	Ekaterina Gordejewa/ Sergej Grinkow (URS)		Jlena Walowa/ Oleg Wassiljew (URS)		Jill Watson/ Peter Oppegard (USA)	

DISZIPLIN	GOLD		SILBER		BRONZE	
Eistanz	Natalia Bestemianowa/ Andrej Bukin (URS)		Marina Klimowa/ Sergej Ponomarenko (URS)		Tracy Wilson/ Robert McCall (CAN)	
Eisschnellauf						
Männer						
500 m	Uwe-Jens Mey (GDR)	36,45	Jan Ykema (HOL)	36,76	Akira Kuriwa (JPN)	36,77
1000 m	Nikolai Guljajew (URS)	1:13,03	Uwe-Jens Mey (GDR)	1:13,11	Igor Shelesowski (URS)	1:13,19
1500 m	André Hoffman (GDR)	1:52,06	Eric Flaim (USA)	1:52,12	Michael Hadschieff (AUT)	1:52,31
5000 m	Tomas Gustafson (SWE)	6:44,93	Leo Visser (HOL)	6:44,98	Gerard Kemkers (HOL)	6:45,92
10000 m	Tomas Gustafson (SWE)	13:48,20	Michael Hadschieff (AUT)	13:56,11	Leo Visser (HOL)	14:00,55
Rodeln						
Herren	Jens Müller (GDR)	3:05,548	Georg Hackl (FRG)	3:05,916	Juri Tschartschenko (URS)	3:06,274
Damen	Steffi Walter (GDR)	3:03,973	Ute Oberhoffner (GDR)	3:04,105	Cerstin Schmidt (GDR)	3:04,181
Doppel	Jörg Hoffman/Jochen Pietsch (GDR)	1:31,940	Stefan Krauße/ Jan Behrendt (GDR)	1:32,039	Thomas Schwab/ Thomas Staudinger (FRG)	1:32,274
Bob						
Zweierbob	UdSSR I	3:53,48	DDR I	3:54,19	DDR II	3:54,64
Viererbob	Schweiz I	3:47,51	DDR I	3:47,58	UdSSR II	3:48,26
Frauen						
500 m	Bonnie Blair (USA)	39,10	Christa Rothenburger (GDR)	39,12	Karin Kania (GDR)	39,24
1000 m	Christa Rothenburger (GDR)	1:17,65	Karin Kania (GDR)	1:17,70	Bonnie Blair (USA)	1:18,31
1500 m	Yvonne van Gennip (HOL)	2:00,68	Karin Kania (GDR)	2:00,82	Andrea Ehrig (GDR)	2:01,49
3000 m	Yvonne van Gennip (HOL)	4:11,94	Andrea Ehrig (GDR)	4:12,09	Gabi Zange (GDR)	4:16,92
5000 m	Yvonne van Gennip (HOL)	7:14,13	Andrea Ehrig (GDR)	7:17,12	Gabi Zange (GDR)	7:21,61
Eishockey	UdSSR		Finnland		Schweden	

Seoul 1988

17. September – 2. Oktober

Teilnehmer: ca. 8480 / **Männer:** ca. 6280, **Frauen:** ca. 2200, **Länder:** 159,
Sportarten: 23, **Entscheidungen:** 237
Letzte Fackelträger: Son Kee-Chung, Lim Chun-Ae, Chung Sun-Man,
Kim Won-Tak, Sohn Mi-Chung

Medaillenspiegel

RANG	LAND	GOLD	SILBER	BRONZE
1	UdSSR	55	31	46
2	DDR	37	35	30
3	USA	36	31	27
4	Südkorea	12	11	10
5	BR Deutschland	11	14	15

Erfolgreichste Athleten

RANG	NAME (NATIONALITÄT)	DISZIPLIN	G	S	B
1	**Kristin Otto (GDR)**	Schwimmen	6	–	–
2	**Matt Biondi (USA)**	Schwimmen	5	–	1
3	**Wladimir Artmeow (URS)**	Turnen	4	1	–
4	**Daniela Silivas (ROM)**	Turnen	3	2	1
5	**Florence Griffith-Joyner (USA)**	Leichtathletik	3	1	–

DISZIPLIN	GOLD		SILBER		BRONZE	
Leichtathletik						
Männer						
100 m*	Carl Lewis (USA)	9,92*	Linford Christie (GBR)	9,97	Calvin Smith (USA)	9,99
200 m	Joe DeLoach (USA)	19,75	Carl Lewis (USA)	19,79	Robson da Silva (BRA)	20,04
400 m	Steven Lewis (USA)	43,87	Butch Reynolds (USA)	43,93	Danny Everett (USA)	44,09
800 m	Paul Ereng (KEN)	1:43,45	Joaquim Cruz (BRA)	1:43,90	Said Aouita (MAR)	1:44,06
1500 m	Peter Rono (KEN)	3:35,96	Peter Elliott (GBR)	3:36,15	Jens-Peter Herold (GDR)	3:36,21
5000 m	John Ngugi (KEN)	13:11,70	Dieter Baumann (FRG)	13:15,52	Hansjörg Kunze (GDR)	13:15,73
10 000 m	Brahim Boutayeb (MAR)	27:21,44	Salvatore Antibo (ITA)	27:23,55	Kimeli Kipkemboy (KEN)	27:25,16
Marathon	Gelindo Bordin (ITA)	2:10:32	Douglas Wakihuru (KEN)	2:10:47	Ahmed Saleh (DIJ)	2:10:59
110 m Hürden	Roger Kingdom (USA)	12,98	Colin Jackson (GBR)	13,28	Anthony Campbell (USA)	13,38
400 m Hürden	Andre Philipps (USA)	47,19	Amadou Dia Ba (SEN)	47,23	Edwin Moses (USA)	47,56

DISZIPLIN	GOLD		SILBER		BRONZE	
3000 m Hindernis	Julius Kariuki (KEN)	8:05,51	Peter Koech (KEN)	8:06,79	Mark Rowland (GBR)	8:07,96
4 x 100 m	UdSSR	38,19	Großbritannien	38,28	Frankreich	38,40
4 x 400 m	USA	2:56,16	Jamaika	3:00,30	BR Deutschland	3:00,56
20 km Gehen	Jozef Pribilinec (TCH)	1:19,57	Ronald Weigel (GDR)	1:19,60	Maurizio Damilano (ITA)	1:20:14
50 km Gehen	Wjatscheslaw Iwanenko (URS)	3:38:29	Ronald Weigel (GDR)	3:38:56	Hartwig Gauder (GDR)	3:39:45
Hochsprung	Gennadi Awdejenko (URS)	2,38	Hollis Conway (USA)	2,36	Rudolf Powarnizin (URS)	2,36
					Patrick Sjöberg (SWE)	2,36
Stabhochsprung	Sergej Bubka (URS)	5,90	Rodion Gataullin (URS)	5,85	Grigori Jegorow (URS)	5,80
Weitsprung	Carl Lewis (USA)	8,72	Mike Powell (USA)	8,49	Larry Myricks (USA)	8,27
Dreisprung	Christo Markov (BUL)	17,61	Igor Lapschin (URS)	17,52	Alexander Kowalenko (URS)	17,42
Kugelstoßen	Ulf Timmermann (GDR)	22,47	Randy Barnes (USA)	22,39	Werner Günthör (SUI)	21,99
Diskuswurf	Jürgen Schult (GDR)	68,82	Romas Ubartas (URS)	67,48	Rolf Danneberg (FRG)	67,38
Hammerwurf	Sergei Litwinow (URS)	84,80	Juri Sedych (URS)	83,76	Juri Tamm (URS)	81,16
Speerwurf	Tapio Korjus (FIN)	84,28	Jan Zelezny (TCH)	84,12	Seppo Räty (FIN)	83,26
Zehnkampf	Christian Schenk (GDR)	8488	Torsten Voss (GDR)	8399	Dave Steen (CAN)	8328

*Der Erstplazierte Ben Johnson (CAN; 9,79) - wegen Dopings disqualiziert

Frauen

100 m	Florence Griffith-Joyner (USA)	10,54	Evelyn Ashford (USA)	10,83	Heike Drechsler (GDR)	10,85
200 m	Florence Griffith-Joyner (USA)	21,34	Grace Jackson (JAM)	21,72	Heike Drechsler (GDR)	21,95
400 m	Olga Brysgina (URS)	48,65	Petra Müller (GDR)	49,45	Olga Nasarowa (URS)	49,90
800 m	Sigrun Wodars (GDR)	1:56,10	Christine Wachtel (GDR)	1:56,64	Kim Gallagher (USA)	1:56,91
1500 m	Paula Ivan (ROM)	3:53,96	Leilute Baiskauskaite (URS)	4:00,24	Tatjana Samolenko (URS)	4:00,30
3000 m	Tatjana Samolenko (URS)	8:26,53	Paula Ivan (ROM)	8:27,15	Yvonne Murray (GBR)	8:29,02
10 000 m	Olga Bondarenko (URS)	31:05,21	Elizabeth McColgan (GBR)	31:08,44	Jelena Jupijewa (URS)	31:19,82
Marathon	Rosa Mota (POR)	2:25:40	Lisa Martin (AUS)	2:25:53	Katrin Dörre (GDR)	2:26:21
100 m Hürden	Jordanka Donkova (BUL)	12,38	Gloria Siebert (GDR)	12,61	Claudia Zaczkiewicz (FRG)	12,75
400 m Hürden	Debra Flintoff-King (AUS)	53,17	Tatjana Ledowskaja (URS)	53,18	Ellen Fiedler (GDR)	53,63
4 x 100 m	USA	41,98	DDR	42,09	UdSSR	42,75
4 x 400 m	UdSSR	3:15,18	USA	3:15,51	DDR	3:18,29
Hochsprung	Louise Ritter (USA)	2,03	Stefka Kostadinova (BUL)	2,01	Tamara Bykowa (URS)	1,99
Weitsprung	Jackie Joyner-Kersee (USA)	7,40	Heike Drechsler (GDR)	7,22	Galina Tschistjakowa (URS)	7,11
Kugelstoßen	Natalia Lissowskaja (URS)	22,24	Kathrin Neimke (GDR)	21,07	Meisu Li (CHN)	21,06
Diskuswurf	Martina Hellmann (GDR)	72,30	Diana Gansky (GDR)	71,88	Szvetanka Christova (BUL)	69,74
Speerwurf	Petra Felke (GDR)	74,68	Fatima Whitbread (GBR)	70,32	Beate Koch (GDR)	67,30
Siebenkampf	Jackie Joyner-Kersee (USA)	7291	Sabine John (GDR)	6897	Anke Behmer (GDR)	6858

Schwimmen

Männer

50 m Freistil	Matt Biondi (USA)	22,14	Thomas Jager (USA)	22,36	Gennadi Prigoda (URS)	22,71
100 m Freistil	Matt Biondi (USA)	48,63	Christopher Jacobs (USA)	49,08	Stephan Caron (FRA)	49,62
200 m Freistil	Duncan Armstrong (AUS)	1:47,25	Anders Holmertz (SWE)	1:47,89	Matt Biondi (USA)	1:47,99
400 m Freistil	Uwe Daßler (GDR)	3:46,95	Duncan Armstrong (AUS)	3:47,15	Artur Wojdat (POL)	3:47,34
1500 m Freistil	Wladimir Salnikow (URS)	15:00,40	Stefan Pfeiffer (FRG)	15:02,69	Uwe Daßler (GDR)	15:06,15
100 m Rücken	Daichi Suzuki (JPN)	55,05	David Berkhoff (USA)	55,18	Igor Polianski (URS)	55,20
200 m Rücken	Igor Polianski (URS)	1:59,37	Frank Baltrusch (GDR)	1:59,60	Paul Kingsman (NZL)	2:00,48
100 m Brust	Adrian Moorhouse (GBR)	1:02,04	Karoly Guttlner (HUN)	1:02,05	Dimitri Wolkow (URS)	1:02,20
200 m Brust	Joszef Szábo (HUN)	2:13,52	Nick Gillingham (GBR)	2:14,12	Sergio Lopez (ESP)	2:15,21
100 m Schmetterling	Anthony Nesty (SUR)	53,00	Matt Biondi (USA)	53,01	Andy Jameson (GBR)	53,30
200 m Schmetterling	Michael Groß (FRG)	1:56,94	Benny Nielsen (DEN)	1:58,24	Anthony Mosse (NZL)	1:58,28
200 m Lagen	Tamas Darnyi (HUN)	2:00,17	Patrick Kühl (GDR)	2:01,61	Wadim Jaroschtschuk (URS)	2:02,40
400 m Lagen	Tamas Darnyi (HUN)	4:14,75	David Wharton (USA)	4:17,36	Stefano Battistelli (ITA)	4:18,01
4 x 100 m Freistil	USA	3:16,53	UdSSR	3:18,33	DDR	3:19,82
4 x 200 m Freistil	USA	7:12,51	DDR	7:13,68	BR Deutschland	7:14,35
4 x 100 m Lagen	USA	3:36,93	Kanada	3:39,28	UdSSR	3:39,96
Kunstspringen	Greg Louganis (USA)	730,80	Liangde Tan (CHN)	704,88	Deliang Li (CHN)	665,28
Turmspringen	Greg Louganis (USA)	638,61	Ni Xiong (CHN)	637,47	Jesus Mena (MEX)	594,93
Wasserball	Jugoslawien		USA		UdSSR	

Frauen

50 m Freistil	Kristin Otto (GDR)	25,49	Wenyi Yang (CHN)	25,64	Katrin Meißner (GDR)	25,71
					Jill Sterkel (USA)	25,71
100 m Freistil	Kristin Otto (GDR)	54,93	Yong Zhuang (CHN)	55,47	Cathérine Plewinski (FRA)	55,49
200 m Freistil	Heike Friedrich (GDR)	1:57,65	Sivia Poll (CRC)	1:58,67	Manuela Stellmach (GDR)	1:59,01
400 m Freistil	Janet Evans (USA)	4:03,85	Heike Friedrich (GDR)	4:05,94	Anke Möhring (GDR)	4:06,62
800 m Freistil	Janet Evans (USA)	8:20,20	Astrid Strauß (GDR)	8:22,09	Julie McDonald (AUS)	8:22,93
100 m Rücken	Kristin Otto (GDR)	1:00,89	Krisztina Egerszegy (HUN)	1:01,56	Cornelia Sirch (GDR)	1:01,57

DISZIPLIN	GOLD		SILBER		BRONZE	
200 m Rücken	Krisztina Egerszegy (HUN)	2:09,29	Kathrin Zimmermann (GDR)	2:10,61	Cornelia Sirch (GDR)	2:11,45
100 m Brust	Tania Dangalakova (BUL)	1:07,95	Antoaneta Frenkeva (BUL)	1:08,74	Silke Hörner (GDR)	1:08,83
200 m Brust	Silke Hörner (GDR)	2:26,71	Xiaomin Huang (CHN)	2:27,49	Antoaneta Frenkeva (BUL)	2:28,34
100 m Schmetterling	Kristin Otto (GDR)	59,00	Birte Weigang (GDR)	59,45	Hong Quian (CHN)	59,52
200 m Schmetterling	Kathleen Nord (GDR)	2:09,51	Birte Weigang (GDR)	2:09,91	Mary T. Meagher (USA)	2:10,80
200 m Lagen	Daniela Hunger (GDR)	2:12,59	Elena Dendeberowa (URS)	2:13,31	Noemi Ildiko Lung (ROM)	2:14,85
400 m Lagen	Janet Evans (USA)	4:37,76	Noemi Ildiko Lung (ROM)	4:39,46	Daniela Hunger (GDR)	4:39,76
4 x 100 m Freistil	DDR	3:40,63	Niederlande	3:43,39	USA	3:44,25
4 x 100 m Lagen	DDR	4:03,74	USA	4:07,90	Kanada	4:10,49
Kunstspringen	Min Gao (CHN)	580,23	Qing Li (CHN)	534,33	Kelly McCormick (USA)	533,19
Turmspringen	Yanmei Xu (CHN)	445,20	Michele Mitchell (USA)	436,95	Wendy Lian Williams (USA)	400,44
Boxen						
Halbfliegengewicht (-48 kg)	Ivailo Christov (BUL)		Michael Carbajal (USA)		Robert Isaszegi (HUN) Leopoldo Serantes (PHI)	
Fliegengewicht (-51 kg)	Kim Kwang Sun (KOR)		Andreas Tews (GDR)		Mario Gonzalez (MEX) Timofei Skriabin (URS)	
Bantamgewicht (-54 kg)	Kennedy McKinney (USA)		Alexander Christov (BUL)		Phajol Moolsan (THA) Jorge Julio Rocha (COL)	
Federgewicht (-57 kg)	Giovanni Parisi (ITA)		Daniel Dumitrescu (ROM)		Abdelhak Achik (MAR) Lee Jae Hiuk (KOR)	
Leichtgewicht (-60 kg)	Andreas Zülow (GDR)		George Cramne (SWE)		Merguy Enschbat (MVR) Romallis Ellis (USA)	
Halbweltergewicht (-63,5 kg)	Wjatscheslaw Janowski (URS)		Graham Cheney (AUS)		Lars Myberg (SWE) Reiner Gies (FRG)	
Weltergewicht (-67 kg)	Robert Wangila (KEN)		Laurent Boudouani (FRA)		Jan Dydak (POL) Kenneth Gould (USA)	
Halbmittelgewicht (-71 kg)	Park Si Hun (KOR)		Roy Jones (USA)		Richard Woodhall (GBR) Raymond Downey (CAN)	
Mittelgewicht (-75 kg)	Henry Maske (GDR)		Egerton Marcus (CAN)		Chris Sande (KEN) Hussain Syed (PAK)	
Halbschwergewicht (-81 kg)	Andrew Maynard (USA)		Nurmagomed Schanawasow (URS)		Henryk Petrich (POL) Damir Skaro (YUG)	
Schwergewicht (-91 kg)	Ray Mercer (USA)		Baik Hyun Man (KOR)		Andrzej Golota (POL) Arnold Vanderlijde (HOL)	
Superschwergewicht (+ 91 kg)	Lennox Lewis (CAN)		Riddick Bowe (USA)		Alexander Miroschnitschenko (URS) Janusz Zarenkiewicz (POL)	
Gewichtheben						
Fliegengewicht (-52 kg)	Sevdalin Marinov (BUL)	270,0	Byung-Kwan Chun (KOR)	260,0	Zhuoquiang He (CHN)	257,5
Bantamgewicht (-56 kg)	Oxen Mirzoian (URS)	292,5	Yiangqiang He (CHN)	287,5	Shoubin Liu (CHN)	267,5
Federgewicht (-60 kg)	Nahim Süleymanoglu (TUR)	342,5	Stefan Topourov (BUL)	312,5	Huanming Ye (CHN)	287,5
Leichtgewicht (-67,5 kg)	Joachim Kunz (GDR)	340,0	Israel Militosian (URS)	337,5	Jinhe Li (CHN)	325,0
Mittelgewicht (-75 kg)	Borislav Guidikov (BUL)	375,0	Ingo Steinhöfel (GDR)	360,0	Alexander Varbanov (BUL)	357,5
Leichtschwer (-82,5 kg)	Israil Arsamakow (URS)	377,5	Istvan Messzi (HUN)	370,0	Lee Hyung Kun (KOR)	367,5
Mittelschwer (-90 kg)	Anatoli Chrapaty (URS)	412,5	Nail Muchamediarow (URS)	400,0	Slawomir Zawada (POL)	400,0
Schwergewicht (-100 kg)	Pawel Kuznetsow (URS)	425,0	Nicu Vlad (ROM)	402,5	Peter Immesberger (FRG)	395,0
Schwergewicht (-110 kg)	Juri Zacharewitsch (URS)	455,0	Jozsef Jacso (HUN)	427,5	Ronny Weller (GDR)	425,0
Superschwer (+ 110 kg)	Alexander Kurlowitsch (URS)	462,5	Manfred Nerlinger (FRG)	430,0	Martin Zawieja (FRG)	415,0
Ringen, griechisch-römisch						
Papiergewicht (-48 kg)	Vincenzo Maenza (ITA)		Andrzej Chlab (POL)		Bratan Tzenov (BUL)	
Fliegengewicht (-52 kg)	Jon Rönningen (NOR)		Atsuji Miyahara (JPN)		Lee Jae Suk (KOR)	
Bantamgewicht (-57 kg)	Andras Sike (HUN)		Stoyan Balov (BUL)		Haralambos Holidis (GRE)	
Federgewicht (-62 kg)	Komandar Madschidow (URS)		Jivko Vanguelov (BUL)		An Dae Hyun (KOR)	
Leichtgewicht (-68 kg)	Levon Dschulfalakian (URS)		Kim Sung Moon (KOR)		Tapio Sipilä (FIN)	
Weltergewicht (-74 kg)	Kim Young Nam (KOR)		Daulet Turlykanow (URS)		Josef Tracz (POL)	
Mittelgewicht (-82 kg)	Michail Mamiaschwili (URS)		Tibor Komaronyi (HUN)		Kim Sang Kyu (KOR)	
Halbschwergewicht (-90 kg)	Atanas Komtchew (BUL)		Harri Koskela (FIN)		Wladimir Popow (URS)	
Schwergewicht (-100 kg)	Andrzej Wronski (POL)		Gerhard Himmel (FRG)		Dennis Koslowski (USA)	
Superschwer (-130 kg)	Alexander Karelin (URS)		Rangelov Guerovski (BUL)		Tomas Johansson (SWE)	
Ringen, freier Stil						
Papiergewicht (-48 kg)	Takashi Kobayashi (JPN)		Ivan Tzonov (BUL)		Sergej Karamtschakow (URS)	
Fliegengewicht (-52 kg)	Mitsuru Sato (JPN)		Saban Trstena (YUG)		Wladimir Togusow (URS)	
Bantam (-57 kg)	Sergej Beloglassow (URS)		Askari Mohammadian (IRN)		Noh Kyung Sun (KOR)	
Federgewicht (-62 kg)	John Smith (USA)		Stephan Sarkissian (URS)		Simeon Schterev (BUL)	
Leichtgewicht (-68 kg)	Arsen Fadschajew (URS)		Park Jang Soon (KOR)		Nate Carr (USA)	

DISZIPLIN	GOLD		SILBER		BRONZE	
Weltergewicht (-74 kg)	Kenneth Monday (USA)		Adlan Warajew (URS)		Rakhmad Sofiadi (BUL)	
Mittelgewicht (-82 kg)	Han Myung Woo (KOR)		Necmi Gencalp (TUR)		Josef Lohyna (TCH)	
Halbschwergewicht (-90 kg)	Macharbek Hadartschew (URS)		Akira Ota (JPN)		Kim Tae Woo (KOR)	
Schwergewicht (-100 kg)	Vasile Puscasu (ROM)		Leri Habelow (URS)		William Scheer (USA)	
Superschwer (-130 kg)	David Gobedischwili (URS)		Bruce Baumgartner (USA)		Andreas Schröder (GDR)	
Judo						
Superleichtgewicht (-60 kg)	Kim Jae Yup (KOR)		Kevin Asano (USA)		Shinji Hosokawa (JPN)	
					Amiran Totikaschwili (URS)	
Halbleichtgewicht (-65 kg)	Lee Kyung Keun (KOR)		Janusz Pawlowski (POL)		Bruno Carabetta (FRA)	
					Yosuke Yamamoto (JPN)	
Leichtgewicht (-71 kg)	Marc Alexandre (FRA)		Sven Loll (GDR)		Georgi Tenadze (URS)	
					Michael Swain (USA)	
Halbmittelgewicht (-78 kg)	Waldemar Legien (POL)		Frank Wieneke (FRG)		Torsten Brechot (GDR)	
					Bachir Warajew (URS)	
Mittelgewicht (-86 kg)	Peter Seisenbacher (AUT)		Wladimir Tschestakow (URS)		Ben Spijkers (HOL)	
					Akinobu Osako (JPN)	
Halbschwergewicht (-90 kg)	Aurelio Miguel (BRA)		Marc Meiling (FRG)		Robert van de Walle (BEL)	
					Dennis Steward (GBR)	
Schwergewicht (+95 kg)	Hitoshi Saito (JPN)		Henry Stöhr (GDR)		Cho Young Chul (KOR)	
					Grigori Weritschew (URS)	
Fechten						
Florett-Einzel, Herren	Stefano Cerioni (ITA)		Udo Wagner (GDR)		Alexander Romankow (URS)	
Florett-Mannschaft, Herren	UdSSR		BR Deutschland		Ungarn	
Säbel-Einzel	Jean-François Lamour (FRA)		Janusz Olech (POL)		Giovanni Scalzo (ITA)	
Säbel-Mannschaft	Ungarn		UdSSR		Italien	
Degen-Einzel	Arnd Schmitt (FRG)		Philippe Riboud (FRA)		Andrei Schuwalow (URS)	
Degen-Mannschaft	Frankreich		BR Deutschland		UdSSR	
Florett-Einzel, Damen	Anja Fichtel (FRG)		Sabine Bau (FRG)		Zita Funkenhauser (FRG)	
Florett-Mannschaft, Damen	BR Deutschland		Italien		Ungarn	
Moderner Fünfkampf						
Einzel	Janos Martinek (HUN)	5404	Carlo Massullo (ITA)	5379	Wachtang Jagoraschwili (URS)	5367
Mannschaft	Ungarn	15886	Italien	15571	Großbritannien	15276
Kanu						
Männer						
500 m K1	Zsolt Gyulay (HUN)	1:44,82	Andreas Stähle (GDR)	1:46,38	Paul MacDonald (NZL)	1:46,46
1000 m K1	Greg Barton (USA)	3:55,27	Grant Davies (AUS)	3:55,28	André Wohllebe (GDR)	3:55,55
500 m K2	Neuseeland	1:33,98	UdSSR	1:34,15	Ungarn	1:34,32
1000 m K2	USA	3:32,42	Neuseeland	3:32,71	Australien	3:33,76
1000 m K4	Ungarn	3:00,20	UdSSR	3:01,40	DDR	3:02,37
500 m C1	Olaf Heukrodt (GDR)	1:56,42	Michail Sliwinski (URS)	1:57,26	Martin Marimov (BUL)	1:57,27
1000 m C1	Iwan Klementijew (URS)	4:12,78	Jörg Schmidt (GDR)	4:15,83	Nikolai Bukalow (URS)	4:18,94
500 m C2	UdSSR	1:41,77	Polen	1:43,61	Frankreich	1:43,81
1000 m C2	UdSSR	3:48,36	DDR	3:51,44	Polen	3:54,33
Frauen						
500 m K1	Vania Guechava (BUL)	1:55,19	Birgit Schmidt (GDR)	1:55,31	Izabela Dylewska (POL)	1:57,38
500 m K2	DDR	1:43,46	Bulgarien	1:44,06	Niederlande	1:46,00
500 m K4	DDR	1:40,78	Ungarn	1:41,88	Bulgarien	1:42,63
Rudern						
Männer						
Einer	Thomas Lange (GDR)	6:49,86	Peter-Michael Kolbe (FRG)	6:54,77	Eric Verdonk (NZL)	6:58,66
Doppelzweier	Niederlande	6:21,13	Schweiz	6:22,59	UdSSR	6:22,87
Zweier ohne Steuermann	Großbritannien	6:36,84	Rumänien	6:38,06	Jugoslawien	6:41,01
Zweier mit Steuermann	Italien	6:58,79	DDR	7:00,63	Großbritannien	7:01,95
Doppelvierer	Italien	5:53,37	Norwegen	5:55,08	DDR	5:56,13
Vierer ohne Steuermann	DDR	6:03,11	USA	6:05,33	BR Deutschland	6:06,22
Vierer mit Steuermann	DDR	6:10,74	Rumänien	6:13,58	Neuseeland	6:15,78
Achter	BR Deutschland	5:46,05	UdSSR	5:48,01	USA	5:48,26
Frauen						
Einer	Jutta Behrendt (GDR)	7:47,19	Anne Marden (USA)	7:50,28	Magdalena Georgieva (BUL)	7:53,65
Doppelzweier	DDR	7:00,48	Rumänien	7:04,36	Bulgarien	7:06,03

DISZIPLIN	GOLD		SILBER		BRONZE	
Zweier ohne Steuerfrau	Rumänien	7:28,13	Bulgarien	7:31,95	Neuseeland	7:35,68
Doppelvierer	DDR	6:21,06	UdSSR	6:23,47	Rumänien	6:23,81
Vierer mit Steuerfrau	DDR	6:56,00	China	6:58,78	Rumänien	7:01,13
Achter	DDR	6:15,17	Rumänien	6:17,44	China	6:21,83
Segeln						
Finn-Dinghy	José Luis Doreste (ESP)	38,1	Peter Holmberg (ISV)	40,4	John Cutler (NZL)	45,0
Star	Großbritannien	45,7	USA	48,0	Brasilien	50,0
Flying Dutchman	Dänemark	31,4	Norwegen	37,4	Kanada	48,4
Tornado	Frankreich	16,0	Neuseeland	35,4	Brasilien	40,1
470er, Frauen	USA	26,7	Schweden	40,0	UdSSR	45,4
470er, Männer	Frankreich	34,7	UdSSR	46,0	USA	51,0
Soling	DDR	11,7	USA	14,0	Dänemark	52,7
Surfen	Bruce Kendall (NZL)	35,4	Jan Boersma (AHO)	42,7	Michael Gebhardt (USA)	48,0
Radsport						
Männer						
Straßenrennen, (196,8 km)	Olaf Ludwig (GDR)	4:32:22	Bernd Gröne (FRG)	4:32:25	Christian Henn (FRG)	4:32:46
100-km-Mannschaftszeitfahren	DDR	1:57:47,7	Polen	1:57:54,2	Schweden	1:59:47,3
Sprint	Lutz Heßlich (GDR)		Nikolai Kowtsche (URS)		Gary Neiwand (AUS)	
1000-m-Zeitfahren	Alexander Kiritschenko (URS)	1:04,499	Martin Vinnicombe (AUS)	1:04,784	Robert Lechner (FRG)	1:05,114
4000-m-Einzelverfolgung	Gintautas Umaras (URS)	4:32,00	Dean Woods (AUS)	4:35,00	Bernd Dittert (GDR)	4:34,17
4000-m-Mannschaftsverfolgung	UdSSR	4:13,31	DDR	4:16,02	Australien	
Punktefahren	Dan Frost (DEN)	38	Leo Peelen (HOL)	26	Marat Ganejew (URS)	46/1
Frauen						
Straßenrennen (82 km)	Monique Knol (HOL)	2:00:52	Jutta Niehaus (FRG)		Laima Zilporite (URS)	
Sprint	Erika Salumiä (URS)		Christa Luding-Rothenburg (GDR)		Connie Paraskevin-Young (USA)	
Reitsport						
Military, Einzel	Mark Todd (NZL)	42,60	Ian Stark (GBR)	52,80	Virginia Leng (GBR)	62,00
Military, Mannschaft	BR Deutschland	225,95	Großbritannien	256,80	Neuseeland	271,20
Dressur, Einzel	Nicole Uphoff (FRG)	1521	Margitt Otto-Crepin (FRA)	1462	Christine Stückelberger (SUI)	1417
Dressur, Mannschaft	BR Deutschland	4302	Schweiz	4164	Kanada	3969
Springreiten, Einzel	Pierre Durand (FRA)	1,25	Greg Best (USA)	4,00	Karsten Huck (FRG)	4,00
Springreiten, Mannschaft	BR Deutschland	17,25	USA	20,50	Frankreich	27,50
Schießen						
Männer						
Kleinkaliber (KK) liegend	Miroslav Varga (TCH)	703,9	Young Chul Cha (KOR)	702,8	Attila Zahonyi (HUN)	701,9
Kleinkaliber Dreistellungskampf	Malcolm Cooper (GBR)	1279,3	Alister Allan (GBR)	1275,6	Kirill Iwanow (URS)	1275,0
Schnellfeuerpistole	Afanasi Kuzmin (URS)	698	Ralf Schumann (GDR)	696	Zoltan Kovacs (HUN)	693
Freie Pistole	Sorin Babii (ROM)	660	Ragnar Skanaker (SWE)	657	Igor Bassinski (URS)	657
Laufende Scheibe	Tor Heiestad (NOR)	689	Shiping Huang (CHN)	687	Gennadi Awramenko (URS)	686
Luftpistole	Taniou Kiriakov (BUL)	687,9	Erich Buljung (USA)	687,9	Haifeng Xu (CHN)	684,5
Wurftaubenschießen (Skeet)	Axel Wegner (GDR)	222	Alfonso de Iruarrizaga (CHI)	221	Jorge Guardiola (ESP)	220
Wurftaubenschießen (Trap)	Dimitri Monakow (URS)	222	Miloslaw Bednarik (TCH)	222/7	Frans Peeters (BEL)	219/16
Luftgewehr	Goran Maksimovic (YUG)	695,6	Nicolas Berthelot (FRA)	694,2	Johann Riederer (FRG)	694,0
Frauen						
Sportpistole	Nina Salukwadze (URS)	690	Tomoko Hasegawa (JPN)	686	Jasna Sekaric (YUG)	686
Kleinkaliber Dreistellungskampf	Silvia Sperber (FRG)	685,6	Vessela Letcheva (BUL)	683,2	Walentina Tscherkassowa (URS)	681,4
Luftgewehr	Irina Tschilowa (URS)	498,5	Silvia Sperber (FRG)	497,5	Anna Malukina (URS)	495,8
Luftpistole	Jasna Sekaric (YUG)	489,5	Nino Salukwadse (URS)	487,9	Marina Dobrantschewa (URS)	485,2
Bogenschießen						
Männer						
Einzel	Jay Barrs (USA)	338	Park Sung Soo (KOR)	336	Wladimir Eschejew (URS)	335
Mannschaft	Korea	986	USA	972	Großbritannien	968
Frauen						
Einzel	Kim Soo Nyung (KOR)	344	Wang Hee Kyung (KOR)	332	Yun Young Sook (KOR)	327
Mannschaft	Korea	982	Indonesien	952	USA	952
Synchronschwimmen						
Einzel	Carolyn Waldo (CAN)	200,150	Tracie Ruiz-Conforto (USA)	197,633	Mikako Kotani (JPN)	191,850
Duo	Kanada	197,717	USA	197,284	Japan	190,959

DISZIPLIN	GOLD		SILBER		BRONZE	
Turnen						
Männer						
Mehrkampf, Einzelwertung	Wladimir Artemow (URS)	119,125	Waleri Ljukin (URS)	119,025	Dimitri Bilosertschew (URS)	118,975
Mehrkampf, Mannschaft	UdSSR	593,35	DDR	588,40	Japan	586,60
Barren	Wladimir Artemow (URS)	19,925	Waleri Ljukin (URS)	19,900	Sven Tippelt (GDR)	19,750
Boden	Sergei Tscharkow (URS)	19,925	Wladimir Artemow (URS)	19,900	Yun Lou (CHN)	19,850
Pferdsprung	Yun Lou (CHN)	19,875	Sylvio Kroll (GDR)	19,862	Park Jong Hoon (KOR)	19,775
Reck	Wladimir Artemow (URS)	19,900			Holger Behrendt (GDR)	19,800
	Waleri Ljukin (URS)	19,900			Marius Gherman (ROM)	19,800
Ringe	Holger Behrendt (GDR)	19,925			Sven Tippelt (GDR)	19,875
	Dimitri Bilosertschew (URS)	19,925				
Seitpferd	Lubomir Gueraskolv (BUL)	19,950				
	Zsolt Borkai (HUN)	19,950				
	Dimitri Bilosertschew (URS)	19,950				
Frauen						
Mehrkampf, Einzelwertung	Elena Schuschunowa (URS)	79,662	Daniela Silivas (ROM)	79,637	Swetlana Boginskaja (URS)	79,400
Mehrkampf, Mannschaft	UdSSR	395,475	Rumänien	395,125	DDR	390,875
Boden	Daniela Silivas (ROM)	19,937	Swetlana Boginskaja (URS)	19,887	Diana Dudeva (BUL)	19,850
Pferdsprung	Swetlana Boginskaja (URS)	19,905	Gabriela Potorac (ROM)	19,830	Daniela Silivas (ROM)	19,818
Schwebebalken	Daniela Silivas (ROM)	19,924	Elena Schuschunowa (URS)	19,875	Gabriela Potorac (ROM)	19,837
					Phoebe Mills (USA)	19,837
Stufenbarren	Daniela Silivas (ROM)	20,000	Dagmar Kersten (GDR)	19,987	Elena Schuschunowa (URS)	19,962
Rhythmische Sportgymnastik						
Mehrkampf	Marina Lobatsch (URS)	60,000	Adriana Dunavska (BUL)	59,950	Alexandra Timoschenko (URS)	59,875
Tennis						
Männer						
Einzel	Miloslav Mecir (TCH)		Tim Mayotte (USA)		Stefan Edberg (SWE)	
					Brad Gilbert (USA)	
Doppel	Ken Flach/Robert Seguso (USA)		Emilio Sanchez/Sergio Casal (ESP)		Stefan Edberg/Anders Jarryd (SWE)	
					Miroslav Mecir/Milan Szrejber (TCH)	
Frauen						
Einzel	Steffi Graf (FRG)		Gabriela Sabatini (ARG)		Zina Garrison (USA)	
					Manuela Maleeva (BUL)	
Doppel	Pam Shriver/Zina Garrison (USA)		Jana Novotna/Helena Sukova (TCH)		Steffi Graf/Claudia Kohde-Kilsch (FRG)	
					Elizabeth Smylie/Wendy Turnbull (AUS)	
Tischtennis						
Männer						
Einzel	Yoo Nam Kyu (KOR)		Kim Ki Taik (KOR)		Erik Lindh (SWE)	
Doppel	China		Jugoslawien		Südkorea	
Frauen						
Einzel	Jing Chen (CHN)		Huifeng Li (CHN)		Zhimin Jiao (CHN	
Doppel	Korea		China		Jugoslawien	
Basketball						
Männer	UdSSR		Jugoslawien		USA	
Frauen	USA		Jugoslawien		UdSSR	
Fußball	UdSSR		Brasilien		BR Deutschland	
Handball						
Männer	UdSSR		Korea		Jugoslawien	
Frauen	Südkorea		Norwegen		UdSSR	
Hockey						
Männer	Großbritannien		BR Deutschland		Niederlande	
Frauen	Australien		Korea		Niederlande	
Volleyball						
Männer	USA		UdSSR		Argentinien	
Frauen	UdSSR		Peru		China	

Albertville 1992

8. Februar – 23. Februar

Teilnehmer: ca. 1810 / **Männer:** ca. 1320, **Frauen:** ca. 490, **Länder:** 64,
Sportarten: 10, **Entscheidungen:** 57
Letzte Fackelträger: Michel Platini und François-Cyrille Grange

Medaillenspiegel

RANG	LAND	GOLD	SILBER	BRONZE
1	Deutschland	10	10	6
2	Gemeinsch. Unabhängiger Staaten	9	6	8
3	Norwegen	9	6	5
4	Österreich	6	7	8
5	USA	5	4	2

Erfolgreichste Athleten

RANG	NAME (NATIONALITÄT)	DISZIPLIN	G	S	B
1	Ljubow Jegorowa (EUN)	Ski nordisch	3	2	–
2	Vegard Ulvang (NOR)	Ski nordisch	3	1	–
	Bjørn Dæhlie (NOR)	Ski nordisch	3	1	–
4	Mark Kirchner (GER)	Biathlon	2	1	–
	Gunda Niemann (GER)	Eisschnellauf	2	1	–

DISZIPLIN	GOLD		SILBER		BRONZE	
Ski alpin						
Männer						
Abfahrt	Patrick Ortlieb (AUT)	1:50,37	Franck Piccard (FRA)	1:50,42	Günther Mader (AUT)	1:50,47
Slalom	Finn Christian Jagge (NOR)	1:44,39	Alberto Tomba (ITA)	1:44,67	Michael Tritscher (AUT)	1:44,85
Riesenslalom	Alberto Tomba (ITA)	2:06,98	Marc Girardelli (LUX)	2:07,30	Kjetil-Andre Aamodt (NOR)	2:07,82
Super-G	Kjetil Andre Aamodt (NOR)	1:13,04	Marc Girardelli (LUX)	1:13,77	Jan Einar Thorsen (NOR)	1:13,83
Kombination	Josef Polig (ITA)	14,58	Gianfranco Martin (ITA)	14,90	Steve Locher (SUI)	18,16
Frauen						
Abfahrt	Kerrin Lee-Gartner (CAN)	1:52,55	Hilary Lindh (USA)	1:52,61	Veronika Wallinger (AUT)	1:52,64
Slalom	Petra Kronberger (AUT)	1:32,68	Anneliese Coberger (NZL)	1:33,10	Bianca Fernandez-Ochoa (ESP)	1:33,35
Riesenslalom	Pernilla Wilberg (SWE)	2:12,74	Diann Roffe (USA)	2:13,71		
			Anita Wachter (AUT)	2:13,71		
Super-G	Deborah Compagnoni (ITA)	1:21,22	Carole Merle (FRA)	1:22,63	Katja Seizinger (GER)	1:23,19
Kombination	Petra Kronberger (AUT)	2,55	Anita Wachter (AUT)	19,39	Florence Masnada (FRA)	21,38
Freestyle/Buckelpiste *Männer*	Edgar Grospiron (FRA)	25,81	Olivier Allamand (FRA)	24,87	Nelson Carmichael (USA)	24,82
Freestyle/Buckelpiste *Frauen*	Donna Weinbrecht (USA)	23,69	Elisabeta Kojewnikowa (EUN)	23,50	Stine Lise Hattestad (NDR)	23,04
Ski nordisch						
Männer						
10 km-Langlauf (klassisch)	Vegard Ulvang (NOR)	27:36,0	Marco Albarello (ITA)	27:55,2	Christer Majbäck (SWE)	27:56,4
Langlauf Kombination	Bjørn Daehlie (NOR)	1:05:37,9	Vegard Ulvang (NOR)	1:06:31,3	Giorgio Vanzetta (ITA)	1:06:32,3
30-km-Langlauf (klassisch)	Vegard Ulvang (NOR)	1:22:27,8	Bjørn Daehlie (NOR)	1:23:14,0	Terje Langli (NOR)	1:23:42,5
50-km-Langlauf (Freistil)	Bjørn Daehlie (NOR)	2:03:41,5	Maurilio de Zolt (ITA)	2:04:39,1	Georgio Vanzetta (ITA)	2:06:42,1
4 x 10 km Staffel	Norwegen	1:39:26,0	Italien	1:40:52,7	Finnland	1:41:22,9
Skispringen/Normalschanze	Ernst Vettori (AUT)	222,8	Martin Höllwarth (AUT)	218,1	Toni Nieminen (FIN)	217,0
Skispringen/Großschanze	Toni Nieminen (FIN)	239,5	Martin Höllwarth (AUT)	227,3	Heinz Kullin (AUT)	214,8
Skispringen/Mannschaft	Finnland	644,4	Österreich	642,9	ČSFR	620,1
Nordische Kombination Einzel	Fabrice Guy (FRA)		Sylvain Guillaume (FRA)		Klaus Sulzenbacher (AUT)	
Nordische Kombination Mannschaft	Japan		Norwegen		Österreich	
Frauen						
5-km-Langlauf (klassisch)	Marjut Lukkarinen (FIN)	14:13,80	Ljubow Jegorowa (EUN)	14:14,70	Jelena Wälbe (EUN)	14:22,7
Langlauf-Kombination	Ljubow Jegorowa (EUN)	40:08,40	Stefania Belmondo (ITA)	40:44,0	Jelena Wälbe (EUN)	40:52,7
15-km-Langlauf (klassisch)	Ljubow Jegorowa (EUN)	42:20,80	Marjut Lukkarinen (FIN)	43:29,90	Jelena Wälbe (EUN)	43:42,3
30-km-Langlauf (Freistil)	Stefania Belmondo (ITA)	1:22:30,10	Ljubow Jegorowa (EUN)	1:22:52,0	Jelena Wälbe (EUN)	1:24:13,9
4 x 5 km Staffel	Gemeinschaft Unabhängiger Staaten	59:34,80	Norwegen		Italien	
Biathlon						
Männer						
10 km	Mark Kirchner (GER)	26:02,3	Ricco Groß (GER)	26:18,0	Harri Eloranta (FIN)	26:26,6
20 km	Jewgeni Redkin (EUN)	57:34,4	Mark Kirchner (GER)	57:40,8	Mikael Löfgren (SWE)	57:59,4
4 x 7,5 km	Deutschland	1:24:43,5	Gemeinschaft Unabhängiger Staaten	1:25:06,3	Schweden	1:25:38,2
Frauen						
7,5 km	Anfissa Reszowa (EUN)	24:29,7	Antje Misersky (GER)	24:45,1	Jelena Bjelowa (EUN)	24:50,8
15 km	Antje Misersky (GER)	51:47,2	Swetlana Petscherskaja (EUN)	51:58,5	Myriam Bedard (CAN)	52:15,0
3 x 7,5 km-Staffel	Frankreich	1:15:55,6	Deutschland	1:16:18,4	Gemeinschaft Unabhängiger Staaten	1:16:54,6

DISZIPLIN	GOLD		SILBER		BRONZE	
Eiskunstlauf						
Damen	Kristi Yamaguchi (USA)		Midoro Ito (JPN)		Nancy Kerrigan (USA)	
Herren	Viktor Petrenko (EUN)		Paul Wylie (USA)		Petr Barna (TCH)	
Paare	Natalia Mischkutionok/		Elena Beschke/		Isabelle Brasseur/	
	Artur Dimitrijew (EUN)		Denios Petrow (EUN)		Lloyd Eisler (CAN)	
Eistanz	Marina Klimowa/		Isabelle Duchesnay/		Maja Usowa/	
	Sergej Ponomarenko (EUN)		Paul Duchesnay (FRA)		Alexander Schulin (EUN)	
Eisschnellauf						
Männer						
500 m	Uwe-Jens Mey (GER)	37,14	Toshiyuki Kuroiwa (JPN)	37,18	Junichi Inoue (JPN)	37,26
1000 m	Olaf Zinke (GER)	1:14,85	Yoon-Man Kim (KOR)	1:14,86	Yukinori Miyabe (JPN)	1:14,92
1500 m	Johann Olav Koss (NOR)	1:54,81	Adne Soendral (NOR)	1:54,85	Leo Visser (HOL)	1:54,90
5000 m	Geir Karlstad (NOR)	6:59,97	Falko Zandstra (HOL)	7:02,28	Leo Visser (HOL)	7:04,96
10 000 m	Bart Veldkamp (HOL)	14:12,12	Johann Olav Koss (NOR)	14:14,58	Geir Karlstad (NOR)	14:18,13
Frauen						
500 m Eisschnellauf	Bonnie Blair (USA)	40,33	Qiabo Ye (CHN)	40,51	Christa Luding (GER)	40,57
1000 m Eisschnellauf	Bonnie Blair (USA)	1:21,9	Qiabo Ye (CHN)	1:21,92	Monique Garbrecht (GER)	1:22,10
1500 m Eisschnellauf	Jacqueline Börner (GER)	2:05,87	Gunda Niemann (GER)	2:05,92	Seiko Hashimoto (JPN)	2:06,88
3000 m Eisschnellauf	Gunda Niemann (GER)	4:19,90	Heike Warnicke (GER)	4:22,88	Emese Hunyady (AUT)	4:24,64
5000 m Eisschnellauf	Gunda Niemann (GER)	7:31,57	Heike Warnicke (GER)	7:37,59	Claudia Pechstein (GER)	7:39,80
Shorttrack						
1000 m Herren, Einzel	Ki-Hoon Kim (KOR)	1:30,76	Frederic Blackburn (CAN)	1:31,11	Joon-Ho Lee (KOR)	1:31,16
5000 m Herren-Staffel	Südkorea	7:14,02	Kanada	7:14,06	Japan	7:18,18
500 m Damen, Einzel	Cathy Turner (USA)	47,04	Yan Li (CHN)	47,08	Hwang Ok-Sil (PRK)	47,23
3000 m Damen, Staffel	Kanada	4:36,62	USA	4:37,85	Gemeinschaft	
					Unabhängiger Staaten	4:42,69
Rennrodeln						
Einer Herren	Georg Hackl (GER)	3:02,363	Markus Prock (AUT)	3:02,669	Markus Schmidt (AUT)	3:02,942
Einer Damen	Doris Neuner (AUT)	3:06,696	Angelika Neuner (AUT)	3:06,769	Susi Erdmann (GER)	3:07,115
Doppel	Stefan Krauße/		Yves Mankel/		Hansjörg Raffl/	
	Jan Behrendt (GER)	1:32,053	Thomas Rudolph (GER)	1:32,239	Norbert Hubert (ITA)	1:32,649
Bob						
Zweierbob	Schweiz I	4:03,26	Deutschland I	4:03,55	Deutschland II	4:03,63
Viererbob	Österreich I	3:53,90	Deutschland I	3:53,92	Schweiz I	3:54,13
Eishockey	Gemeinschaft Unabhängiger Staaten		Kanada		ČSFR	

Barcelona 1992

25. Juli – 8. August

Teilnehmer: ca. 9360 / **Männer:** ca. 6660, **Frauen:** ca. 2700, **Länder:** 169,
Sportarten: 24, **Entscheidungen:** 257
Letzter Fackelträger: Antonio Rebollo

Medaillenspiegel

RANG	LAND	GOLD	SILBER	BRONZE
1	Gem. Unabhängiger Staaten	45	38	28
2	USA	37	34	37
3	Deutschland	33	21	28
4	China	16	22	16
5	Kuba	14	6	11

Erfolgreichste Athleten

RANG	NAME (NATIONALITÄT)	DISZIPLIN	G	S	B
1	Witali Scherbo (EUN)	Turnen	6	–	–
2	Jewgenij Sadowij (EUN)	Schwimmen	3	–	–
3	Krisztina Egerszegy (HUN)	Schwimmen	3	–	–
4	Alexander Popow (EUN)	Schwimmen	2	2	–
5	Tatjana Goutsou (EUN)	Turnen	2	1	1

DISZIPLIN	GOLD		SILBER		BRONZE	
Leichtathletik						
Männer						
100 m	Linford Christie (GBR)	9,96	Frank Fredericks (NAM)	10,02	Dennis Mitchell (USA)	10,04
200 m	Mike Marsh (USA)	20,01	Frank Fredericks (NAM)	20,13	Michael Bates (USA)	20,38

BARCELONA 1992

DISZIPLIN	GOLD		SILBER		BRONZE	
400 m	Quincy Watts (USA)	43,50	Steve Lewis (USA)	44,21	Samson Kitur (KEN)	44,24
800 m	William Tanui (KEN)	1:43,66	Nixon Kiprotich (KEN)	1:43,70	Johnny Gray (USA)	1:43,97
1500 m	Fermin Cacho Ruiz (ESP)	3:40,12	Rachid El Basif (ESP)	3:40,62	Mohamed Sulaiman (QAT)	3:40,69
5000 m	Dieter Baumann (GER)	13:12,52	Paul Bitok (KEN)	13:12,71	Fita Bayisa (ETH)	13:13,02
10 000 m	Khalid Skah (MAR)	27:46,70	Richard Chelimo (KEN)	27:47,72	Addis Abebe (ETH)	28:00,07
Marathon	Young Cho Hwang (KOR)	2:13:23	Koichi Morishita (JPN)	2:13:45	Stephan Freigang (GER)	2:14:00
110 m Hürden	Mark McKoy (CAN)	13,12	Tony Dees (USA)	13,24	Jack Pierce (USA)	13,26
400 m Hürden	Kevin Young (USA)	46,78	Winthrop Graham (JAM)	47,66	Kriss Akabusi (GBR)	47,82
3000 m Hindernis	Mathew Birir (KEN)	8:08,84	Patrick Sang (KEN)	8:09,55	William Mutwol (KEN)	8:10,74
4 x 100 m	USA	37,40	Nigeria	37,98	Kuba	38,00
4 x 400 m	USA	2:55,74	Kuba	2:59,51	Großbritannien	2:59,73
20 km Gehen	Daniel Montero Plaza (ESP)	1:21:45	Guillaume Leblanc (CAN)	1:22:25	Giovanni De Benedictis (ITA)	1:23:11
50 km Gehen	Andrej Perlow (EUN)	3:50:13	Carlos Mescenario Carbajal (MEX)	3:52:09	Ronald Weigel (GER)	3:53:45
Hochsprung	Javier Sotomayor (CUB)	2,34	Patrick Sjöberg (SWE)	2,34	Artur Partyka (POL)	2,34
					Timothy Forsyth (AUS)	2,34
					Hollis Conway (GBR)	2,34
Stabhochsprung	Maxim Tarassow (EUN)	5,80	Igor Trandenkow (EUN)	5,80	Javier Garcia (ESP)	5,75
Weitsprung	Carl Lewis (USA)	8,67	Mike Powell (USA)	8,64	Joe Greene (USA)	8,34
Dreisprung	Michael Conley (USA)	18,17	Charles Simpkins (USA)	17,60	Frank Rutherford (BAH)	17,36
Kugelstoßen	Michael Stulce (USA)	21,70	James Doehring (USA)	20,96	Wjatscheslaw Lycho (EUN)	20,94
Diskuswerfen	Romas Ubartas (LIT)	65,12	Jürgen Schult (GER)	64,94	Roberto Moya (CUB)	64,12
Speerwurf	Jan Zelezny (TCH)	89,66	Seppo Räty (FIN)	86,60	Steve Backley (GBR)	83,38
Hammerwurf	Andrej Abduwaljew (EUN)	82,54	Igor Astapkowitsch (EUN)	81,96	Igor Nikulin (EUN)	81,38
Zehnkampf	Robert Zmelik (TCH)	8611	Antonio Peñalver (ESP)	8412	David Johnson (USA)	8309
Frauen						
100 m	Gail Devers (USA)	10,82	Juliet Cuthbert (JAM)	10,83	Irina Priwalowa (EUN)	10,84
200 m	Gwen Torrence (USA)	21,81	Juliet Cuthbert (JAM)	22,02	Merlene Ottey (JAM)	22,09
400 m	Marie-José Perec (FRA)	48,83	Olga Brysgina (EUN)	49,05	Ximena Restrepo (COL)	49,64
800 m	Ellen van Langen (HOL)	1:55,54	Lilia Nurutdinowa (EUN)	1:55,99	Ana Fidelia Quirot (CUB)	1:56,80
1500 m	Hassiba Boulmerka (ALG)	3:55,30	Ludmilla Rogatschewa (EUN)	3:56,91	Yunxia Qu (CHN)	3:57,08
3000 m	Jelena Romanowa (EUN)	8:46,04	Tatjana Dorowskisch (EUN)	8:46,85	Angela Chalmers (CAN)	8:47,22
10 000 m	Derartu Tulu (ETH)	31:06,02	Elena Meyer (RSA)	31:11,75	Lynn Jennings (USA)	31:19,89
Marathon	Walentina Jegorowa (EUN)	2:32:41	Yuko Arimori (JPN)	2:32:49	Lorraine Moller (NZL)	2:33:59
100 m Hürden	Paraskevi Patoulidou (GRE)	12,64	Lavonna Martin (USA)	12,69	Jordanka Donkova (BUL)	12,70
400 m Hürden	Sally Gunnell (GBR)	53,23	Sandra Farmer-Patrick (USA)	53,69	Janeene Vickers (USA)	54,31
4 x 100 m	USA	42,11	Gemeinschaft Unabhängiger Staaten	42,16	Nigeria	42,81
4 x 400 m	Gemeinschaft Unabhängiger Staaten	3:20,20	USA	3:20,92	Großbritannien	3:24,23
10 km Gehen	Yueling Chen (CHN)	44:32	Jelena Nikolajewa (EUN)	44:33	Chunxiu Li (CHN)	44:41
Hochsprung	Heike Henkel (GER)	2,02	Galina Astafei (ROM)	2,00	Joanet Quintero (CUB)	1,97
Weitsprung	Heike Drechsler (GER)	7,14	Inessa Krawets (EUN)	7,12	Jackie Joyner-Kersee (USA)	7,07
Kugelstoßen	Swetlana Kriweljowa (EUN)	21,06	Zhihong Huang (CHN)	20,47	Kathrin Neimke (GER)	19,78
Diskus	Maritza Marten (CUB)	70,06	Zvetanka Christova (BUL)	67,78	Daniela Costian (AUS)	66,24
Speerwurf	Silke Renk (GER)	68,34	Natalja Schikolenko (EUN)	68,26	Karen Forkel (GER)	66,86
Siebenkampf	Jackie Joyner-Kersee (USA)	7044	Irina Belowa (EUN)	6845	Sabine Braun (GER)	6649
Schwimmen						
Männer						
50 m Freistil	Alexander Popow (EUN)	21,91	Matt Biondi (USA)	22,09	Tom Jager (USA)	22,30
100 m Freistil	Alexander Popow (EUN)	49,02	Gustavo Borges (BRA)	49,43	Stephan Caron (FRA)	49,50
200 m Freistil	Jewgeni Sadowyi (EUN)	1:46,70	Anders Holmertz (SWE)	1:46,86	Antti Kasvio (FIN)	1:47,63
400 m Freistil	Jewgeni Sadowyi (EUN)	3:45,00	Kieren Perkins (AUS)	3:45,16	Anders Holmertz (SWE)	3:46,77
1500 m Freistil	Kieren Perkins (AUS)	14:43,48	Glen Housman (AUS)	14:55,29	Jörg Hoffmann (GER)	15:02,29
100 m Rücken	Mark Tewksbury (CAN)	53,98	Jeff Rouse (USA)	54,04	David Berkhoff (USA)	54,78
200 m Rücken	MartinLopez-Zubero (ESP)	1:58,47	Wladimir Selkow (EUN)	1:58,87	Stefano Battistelli (ITA)	1:59,40
100 m Brust	Nelson Diebel (USA)	1:01,50	Norbert Rosza (HUN)	1:01,68	Philip Rogers (AUS)	1:01,76
200 m Brust	Mike Barrowman (USA)	2:10,16	Norbert Rozsa (HUN)	2:11,23	Nick Gillingham (GBR)	2:11,29
100 m Schmetterling	Pablo Morales (USA)	53,32	Rafal Szukala (POL)	53,35	Anthony Nesty (SUR)	53,41
200 m Schmetterling	Melvin Stewart (USA)	1:56,26	Danyon Loader (NZL)	1:57,93	Franck Esposito (FRA)	1:58,51
200 m Lagen	Tamas Darnyi (HUN)	2:00,76	Gregory Burgess (USA)	2:00,97	Attila Czene (HUN)	2:01,00
400 m Lagen	Tamas Darnyi (HUN)	4:14,23	Eric Namesnik (USA)	4:15,57	Luca Sacchi (ITA)	4:16,34
4 x 100 m Freistil	USA	3:16,74	Gemeinschaft Unabhängiger Staaten	3:17,56	Deutschland	3:17,90
4 x 200 m Freistil	Gemeinschaft Unabhängiger Staaten	7:11,95	Schweden	7:15,51	USA	7:16,23

DISZIPLIN	GOLD		SILBER		BRONZE	
4 x 100 m Lagen	USA	3:36,93	Gemeinschaft Unabhängiger Staaten	3:38,56	Kanada	3:39,66
Kunstspringen	Mark Lenzi (USA)	676,53	Liangde Tan (CHN)	645,57	Dmitri Sautin (EUN)	627,78
Turmspringen	Shuwei Sun (CHN)	677,31	Scott Donie (USA)	633,63	Ni Xiong (CHN)	600,15
Wasserball	Italien		Spanien		Gemeinschaft Unabhängiger Staaten	
Frauen						
50 m Freistil	Wenyi Yang (CHN)	24,79	Yong Zhuang (CHN)	25,08	Angel Martino (USA)	25,23
100 m Freistil	Yong Zhuang (CHN)	54,64	Jenny Thompson (USA)	54,84	Franziska van Almsick (GER)	54,94
200 m Freistil	Nicole Haislett (USA)	1:57,90	Franziska van Almsick (GER)	1:58,00	Kerstin Kielgaß (GER)	1:59,67
400 m Freistil	Dagmar Hase (GER)	4:07,18	Janet Evans (USA)	4:07,37	Hayley Lewis (AUS)	4:11,22
800 m Freistil	Janet Evans (USA)	8:25,52	Hayley Lewis (AUS)	8:30,34	Jana Hanke (GER)	8:30,99
100 m Rücken	Krisztina Egerszegy (HUN)	1:00,68	Tunde Szabo (HUN)	1:01,14	Lea Loveless (USA)	1:01,43
200 m Rücken	Krisztina Egerszegy (HUN)	2:07,06	Dagmar Hase (GER)	2:09,46	Nicole Stevenson (AUS)	2:10,20
100 m Brust	Jelena Rudkowskaja (EUN)	1:08,00	Anita Nall (USA)	1:08,17	Samantha Riley (AUS)	1:09,25
200 m Brust	Kyoko Iwasaki (JPN)	2:26,65	Li Lin (CHN)	2:26,85	Anita Nall (USA)	2:26,88
100 m Schmetterling	Hong Qian (CHN)	58,62	Christine Ahmann-Leighton (USA)	58,74	Cathérine Plewinski (FRA)	59,01
200 m Schmetterling	Summer Sanders (USA)	2:08,67	Xiaohong Wang (CHN)	2:09,01	Susan O'Neill (AUS)	2:09,03
200 m Lagen	Li Lin (CHN)	2:11,65	Summer Sanders (USA)	2:11,91	Daniela Hunger (GER)	2:13,92
400 m Lagen	Krisztina Egerszegy (HUN)	4:36,54	Li Lin (CHN)	4:36,73	Summer Sanders (USA)	4:37,58
4 x 100 m Freistil	USA	3:39,46	China	3:40,12	Deutschland	3:41,60
4 x 100 m Lagen	USA	4:02,54	Deutschland	4:05,19	Gemeinschaft Unabhängiger Staaten	4:06,44
Kunstspringen	Min Gao (CHN)	572,40	Irina Laschko (EUN)	514,14	Brita Baldus (GER)	503,07
Turmspringen	Mingxia Fu (CHN)	461,43	Jelena Miroschina (EUN)	411,63	Mary Ellen Clark (USA)	401,91

Boxen

DISZIPLIN	GOLD	SILBER	BRONZE
Halbfliegengewicht (-48 kg)	Rogelio Marcelo Garcia (CUB)	Daniel Bojinov (BUL)	Jan Quast (GER) Roel Velasco (PHI)
Fliegengewicht (-51 kg)	Chol Su Choi (PRK)	Raul Gonzales (CUB)	Istvan Kovacs (HUN) Timothy Austin (USA)
Bantamgewicht (-54 kg)	Joel Casamayor (CUB)	Wayne McCullough (IRL)	Mohamed Achik (MAR) Gwang Sik Li (PRK)
Federgewicht (-57 kg)	Andreas Tews (GER)	Faustino Reyes (ESP)	Hocine Soltani (ALG) Ramazi Paliani (EUN)
Leichtgewicht (-60 kg)	Oscar de la Hoya (USA)	Marco Rudolph (GER)	Sung Sik Hong (KOR) Namjil Bayarsaikhan (MGL)
Halbweltergewicht (-63,5 kg)	Hector Vinent (CUB)	Mark Leduc (CAN)	Jyri Kjäll (FIN) Leonard Doroftei (ROM)
Weltergewicht (-67 kg)	Michael Carruth (IRL)	Juan Hernandez (CUB)	Anibal Acevedo Santiago (PUR) Arkom Chenglai (THA)
Halbmittelgewicht (-71 kg)	Juan Lemus Garcia (CUB)	Orhan Delibas (HOL)	Robin Reid (GBR) Gyorgy Mizsei (HUN)
Mittelgewicht (-75 kg)	Ariel Hernandez (CUB)	Chris Byrd (USA)	Chris Johnson (CAN) Seung Bae Lee (KOR)
Halbschwergewicht (-81 kg)	Torsten May (GER)	Rostislaw Saulitschni (EUN)	Zoltan Beres (HUN) Wojciech Bartnik (POL)
Schwergewicht (-91 kg)	Felix Savon (CUB)	David Izonritei (NGR)	Arnold Vanderlijde (HOL) David Tua (NZL)
Superschwergewicht (+91 kg)	Roberto Balado Mendez (CUB)	Richard Igbineghu (NGR)	Brian Nielsen (DEN) Swilen Aldinow Rusinov (BUL)

Gewichtheben

DISZIPLIN	GOLD	SILBER	BRONZE
Fliegengewicht (-52 kg)	Ivan Ivanov (BUL)	Qisheng Lin (CHN)	Traian Joachim Ciharean (ROM)
Bantamgewicht (-56 kg)	Byung-Kwan Chun (KOR)	Shoubin Liu (CHN)	Jianming Luo (CHN)
Federgewicht (-60 kg)	Naim Süleymanoglu (TUR)	Nikolai Peschalov (BUL)	Yinggiang He (CHN)
Leichtgewicht (-67,5 kg)	Israel Militosjan (EUN)	Yoto Yotov (BUL)	Andreas Behm (GER)
Mittelgewicht (-75 kg)	Fjodor Kassapu (EUN)	Pablo Lara Rodriguez (CUB)	Myong Nam Kim (PRK)
Leichtschwergewicht (-82,5 kg)	Pyrros Dimas (GRE)	Krzysztof Siemion (POL)	Ibragim Samadow (EUN)
Mittelschwergewicht (-90 kg)	Kachi Kachiaschwili (EUN)	Sergej Syrtsow (EUN)	Sergiusz Wolczaniecki (POL)
Schwergewicht (-100 kg)	Wiktor Tregubow (EUN)	Timur Taimassow (EUN)	Waldemar Malak (POL)
Schwergewicht (-110 kg)	Ronny Weller (GER)	Artur Akojew (EUN)	Stefan Botev (BUL)
Superschwergewicht (+110 kg)	Alexander Kurlowitsch (EUN)	Leonid Taranenko (EUN)	Manfred Nerlinger (GER)

Ringen, griechisch-römisch

DISZIPLIN	GOLD	SILBER	BRONZE
Papiergewicht (- 48 kg)	Oleg Kutscherenko (EUN)	Vincenzo Maenza (ITA)	Wilber Sanchez (CUB)
Fliegengewicht (-52 kg)	Jon Rönningen (NOR)	Alfred Ter-Mkrytschan (EUN)	Kyung-Kap Min (KOR)

DISZIPLIN	GOLD	SILBER	BRONZE
Bantamgewicht (-57 kg)	Han Bong An (KOR)	Rifat Yildiz (GER)	Zetian Shang (CHN)
Federgewicht (-62 kg)	Akif Pirim (TUR)	Sergej Martynow (EUN)	Juan Maren (CUB)
Leichtgewicht (-68 kg)	Attila Repka (HUN)	Islan Dugutschijew (EUN)	Rodney Smith (USA)
Weltergewicht (-74 kg)	Minazakan Iskandarian (EUN)	Jozef Tracz (POL)	Torbjörn Kornbakk (SWE)
Mittelgewicht (-82 kg)	Peter Farkas (HUN)	Pjotr Stepien (POL)	Daulet Turklyschanow (EUN)
Halbschwergewicht (-90 kg)	Maik Bullmann (GER)	Hakki Basar (TUR)	Gogui Koguaschwili (EUN)
Schwergewicht (-100 kg)	Hector Milian (CUB)	Dennis Koslowski (USA)	Sergej Demjaschkijewitsch (EUN)
Superschwergewicht (+130 kg)	Alexander Karelin (EUN)	Tomas Johansson (SWE)	Ion Grigoras (ROM)
Ringen, Freier Stil			
Halbfliegengewicht (-48 kg)	Il Kim (PRK)	Jong-Shin Kim (KOR)	Wugar Orudjow (EUN)
Fliegengewicht (-52 kg)	Hak-Son Li (PRK)	Harry Lee Jones (USA)	Valentin Jordanov (BUL)
Bantamgewicht (-57 kg)	Alejandro Puerto (CUB)	Sergej Smal (EUN)	Yong-Sik Kim (PRK)
Federgewicht (-62 kg)	John Smith (USA)	Asgari Mohammedian (IRN	Lazaro Reinoso (CUB)
Leichtgewicht (-68 kg)	Arsen Fadzajew (EUN)	Walentin Getsov (BUL)	Kosei Akaishi (JPN)
Weltergewicht (-74 kg)	Jang-Soon Park (KOR)	Kenneth Monday (USA)	Amir Khadem (IRN)
Mittelgewicht (-82 kg)	Kevin Jackson (USA)	Elemadi Dschabrailow (EUN)	Rasul Khadem (IRN)
Halbschwergewicht (-90 kg)	Maharbeg Chadarzew (EUN)	Kenan Simsek (TUR)	Christopher Campbell (USA)
Schwergewicht (-100 kg)	Leri Chabelow (EUN)	Heiko Balz (GER)	Ali Kayali (TUR)
Superschwergewicht (-130 kg)	Bruce Baumgartner (USA)	Jeffrey Thue (CAN)	David Gobedjischwili (EUN)
Judo			
Männer			
Superleichtgewicht (-60 kg)	Nazim Gusseinow (EUN)	Hyun Yoon (KOR)	Tadanor Koshino (JPN)
			Richard Trautmann (GER)
Halbleichtgewicht (-65 kg)	Rogerio Sampaio Cardoso (BRA)	Jozsef Csak (HUN)	Udo Quellmalz (GER)
			Israel Hernandez Planas (CUB)
Leichtgewicht (-71 kg)	Toshihiko Koga (JPN)	Bertalan Haitos (HUN)	Hoon Chung (KOR)
			Shay Oren Smadga (ISR)
Halbmittelgewicht (-78 kg)	Hidehiko Yoshida (JPN)	Jason Morris (USA)	Bertrand Damaisin (FRA)
			Byung-Joo Kim (KOR
Mittelgewicht (-86 kg)	Waldemar Legien (POL)	Pascal Tayot (FRA)	Hirotaka Okada (JPN)
			Nicolas Gill (CAN)
Halbschwergewicht (-95 kg)	Antal Kovacs (HUN)	Reymond Stevens (GBR)	Theo Meijer (HOL)
			Dimitri Sergejew (EUN)
Schwergewicht (+95 kg)	David Schaschaleschwili (EUN)	Naoya Ogawa (JPN)	David Douillet (FRA)
			Imre Csosz (HUN
Frauen			
Superleichtgewicht (-48 kg)	Cecile Nowak (FRA)	Ryoko Tamura (JPN)	Hulya Senyurt (TUR)
			Amarilis Savon Carmenaty (CUB)
Halbleichtgewicht (-52 kg)	Almudena Munoz (ESP)	Noriko Mizogushi (JPN)	Zhongyun Li (CHN)
			Susan Rendle (GBR
Leichtgewicht (-56 kg)	Miriam Blasco (ESP)	Nicola Fairbrother (GBR)	Chiyori Tateno (JPN)
			Driulis Gonzales Morales (CUB
Halbmittelgewicht (-61 kg)	Cathérine Fleury (FRA)	Yael Arad (ISR)	Di Zhang (CHN)
			Jelena Petrowa (EUN)
Mittelgewicht (-66 kg)	Odalis Reve Jimenez (CUB)	Emanuela Pierantozzi (ITA)	Heidi Rakels (BEL)
			Kate Howey (GBR)
Halbschwergewicht (-72 kg)	Mi-Jung Kim (KOR)	Yoko Tanabe (JPN)	Laetitia Meignan (FRA)
			Irene de Kok (HOL)
Schwergewicht (+72 kg)	Xiaoyan Zhuang (CHN)	Estela Rodriquez Villanueva (CUB)	Natalia Lupino (FRA)
			Yoko Sakaue (JPN)
Fechten			
Florett-Einzel, Herren	Philippe Omnes (FRA)	Sergej Golubitski (EUN)	Elvis Gregory (CUB)
Florett-Mannschaft, Herren	Deutschland	Kuba	Polen
Säbel-Einzel	Benco Szabo (HUN)	Marco Marin (ITA)	Jean-François Lamour (FRA)
Säbel-Mannschaft	Gemeinschaft Unabhängiger Staaten	Ungarn	Frankreich
Degen-Einzel	Eric Srecki (FRA)	Pawel Kolobkow (EUN)	Jean-Michel Henry (FRA)
Degen-Mannschaft	Deutschland	Ungarn	Gemeinschaft Unabhängiger Staaten
Florett-Einzel, Damen	Giovanna Trillini (ITA)	Huifeng Wang (CHN)	Tatjana Sadowskaja (EUN)
Florett-Mannschaft, Damen	Italien	Deutschland	Rumänien

DISZIPLIN	GOLD		SILBER		BRONZE	
Moderner Fünfkampf						
Einzel	Arkad Skrzypaszek (POL)	5559	Attila Mizser (HUN)	5446	Eduard Zanowka (EUN)	5361
Mannschaft	Polen	16018	Gemeinschaft		Italien	15760
			Unabhängier Staaten	15924		
Kanu						
Männer						
500 m K 1	Mikko Kolehmainen (FIN)	1:40,34	Zsolt Gyulay (HUN)	1:40,64	Knut Holman (NOR)	1:40,71
1000 m C 1	Clint David Robinson (AUS)	3:37,26	Knut Holman (NOR)	3:37,50	Greg Barton (USA)	3:37,93
500 m K 2	Deutschland	1:28,27	Polen	1:29,84	Italien	1:30,00
1000 m K 2	Deutschland	3:16,10	Schweden	3:17,70	Polen	3:18,86
1000 m K4	Deutschland	2:54,18	Ungarn	2:54,82	Australien	2:56,97
500 m C 1	Nikolai Buchalow (BUL)	1:51,15	Michail Sliwinski (EUN)	1:51,40	Olaf Heukrodt (GER)	1:53,00
1000 m C 1	Nikolai Buchalow (EUN)	4:05,92	Ivan Klementjew (LET)	4:06,60	Gyorgy Zala (HUN)	4:07,35
500 m C 2	Gemeinschaft		Deutschland	1:41,68	Bulgarien	1:41,94
	Unabhängiger Staaten	1:41,54				
1000 m C 2	Deutschland	3:37,42	Dänemark	3:39,26	Frankreich	3:59,51
Frauen						
500 m K 1	Birgit Schmidt (GER)	1:51,60	Rita Koban (HUN)	1:51,96	Izabella Dylewska (POL)	1:52,36
500 m K 2	Deutschland	1:40,29	Schweden	1:40,41	Ungarn	1:40,81
500 m K 4	Ungarn	1:38,22	Deutschland	1:38,47	Schweden	1:39,79
Kanuslalom						
Männer						
Einer-Kajak	Pierpaolo Ferrazzi (ITA)	106,89	Sylvain Curinier (FRA)	107,06	Jochen Lettmann (GER)	108,52
Einer-Kanadier	Lukas Pollert (TCH)	113,69	Gareth Marriott (GBR)	116,48	Jacky Avril (FRA)	117,18
Zweier-Kanadier	USA	122,41	CSFR	124,25	FRA	124,38
Frauen						
Einer-Kajak	Elisabeth Micheler (GER)	126,41	Danielle Woodward (AUS)	128,27	Dana Chladek (USA)	131,75
Rudern						
Männer						
Einer	Thomas Lange (GER)	6:51,40	Vaclav Chalupa (CSFR)	6:52,93	Kajetan Broniewski (POL)	6:56,82
Doppelzweier	Australien	6:17,32	Österreich	6:18,42	Niederlande	6:22,82
Zweier ohne Steuermann	Großbritannien	6:27,72	Deutschland	6:32,68	Slowenien	6:33,43
Zweier mit Steuermann	Großbritannien	6:49,83	Itlaien	6:50,98	Rumänien	6:51,58
Doppelvierer	Deutschland	5:45,17	Norwegen	5:47,09	Italien	5:47,33
Vierer ohne Steuermann	Australien	5:55,04	USA	5:56,68	Slowenien	5:58,24
Vierer mit Steuermann	Rumänien	5:59,37	Deutschland	6:00,34	Polen	6:03,27
Achter	Kanada	5:29,53	Rumänien	5:29,67	Deutschland	5:31,00
Frauen						
Einer	Elisabeta Lipa (ROM)	7:25,54	Annelies Bredael (BEL)	7:26,64	Silken Laumann (CAN)	7:28,85
Doppelzweier	Deutschland	6:49,00	Rumänien	6:51,47	China	6:55,16
Zweier ohne Steuerfrau	Kanada	7: 06,22	Deutschland	7 :07,96	USA	7 :08,11
Doppelvierer	Deutschland	6:20,18	Rumänien	6:24,34	Gemeinschaft	
					Unabhängiger Staaten	6:25,07
Vierer ohne Steuerfrau	Kanada	6:30,85	USA	6:31,86	Deutschland	6:32,34
Achter	Kanada	6:02,62	Rumänien	6:06,26	Deutschland	6:07,80
Segeln						
Finn-Dinghy	José van der Ploeg (ESP)	33,4	Brian Ledbetter (USA)	54,7	Craig Monk (NZL)	64,7
Star	USA	31,4	Neuseeland	58,4	Kanada	62,7
Flying Dutchman	Spanien	29,7	USA	32,7	Dänemark	37,7
Tornado	Frankreich	40,4	USA	42,0	Australien	44,4
470er, Männer	Spanien	50,0	USA	66,7	Estland	68,7
470er, Frauen	Spanien	30,7	Neuseeland	39,7	USA	42,4
Soling	Dänemark	34,0	USA	24,4	Großbritannien	48,0
Lechner A-390, Männer	Franck David (FRA)	70,7	Mike Gebhardt (USA)	71,1	Lars Kleppich (AUS)	98,7
Lechner A-390, Frauen	Barbara Anne Kendall (NZL)	47,8	Xiadong Zhang (CHN)	65,8	Dorien de Vries (HOL)	68,7
Europa-Klasse	Linda Andersen (NOR)	48,7	Natalia via Dufresne (ESP)	57,4	Julia Trotman (USA)	62,7
Radsport						
Männer						
Straßenrennen	Fabio Casartelli (ITA)	4:35:21	Erik Dekker (HOL)	4:35:22	Dainis Ozols (LET)	4:35:24
100-km-Mannschaftszeitfahren	Deutschland	2:01:39	Italien	2:02:30	Frankreich	2:05:25
Sprint	Jens Fiedler (GER)		Gary Neiwand (AUS)		Curtis Harnett (CAN)	

DISZIPLIN	GOLD		SILBER		BRONZE	
1000-m-Zeitfahren	Jose Moreno Perinan (ESP)	1:03,342	Shane Kelly (AUS)	1:04,288	Erin Harwell (USA)	1:04,753
4000-m-Einzelverfolgung	Christopher Boardman (GBR)		Jens Lehmann (GER)		Gary Anderson (NZL)	
4000-m-Mannschaftsverfolgung	Deutschland	4:08,791	Australien	4:10,218	Dänemark	4:15,860
Punktefahren	Giovanni Lombardi (ITA)		Leon van Bon (HOL)		Cedric Mathy (BEL)	
Frauen						
Straßenrennen	Kathryn Watt (AUS)	2:04:42	Jeannie Longo (FRA)	2:05:02	Monique Knol (HOL)	2:05:03
Sprint	Erika Salumäe	EST	Annett Neumann	GER	Ingrid Haringa	HOL
3000-m-Einzelverfolgung	Petra Roßner (GER)	3:41,753	Kathryn Watt (AUS)	3:43,438	Rebecca Twigg (USA)	3:52,429
Reitsport						
Military, Einzel	Matthew Ryan (AUS)	70,0	Herbert Blöcker (GER)	81,3	Blyth Tait (NZL)	87,6
Military, Mannschaft	Australien	288,6	Neuseeland	290,8	Deutschland	300,3
Dressur, Einzel	Nicole Uphoff (GER)	1626	Isabelle Werth (GER)	1551	Klaus Balkenhol (GER)	1515
Dressur, Mannschaft	Deutschland	5224	Niederlande	4742	USA	4643
Springreiten, Einzel	Ludger Beerbaum (GER)	0,00	Piet Raymakers (HOL)	0,25	Norman Joio (USA) 4,75	
Springreiten, Mannschaft	Niederlande	12	Österreich	16,75	Frankreich	24,75
Schießen						
Männer						
Kleinkaliber (KK) liegend	Eun-Chul Lee (KOR)	702,5	Harald Stenvaag (NOR)	701,4	Stevan Pletikosic (IOP)	701,1
Kleinkaliber Dreistellungskampf	Gratschia Petikjan (EUN)	1267,4	Robert Foth (USA)	1266,6	Ryohei Koba (JPN)	1265,9
Schnellfeuerpistole	Ralf Schumann (GER)	885	Afanassis Kusmin (LET	882	Wladimir Wochmjanin (EUN)	882
Freie Pistole	Konstantin Lukaschik (EUN)	658,0	Yifu Wang (CHN)	657,0	Ragnar Skanaker (SWE)	657,0
Laufende Scheibe	Michael Jakosits (GER)	673	Anatoli Asrabajew (EUN)	673	Lubos Racansky (TCH)	670
Luftpistole	Yifu Wang (CHN)	684,8	Sergej Pyjianow (EUN)	684,1	Sorin Babii (ROM)	684,1
Wurftaube Skeet	Shan Zhang (CHN)	223	Juan Jorge Giha Yahur (PER)	222	Bruno Rossetti (ITA)	222
Wurftaube Trap	Petr Hrdlicka (TCH)	219	Kazumi Watanabe (JPN)	219	Marco Venturini (ITA)	218
Luftgewehr	Juri Fedkin (EUN)	695,5	Franck Badiou (FRA)	691,9	Johann Riederer (GER)	691,7
Frauen						
Kombinationspistole	Marina Logwinenko (EUN)	684	Duihong Li (CHN)	680	Dorzhsuren Munkbajar (MVR)	679
KK-Standardgewehr	Launi Meili (USA)	684,3	Nonka Matova (BUL)	682,7	Malgorzata Ksiazkiewicz (POL)	681,5
Luftgewehr	Yeo Kab-Soon (KOR)	498,2	Vesela Letscheva (BUL)	495,3	Aranka Binder (IOP)	495,1
Luftpistole	Marina Logwinenko (EUN)	486,4	Jasna Sekaric (IOP)	486,4	Maria Grusdeva (BUL)	481,6
Bogenschießen						
Männer						
Einzel	Sebastian Flute (FRA)	542	Jae-Hun Chung (KOR)	542	Simon Terry (GBR)	528
Mannschaft	Spanien		Finnland		Großbritannien	
Frauen						
Einzel	Youn-Jeong Cho (KOR)	552	Kim Nyung Soo (KOR)	543	Natalia Walejewa (EUN)	526
Mannschaft	Korea	966	China	917	Gemeinschaft Unabhängiger Staaten	948
Synchronschwimmen						
Einzel	Kristen Babb-Sprague (USA)	191,848	Sylvie Frechette (CAN)	191,717	Fumiko Okuno (JPN)	187,056
Duo	USA	192,175	Kanada	189,394	Japan	186,868
Turnen						
Männer						
Mehrkampf, Einzelwertung	Witali Scherbo (EUN)	59,025	Grigori Misjutin (EUN)	58,925	Waleri Belenki (EUN)	58,625
Mehrkampf, Mannschaft	Gemeinschaft unabhängiger Staaten	585,450	China	580,375	Japan	578,250
Barren	Witali Scherbo (EUN) / Li Jing (CHN)	9,925 / 9,925	Linyao Guo (CHN)	9,887	Igor Korobtschinski (EUN) / Masayuki Matsunaga (JPN)	9,856 / 9,856
Boden	Xiaosahuang Li (CHN)	9,925	Grigori Misjutin (EUN)	9,787	Yukio Ikatani (JPN)	9,787
Pferdsprung	Witali Scherbo (EUN)	9,800	Grigori Misjutin (EUN)	9,800	Ok Ryul Yoo (KOR)	9,800
Reck	Trent Dimas (USA)	9,875	Grigori Misjutin (EUN)	9,837	Andreas Wecker (GER)	9,837
Ringe	Witali Scherbo (EUN)	9,937	Li Jing (CHN)	9,875	Andreas Wecker (GER) / Xiaoshuang Li (CHN)	9,862 / 9,862
Seitpferd	Witali Scherbo (EUN)	9,762	Gil-Su Pae (PRK)		Andreas Wecker (GER)	9,900
Frauen						
Mehrkampf, Einzelwertung	Tatjana Gutsu (EUN)	39,737	Shannon Miller (USA)	39,725	Lavinia Milosovici (ROM)	39,687
Mehrkampf, Mannschaft	Gemeinschaft Unabhängiger Staaten	395,666	Rumänien	395,079	USA	394,704

DISZIPLIN	GOLD		SILBER		BRONZE	
Boden	Lavinia Milosovici (ROM)	10,000	Henrietta Onodi (HUN)	9,950	Cristina Bontas (ROM)	9,912
					Tatjana Gutsu (EUN)	9,912
					Shannon Miller (USA)	9,912
Pferdsprung	Henrietta Onodi (HUN)	9,925	Lavinia Milosovici (ROM)	9,925	Tatjana Lyssenko (EUN)	9,912
Schwebebalken	Tatjana Lyssenko (EUN)	10,000	Lu Li (CHN)	9,975	Shannon Miller (USA)	9,962
Stufenbarren	Lu Li (CHN)	9,975	Tatjana Gutsu (EUN)	9,912	Shannon Miller (USA)	9,912
Rhythmische Sportgymnastik						
Mehrkampf	Alexandra Timoschenko (EUN)	59,037	Carolina Pascual (ESP)	58,100	Oksana Skaldina (EUN)	57,912
Tennis						
Männer						
Einzel	Marc Rosset	SUI	Jordi Arrese	ESP	Goran Ivanisevic	CRO
					Andrej Tscherkassow (EUN)	
Doppel	Boris Becker/Michael Stich (GER)		Wayne Ferreira/Piet Norval (RSA)		Goran Ivanisevic/Goran Prpic (ROM)	
					Javier Frana/Christian Miniussi (ARG)	
Frauen						
Einzel	Jennifer Capriati (USA)		Steffi Graf (GER)		Mary Joe Fernandez (USA)	
					Arantxa Sanchez-Vicario (ESP)	
Doppel	Gigig Fernandez/		Conchita Martinez/		Leila Meschki/Natalia Zwerewa (EUN)	
	Mary Joe Fernandez (USA)		Arantxa Sanchez-Vicario (ESP)		Rachel McQuillan/Nicole Proris (AUS)	
Tischtennis						
Männer						
Einzel	Jan-Ove Waldner (SWE)		Jean-Philippe Gatien (FRA)		Wenge Ma (CHN)	
					Kim Taek-Soo (KOR)	
Doppel	China		Deutschland		Korea	
Frauen						
Einzel	Yaping Deng (CHN)		Hong Qiao (CHN)		Jung Hwa Hyun (KOR)	
					Ben Hui Li (PRK)	
Doppel	China		Volksrepublik Nordkorea		Korea	
Basketball						
Männer	USA		Kroatien		Litauen	
Frauen	Gemeinschaft Unabhängiger Staaten		China		USA	
Fußball	Spanien		Polen		Ghana	
Handball						
Männer	Gemeinschaft Unabhängiger Staaten		Schweden		Frankreich	
Frauen	Korea		Norwegen		Gemeinschaft Unabhängiger Staaten	
Hockey						
Männer	Deutschland		Australien		Pakistan	
Frauen	Spanien		Deutschland		Großbritannien	
Volleyball						
Männer	Brasilien		Niederlande		USA	
Frauen	Kuba		Gemeinschaft Unabhängiger Staaten		USA	
Badminton						
Männer						
Einzel	Alan Budi Kusuma (INA)		Ardy Wiranata (INA)		Thomas Stuer-Lauridsen (DEN)	
					Hermawan Susanto (INA)	
Doppel	Korea		Indonesien		China	
					Malaysia	
Frauen						
Einzel	Susi Susanti (INA)		Soo Hyun Bang (KOR)		Hua Huang (CHN)	
					Jiuhong Tang (CHN)	
Doppel	Korea		China		China	
					Korea	
Baseball	Kuba		Tailand		Japan	

Lillehammer 1994

12. Februar – 27. Februar

Teilnehmer: ca. 1750 / **Männer:** ca. 1230, **Frauen:** ca. 520, **Länder:** 67,
Sportarten: 10, **Entscheidungen:** 61
Letzter Fackelträger: Prinz Håkon von Norwegen

Medaillenspiegel

RANG	LAND	GOLD	SILBER	BRONZE
1	Rußland	11	8	4
2	Norwegen	10	11	5
3	Deutschland	9	7	8
4	Italien	7	5	8
5	USA	6	5	2

Erfolgreichste Athleten

RANG	NAME (NATIONALITÄT)	DISZIPLIN	G	S	B
1	Ljubow Jegorowa (RUS)	Ski nordisch	3	1	–
2	Johann Olav Koss (NOR)	Eisschnellauf	3	–	–
3	Manuela Di Centa (ITA)	Ski nordisch	2	2	1
4	Björn Dæhlie (NOR)	Ski nordisch	2	2	–
	Myriam Bedard (CAN)	Biathlon	2	–	–
	Bonnie Blair (USA)	Eisschnellauf	2	–	–
	Lee-Kyung Chun (KOR)	Short Track	2	–	–
	Markus Wasmeier (GER)	Ski alpin	2	–	–
	Jens Weißflog (GER)	Ski nordisch	2	–	–

DISZIPLIN	GOLD		SILBER		BRONZE	
Ski alpin						
Männer						
Abfahrt	Tommy Moe (USA)	1:45,75	Kjetil-Andre Aamodt (NOR)	1:45,79	Edward Podivinsky (CAN)	1:45,87
Slalom	Thomas Stangassinger (AUT)	2:02,02	Alberto Tomba (ITA)	2:02,17	Jure Kosir (SLO)	2:02,53
Riesenslalom	Markus Wasmeier (GER)	2:52,46	Urs Kälin (SUI)	2:52,48	Christian Mayer (AUT)	2:52,58
Super-G	Markus Wasmeier (GER)	1:32,53	Tommy Moe (USA)	1:32,61	Kjetil-Andre Aamodt (NOR)	1:32,93
Kombination	Lasse Kjus (NOR)	3:17,53	Kjetil-Andre Aamodt (NOR)	3:18,55	Harald Nielsen (NOR)	3:19,14
Frauen						
Abfahrt	Katja Seizinger (GER)	1:35,93	Picabo Street (USA)	1:36,59	Isolde Kostner (ITA)	1:36,85
Slalom	Vreni Schneider (SUI)	1:56,01	Elfi Eder (AUT)	1:56,35	Katja Koren (SLO)	1:56,61
Riesenslalom	Deborah Compagnoni (ITA)	2:30,97	Martina Ertl (GER)	2:32,19	Vreni Schneider (SUI)	2:32,97
Super-G	Diann Roffe (USA)	1:22,15	Swetlana Gladischewa (RUS)	1:22,44	Isolde Kostner (ITA)	1:22,45
Kombination	Pernilla Wiberg (SWE)	3:05,16	Vreni Schneider (SUI)	3:05,29	Alenka Dovzan (SLO)	3:06,64
Trickski						
Männer						
Trickski Buckelpiste	Jean-Luc Brassard (CAN)	27,24	Sergej Schupletsow (RUS)	26,90	Edgar Grospiron (FRA)	26,64
Trickski Springen	Andreas Schönbächler (SUI)	234,67	Philippe Laroche (CAN)	228,63	Lloyd Langlois (CAN)	222,44
Frauen						
Trickski Buckelpiste	Stine Lise Hattestad (NOR)	25,97	Elizabeth McIntyre (USA)	25,89	Elisabeta Kojewnikowa (RUS)	25,81
Trickski Springen	Lina Tscherjasowa (UZB)	166,84	Marie Lindgren (SWE)	165,88	Hilde Synnöve Lid (NOR)	164,13
Ski nordisch						
Männer						
10 km-Langlauf (klassisch)	Björn Daehlie (NOR)	24:20,1	Wladimir Smirnow (KAZ)	24:38,3	Marco Albarello (ITA)	24:42,3
Langlauf-Kombination	Björn Daehlie (NOR)	1:00:08,8	Wladimir Smirnow (KAZ)	1:00:38,0	Silvio Fauner (ITA)	1:01:48,6
30 km-Langlauf (Freistil)	Thomas Alsgaard (NOR)	1:12:26,4	Björn Daehlie (NOR)	1:13:13,6	Mika Myllylä (FIN)	1:14:14,5
50 km-Langlauf (klassisch)	Wladimir Smirnow (KAZ)	2:07:20,3	Mika Myllylä (FIN)	2:08:41,9	Sture Sivertsen (NOR)	2:08:49,0
4 x 10 km Staffel	Italien	1:41:15,0	Norwegen	1:41:15,4	Finnland	1:42:15,6
Skispringen Normalschanze	Espen Bredesen (NOR)	282,0	Lasse Ottesen (NOR)	268,0	Dieter Thoma (GER)	260,5
Skispringen Großschanze	Jens Weißflog (GER)	274,5	Espen Bredesen (NOR)	266,5	Andreas Goldberger (AUT)	255,0
Skispringen Mannschaft	Deutschland	970,1	Japan	956,9	Österreich	918,9
Nordische Kombination Einzel	Fred Börre Lundberg (NOR)		Takanori Kono (JPN)		Bjarte Engen Vik (NOR)	
Nordische Kombination Mannschaft	Japan		Norwegen		Schweiz	
Frauen						
5 km-Langlauf (klassisch)	Ljubow Jegorowa (RUS)	14:08,8	Manuela di Centa (ITA)	14:28,3	Marja-Liisa Kirvesniemi (FIN)	14:36,0
Langlauf-Kombination	Ljubow Jegorowa (RUS)	41:38,1	Manuela di Centa (ITA)	41:46,4	Stefania Belmondo (ITA)	42:21,1
15 km-Langlauf (Freistil)	Manuela di Centa (ITA)	39:44,5	Ljubow Jegorowa (RUS)	41:03,0	Nina Gawriluk (RUS)	41:10,4
30 km-Langlauf (klassisch)	Manuela di Centa (ITA)	1:25:41,6	Marit Wold (NOR)	1:25:57,8	Marja-Liisa Kirvesniemi (FIN)	1:26:13,6
4 x 5 km Staffel	Rußland	57:12,5	Norwegen	57:42,6	Italien	58:42,6
Biathlon						
Männer						
10 km	Sergej Tschepikow (RUS)	28:07,0	Ricco Groß (GER)	28:13,0	Sergej Tarassow (RUS)	28:27,4
20 km	Sergej Tarassow (RUS)	57:25,3	Frank Luck (GER)	57:28,7	Sven Fischer (GER)	57:41,9

DISZIPLIN	GOLD		SILBER		BRONZE	
4 x 7,5 km	Deutschland	1:30,22,1	Rußland	1:31:23,6	Frankreich	1:32:31,3
Frauen						
7,5 km	Myriam Bédard (CAN)	26:08,8	Swetlana Paramygina (BLR)	26:09,9	Valentina Tserbe (UKR)	26:10,0
15 km	Myriam Bédard (CAN)	52:06,2	Anne Briand (FRA)	52:53,3	Uschi Disl (GER)	53:15,3
4 x 7,5 km	Rußland	1:47:19,5	Deutschland	1:51:16,5	Frankreich	1:52:28,3
Eiskunstlauf						
Damen	Oksana Bajul (UKR)		Nancy Kerrigan (USA)		Lu Chen (CHN)	
Herren	Alexej Urmanow (RUS)		Elvis Stojko (CAN)		Philippe Candeloro (FRA)	
Paare						
Paarlauf	Jekaterina Gordejewa/		Natalia Mischkutionok/		Isabelle Brasseur/	
	Sergej Grinkow (RUS)		Artur Dimitrijew (RUS)		Lloyd Eisler (CAN)	
Eistanz	Oksana Gritschuk/		Maja Usowa/		Jayne Torvill/	
	Jewgeni Platow (RUS)		Alexander Schulin (RUS)		Christopher Dean (GBR)	
Eisschnellauf						
Männer						
500 m Eisschnellauf	Alexander Golubjow (RUS)	36,33	Sergej Klewschenja (RUS)	36,39	Manabu Horii (JPN)	36,53
1000 m Eisschnellauf	Dan Jansen (USA)	1:12,43	Igor Schelesowski (BLR)	1:12,72	Sergej Klewschenja (RUS)	1:12,85
1500 m Eisschnellauf	Johann Olav Koss (NOR)	1:51,29	Rintje Ritsma (HOL)	1:51,99	Falko Zandstra (HOL)	1:52,38
5000 m Eisschnellauf	Johann Olav Koss (NOR)	6:34,96	Kjell Storelid (NOR)	6:42,68	Rintje Ritsma (HOL)	6:43,94
10 000 m Eisschnellauf	Johann Olav Koss (NOR)	13:30,55	Kjell Storelid (NOR)	13:49,25	Bart Veldkamp (HOL)	13:56.73
Frauen						
500 m Eisschnellauf	Bonnie Blair (USA)	39,25	Susan Auch (CAN)	39,61	Franziska Schenk (GER)	39,70
1000 m Eisschnellauf	Bonnie Biair (USA)	1:18,74	Anke Baier (GER)	1:20,12	Qiaobo Ye (CHN)	1:20,22
1500 m Eisschnellauf	Emese Hunyady (AUT)	2:02,19	Swetlana Fedotkina (RUS)	2:02,69	Gunda Niemann (GER)	2:03,41
3000 m Eisschnellauf	Swetlana Baschanowa (RUS)	4:17,43	Emese Hunyady (AUT)	4:18,14	Claudia Pechstein (GER)	4:18,34
5000 m Eisschnellauf	Claudia Pechstein (GER)	7:14,37	Gunda Niemann (GER)	7:14,88	Hiromi Yamamoto (JPN)	7:19,68
Shorttrack						
500 m-Herren, Einzel	Ji-Hoon Chae (KOR)	43,45	Mirko Vuillermin (ITA)	43,47	Nicholas Gooch (GBR)	43,68
1000 m-Herren, Staffel	Ki-Hoon Kim (KOR)	1:34,57	Ji-Hoon Chae (KOR)	1:34,92	Marc Gagnon (CAN)	1:33,03
5000 m-Herren, Staffel	Italien	7:11,74	USA	7:13,37	Australien	7:13,68
500 m-Damen, Einzel	Cathy Turner (USA)	45,98	Yanmei Zhang (CHN)	46,44	Amy Peterson (USA)	46,76
1000 m-Damen, Staffel	Lee-Kyung Chun (KOR)	1:36,87	Nathalie Lambert (CAN)	1:36,97	So-Hee Kim (KOR)	1:37,09
3000 m, Damen, Staffel	Südkorea	4:26,64	Kanada	4:32,04	USA	4:39,34
Rennrodeln						
Einsitzer, Herren	Georg Hackl (GER)	3:21,571	Markus Prock (AUT)	3:21,584	Armin Zoegeler (ITA)	3:21,833
Einsitzer, Damen	Gerda Weissensteiner (ITA)	3:15,517	Susi Erdmann (GER)	3:16,276	Andrea Tagwerker (ITA)	3:16,652
Doppelsitzer	Kurt Brugger/		Hansjörg Raffl/		Stefan Krauße/	
	Wilfried Huber (ITA)	1:36,720	Norbert Huber (ITA)	1:36,769	Jan Behrendt (GER)	1:37,289
Bob						
Zweierbob	Gustav Weder/		Reto Götsch/		Gunther Huber/	
	Donat Acklin (SUI I)	3:30,81	Guido Acklin (SUI II)	3:30,86	Stefano Ticci (ITA I)	3:31,01
Viererbob	Deutschland II	3:27,78	Schweiz I	3:27,84	Deutschland I	3:28.01
Eishockey						
	Schweden		Kanada		Finnland	

Personenregister

Das Personenregister enthält alle im Textteil genannten Personen. Der Anhang ist nicht berücksichtigt. Kursive Zahlen verweisen auf Abbildungen.

Abbildungsnachweis:

Archiv für Kunst und Geschichte, Berlin (28); Associated Press GmbH, Bilderdienst, Frankfurt (6); Heinrich von der Becke (15); Bertelsmann Lexikon Verlag, Gütersloh (157); Bettmann Archive Inc., New York (69); Bibliothéque Nationale, Paris (1); Bildarchiv Preußischer Kulturbesitz, Berlin (8/1, 9/2, 10/1, 10/2); Bongarts, Hamburg (209); dpa, Frankfurt (46); Historisches Farbarchiv Christa Elsler, Norderney (1); Horst Müller; Düsseldorf (67); Jürgens Ost + Europa-Photo, Köln (8); Keystone Pressedienst GmbH, Hamburg (1); Olympic Museum International Olympic Comitée, Lausanne (5); Pressefoto Baumann, Ludwigsburg (27); Roger Viollet, Paris (6); Sportbild-Agentur Schirner, Meerbusch (130); SPORTIMAGE; Hamburg (2); Sven Simon, Essen (92); Archiv Umminger, Breitenberg (10); USIS, Bonn (5); Wereke, München (6); Schutzumschlag: Nurnᵢᵢ: Popperfoto/Transglobe; Witt: Bongarts; Spitz: Sven Simon; Johnson: Bongarts